华侨大学教材基金资助出版
国家"十三五"科学和技术发展规划前期研究重大课题
国家精品在线开放课程项目
国家一流本科专业建设项目
中国人才研究会2020项目

知识型人才管理

张向前 主编

Knowledge-type
Talents
Management

➤ 知识型人才　➤ 人性假设　➤ 管理模型

中国出版集团　现代出版社

图书在版编目（CIP）数据

知识型人才管理／张向前主编. — 北京：现代出版
社，2020.3
ISBN 978－7－5143－8489－5

Ⅰ. ①知… Ⅱ. ①张… Ⅲ. ①人才管理－研究 Ⅳ.
①C962

中国版本图书馆 CIP 数据核字（2020）第 059005 号

知识型人才管理

编　者	张向前	
责任编辑	刘全银	
出版发行	现代出版社	
地　址	北京市安定门外安华里 504 号	
邮政编码	100011	
电　话	010－64267325　　64245264（传真）	
网　址	www.1980xd.com	
电子邮箱	xiandai@ vip. sina. com	
印　刷	廊坊市海涛印刷有限公司	
开　本	710mm×1000mm　1/16	
字　数	403 千字	
版　次	2020 年 9 月第 1 版　2020 年 9 月第 1 次印刷	
书　号	ISBN 978－7－5143－8489－5	
定　价	80.00 元	

内容摘要

应信息经济不断发展，组织面临竞争、内外环境变化日趋激烈，传统人性假设及其对应的组织管理理论表现出相对迟钝和不适应，本书提出组织要灵活应对各种变化，核心是实现知识型人才有效管理。研究主要创新性工作如下：第一，研究知识型人才内涵。提出知识型人才是指一个企业组织中脑力劳动贡献高于其体力劳动贡献的劳动者，构建知识型员工复杂性模型与不确定性模型。第二，提出 H 人假设，研究知识型人才和谐管理机理。H 人假设认为：人性是善与恶的综合体，善与恶包括动机、过程和结果。人性善与恶之间可以发生转化，分析影响人性善恶及转化的因素主要有欲望、虚荣、竞争与比较、情感（关系）等，提出在管理过程中最终追求的目标是"善"的结果，研究知识型人才和谐管理机理。第三，研究知识型人才成长路径。研究知识型人才成长的方向，建立知识型人才投资净现值模型、企业与员工的委托激励合同模型和员工之间出资的博弈模型，知识型人才职业生涯博弈管理。第四，构建知识型人才投资交易流动模型。通过建立组织与知识型人才个体智力投资的模型，知识型人才个体智力投资模型，提出通过政府、企业资助、鼓励社会捐助、个体自身投资及现在通行的金融机构贷款等进行有效实现投资最优的决策。引进熵的理论，建立决策矩阵及交易模型，实现组织与知识型人才之间的交易，提出知识型人才流动的研究假设并构建知识型人才流动圆轮模型。第五，研究知识型人才冲突与创新机理。构建了基于和谐管理理论的知识型人才冲突管理模型。构建了包括创新环境、个体内在因素、创新思维和创新技法四大模块的作用创新型人才作用机理模型，设置了创新问题发现能力、创新思考能力、创新问题解决能力、创新人格化能力和创新成果体现五项评价指标体系与评价方法，提出了培育知识型人才创新性的原则和具体策略。第六，构建基于组织承诺的知识型人才激励绩效薪酬模型。构建基于组织承诺的知识型人才激励模型，提出通过加强内、外在动机的措施激励知识型人才提高其组织承诺，进而推动组织发展。构建了基于组织承诺的知识型人才绩效模型，提出实施激励措施激发工作动机、提供学习和培训机会提高工作能力、充分授权以提供组织支持以及创建合作和共享的组织氛围等途径提高知识型人才绩效，提出高级人才战略薪酬体系的设计思路。

关键词：知识型人才；人性假设；管理模型

Abstract

With the continuous development of the knowledge – based economy and the fierce change of organizational environment, traditional human nature assumption and organizational management theory exhibits their inadequacy. The key approach to deal with various complexity and uncertainty is the HeXie management of knowledge talents. The main theoretical contribution of this thesis consists of the following five aspects. 1) This thesis researches the connotation of knowledge talents, it brings forward the knowledge talents is that the contribution of mental labor is higher than that of manual labor in a business organization, it constructs complexity and uncertainty model of knowledge workers. 2) This thesis puts forward the H – assumption of human nature, researches HeXie Management Theory – based knowledge talent management mechanism. The H – assumption of human nature is thought that: human nature is a complex of good and evil, including motivation, process and results. This thesis finds that factors affecting human nature include desire, vanity, comparison and affection and so on, brings forward the ultimate goal in the management process is "good", researches HeXie Management Theory – based knowledge talent management mechanism. 3) This thesis researches the growth path of knowledge talents. It researches the growth direction of knowledge talents, constructs Net present value model of investment of knowledge talents, Enterprise and employee's incentive contract model, Game model of employees contribution capital. It researches career game management of knowledge talents. 4) This thesis constructs Investment transaction flow model of knowledge talents. Through constructing individual intelligence investment model of knowledge talents to achieve the best investment decision by the government, corporate finance, encourage social donations, the individual's investment and the current financial institution loans and so on. This thesis builds decision matrix and trading model by introducing entropy theory, to realize the trade between the organization and t knowledge talents. This thesis proposes the research hypothesis of knowledge talents flow and constructs round wheel model of knowledge talents flow. 5) This thesis researches on conflict and innovation mechanism of knowledge talents. It constructs conflict management model of HeXie Management Theory – based knowledge talent, constructs mechanism model of innovative talents including Innovation environment, individual internal factors, innovative thinking and innovative techniques, sets up the evaluation index system and evaluation method including Innovation problem finding ability, Innovation thinking ability, Innovation problem solving ability, Innovation personality and Innovation achievements. It puts forward the principles and strategies of cultivating the knowledge talents. 6) This thesis constructs incentive compensation model of knowledge talent based on organizational commitment. It constructs incentive model of knowledge talent based on organizational commitment, to improve organizational commitment, and promote the organization development by strengthen internal and external motivation measurement. It constructs compensation model of knowledge talent based on organizational commitment, proposes the incentive measures to stimulate the work motivation, provides learning and training opportunities to improve working skills, and is licensed to provide organizational support and create an atmosphere of cooperation and sharing. It puts forward the design idea of the senior talented person's strategic compensation system.

Keywords: Knowledge talents; Human nature assumption; Management model

目 录

第一章 导论

【学习目标】

(1) 了解知识型人才成为管理的主体与重要管理对象背景

(2) 了解组织内外环境的不确定性与复杂性加剧背景与现状

(3) 掌握知识型人才的人性分析

1 选题背景

科技的进步引发人类社会发生深刻变化，推动了生产力的发展，引起产业结构、劳动力结构产生重要转变，对人们思想观念、生活方式和思维方式产生了重大影响。20 世纪 90 年代以来，工业经济中科技知识含量进一步提高，这种发展趋势越来越强劲，随着量的不断积累，逐步达到质的飞跃，发展为知识经济。大力发展科学技术，积极建设知识经济，已经是时代的潮流。工业经济时代直接从事生产的工人，是劳动力的主体，而在知识经济时代不断减少，从事知识生产与传播的劳动力逐步成为劳动力主体，不少产业"智能"型的机器或机器人在生产中已经替代人的工作。随着知识经济不断发展，企业面向更加开放、竞争的市场，企业生产方式发生巨大变革，人们的购买力水平不断提高，需求由低层次向中高层次转化，趋同性的需要向个性化转化。企业为了在竞争中处于有利地位，从以销定产向以"消"（消费者个体需要）定产转变。企业的生产由工业经济时代的标准化、专业化和社会化的生产方式向知识经济时代的柔性化的生产方式转变，也就是说从大批量、单产品、高效率、一条生产线生产出单一产品，向小批量、多品种同样也高效率的生产转化，这种变化对企业生产的知识含量的要求越来越高，实际上是对企业的员工要求越来越高。这一切归根结底是对企业知识型人才的需求及要求不断增加。人们往往把科学技术局限于自然科学技术，而忽略了科学技术中应包括的软科学和软技术即管理科学技术，事实上自然科学技术转化为生产力过程中，管理起了关键性作用。知识经济是一个重视管理的时代。管理的主体是人，管理的对象是人与物及人与物的互动关系。随着知识经济时代的不断发展，企业内外环境不断产生新的更为复杂的变化，对企业管理理论与实践产生的影响越来越大，知识型人才成为企业主要的主动与被动要素，有效管理知识型人才对提高组织与个体的效益具有重大意义。

1.1 实践背景

1.1.1 知识型人才成为管理的主体及重要管理对象

当前，信息技术飞速发展，世界面临全球化、信息化两大趋势。不断发展的知识经济浪潮，给经济管理实践和经济管理研究带来许多新情况和新课题，诸如管理对象、管理工具、管理技术、管理内外环境都发生了巨大变化。信息基础设施升级和信息技术的迅猛发展，使知识的生产、存储、分享和使用在技术上更为可行、经济上更为合算，经济活动中各种要素的配置、组合方式将更为合理、有效，而经济管理中各种要素的管理归根结底是对知识型人才的管理，企业经营管理之间竞争的重点在知识、资讯、科技综合体——知识型人才，知识型人才管理是企业成败的关键。管理学家彼得·德鲁克（Peter Drucker，1999）在《21世纪对管理的挑战》（*Management Challenges for the21 st Century*）[1]一书中指出："知识工作者的生产力是21世纪对管理最大的挑战，在发达国家这是它们生存的需要，舍此就别无他法能维持其领导地位和维持其生活水平。"他认为，20世纪最重要的也是最独特的对管理的贡献是制造业中手工工作者的生产力提高了50倍。21世纪对管理最重要的贡献将是提高知识工作者的生产力。20世纪企业最值钱的资产是生产设备，而21世纪企业或非企业最值钱的资产将是知识工作者及其生产力。发现知识工作者、了解知识工作者的价值取向、工作特性，重视塑造知识工作者的人文文化，已经决定着企业的竞争能力。彼得·德鲁克认为，知识工作者如果不能被有效地管理，他们就根本没用。持有类似观点的学者及机构还有 Stewart（1997）的 *Intellectual Capital*[2]、K. Wiig（1999）的 *Knowledge Management*[3]、Hope J（1997）的 *Competing in the Third Wave：The Ten Key Management Issues of the Information Age*[4]、Steward T. A.（1994）[5]及经济合作发展组织（OECD，1996）[6]等。我国学者彭剑峰等认为：21世纪，国家的核心是企业，企业的核心是人才，人才的核心是知识创新者与企业家。人力资源管理要关注知识型员工的特点，重点是如何开发与管理知识型员工，对知识型员工采用不同的管理策略[7]。国内从事相关研究的还有王方华[8]、吴季松[9]、乌家培[10]、赵曙明[11]等。近年来出现了大量研究如何有效管理知识型员工特别是如何激励知识型员工的著述[12]。随着经济深入，人才的竞争更加激烈，任何组织都面临如何寻找人才、留住人才、用好人才、激活人才等人才管理难题。

全球化、信息化对知识型人才管理产生新问题、新挑战，主要体现在如下几个方面[13]：第一，管理对象交叉化。工业经济时代较为强调个人的权责利分明，直线式组织及相关管理是主流。知识经济的发展，社会分工进一步细化，组织要求进一步加强团队协作。同时，知识具有共享性，在知识经济时代，企业内部的各个部门之间，企业之间，甚至行业之间，知识型人才管理边界是"可以渗透"或"半渗透"的，以简单的个人为单位越来越少，团队管理越来越多，且团队跨越原来的职能单位，团队成员的构成可以是横向职能单位人员的组合，也可以是纵向的人员组合，并得到其他各部门人力之间的协作。因此，管理对象交叉化必须考虑如何才能充分挖掘知识型人才潜能。第二，管理层级简单化。是指在知识经济时代，管理的层级减少，相应的管理幅度增加。由于计算机等现代技术工具的应用，特别是国际互联网技术的运用，管理幅度扩大已经越来越简单；市场的变化越来越快，需要企业做出快速反应，原来那种层级多的管理体制，比较不利于应对市场的快速变化。第三，管理手段先进化。知识经济的发展，使企业管理进一步信息化和数字化，计算机技术特别是网络技术被广泛运用到人才管理之中，如网络技术的运用可以使公司人才足不出户即可实现在传统办公室上班的效益。第四，管理方法灵活化。灵活化是指为了满足各种各样的需要，企业知识型人才管理时可能要打破常规，采取灵活的办法。传统的人力资源管理有严格的规章制度，每个员工之间职责分明，以显示公平与公正。而在知识经济时代更需要知识型人才的主动性、自觉性和灵活性。这是因为，知识经济时代企业所面对的市场更加复杂及不可预测，社会化分工进一步加大，企业内、企业之间的协作要求进一步加强，企业的独立性下降，如果根据一成不变的人事规章制度来管理企业的知识型人才，可能导致企业无法应对多变的市场。第五，管理内容多元化。知识经济时代，科技不断发展，信息交流更加充分及时，知识型人才管理的内容呈多元化的趋势：企业知识型人才多元化，有来自国内的、国外的；有全职工，半职工，临时工，钟点工；上班方式多元化，特别是网络技术的运用，有些人可以在公司上班，也可以在家里上班；报酬及激励方法多元化，员工不仅看重物质方面的报酬与激励，而将更注重精神方面的报酬与奖励，特别是以实现个人价值方面的精神奖励，或者说企业可能以赋予员工的更大的权利与义务作为一种奖励；就业途径多元化，员工不会把在某一个企业晋升看作自己的唯一出路，员工往往会选择更能实现个人价值、更富有挑战性、自己喜欢的公司和工作岗位，人才的流动也将因此加剧。第六，管理趋势全球化。知识经济时代，市场全球化加剧，从事国际性业务的企业越来越多，由于各国法律法规的特点及细则存在很大差异，各国的文化、习俗及经济发展水平不一，国家之间不同的政治、经济文化的差异，对知识型人才管理必须进行相应的调整，这就要求管理必须面向全球化。人才的流动性加强，也使得管理呈现全球化趋势。全球性公司的不断增加，使得当公司决定在其他国家开展业务时，通常需要招聘这些国家的员工，同时也通过选拔本国驻外人员，这些都是管理全球化的内外部因素之一。人才管理的全球化，有利于选拔本国不具有的人才，或者有利于根据需要，选拔引进人力成本较低国家的高素质人才。

1.1.2 组织内外环境的不确定性与复杂性加剧

对于不确定的界定，目前代表性学者是 Milliken F. J. ，他认为：不确定性是指由于缺乏信息或者没有能力区别相关和不相关的信息，个体感到不能精确地进行预测[14]。席酉民教授等认为，不确定性还包括人的情感因素，综合起来，不确定性可概括为"个体认知有限和情感因素而对客体的难以准确预测性"[15]。本文认为，知识经济时代的不确定性主要指在主体无法或没有获得足够的组织内外环境相关信息的情况下必须做出决策，加上决策主体的有限理性，很难估计内外部环境变化特别是突变，产生管理上不确定性或难以预见性。不确定性是知识经济所表现出的最显著的特性。极度的不确定性会使组织或个体在试图找到一条最优解决问题途径方面显得软弱无力。知识经济社会环境或政策结果所具有的不确定性是无法排除的，高速变化带来的是高度不确定性，而企业只有首先懂得如何面对环境的不确定性，才能迅速制定新的策略，构建核心竞争力，以适应瞬息万变的市场变化。一般认为，企业所处的宏观环境因素（政治、经济、人文、技术、自然等）及微观环境因素（如组织、员工、顾客、竞争者、经销商、供应商等），都存在巨大不确定的、不可预知因素，带给管理的问题越来越多。国家之间文化（文明）的冲突，人与人之间价值观的冲突，新经济发展带来尤其是近年来电子通信技术革命，促进企业产品的升级、服务的多样化与个性化以及产品和服务组合的新创意，等等。加剧了企业之间的竞争，但这些进步同时也提高了管理的复杂性，明显可以看出，企业现在所面对的管理问题的不确定性显著增加了。管理的问题归根结底是在人的身上，人是管理活动中不确定性的终极源泉，特别是知识型人才的不确定性因素。人的情感的不确定性，人的有限理性又进一步加剧不确定性。随着管理不确定性、复杂性的提高，隐藏于管理中的风险越来越难以辨识，等等。这种复杂性、不确定性可能带来国家、社会、组织管理冲突与机遇。如何有效应对成为管理者重要课题。

面对环境的复杂性与不确定性带来的冲突与机遇，东西方有不同的应对思想。中国人个性需求以及自我价值取向，表现为：较强依附性和内向型；

以自然之和谐为真，以人际和谐为善，以天人之和谐为美；等等。2003 年 12
月 10 日，时任国务院总理温家宝在美国哈佛大学讲演时说："中华民族传统
文化中的和谐理念对家庭、国家和社会起到了巨大的维系与调节作用，曾引
起西方一批著名学者和启蒙思想家的极大兴趣。笛卡儿、莱布尼茨、孟德斯
鸠、伏尔泰、歌德、康德等都对此有过研究。特别是近现代以来，中国的和
谐理念，尤其是儒家道家的许多重要观点，已经得到许多世界著名学者和政
治家的高度赞赏和国际认同，并运用于国际关系的处理之中。"[16]2002 年 10
月 24 日，时任国家主席江泽民在美国乔治·布什总统图书馆演讲指出："中
国先秦思想家孔子就提出'君子和而不同'的思想。和谐又不千篇一律，不
同而又不相互冲突。和谐以共生共长，不同以相辅相成，和而不同是社会事
物和社会关系发展的一条重要规律，也是人们处世行事应该遵循的准则，是
人类文明协调发展的真谛。"[17]这些就向世界表明：中国和谐理念为解决当今
世界各种矛盾冲突，促进世界和谐发展，提供了丰富的智慧和宽广的思路。
可以将中国和谐理念与现代管理理论相结合，为解决当今管理问题特别是应
对知识型人才管理问题提供有益的思路。西方人格具有强烈的自主性和个人
主义体验；具有明显的外向开放色彩；体现了社会互动中的平等和民主模式。
管理上若能吸收东西双方文化的精髓，做到"取长补短，共同吸收"，这样
不仅能缩小和消除中外文化的差异与冲突，而且能更好地融合这种差异，应
对环境变化带来的管理冲突与机遇，形成更和谐的氛围。

1.1.3　管理实践要求对人特别是对知识型人才的人性有进一步认识

人类自从有了社会生活，就不可避免形成各种集团、组织、处于集团与
组织内部的个人。随着劳动的分工，管理职能从生产劳动中分离出来，从此，
管理的概念、思想、方法、机制等方方面面的要素登上了社会发展的舞台。
管理思想的显著特征就是特别强调实践性，而实践的主体是人，所以，管理
归根结底是对人的管理。不同历史时期的管理理论是生产实践的要求和总结，
是根据当时对人性认识状况，为实现管理目标而产生的结论。管理中丰富的
人性观透视人类对自身本质的认识，从理论上剖析人性所包含的特性，并针
对管理者如何尊重人性、正视人性提出具体的策略，进而帮助管理者树立科
学的人性观，推进管理的人性化、人本化的发展，有效促进人类管理的进步。
因此，研究人性一直是历代思想家、哲学家和管理学家们所关注的命题。人
性学说自然成为管理哲学的核心问题。对各个时期的人性状况进行分析，不
仅可以帮助我们深刻理解各个时期管理理论产生的根源，而且，还可以预测
未来管理理论的发展趋势[18]。知识经济的到来，人类可持续发展问题的提
出，尤其是现代管理的人本化发展，对管理中人性观的探讨日趋活跃。

1.2 理论背景

1.2.1 已经有管理理论在应对不确定性的局限性

人类社会经历农业经济—工业经济—知识经济的发展历程，管理思想源远流长，管理理论不断发展。丹尼尔·A. 雷恩（Daniel A. Rains）按照历史演进的角度，将管理思想大致划分为早期的管理思想、科学管理时代、社会人时代和现代管理理论四个部分[19]。国内学者多数也按此进行划分，如学者王慧，认为管理学发展史，大致可分为四个阶段：前泰勒时代的经验管理阶段；以泰勒、法约尔和韦伯为代表的科学管理阶段；以梅奥（Elton Mayo）为开始的行为科学管理阶段；以巴纳德为开端的现代管理阶段[20]。管理理论研究历史的不同划分是为了更好地掌握、应用和发展管理理论。本书将企业管理理论[21]的发展主要归纳为如下。

第一阶段，古典管理阶段（20 世纪初到 20 世纪 30 年代）。代表性人物有科学管理之父——弗雷德里克·泰罗（Frederick W. Taylor），他提出了科学管理理论：科学管理的中心问题是提高劳动生产率，强调配备"第一流的工人"，使他们掌握标准化的操作方法；激励工人采取"有差别的计件工资制"；把计划与执行职能分开，改经验工作方法为科学工作方法；实行职能工长制；管理控制实行例外原则。古典管理理论阶段对人的心理因素考虑很少或不考虑。

第二阶段，行为科学理论（1930 年）。随着技术的进步，工人的文化程度的提高，政治经济形势的变化，对企业管理提出了新的要求：突出了企业经营的决策问题，要求运用更先进的管理手段、管理理论和经营方法充分调动人的积极性。代表性人物有马斯洛（A. H. Maslou），他的需求层次理论认为：人的需求分为生理的需求、安定或安全的需求、社交和爱情的需求、自尊与受人尊重的需求、求知的需求、求美的需求及自我实现的需求等七个层次。赫次伯格（F. Herzberg）的双因素理论把影响人员行为绩效的因素分为"保健因素"与"激励因素"，管理人员必须抓住能促使职工满意的因素。麦克莱兰（D. C. Macleland）的激励需求理论指出，任何一个组织都代表了实现某种目标而集合在一起的工作群体，不同层次的人具有不同的需求。

第三阶段，管理理论丛林（20 世纪 60 年代）。美国管理学家哈罗德·孔茨（Harold Kootz）于 1961 年发表了《管理理论的丛林》[22]，认为由于各类管理学家对管理理论的兴趣有了极大的增长，他们为了各种目的，标新立异，导致管理理论的丛生。他将当时管理理论划分成 6 个主要学派：管理过程学派、经理学派、人类行为学派、社会系统学派、决策理论过程学派、数学学派。1980年，孔茨发表《再论管理理论的丛林》[23]，指出经过一段时间以后，管理理论的丛林更加茂密，至少产生了11个学派：社会系统学派、决策理论学派、系统管理学派、经验主义学派、权变理论学派、数学（管理科学）学派、组织行为学派、经理角色学派、经营管理理论学派、社会技术系统学派、人际关系学派。

第四阶段，现代管理理论（20世纪70年代）。提出企业文化理论，企业文化包括价值观念、历史传统、道德规范、行为准则、员工文化素质，以及蕴含在企业制度、企业形象、企业产品之中的文化特色，简单可分为三大层面：物质层、制度与行为层、精神层。其中精神层面的价值观念是企业文化的核心。20世纪六七十年代，日本经济起飞的奇迹引起了美国学者的关注，美国人从理论层次上来总结那些在日本企业中行之有效的做法，从而建立起一种新的企业管理理论——企业文化理论。代表性人物有，威廉·大内（William Ouchi）《Z理论》（1981）等。

第五阶段，以战略管理为主的研究企业组织与环境关系的时代（20世纪60年代中后期到80年代初）。代表性人物有波特（Michael Porter），他提出战略管理理论。他认为，企业高层管理者为保障企业的持续生存和发展，通过对企业外部环境与内部条件的分析，对企业全部经营活动所进行的根本性和长远性的规划与指导。战略管理与以往经营管理不同之处在于强调面向未来，动态地、连续地完成从决策到实现的过程。

第六阶段，企业再造时代（20世纪80年代到20世纪90年代初）。企业再造的首要任务是BPR（Business Process Reengineering）——业务流程重组，它是企业重新获得竞争优势与生存活力的有效途径；BPR的实施需要两大基础：现代信息技术与高素质的人才。

第七阶段，全球化和知识经济时代的组织管理（1990年以后）。企业唯一持久的竞争优势源于比竞争对手学得更快更好的能力，学习型组织正是员工从工作中获得生命意义、实现共同愿望和获取竞争优势的组织蓝图。

从上面的管理理论发展历程，席酉民教授认为：上述这些由不同的研究视角、研究对象和研究方法形成的管理理论极为混乱，整体上表现为"语义学分歧""对管理知识体系定义的分歧"等特征[24]。可以看出，虽然当代管理学者强调人力资源对企业的重要性，目前受到广泛关注的管理理论如"全面质量管理""企业流程再造""供应链管理""知识管理"等，管理对策仍然偏重物、信息或知识而约束人。随着知识经济的发展，组织面临内外环境变化加剧，如快变、复杂性、不确定性，知识型人才在组织中所占的比重越来越大，必须加大对人才特别是对知识型人才的重视。从企业管理理论的发展历程看，西方学者对知识型人才领域研究起步较迟，对知识型人才人性进行深入系统研究罕见，在如何管理知识型人才，提高管理的效率与效益等问题上，提出的对策缺乏实效。

1.2.2 传统的人性假设理论不能有效简明分析现代组织中的人才特别是知识型人才

管理学的人性假设是基于对人性的不断探索与揭示。人性假设理论的不断发展，反映出人性是随着社会的发展进步而不断地得以发展和完善的过程。人性假设是管理创新的逻辑基础与前提。近现代，人性假设中"理性人"概念首先被提出来，该假设认为，人能够按照理性行事。西方古典管理学派借鉴这一认识旨在通过理性化管理来构建理性的、和谐的社会，但这种假设却无法解释社会中人们的非理性行为。随着欧洲工业革命的发展，产业工人大量涌现，成为有组织的劳动者，这样，"受雇人"假设应时而生，"受雇人"又称"机器人"或"工具人"。"工具人"将人视为会说话的生产工具，在生产劳动过程中所产生的就是一种机械的作用。该假设认为，雇佣工人都是被某一组织雇佣的机器或工具，被动地接受组织的管理，完成组织交给的任务，工作是他们迫不得已的生活手段。这里人被认为是被动行为者、天生的偷懒者，离开了管理就会逃避工作。这种假设完全偏向管理层一方，过于维护雇主的利益。泰罗提出的科学管理理论，遵循"经济人"的人性假设，从经济的角度寻求人进行劳动的最主要动机。而"社会人"假设认为人不单纯追求金钱，还追求人与人之间的交往、友谊、归属感和集体感等"自我实现人"的人性假设，人的最基本需要一旦得到满足，就会朝更高层次需要的目标努力，最终实现自我；"自我实现人"以人们的内在需要与动机目标来理解人，把管理中人的问题进一步展开。"复杂人"更为深入地阐明作为管理主体的人所发挥的主观能动性的活动性质。从管理理论发展历史的内在发展逻辑可以看出，管理学的人性假设是根据一定社会时期内管理活动赖以成立的特定经济、政治和文化条件，对管理活动中人的需要和人的本性所做出的一种预设，这种预设影响着管理理论和管理行为。随着社会关系和管理环境的不断发展变化，人们在管理思想发展史的各个阶段自发或自觉地形成了关于人性的基本假设。管理的核心理念和具体模式也相应地发生了变革，每一个新的人性假设的提出都伴随着一次新的管理理论与实践的创新。

经典的人性假设理论如"理性人""工具人""经济人""社会人""自动人""效用人""文化人"假设等不能硬套在现代组织中知识型人才身上。

其实，不难发现，传统的人性假设理论都与所处的时代有关，直接用于现代组织知识型人才的分析有其片面性和局限性。国内有不少学者提出针对知识型员工的相关的人性假设理论，如"创新人""智能人""智慧人""信息人""生态人"等，只关注于知识型人才人性某一方面，缺乏系统化，或更加复杂化，定性思考居多，特别是缺乏后继研究。本文认为一种新理论的提出，应当对解决管理问题更有效、简洁，更有效益。因此，知识型人才逐渐成为企业员工主体的新时代，管理创新需要新的人性假设，对于知识型人才相关人性进行深入分析。

1.2.3 对和谐追求及和谐管理理论产生的必然性

西方对管理的研究一直高扬理性、崇尚科学，但在面对"有人参与的"复杂系统时，却出现"控制"困难和合成谬误（席酉民，尚玉钒，2002）[25]，特别是对知识型人才集中参与的组织，此类难题更多更大。20世纪80年代以来，席酉民教授提出的和谐管理理论（HeXie Management Theory）为解决此类难题提供了有效的模式，和谐管理理论已在思想和方法论进行研究，取得了阶段性重要成果，若是能针对知识型人才为对象进一步深入研究，对解决此类管理难题，实现知识型人才和谐管理有重大意义，这也是符合未来一段时间管理研究的发展趋势。基于以上认识，对"基于和谐管理理论的知识型人才管理研究"值得深入探讨。

2 研究意义

人性（Human nature）是指人区别于动物，人所特有的，是现实生活中人所具有的全部规定性，或者说是一切人普遍具有的各种属性总和。管理是为人服务，为了实现人的全面发展。管理上若不注意研究人性，必然忽略人的重要作用，不去鼓励人与物的配合，而犯了偏重物而约束人的错误。人性假设是管理的理论基础，即管理理论的构建和方法的设计，是以对人性的一定看法为基础。从管理研究历程上看，不同的管理模式和管理思想有赖于管理学家对人性的不同认识。知识型人才（Knowledge talented person）是指在一个组织之中用智慧所创造的价值高于其动手所创造的价值的人，是组织人力资源的核心，管理好知识型人才是人力资源管理的关键。和谐是所有生命的基础，无论是有机体的生命还是组织的生命，和谐都会产生一种令人吃惊的力量（席酉民，2002）[26]。和谐管理研究试图运用系统观，提出组织发展和谐控制机制，进而建立起优化模型，设立和谐预警系统作为保证和监控系统和谐演进的重要手段。和谐管理不仅关注现代管理活动的特点和发展趋势，同时也吸收了中国古代管理思想的精华；既借鉴了西方先进的管理科学理论，也注意反映中国国情和民族文化传统；另外，还注意到自然科学规律研究结果对管理研究的启发和借鉴，以及组织管理活动的人文特色，并力求二者的有机整合。本书从知识型人才人性假设出发，积极借鉴西方先进管理理论，同时借鉴中国管理思想的精髓，试图探索具有中国特色的知识型人才和谐管理若干问题应对对策。未来，随着研究的深入，形成知识型人才和谐管理理论体系。本研究采用理论与实践、规范与实证相结合。因此，基于和谐管理理论的知识型人才管理研究，具有较强的理论意义和实用价值。

3 本研究的思路与内容

面临经济中组织知识型人才管理存在的重要问题及相应理论研究存在的不足，本书提出以下主要研究问题：①在经济背景下，知识型人才越来越受关注，成为组织发展的决定性力量，如何界定知识型人才；②知识经济时代知识型人才人性认识是否区别于传统人性假设，分析与认识知识型人才人性对管理理论的意义何在；③面对"有人参与的"复杂系统时，管理问题复杂性、不确定性加剧，特别是知识型人才作为主体参与管理系统中，和谐管理理论如何有效应对；④知识型人才管理和谐主题产生，和谐管理目标表述，实现目标途径等。

针对以上问题，论文拟从以下几方面来研究知识型人才内涵、人性假设、和谐管理理论、和谐管理目标实现之间关系：①充分考虑知识型人才管理外部环境、组织自身内部环境与领导因素，又考虑知识型人才个体能力及性格特征变化，特别是新时期的人性假设问题；②基于和谐管理理论分析知识型人才管理中面临主要问题，针对主要问题依据"优化"与"不确定性削减"两条思路，寻找解决问题的对策；③将知识型人才和谐管理目标具体定义为个体目标与组织目标，和谐目标不应排斥良性冲突；④通过实证验证假设与理论结果。

本书拟实现的目标，如何因应知识经济不断发展，组织面临竞争、内外环境变化日趋激烈，传统人性假设及其对应的组织管理理论表现出相对迟钝和不适应。提出组织要灵活应对各种变化，核心是实现知识型人才和谐管理。人性假设是管理理论的基础，和谐是管理的高级境界，要实现知识型人才和谐管理目标，就必须正确把握知识型人才的人性、运用人性。本书研究通过构建基于和谐管理理论的知识型人才管理相关模型、矩阵框架等，确定相关评价理论指标，最终实现知识型人才和谐管理目标。

　　遵循以上研究思路，本书系统分析了研究背景、国内外对人性管理思想、和谐管理思想、知识型人才管理理论研究进展，并在进行相关研究成果比较、评述的基础上提出本书要研究的问题。其中对知识型人才进行界定，探讨知识型人才的特征，提出知识型人才的人性假设，影响人性的主要因素。在此基础上，针对知识型人才管理中的主要问题——投资、交易、流动、冲突等若干问题进行理论探讨与实证论证，对全文进行总结并指出不足和有待研究的问题。

　　本书框架见图1。

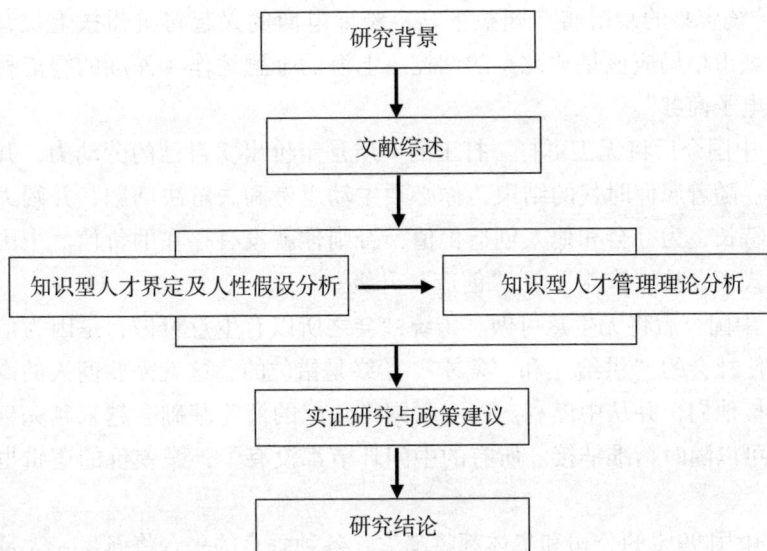

```
          ┌──────────────┐
          │   研究背景    │
          └──────────────┘
                  ↓
          ┌──────────────┐
          │   文献综述    │
          └──────────────┘
                  ↓
┌────────────────────────┐      ┌────────────────────────┐
│ 知识型人才界定及人性假设分析 │─────→│   知识型人才管理理论分析   │
└────────────────────────┘      └────────────────────────┘
                  ↓
          ┌──────────────┐
          │ 实证研究与政策建议 │
          └──────────────┘
                  ↓
          ┌──────────────┐
          │   研究结论    │
          └──────────────┘
```

图1　本书结构图

【复习题】

（1）何谓知识型人才？

（2）何谓人性？

（3）何谓和谐与和谐管理？

（4）试析管理思想史的演进。

【思考题】

（1）如何理解人性假设与管理理论之间的关系？

（2）如何理解知识型人才人性假设与传统人性假设之间的关系？

（3）如何理解知识型人才在未来组织发展中的作用？

【案例分析】

关于中国未来的 30 个预言*

如今中国的变化日新月异，甚至可以称为移步换景。但是万变不离其宗，当你开始关注变化的本质，而不是结果，你就会越来越深刻地体会到其中的那股规律波。

1. 中国的电子商务正在改变城市格局。"北上广深"正在变成"北上深杭"。传统贸易的衰落将广州拉下马，跨境电商的兴起将杭州扶上位，未来中国的城市格局应该是"北京的调控 + 上海的金融运作 + 深圳的智能科技 + 杭州的电子商务"。

2. 中国今后将无工可打。打工的本质是定价出卖自己的劳动力，并不承担结果。随着雇佣时代的结束，你必须主动思考和去解决问题，并竭力发挥自己的特长，为社会和他人创造价值，否则你就没有存在的价值。中国人的工作方式正在从"谋生"到"创造"升级。

3. 中国今后将无生意可做。传统社会之所以有生意可做，是因为信息的不对称使社会的"供给"和"需求"始终是错位的，这就需要商人的商业行为去对接他们，并从中谋利。而互联网搭建起的商业基础会越来越完善，今后两者可以随时精准链接。所有的中间环节都没有了，赚差价的逻辑也就不存在了。

4. 中国 99% 的公司和集体都将消失，各种垂直的平台将诞生。大量自由职业兴起。中国社会的组织结构从公司 + 员工，变成平台 + 个人。

5. 中国将越来越细分：行业将越来越垂直、协作越来越完善。因此传统的木桶原理不再成立，以前我们总在弥补自己短板，因为你的短板限制了你的综合水平，使得今后我们将不断延展自己长处，因为你的长处决定了你的水平。你只需要将自己擅长的一方面发挥到极致，就会有其他人跟你协作，这叫"长板原理"。

6. 中国未来只有三种角色，自下而上依次是：价值提供者—价值整合者—价值放大者。价值提供者是依靠个体劳动创造直接财富，比如司机、医生、律师等，影响力大了可以靠名声创富，比如明星、作家、大导演、名主持等。价值整合者是依靠配置社会资源间接创造财富，主要指的是企业家和

---

* 引自《跨界战争》，http：//sh. qihoo. com/9e30da6a35355bd0f？ sign = 360_ e39369d1。

各种组织的领导者，他们促进社会资源向最需要的地方流动。价值放大者是依靠平台或财富的力量去撬动企业和项目的成长，他们往往是大平台的拥有者，比如马云、马化腾、李彦宏、巴菲特、孙正义等，他们促使社会财富呈爆发式增长。三个阶层不是固化的，而是可以流动的。

7. 未来的财富形式一定是估值或市值，趋于虚拟和抽象，只是一个数字。中国人的财富形式先后经历了粮票（花钱的权力）—存款（现金数字）—房产（固定资产）—估值（虚拟财富）四个阶段。虚拟财富即你拥有多少财富，并不代表你就可以随便花这些钱，而是代表你有支配这些钱的权力，财富多少意味着调动资源的大小。

8. 对于未来每个人来说，有一个东西会变得很重要，那就是信用。行为—信用—能力—人格—财富。在大数据的帮助下，你的行为推导出了你的信用值，然后以信用度为支点、能力为杠杆、人格为动力，联合撬动的力量范围，就是你所掌控世界的大小。

9. 传统社会的总财富是这样创造出来的：人们依托固定公司，在固定时间、固定地点重复固定的劳动，属于被动式劳动。未来社会的总财富是这样创造出来的：人们依靠自身特长，点对点地对接和完成每一个需求，充分融入社会每一个环节，属于主动式创造。因此，整个社会财富将实现裂变式增长。

10. 未来每一个人都是一个独立的经济体。既可以独立完成某项任务，也可以依靠协作和组织去执行系统性工程，所以，社会既不缺乏细枝末节的耕耘者，也不缺少具备执行浩瀚工程能力的组织和团队。

11. 未来如何拥有自己的产品？逻辑应该是这样的：创意—表达—展示—订单—生产—客户。当你有一个想法时，你可以先表达出来，然后在平台上进行展示（这样的平台会越来越多），然后吸引喜欢的人去下单，拿到订单后可以找工厂生产（不用担心量太少，今后的生产一定会精细化和定制化），然后再送到消费者手里。

12. 中国产业链的流向正在逆袭。以前是先生产再消费：生产者—经销商—消费者。未来一定是先消费再生产：消费者—设计者—生产者。因此，传统经销商这个群体将消失，而能够根据消费者想法转化成产品的设计师将大量出现。

13. 中国未来产业分为三种：一维的传统产业—二维的互联网产业—三维的智能科技产业。一维世界正在推倒重建，二维世界被划分完毕（BAT掌控），三维世界正在形成，高维挑战低维总有优势。所以网店可以冲散实体店，而微信的对手一定在智能领域诞生。因此，真正的好戏还在后头！

14. 中国经济结构进化论：计划经济—市场经济—共享经济—共产经济。从"按计划生产，按计划消费"，到"按市场生产，按利润分配"，再到"按消费生产，按价值分配"，未来中国一定会"按需求生产，按需求分配"，满足人的一切需求。

15. 中国当下的企业分为三个等级：三等企业做服务—二等企业做产品—一等企业做平台。今后企业的出路唯有升级成平台，平台化的本质就是给创造者提供创造价值的机会！

16. 中国互联网的进化：PC 互联网—移动互联网—物联网。PC 互联网解决了信息对称，移动互联网解决了效率对接，未来的物联网需要解决万物互联：数据自由共享、价值按需分配。"互联网＋"的本质就是搭建一个底层建筑，使上面的每一个人都可以迅速找到目标。无论是找客户、找恋人还是找伙伴。

17. 中国电子商务的进化：B2B—B2C—C2C—C2B—C2F，从商家对商家到商家对个人、个人对个人、个人对商家，最终是个人对工厂。未来每一件产品，在生产之前就知道它的顾客是谁，个性化时代到来，乃至跨国生产和定制。

18. 中国商业角逐的核心先后经历了地段—流量—粉丝三个阶段，房地产经营的就是地段，传统互联网经营的就是流量，自媒体经营的是粉丝。而未来是"影响力"和"号召力"之争，"核心粉丝"的瞬间联动是未来商业的"引力波"。

19. 中国今后的私有财产会更加神圣。每个人的行为都会围绕利益展开，而且目标简单而明确。汇聚大家之私，即成社会之公，此乃民富国强。

20. 中国的社会结构将越来越精密细致。以前每一个"需求"和"供给"都是由企业完成，今后都是由个人完成，可以做一个这样的比喻：如果经济是一场血液循环，那么今后它的毛细血管会更加丰富，输送和供氧能量会更加强大。

21. 中国社会的传统关系网被不断撕裂，以价值分配为关系、新的链接正在形成，每个人都是一个节点，进行价值传输。新的社会架构讲究的是"规则"而不是"关系"。而你所处的地位和层级，是由你所带来的价值决定的。

22. 中国人正在由外求变成内求。外求即求关系、求渠道、求资源、求人脉、求机会，内求即坦诚面对自己内心最真实的一面，激发起兴趣、热情、希望、理想，当你做好你自己，外界的东西就会被你吸引过来，这就是所谓求人不如求己。

23. 依靠利益关联进行互相制衡，在互联网时代，每个人都与外界有无数个连接点，依靠这些连接点，每个人的处境都将直接绑定自己的行为，贪婪、懒惰、无知作为人性的负面，都将被自然克制。

24. 中国商业未来 10 年内的主题都将离不开"跨界互联"，以"互联网＋"为基础，不同行业之间互相渗透、兼并、联合，从而构成了商业新的上层建筑。不同业态将互相制衡，最终达到一种平衡的状态，从而形成新的商业生态系统。

25. 中国未来社会的完善，离不开一批有"匠心"的人，也就是那些脚踏实地的人。比如工匠、程序员、设计师、编剧、作家、艺术家等，因为互联网已经把社会的框架搭建完成，剩下的就是灵魂填充。所以即便是普通的工作岗位，他们的社会地位也将获得提升，获得尊重。

26. 中国精神文明的红利期正在到来。传统的物质文明进展步伐已经开始放慢，因为工业化已经将社会各项硬性设施布局完善，物质的野蛮增长期已经过去，而互联网又已经把所有的链接搭建完毕，柔性内容开始凶猛增长，新文化行业是一个增长点。

27. 中国人找回信仰的逻辑是这样的：新规则—新秩序—新精神—信仰。具体来说就是：中国正在建立一套完善而合理的社会秩序，让每个人都能各尽其才、各取所需。在此基础上形成了新秩序，而秩序的运转将产生新的精神，比如契约精神。精神的碰撞激发起内心的向往，一旦我们心有所属，这就是信仰。

28. 中国媒体的进化论：传统媒体—新媒体—自媒体—信息流。媒体正在由集中走向发散，由统一走向制衡。自媒体的兴起将产生两大结果，第一，激起了很多人的创作热情，文字作为人的一种基本属性终于被找回，感性的一面被激发，可以滋润这个越来越机械化的世界；第二，中国的话语权开始裂变，普通民众迫切要求参与公共事务的决策权，比如春晚到底该邀请谁。而未来人人都是一个自媒体，信息流的产生让媒体消亡。

29. 中国广告业态的进化论：媒介为王—技术为王—内容为王—产品为王。传统广告总是依靠媒介的力量去影响人，比如央视的招投标。后来的互联网广告开始依靠技术实现精准投放，比如按区域、按收入、按时段投放。再后来，社交媒体的崛起使好的广告能自发传播，而未来最好的广告一定是产品本身，最好的产品也一定具备广告效应。

30. 中国未来将出现一个伟大的"超级互联网公司"，通过高效协作和行业细分，来优化配置社会的各种资源，包括各种大大小小的、边边角角的零部件，不浪费一个螺丝钉、不放弃一个灵魂，将整个社会带入价值创造和吸收的大循环。

问题：结合本案分析知识型人才在未来企业发展中的可能作用与对策，说明理由。

参考文献

[1] Peter Drucker. Management Challenges for the 21st Century[M]. Boston：Harvard University Press，1999.

[2] Stewart T A. Intellectual Capital：The New Wealth of Organizations[M]. New York：Bantam Doubleday Dell Publishing Group，Inc. 1997.

[3] K Wiig. Knowledge Management：An Emerging Discipline Rooted in a Long History[D]. Working paper of the Knowledge Research Institute，Inc. ，1999.

[4] Hope J，Hope T. Competing in the Third Wave：The Ten Key Management Issues of the Information Age[M]. Boston：Harvard Business School Press，1997.

[5] Steward T A. Your Company's Most Valuable Asset：Intellectual Capital[J]. Fortune，1994（10）：28—33.

[6] OECD. the Knowledge – based Economy：Organization for Economic Cooperation and Development[D]. OECD Paris. 1996.

[7] 彭剑峰. 21 世纪人力资源管理的十大特点[J]. 中国人才，2000（11）：15 – 17.

[8] 王方华. 知识管理论[M]. 太原：山西经济出版社，1999.

[9] 吴季松. 21 世纪的新趋势——知识经济[M]. 北京：北京科学技术出版社，1998.

[10] 乌家培. 信息经济与知识经济[M]. 北京：经济科学出版社，1999.

[11] 赵曙明，等. 创意人才培养战略研究[J]. 南京大学学报（哲学·人文科学·社会科学版），2006（6）：111—118.

[12] 邓玉林，王文平. 基于人力资本产权的知识型员工激励机制研究[J]. 中国管理科学，2009（1）：151—156.

[13] 张向前. 知识经济与人力资源管理[J]. 科技与管理，2001（3）：60—62.

[14] Milliken F J. Three Types of Perceived Uncertainty about the Environment：State，Effect，and Response Uncertainty[J]. Academy of Management Review，1987，12（1）：133—143.

[15][24] 席酉民，肖宏文，王洪涛. 和谐管理理论的提出及其原理的新发展[J]. 管理学报，2005（1）：23—32.

[16] 温家宝哈佛演讲提出广泛文明对话和文化交流[N]. 人民日报，2003 – 12 – 11（1）.

[17] 江泽民主席发表重要演讲[N]. 人民日报，2002 – 10 – 25（1）.

[18] 胡坤，刘思峰. 管理理论与人性假设的对应发展关系[J]. 商业研究，2004（19）：66—68.

[19][21]丹尼尔·A.雷恩.管理思想的演变[M].孔令济,译.北京:中国社会科学出版社,2000.

[20]王慧.管理学中人性假设的历史变迁[J].企业改革与管理,2007(7):5—6.

[22]Koontz Harold. The Management Theory Jungle[J]. Academy of Management Journal, 1961(3):174—188.

[23]Koontz Harold. The Management Theory Jungle Revisited[J]. Academy of Management Review,1980(2):175—187.

[25][26]席酉民,尚玉钒.和谐管理理论[M].北京:中国人民大学出版社,2002.

第二章　知识型人才内涵研究

【学习目标】
(1) 掌握知识型人才的定义
(2) 掌握知识型人才的获得途径
(3) 掌握知识型人才能力构成

1　引言

中国科学院在《迎接知识经济时代，建设国家创新体系》的专题报告中指出：一个以知识和信息为基础的，竞争与合作并存的全球化市场正在形成，世界经济合作与发展组织主要成员国国内生产总值（GDP）的50%以上已经是以知识为基础的，发达国家科技进步对经济增长的贡献率已经超过了其他生产要素贡献率的总和。同过去以一般劳动力和物质为基础的农业经济、工业经济相比，知识经济是以生产、分配和利用信息、知识为基础，人才的重要性进一步凸显出来，21世纪，知识经济将逐步占据国际经济的主导地位[1]，知识经济是一种人才经济。彼得·德鲁克（Peter Drueker，1999）认为知识工作者的生产率是21世纪企业管理的核心[2]，未来企业的成功就取决于能否有效地管理好知识工作者。对中国企业而言，如果说，在20世纪80年代靠解放思想、靠胆量发展，20世纪90年代靠资本发展，那么现在必须靠人才发展，当前推动经济社会发展的根本动力是人才的知识与能力，因此，高素质的人才将有更加广阔的用武之地。目前，管理实践与理论界对知识工作者的管理研究还处于探索阶段。知识工作者管理的首要问题就是认定谁是知识工作者，从德鲁克提出"知识工作者"这一概念之后，对知识工作者管理的讨论层出不穷，但有关知识工作者的定义却从没有取得一致的认识。本书试图通过对已有知识工作者研究文献的分析，总结利弊，在此基础上提出知识型人才较为简明的定义并对其内涵及获取途径进行分析。

2 知识型人才的定义

2.1 不同学者的定义或认识

在国外，1994 年，C. 温斯洛和 W. 布拉马共同出版了《未来工作：在知识经济中把知识投入生产》一书，提出了"知识工人"（Knowledge Workers）的概念[3]。詹姆斯·W. 科尔塔达博士（James W. Conada，1998）在《知识工作者的兴起》[4]（*Rise of the Knowledge Worker*，*Butterworth—Heinemann*）一书中提出工厂和农村的劳动者是如何发展成为未来的知识工作者。第一部分"新职业的诞生：知识工作者"；第二部分"对新职业的认识"；第三部分"社会与个人职业"。1999 年，比尔·盖茨（Weilian H. Gates Ⅲ KBE）在西雅图与一批企业界人士座谈时提出了"知识工人"的概念。"知识工人"不仅仅是指那些坐在办公桌后面的员工，而是包括公司各部门、从总部到具体岗位的各类工作人员。比尔·盖茨认为要向知识工人提供信息技术和设备，旨在使工人与工作结合得更紧密，为公司的顾客提供更好的服务，而并非为工人提供更多的自由[5]。加拿大政府认为，当知识已成为经济增长的比较重要的原因时，以往的传统资源优势（丰富的自然资源和靠近美国）已逐渐丧失其实力。提出面对知识经济，需要具有新技能的工人"知识工人"，这就使人力资源的开发与配置结构要发生改变[6]。

在国内，学者黄卫国认为[7]：知识工作者是在企业知识价值链上从事知识获取、知识创新、知识共享和知识应用等非结构性任务，且要做独立判断的人。学者屠海群[8]、肖振宇[9]认为：从知识资本理论和人力资本理论来看，知识工作者是指从事生产、创造、扩展和应用知识的活动，为组织带来知识资本增值，并以此为职业的人员。学者杨杰、凌文辁、方俐洛研究认为[10]：知识工作者是有别于脑力劳动者、知识分子、白领工人及蓝领工人的一个独立的、有所特指的概念；判断一项工作是不是知识性工作时，依据的主要标准是对专业技术知识的要求、知识技能的更新速度、对创新的要求、对最低学历的要求以及对质量的要求；知识性工作的特点可以概括为：更高的专业化、更快的更新、更高的创新、更高的入门学历以及更高的质量。学者吴季松在《知识经济》一书中认为，在知识经济时代，知识工人的新岗位将大大增加[11]。

2.2 知识型人才定义的分类

按照比尔·盖茨的说法，"知识工人"包括"各种工作人员"；按照加拿大政府文件的定义，"知识工人"是"具有新技能的工人"；按照吴季松的认识，"知识工人"是"软件从业人员"。从现有的资料看，国内外关于知识经济的书籍和介绍文章很多，对"知识工人"越来越重视，但对"知识工人"的含义并未做深入的比较研究，大多数仅限于一种提法，而且有关"知识工人"的概念说法不一，有待界定。对于知识型工作者分类，不同学者有不同的定义，这些定义可以进行一些归类，有利于读书理解记忆，国内较有代表性的是黄卫国、宣国良等对知识型人才的分类定义。本书归纳分析见表1。

表1   知识型人才定义分类表

类别	代表性观点	观点评价
全员论	全员论认为所有员工都是知识型人才。代表性的学者如 Thomas A. Stewart（托马斯·斯图沃特，2000）和 Vema A Uee（维娜·艾丽，1998）认为，在工作中每一个人都要运用知识，如果将某些人划分为非知识工作者，就不能如实反映出当今知识经济环境下的工作实践[12]。Vena Alley（维娜·艾蕾）认为，现在每个人的工作中知识成分已大大地提高了，没有某种特殊的知识工作者，每个工作者都是知识工作者，都会因为被看作有智慧、有知识的人而受益[13]	全员论观点的最大缺陷就是忽略了知识工作者术语是相对于体力工作者术语而言的
职业论	职业论认为知识型人才是从事某类工作的人。Dove（多芬，1998）指出知识工作者是包括科学家、工程师、教授、律师、外科医生和会计师的群体。Maehlup（马克卢普）是和 Drueker（德鲁克）同期提出知识工作者术语的，运用产生知识活动的定义和特征来界定知识工作，认为运输者、改革者、加工者、翻译、分析家以及各种信息的创造者都算作知识工作者[14]	职业论忽略了在新的组织环境下蓝领工人角色扩展的现实，不少蓝领工人如高级技师已经是知识工人
学历论	学历论认为知识型人才是具有较高学历或者获得较高职业技术等级的人才。在西方社会，智力一般被认为产生于系统的教育，那些成功地完成了学业的人会得到证书，如学位证书和职业资格证书。Bendey（本特利，1990）将知识工作者定义为那些受过高等教育和训练的人[15]	学历论过分注重员工受过的学历或资历，或非员工实际的贡献。其实，高学历或高职业资格证书，不代表从事的工作一定是复杂的，也可能从事简单体力劳动
个性特征论	个性特征论认为知识型人才具有创造性等区别于一般劳动者的显著特征。如：Ahmad（艾哈迈德，1981）将知识工作者定义为有自我鉴别和意识的工人；Tampoe（坦姆利，1993）在对知识工作的定义中着重强调个人的创造性和创新。张向前（2002）总结了知识型人才具有创造性、较高流动性、劳动复杂性等个性特征[16]	个人特征论很可能忽略了公司里潜在的知识工作者群体，这种定义方法混淆了能力和机会

续表

类别	代表性观点	观点评价
个体行为论	个体行为论将知识型人才定义为工作场所中的一类行为，这类方法着重于员工日常的实际活动，如 Kelloway 和 Barling（2000）认为在公司中凡是从事知识捕捉、知识创新、知识共享和知识应用活动的人就是知识工作者[17]	个体行为观点缺陷在于如果员工的产品不是有助于知识传播的通信或服务，那么不管他们的知识如何渊博都不包括在内
任务论	任务论从所从事的任务是新颖还是重复的角度来定义知识工作者。Arthur R. Dahms Ⅲ（1988）认为知识工作者就是从事非重复性任务的人[18]；Scarbrough H（1999）认为知识工作者不是一个非连续的职业群体，接受知识工作者构成了未来管理理论产生的源泉[19]	任务观点反映了知识工作是相对非结构化的，并存在组织上的偶然性和不断变化的组织需求，比职业化的定义有更好的规范和实践意义
投入与产出论	有些学者从员工在工作中的投入与产出来定义知识工作者。Drucker（1983）将知识工作者定义为把自己从学校学到的知识而非体力或体能投入工作，从而得到工资的员工[20]；Miller（1998）认为知识工作者运用他们的智力将他们的观点转化为产品、服务或流程	投入与产出观点有对知识工作的研究导入简单化的倾向，忽略了知识工作中最复杂、重要的过程
知识价值链论	黄卫国、宣国良认为知识工作者是在企业知识价值链上从事知识获取、知识创新、知识共享和知识应用等非结构性任务，且要做独立判断的人	此定义突出了知识工作者的三个特性：第一，知识工作者是在知识成为主要的经济要素之后才进入人们的视野的，是相对于体力工作者而言的；第二，知识工作者是针对某一特定的主体的；第三，知识工作者是一个动态的概念
贡献论	本书（张向前）认为知识型人才是指一个企业组织中脑力劳动贡献高于其体力劳动贡献的劳动者	此定义认为不宜从学历、资历、职业或行为特征定义知识型人才，而应从脑力劳动的贡献量来定义。这样才有利于把握知识型人才，特别是区别于非知识型人才
历史论	历史论认为历史上所谓的劳心者即是知识型人才。知识工作者已经存在了数千年	不少历史学家都存在此类观点。不过，现代组织的知识工作者已不同于传统意义上的知识分子。组织的知识工作者已完全独立出来，他们掌握大量的生产技术，拥有丰富的实践经验和工作知识，他们是整个组织的灵魂与命脉。不易受控制

2.3 界定知识型人才的意义

本书认为知识型人才是指一个企业组织中脑力劳动贡献高于其体力劳动贡献的劳动者。此定义较好地融合了上述观点的优点，突出了知识工作者的四个特性：第一，只要以脑力劳动为主体，都应当是知识型人才，不论职业；第二，提出了投入可能以知识为主体，主要还在于看产生的贡献是不是以脑力为主；第三，学历不能成为知识型人才衡量标志，若是高学历但从事以体力劳动为主体，仍不属于知识型人才；第四，知识型人才是一个动态的概念，可能不同时期从事体力与脑力劳动及劳动贡献会发生变化。

之所以对知识型人才进行界定：首先，管理学家彼得·德鲁克（Peter Drucker，1999）在《21世纪对管理的挑战》（*Management Challenges for The 21 st Century*）一书中指出："知识工作者的生产力是21世纪对管理最大的挑战，在发达国家这是它们生存的需要，舍此就别无他法能维持其领导地位和维持其生活水平。"[21]不断发展知识经济，组织之间竞争的重点在知识、资讯、科技综合体——知识型的人才。知识型人才对于组织的发展起了决定性作用。其次，由于对知识型人才的研究起步较迟，研究已经取得了丰硕的成果，但现代相关研究管理理论从不同的研究视角、研究对象和研究方法形成的管理理论较为混乱，整体上表现为"语义学分歧""对于知识型人才体系定义的分歧"等特征，不利于后继学者的持续研究，为什么不采用已经有的"知识工人"或"知识型工作者"概念，主要考虑知识工人概念容易使人误解，特别是国内传统观点"工人"与"干部"似乎有身份之差，这是本书所不愿意看到的。"知识型工作者"与以上不同学者的观点关联太紧，意义不一，容易使人误解。因此，对于知识型人才系统研究发展至今，统一定义对于可持续的研究显然有必要。最后，管理的研究不能脱离实践的检验，笔者通过对1182份（个）样本的实证研究表明，本定义受到企业管理实践者的普遍赞同。

3 知识型人才能力构成

学者张德认为，能力是指直接影响活动效率使活动顺利完成的个性特征。人的能力发展早晚、能力发展的水平是有差异的。[22]人们完成活动中表现出来的能力有所不同。能力是直接影响活动效率并使活动顺利完成的个性心理特征。能力总是和人完成一定的活动相联系的。能力有一般能力和特殊能力。一般能力是指观察、记忆、思维、想象等能力，通常也叫智力。它是人们完成任何活动不可或缺的，是能力中最主要又最一般的部分。特殊能力是指人们从事特殊职业或专业需要的能力，例如音乐中所需要的听觉表象能力。人们从事任何一项专业性活动既需要一般能力，也需要特殊能力，二者的发展也是相互促进的。无论是不是知识型人才，都需要或可能具备能力。廖泉文教授将人的能力划分成五个台阶，见图1[23]。

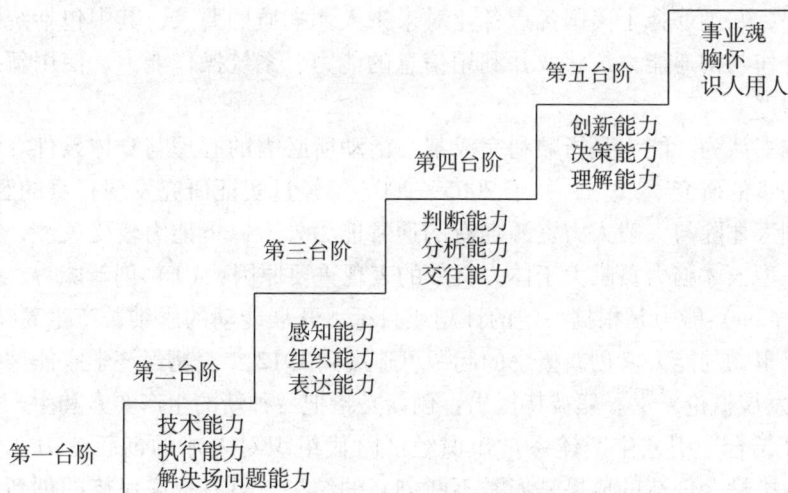

图1　人力资源能力的五个台阶理论图

学者张蕾、许庆瑞认为[24]：按照能力元素的性质对其进行分类，再结合能力元素本身内部之间的关系以及能力元素同具体工作任务的接近程度，通过大量的文献阅读和比较，对知识工作者所需的能力元素分为以下五大类。具体为：（1）价值观与品质类能力元素，这类能力元素主要是与个体价值观、个人品性等相关的能力元素的集合，如正直诚信、责任心等。（2）情感类能力，这类能力指调整与控制个人感情和心绪，以满足工作需要的能力。如面对压力、自我控制、毅力等。这类能力也属于通用能力，能够在一定程度上实现无效率衰减式转移，这类能力属于情绪能力的范畴。（3）行为导向类能力元素，如团队合作、成就导向、人际交往、谈判协商等能力元素，这类能力元素中同人际相关的能力元素大多数属于情绪能力的范畴。（4）知识技能类能力元素。这类能力元素包括同工作相关的各种信息类知识、陈述性知识、程序性知识与经验性知识等。（5）元能力。这类能力元素不仅是具有高度通用性的通用能力，而且这类能力是形成其他能力的基础或者是能够将其他能力元素协同起来从而使得整体能力发生非线性增长的能力。他们将这类能力元素称为元能力（meta - eom - peteneies），包括自我发展能力、学习能力、解决问题的能力等。美国劳工部21世纪就业技能调查委员会（The

Secretary's Commission on Achieving Necessary Skills，US Department of Laboor），对近 20 年来美国教育的现状和 21 世纪美国社会对人才素质的需求，进行了全面的调查和深入的研究，并对国家调整劳动力市场、指导就业培训的咨询意见发表了《美国 21 世纪事业对学校的要求》的调查报告（What Work Requires of Schools：A SCANS Report for America 2000），提出为适应 21 世纪的新形势，归纳综合了美国各行各业对未来人才素质的要求，其中包括统筹能力、合作与沟通能力、获取并利用信息的能力、系统操作能力、使用新技术的能力[25]。

本书认为，能力是指顺利完成某一活动所必需的心理与身体条件。笔者进行初步的研究[26]-[29]，并于 2005—2007 年经过实证研究发现自身的智慧，知识型人才除与一般人力资源拥有的通常能力外，以下能力较受关注，这也是知识型人才脑力贡献大于体力贡献的表现重要原因：（1）创新能力。创新（innovation）能力是根据一定的计划或目标，开展能动的思维，产生新认识、创造新事物的能力。创新概念的起源可追溯到 1912 年美籍经济学家熊彼特的《经济发展概论》[30]。熊彼特提出：创新是指把一种新的生产要素和生产条件的"新结合"引入生产体系。知识经济时代组织对人才的创新能力尤为重视，人类社会创造的成果是人类不断创新的结果，只有提高民族的创新能力才能真正发展知识经济，创新成果才能突破。（2）管理或领导能力。西蒙（H. A. Simon），认为：管理就是决策。孔茨认为：管理就是设计和保持一种良好环境，使人在群体里高效率地完成既定目标[31]。知识经济时代，知识型人才最低层次应进行有效的自我管理，更多的时候直接或间接参与或主导组织的管理工作，其管理或领导能力更加重要。（3）信息处理能力。知识经济时代主体是人，此时各种信息丰富多彩，人不能同时拥有全部的信息，很多有用的信息掩藏在大量杂乱无章的组织内外各种信息和数据中。知识型人才个人对组织或善于采集的信息进行信息过滤、信息分析和知识归类等深度加工和处理，为工作中的决策提供有效的依据。（4）自学能力。面对一个快速发展、以"变化"和"不确定"为主要特征的知识经济时代，知识型人才必须具备自学能力；这种能力是持续学习的能力，为了适应技术、技能的不断变化，唯一的解决方法是终身学习，适应不断变化的环境。（5）团队协作能力。知识经济是工业经济高度发达的必然结果，生产进一步社会化，社会分工与合作进一步加强，员工个体的智慧对企业整体竞争力的贡献是偶然的；团队协作对团队整体智慧管理的投入，能够提升企业汇集每个员工的智慧的能力，最终形成企业智慧优势；只有团结协作起来，才能创造出惊人的效益。（6）人际交往能力。人际交往是个体社会化的体现，也是自我认识、自我评价的必经之路，个体与他人交往中认识自我形象。建立良好的人际关系，有利于协调和平衡人与人之间交往产生的关系，有利于在工作中取得好成绩，有利于增强一个企业、一个单位的凝聚力。现代社会已经成为一个"关系"社会，要理顺各种关系，并和各种关系合作、协调好，就必须具有良好的人际交往素质和能力。当然，知识经济对人的能力需要不仅是以上几个方面，还包括适应和应变能力、理论联系实际的能力、处理人与自然资源的能力等。知识经济的不断发展对人的素质和能力的要求必然越来越高。

4　知识型人才个性特征

国内外不少学者研究知识型人才与非知识型人才差异性，总体而言，与非知识型人才相比，知识型人才在个人特质、心理需求、价值观念及工作方式等方面有着诸多的特殊性。彼得·德鲁克认为，创新能力是知识型人才最主要的特点，知识型人才兼具知识性、创造性、灵活性等方面的特征[32]。学者徐拥军认为："知识人"具有利己性、公益性，是有高度社会责任感的人；"知识人"具有理性，其理性包括"自我理性"和"社会理性"等[33]。知识工作者不同于简单的体力劳动者，一般来说具有如下特征：（1）工资普遍高于平均水平；（2）尊重需要和自我实现的需求比较强烈；（3）对相对宽松的工作环境需求倾向较强，即工作自主；（4）对知识、个体和事业的成长有着不懈的追求；（5）要求获得与自己贡献相称的报酬的倾向更为明显[34]。知识工作也具有以下特点：（1）工作过程难以观察；（2）工作成果不易衡量；（3）工作的顺利进行有赖于知识型员工发挥自主性；（4）知识型员工都是某个领域的专家，而管理者在这些领域往往是外行，知识工作者对组织的依赖性低，组织和知识型员工是一种相互需要的关系[35]。

笔者经初步分析认为，知识型人才主要显著特征如下：第一，较高的素质。表现为：知识型人才多数受过系统的专业教育，包括技能或知识教育，一般具有较高学历，部分高技能人才可能不具备高学历，较高的知识或技能水准；一般具备积极的开拓创新精神，是引领组织文化发展、变革生产和制度的开路先锋。这里一直强调"一般"，就是不排除非高学历者也可能是知识型人才，即符合本书定义的知识型人才。第二，独立自主性。知识型人才拥有较强的独立自主性，他们与一般员工相比最大的区别在于，一般员工往往只是被动地适应组织和环境，而知识型人才是企业里最富有活力的要素，他们向往拥有一个灵活的组织和自主的工作环境，渴望工作场所、工作时间方面的灵活性以及宽松的组织气氛，强调在工作中自我管理，愿意对各种可能性做有益的尝试，并期望得到企业乃至社会的承认。第三，富有创新性。库珀解释说："知识型人才之所以重要，并不因为他们已经掌握了某些秘密知识，而是因为他们具有不断创新有用知识的能力"。[36]第四，较高流动性。知识型人才由于占有特殊生产要素，即隐含于他们头脑中的知识，而且他们有能力接受新工作、新任务的挑战，因而拥有远远高于传统工人的职业选择权。他们很容易地转向其他公司，寻求新的职业机会，流向能更好发挥自身潜能实现自身人生价值的企业；知识型人才流动成为现代企业的普遍现象。第五，高成就动机。从马斯洛层次需求理论来看，知识型人才需求往往属于较高的层次，是一种偏好自我管理的人，也是一种要努力实现自我价值的人；因此与一般员工相比，知识型人才更在意并强烈期望得到社会的承认与尊重。第六，一定骄傲性。知识型人才一般具有某种特殊技能，而且大多个性突出。由于自己在某一方面的特长和知识本身的不完善性使得知识型人才并不崇尚任何权威，不惧怕权势或权威，传统职位权威对他们往往不具有绝对的控制力和约束力。第七，劳动复杂性。如：劳动过程复杂、劳动考核复杂、劳动成果复杂等。知识型人才的劳动复杂性，成为企业管理的困惑所在；目前企业的员工管理只能在劳动和工作时间上有所作为，人的潜质包括员工的智慧却无法充分有效利用。

5　知识型人才的获得途径

现代组织的核心资源是人力资源，知识型人才又是人力资源的核心；组织首先必须获得、留住、培养知识型人才，才能谈得上有效进行知识型人才管理，从而为组织的发展奠定基础。第一，招募知识型人才。招募与组织相适配的知识型人才。笔者调查研究表明，几乎80%的知识型人才流动与招募阶段的失误有关[37]，失误的主要原因不是流失的人才不能适应工作要求，而是因为他们不适应该组织的文化。为了减少流失率，在引进新知识型人才时就应严格挑选程序，制定合理挑选标准，注意知识型人才的气质、性格、能力、态度、兴趣和行为与组织是否匹配，进行基于组织文化的知识型人才招聘过程。知识型人才进入组织后，组织还要通过告诉新知识型人才怎样工作、怎样与其他员工相处、怎样获得帮助等，使他们很快地融入企业，避免因知识型人才不适应企业文化而造成人才流失。第二，培养知识型人才。著名经济学家马歇尔（Marshall R.）指出，所有的投资中，最有价值的是对人力资本的投资[38]。对人才培训的投资对企业而言是长线投资，通过不断的学习和培训，可以实现知识型人才人力资本的增值，获得更多的预期收入。同时，通过学习和培训提高知识型人才的水平，使他们能够在工作中不断更新知识结构，随时学习到最先进的知识与技术，保持与企业同步发展，从而成为企业最稳定可靠的人才资源。随着人才职业生涯的发展，许多知识型人才将从单纯的技术岗位和局部性工作，转向承担更具综合性、全局性的管理和领导工作，为此，企业在发挥这类知识型人才作用的同时，需要加强对他们的全面培养，使之能在未来的发展中承担更大重任。同时，通过后备知识型人才培养工作，企业还可以避免出现由于企业内部掌握核心技术人员、高级管理人员等知识型人才流失而造成的危机。企业应制定较为完善的激励措施，鼓励员工成为知识型的劳动者，激发他们的创新能力，确保员工的成就欲望、专业兴趣与企业所需的目标一致，将员工的知识转化为企业发展的动力。

6　本章小结

本书认为，第一，知识型人才是相对于体力工作者而言的。从各学者对"知识型人才""知识工作者""知识工人"等概念的提出，相对于体力工作者（manual worker）而言的意义明显。体力工作者并不是简单认为是出卖体力的人，体力工作（manual work）指的是结构化、程序化和技能化的工作，只要按照既定的程序与方法去做就能重复得到好的结果；而知识工作就是非结构化、非程序性、非技能性的不易重复的工作。第二，知识型人才及相关理论提出的时间都较短。应该说知识型工作者自古有之，今天人们越来越重视。主要原因是人力资源已经成为现代经济发展最重要的生产要素，而知识型人才又是人力资源中的核心资源，是现在社会生产系统中最活跃的生产要素，控制了整个生产系统核心部分。第三，知识型人才个性之中特别要强调独立自主性。从知识型人才能力特征及个性特征看，知识型人才难以被轻易驾驭，原因是多方面的；知识型人才较高的独立自主性体现在知识获取、知识创新、知识共享和知识应用等每一个过程中，使得管理过程中不可能仅仅把知识型人才视为管理对象；他或他们从不同程度上参与到管理过程中，很多时候也是管理的主体之一。第四，已有的研究无法将知识型人才的所有能力或特征全部概括；管理过程中也无法考虑知识型人才的全部能力特征及个性特征。管理中对知识型人才的认识走向越来越复杂化，这样，管理的成本就会不断地增加，况且不一定能达到提高知识型人才工作效益的目的。因此，未来研究者应较为全面认识知识型人才能力、个性、人性及主要影响因素，突出若干主要要素，这样更有利于知识型人才管理。

【复习题】

(1) 何谓知识型人才？

(2) 分析知识型人才能力构成。

(3) 分析知识型人才个性特征。

【思考题】

(1) 分析不同学者知识型人才的定义差别，说明理由。

(2) 分析知识型人才能力构成与一般人才核心区别。

(3) 分析城市知识型人才的获得途径，分析国内城市之间的人才竞争。

【案例分析】

生命中的 3 个故事——乔布斯*

在斯坦福大学的一场毕业典礼上，乔布斯站在台上，开始了以下一段演讲；3 个故事，却能带给人们无数的启发，成为留给我们这些渴望创业的人最宝贵的财富。

斯坦福是世界上最好的大学之一，今天能参加各位的毕业典礼，我倍感荣幸。我从来没有从大学毕业，说句实话，此时算是我离大学毕业最近的一刻。今天，我想告诉你们我生命中的 3 个故事，并非什么了不得的大事件，只是三个小故事而已。

第一个故事，是关于串起生命中的点点滴滴。

我在里德大学待了 6 个月就退学了，但之后仍作为旁听生混了 18 个月后才最终离开。我为什么要退学呢？故事要从我出生之前开始说起。我的生母是一名年轻的未婚妈妈，当时她还是一所大学的在读研究生，于是决定把我送给其他人收养。她坚持我应该被一对念过大学的夫妇收养，所以在我出生的时候，她已经为我被一个律师和他的太太收养做好了所有的准备。但在最后一刻，这对夫妇改了主意，决定收养一个女孩。候选名单上的另外一对夫妇，也就是我的养父母，在一天午夜接到了一通电话："有一个不请自来的男婴，你们想收养吗？"他们回答："当然想。"事后，我的生母才发现我的养母根本就没有从大学毕业，而我的养父甚至连高中都没有毕业，所以她拒

---

* 引自《报刊荟萃》2011 年第 5 期。

绝签署最后的收养文件，直到几个月后，我的养父母保证会把我送到大学，她的态度才有所转变。

17 年之后，我真上了大学。但因为年幼无知，我选择了一所和斯坦福一样昂贵的大学，我的父母都是工人阶级，他们倾其所有资助我的学业。在 6 个月之后，我发现自己完全不知道这样念下去究竟有什么用。当时，我的人生漫无目标，也不知道大学对我能有什么帮助，为了念书，还花光了父母毕生的积蓄，所以我决定退学。我相信车到山前必有路。当时做这个决定的时候非常害怕，但现在回头去看，这是我这一生所做出的最正确的决定之一。从我退学那一刻起，我就再也不用去上那些我毫无兴趣的必修课了，我开始旁听那些看来比较有意思的科目。

这件事情做起来一点都不浪漫。因为没有自己的宿舍，我只能睡在朋友房间的地板上；可乐瓶的押金是 5 分钱，我把瓶子还回去好用押金买吃的；在每个周日的晚上，我都会步行 7 英里穿越市区，到 Hare Krishna 教堂吃一顿大餐，我喜欢那儿的食物。我跟随好奇心和直觉所做的事情，事后证明大多数都是极其珍贵的经验。

我举一个例子：那个时候，里德大学提供了全美国最好的书法教育。整个校园的每一张海报，每一个抽屉上的标签，都是漂亮的手写体。由于已经退学，不用再去上那些常规的课程，于是我选择了一个书法班，想学学怎么写出一手漂亮字。在这个班上，我学习了各种衬线和无衬线字体，如何改变不同字体组合之间的字间距，以及如何做出漂亮的版式。那是一种科学永远无法捕捉的充满美感、历史感和艺术感的微妙，我发现这太有意思了。

当时，我压根儿没想到这些知识会在我的生命中有什么实际运用价值；但是 10 年之后，当我们设计第一款 Macintosh 电脑的时候，这些东西全派上了用场。我把它们全部设计进了 Mac，这是第一台可以排出好看版式的电脑。如果当时我大学里没有旁听这门课程的话，Mac 就不会提供各种字体和等间距字体。自从视窗系统抄袭了 Mac 以后，所有的个人电脑都有了这些东西。如果我没有退学，我就不会去书法班旁听，而今天的个人电脑大概也就不会有出色的版式功能。当然我在念大学的那会儿，不可能有先见之明，把那些生命中的点点滴滴都串起来；但 10 年之后再回头看，生命的轨迹变得非常清楚。

再强调一次，你不可能充满预见地将生命的点滴串联起来；只有在你回头看的时候，你才会发现这些点点滴滴之间的联系。所以，你要坚信，你现在所经历的将在你未来的生命中串联起来。你不得不相信某些东西，你的直觉、命运、生活、因缘际会……正是这种信仰让我不会失去希望，它让我的人生变得与众不同。

我的第二个故事是关于爱与失去。

我是幸运的，在年轻的时候就知道了自己爱做什么。在我 20 岁的时候，就和沃兹在我父母的车库里开创了苹果电脑公司。我们勤奋工作，只用了 10 年的时间，苹果电脑就从车库里的两个小伙子扩展成拥有 4000 名员工，价值达到 20 亿美元的企业。而在此之前的一年，我们刚推出了我们最好的产品——Macintosh电脑，当时我刚过而立之年。然后，我就被炒了鱿鱼。一个人怎么可以被他所创立的公司解雇呢？这么说吧，随着苹果的成长，我们请了一个原本以为很能干的家伙和我一起管理这家公司，在头一年左右，他干得还不错，但后来，我们对公司未来的前景出现了分歧，于是我们之间出现了矛盾。由于公司的董事会站在他那一边，所以在我 30 岁的时候，就被踢出了局。我失去了一直贯穿在我整个成年生活的重心，打击是毁灭性的。

在头几个月，我真不知道要做些什么。我觉得我让企业界的前辈们失望了，我失去了传到我手上的指挥棒。我遇到了戴维·帕卡德（David Packard，惠普的创办人之一）和鲍勃·诺伊斯（Bob Noyce，英特尔的创办人之一），我向他们道歉，因为我把事情搞砸了。我成了人人皆知的失败者，我甚至想过逃离硅谷。但曙光渐渐出现，我还是喜欢我做过的事情。在苹果电脑发生的一切丝毫没有改变我，一个比特（bit）都没有。虽然被抛弃了，但我的热忱不改。我决定重新开始。

当时没有看出来，但事实证明，我被苹果解雇是我这一生所经历过的最棒的事情。成功的沉重被凤凰涅槃的轻盈所代替，每件事情都不再那么确定，我以自由之躯进入了我整个生命当中最有创意的时期。

在接下来的 5 年里，我开创了一家叫作 NeXT 的公司，接着是一家名叫 Pixar 的公司，并且结识了后来成为我妻子的曼妙女郎。Pixar 制作了世界上第一部全电脑动画电影《玩具总动员》，现在这家公司是世界上最成功的动画制作公司之一。后来经历一系列的事件，苹果买下了 NeXT，于是我又回到了苹果，我们在 NeXT 研发出的技术成为推动苹果复兴的核心动力。我和劳伦斯也拥有了美满的家庭。

我非常肯定，如果没有被苹果解雇，这一切都不可能在我身上发生。对于病人来说，良药总是苦口。生活有时候就像一块板砖拍向你的脑袋，但不要丧失信心。热爱我所从事的工作，是一直支持我不断前进的唯一理由。你得找出你的最爱，对工作如此，对爱人亦是如此。工作将占据你生命中相当大的一部分，从事你认为具有非凡意义的工作，方能给你带来真正的满足感。而从事一份伟大工作的唯一方法，就是去热爱这份工作。如果你到现在还没有找到这样一份工作，那么就继续找。不要安于现状，当万事了于心的时候，你就会知道何时能找到。如同任何伟大的浪漫关系一样，伟大的工作只会在岁月的酝酿中越陈越香。所以，在你终有所获之前，不要停下你寻觅的脚步。不要停下。

我的第三个故事是关于死亡。

在 17 岁的时候，我读过一句格言，好像是："如果你把每一天都当成你生命里的最后一天，你将在某一天发现原来一切皆在掌握之中。"这句话从我读到之日起，就对我产生了深远的影响。在过去的 33 年里，我每天早晨都对着镜子问自己："如果今天是我生命中的末日，我还愿意做我今天本来应该做的事情吗？"当一连好多天答案都否定的时候，我就知道做出改变的时候到了。提醒自己行将入土是我在面临人生中的重大抉择时，最为重要的工具。

因为所有的事情——外界的期望、所有的尊荣、对尴尬和失败的惧怕——在面对死亡的时候，都将烟消云散，只留下真正重要的东西。在我所知道的各种方法中，提醒自己即将死去是避免掉入畏惧失去这个陷阱的最好办法。人赤条条地来，赤条条地走，没有理由不听从你内心的呼唤。

大约一年前，我被诊断出癌症。在早晨 7：30 我做了一个检查，扫描结果清楚地显示我的胰脏出现了一个肿瘤。我当时甚至不知道胰脏究竟是什么。医生告诉我，几乎可以确定这是一种不治之症，顶多还能活 3~6 个月。医生建议我回家，把诸事安排妥当，这是医生对临终病人的标准用语。这意味着你得把你今后 10 年要对你的子女说的话用几个月的时间说完；这意味着你得把一切都安排妥当，尽可能减少你的家人在你身后的负担；这意味着向众人告别的时间到了。

我整天都想着诊断结果。那天晚上做了一个切片检查，医生把一个内诊镜从我的喉管伸进去，穿过我的胃进入肠道，将探针伸进胰脏，从肿瘤上取出了几个细胞。我打了镇静剂，但我的太太当时在场，她后来告诉我说，当医生们从显微镜下观察了细胞组织之后，都哭了起来，因为那是一种非常罕见的、可以通过手术治疗的胰脏癌。我接受了手术，现在已经康复了。

这是我最接近死亡的一次，我希望在随后的几十年里，都不要有比这一次更接近死亡的经历。在经历了这次与死神擦肩而过的经验之后，死亡对我来说只是一项有效的判断工具，并且与只是一个纯粹的理性概念时相比，我能够更肯定地告诉你们以下事实：没人想死；即使想去天堂的人，也是希望能活着进去。死亡是我们每个人的人生终点站，没人能够成为例外。生命就是如此，因为死亡很可能是生命最好的造物，它是生命更迭的媒介，送走耄蓁老者，给新生代让路。现在你们还是新生代，但不久的将来你们也将逐渐老去，被送出人生的舞台。很抱歉说得这么富有戏剧性，但生命就是如此。

你们的时间有限，所以不要把时间浪费在别人的生活里。不要被条条框框束缚，否则你就生活在他人思考的结果里。不要让他人的观点所发出的噪声淹没你内心的声音。最为重要的是，要有遵从你的内心和直觉的勇气，它们可能已知道你其实想成为一个什么样的人；其他事物都是次要的。

在我年轻的时候，有一本非常棒的杂志叫《全球目录》（*The Whole Earth Catalog*），它被我们那一代人奉为圭臬。这本杂志的创办人是一个叫斯图尔特·布兰德的家伙，他住在 Menlo Park，距离这儿不远。他把这本杂志办得充满诗意。那是在 20 世纪 60 年代末期，个人电脑、桌面发排系统还没有出现，所以出版工具只有打字机、剪刀和宝丽来相机。这本杂志有点像印在纸上的 Google，但那是在 Google 出现的 35 年前；它充满了理想色彩，内容都是些非常好用的工具和了不起的见解。

斯图尔特和他的团队做了几期《全球目录》，快无疾而终的时候，他们出版了最后一期。那是在 20 世纪 70 年代中期，我当时处在你们现在的年龄。在最后一期的封底有一张清晨乡间公路的照片，如果你喜欢搭车冒险旅行的话，经常会碰到的那种小路。在照片下面有一排字：物有所不足，智有所不明（Stay Hungry. Stay Foolish.），这是他们停刊的告别留言。我总是以此自诩。现在，在你们毕业开始新生活的时候，我把这句话送给你们。

问题 1：结合影响人的个性形成因素分析乔布斯。

问题 2：本案对您有何启示，并说明理由。

参考文献

[1]中国科学院.迎接知识经济时代,建设国家创新体系[R].北京:中国科学院,1997.

[2][21]Peter Drucker. Management Challenges for the 21st Century[M]. Boston:Harvard University Press,1999.

[3]袁志刚.知识经济学导论[M].上海:上海人民出版社,1999.

[4]辛华."知识工人"对技术提出高要求——比尔·盖茨提出新概念[N].中国计算机报,1999 – 05 – 27.

[5]詹姆斯·科塔达.知识工作者的兴起[M].北京:新华出版社,1999.

[6]王长城,等.关于"知识工人"的对话[N].湖北日报,2003 – 04 – 15.

[7]黄国国,宣国良.如何定义知识工作者[J].科技管理研究,2007(5):195—197.

[8]屠海群.从人性立场和知识资本理论透视知识工作者内涵及其二重性特征[J].经济师,2000(12):14—16.

[9]肖振宇,吴育华.高校知识工作者的激励模型及模糊综合评价[J].南开管理评论,2004(5):96—100.

[10]杨杰,凌文辁,方俐洛.关于知识工作者与知识性工作的实证解析[J].科学学研究,2004(2):90—96.

[11]吴季松.21世纪的新趋势——知识经济[M].北京:北京科学技术出版社,1998.

[12]Thomas A Stewart.软资产[M].北京:中信出版社,2000.

[13]Vena Alley.知识的进化[M].珠海:珠海出版社,1998.

[14]Machlup F. The Production and Distribution of Knowledge in the United States[J]. Princeton University Press.

[15]Bentley T. The Knowledge Workers[J]. Management Accounting,1990(3):68.

[16]张向前,黄种杰,蒙少东.信息经济时代知识型人才管理[J].经济管理,(新管理),2002(2):60—64.

[17]Kelloway,Julian Barling. Knowledge Work as Organizational Behavior[J]. International Journal of Management Reviews,2000(3):11—35.

[18]Arthur R Dahms. Time Management and the Knowledge Worker[J]. Industrial Management,1998(3):26—28.

[19]Scarbrough H . The Management of Knowledge Workers. In Rethinking Management Information Systems(Currie WL and Galliers B, Eds)[M]. New York:Oxford University Press Inc,1999.

[20][32]彼得·德鲁克,等.知识管理[M].杨开峰,等译.北京:中国人民大学出版社,2004.

[22]张德.组织行为学(第二版)[M].北京:高等教育出版社,2004.

[23]廖泉文.招聘与录用[M].北京:中国人民大学出版社,2002.

[24]张蕾,许庆瑞.基于能力的知识工作者职业生涯发展研究[J].科学学研究,2004(2):183—189.

[25]U. S. Department of Labor. What Work Requires of Schools:A SCANS Report for America 2000. Washington,D. C.:U. S. Government Printing Office,1991.

[26]张向前.知识经济与人力资源管理[J].科技与管理,2001(3):60—62.

[27][36]张向前,黄种杰,蒙少东.信息经济时代知识型人才管理[J].经济管理,(新管理)2002(2):60—64.

[28][37]张向前,黄种杰,蒙少东.信息经济时代知识型人才管理的新趋势[J].情报科学,2002(8):794—796.

[29]张向前.知识型人才及其激励研究[J].预测,2005(6):9—13.

[30]约瑟夫·熊彼特.经济发展理论[M].何畏,等译.北京:商务印书馆,1990.

[31]丹尼尔·A.雷恩.管理思想的演变[M].孔令济,译.北京:中国社会科学出版社,2000.

[33]徐拥军."知识人"假设与知识型人才激励模式[J].经济师,2004(2):148—149.

[34]郭马兵.激励理论评述[J].首都经济贸易大学学报,2002(6):37—40.

[35]马立荣,肖洪钧.知识工作者的激励机制设计[J].大连理工大学学报,2001(3):25—28.

[38]Boas Shamir. Meaning,Self and Motivation in Organizations[J]. Organization Studies,1991(3):405—424.

第三章 知识型人才复杂性研究

【学习目标】
(1) 了解复杂性与知识型人才的复杂性
(2) 了解知识型人才复杂性模型
(3) 掌握基于知识型人才复杂性的管理对策

1 引言

当今世界人类进入一个以知识主宰的新经济时代，经济产业结构发生了根本性的变化，组织之间竞争的重点在知识、信息、科技综合体——知识型的人才；知识经济要求劳动者不断提高劳动的熟练程度，提高科学文化水平，以适应知识经济时代科技知识不断发展的趋势，其集中表现为知识型人才队伍的不断扩大。世界银行报告显示："当前世界财富的64%是由人力资本，即知识资本创造的。"美国经济学和社会学教授贝克尔指出，发达国家资本的75%以上是人力资本，人力资本成了人类财富增长和经济增长的源泉[1]。根据意大利经济学家帕累托提出的"二八定律"，组织中20%的人掌握了组织80%的资源，并创造了组织80%的财富；而这20%的人全是知识型人才，知识型人才是人力资本最核心的表现之一，他们的表现直接影响到组织的生存和经营状态，成为企业核心竞争力形成和发展的关键[2]。管理学大师彼得·德鲁克（1959）在《明天的里程碑》最早提出"知识型人才"这一概念，将其定义为"那些掌握和运用符号和概念，利用知识或信息工作的人"。当代对知识型人才定义的观点主要分为三类，第一类是能力论，认为具备知识的运用以及价值的创造的人就是知识型人才；第二类是职位论，认为知识型人才所从事的工作岗位具有较高的知识要求，在这些岗位上工作的员工就是知识型人才；第三类是学历论，该观点主要由我国学者提出，认为知识型人才是具备一定学历的人员。本书认为知识型人才就是一个企业组织中脑力劳动贡献大于体力劳动贡献的劳动者[3]。目前，学术界对知识型人才从多角度进行了探讨，取得了积极的成果，本书试图对知识型人才的复杂性的研究，提出相关政策建议以期对理论研究者与实践者有所裨益。

2 复杂性简评

复杂性科学研究兴起于 20 世纪 80 年代初，研究范围涉及数理科学、生命科学、环境科学、信息科学、经济、管理等领域。1990 年著名科学家钱学森等人首次向世人公布"开放的复杂巨系统"（Open Complex Giant Systems）这一科学的新概念，认为"复杂性实际上是开放的复杂巨系统的动力学特性"。钱学森等学者提出的"从定性到定量的综合集成法"及"从定性到定量的综合集成研讨体系"，是在组织管理方面解决复杂性问题的重要方法论[4]。苗东升在《混沌学纵横谈》一书中，对混沌研究方法做了比较详细的论述，认为混沌研究方法主要包括建立模型、理论描述、数值计算、实验观测和哲学思辨等。中国科学院赵松年在探索非线性时分实验数学、元胞自动机、重整化群方法、散射反演方法和役使原理等五个方面对非线性的研究方法做了比较系统的介绍。此外，黄欣荣对自组织方法论做了比较全面的研究[5]。在国外，世界著名的复杂性研究中枢——美国圣塔菲研究所（Santa Fe Institute，SFI），早在 1984 年对复杂性做了如下简单描述：通过对一个系统的各组成部分的了解，仍不能对系统的性质做出完全的解释，这样的系统称为复杂系统。圣塔菲研究所的第一任所长考温等人主编了一本圣塔菲研究所复杂性研究系列文集《复杂性：隐喻、模型和实在》，在这本书集中，对复杂性的各种研究方法做了初步的探讨。美国乔治·梅森大学的集成科学现代研究所对复杂性进行过长期研究，该所的沃菲尔德提出过交互式管理（Interactive Management，IM）的模式。1994 年，遗传算法的创始人霍兰德（Holland）提出了复杂适应系统（Complex Adaptive System，CAS）理论，认为系统的复杂性来源于其适应性。复杂适应系统可以看成是用规则描述的、相互作用的主体组成的系统[6]。

3 知识型人才复杂性模型

知识型人才系统是一个复杂的系统工程，其核心目的是使知识型员工始终处于高激发状态，不断贡献他们的聪明才智，将企业的智力资本转化为竞争优势。知识型人才不同于普通员工的重要价值在于其学习和创新的能力，这样的能力可以将无形的知识资本转化为企业有形的物质资本，提高企业的竞争力。因此，本书认为，知识型人才系统是指知识型人才的学习和创新的知识资本运作系统。

根据复杂性系统的定义及特征，我们可以认定知识型人才及其管理也是一个复杂性系统，其具备了复杂性系统的特征。知识型人才系统的复杂性是指由于知识型人才的子系统和其他不确定因素而使得知识型人才在自身演化过程中呈现出的动态行为和整体特性。第一，具有非线性。知识型人才系统的非线性是指各子系统的行为不是简单地叠加而成为整个系统的行为，各子系统或子系统要素之间相互影响、相互耦合，一个变量的微小变化对其他变量具有不成比例的，甚至无法预测的影响。第二，具有开放性。在知识经济及经济全球化的背景下，各领域、各学科的知识交叉和交流在不断地进行，知识型人才的国际流动趋势也在不断加强，知识型人才的发展与外界发生着广泛的联系。第三，具有动态性。知识型人才系统与外界交换信息、资源，加上系统自身的运动，就会打破原有的平衡，进入一个新的系统的状态中，并一直处于这样的运动变化中。第四，具有涨落性。涨落性是指系统整体具有子系统简单相加所不能达到的功能；涨落是复杂系统与环境共同孕育和相互选择的结果，环境选择机制的非线大作用成为巨涨落，随机涨落能够促使系统或突变，实现复杂系统自组织进化。第五，具有自组织性。知识型人才系统依靠与外界交换物质、能量、信息而稳定存在，且使知识型人才系统不断向有结构、有组织、多功能方向（我们称为有序方向）发展，这种结构、功能随着外界环境变化也将"自动"改变；而实现向有序方向演化的原因在于系统的内部，系统内子系统间非线性相互作用，出现整体协同效应，使系统这样的演化可以"自发地"进行。知识型人才具有较强的自主学习的意愿和能力，较强的自主安排工作、承担责任的自觉性[7]。知识型人才系统的各种复杂性特征之间是相互联系、相互影响的，它们的共同作用导致了知识型人才系统的复杂性表现。为便于读者对本书的理解，特将知识型人才的复杂性模型绘制见图1。

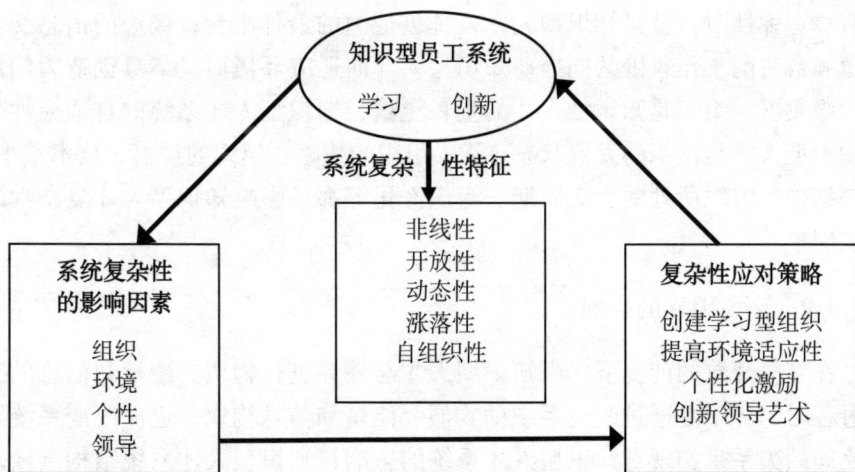

图1　知识型人才复杂性模型

4 知识型人才复杂性的影响因素

4.1 组织因素的影响

关于复杂自适应系统的研究表明：在系统稳定区域里，系统墨守成规，没有创新、创造意识；在不稳定区域里，系统将会进入高度混沌状态，甚至可能瓦解崩溃。但是，当系统处在混沌区域，即存在于稳定和不稳定之间的一个狭窄区域里，特别是处在混沌的边缘时，系统就处于创造性空间，系统自发的自组织过程开始滋生并且具有创意的行为模式可能涌现。因此，这个混沌的边缘是系统最佳栖息地。处在混沌的边缘，知识型人才会展现出在创造性和创新方面的全部潜能。混沌的边缘是既有不稳定性也具有稳定性的地方，也是复杂系统能够自发地调整和存活的地方，它最容易孕育新奇性的创造。在混沌边缘处，系统具有最大活力和运行效率[8]。著名管理学学者库帕教授说："知识型职工之所以重要，并不是因为掌握了某些秘密知识，而是因为他们具有不断创新使用知识的能力。"[9]从某种意义上说，知识型人才的价值主要体现在其学习和创新的能力上。组织是知识型人才的最直接的生存空间，组织的状态也直接影响到知识型人才创新能力的发挥。当组织高度集权且非常规范时，组织由于有自身严格的规章、很难自由的变革会限制组织内充分的信息交换，限制知识型人才的创造性；当组织处于动荡状态时，无法为知识型人才的工作提供有利的条件，无法保证组织目标、组织政策的一致性，导致许多创新项目夭折。当组织的发展有一定的稳定基础，组织内部又有一定弹性时，就是知识型人才发挥创造力的最佳平台；畅通的信息交流渠道和自主的工作氛围共同推动知识型人才向适应环境而又最具创造力的混沌边缘发展。组织是知识型人才的生长土壤，知识型人才系统的自适应性会使知识型人才与组织的发展状态靠拢；组织的战略、组织的规模、技术水平、组织结构、组织所处的生命周期、组织文化等都是影响知识型人才复杂性的组织因素[10]。

4.2 环境因素的影响

在充分开放的前提下，当知识型人才与外界进行物质、能量和信息的交换过程时，环境是通过改变系统的物质、能量和信息构成，进而改变系统要素之间的关系来实现对知识型人才系统的影响；知识型人才系统结构会随之发生变化，由此而引发的系统内部矛盾也会越来越多。知识型人才只有不断与外界环境进行物质、能量和信息的交换，从中获取资金、信息，才能够使系统向有序的方向演化。从整体上看，知识型人才的发展与整个世界经济形势的发展密切相关。从知识自身看，现代科学知识趋向于综合和集成，许多重大科学成就的取得，往往都是来自交叉和边缘学科。同时，科学与技术的互动，自然科学与社会科学的相互渗透，国家之间的科技知识交流与合作，都已成为知识经济的重要特征。从知识生产的过程看，知识的发展、开发、传播和应用等每个环节都与外界发生着广泛的联系；企业竞争全球化、研究开发一体化、知识传播网络化、科学研究国际化、人才流动跨国化贯穿于知识型人才系统动作的全过程。复杂系统的自组织性发生需要内外两个条件，当知识型人才系统不受外界冲击的影响时，则表现为自组织的行为；受到外界因素冲击时，知识型人才系统就具有较大的波动性。当环境变化达到一定程度时，知识型人才必须用一种全新的方式组织系统的要素，必须对知识型人才管理行为进行变革，以适应新的形势，如增加创新投入，改善创新管理等。导致知识型人才系统涨落的因素也可以分为内外因两类，其中一个为外源因素，如经济形态、国家经济实力、科学进步、市场需求、市场竞争、投资和政府作用等。在经历一个过渡阶段后，系统内各要素形成新的关系、新的秩序。在这种不断地适应环境的过程中系统就变得复杂起来，这正体现了复杂适应系统理论的精髓[11]。

4.3 个性因素的影响

内因决定事物的本质；外因通过内因起作用。复杂系统的自组织发生的条件分为内外因两个方面，知识型人才系统的内因即知识型人才的自身的个性心理等因素。根据复杂性系统的非线性特征，知识型人才系统的整体效果并不等于各子系统的简单相加。例如，大多数时候，即使当外界环境、组织、领导等条件都具备时，组织对知识型人才的投资也并不能得到等量的回报。这是因为知识型人才是知识转化为生产力、创造力的主体，只有知识型人才自身达到最佳状态时才能将这些能力发挥出来。作为复杂系统中的一个子系统，知识型人才自身也具有复杂性；知识型人才的特殊性是导致其复杂性的重要因素。与普通员工相比，知识型人才有较强的自主意识。知识型人才受现代教育理念的熏陶，往往具有较强的自主意识，更倾向于一个自主、独立的工作环境和相对宽松、平等和谐的人际交往平台；更强调工作过程的自我引导和自我管理[12]。知识型人才有较高的成就预期。从人力资本投资的角度分析，在知识积累的过程中他们曾经支付了较高的成本，包括学习费用、机会成本及心理成本。之所以付出这些成本，是因为预期将来可以获得高收益[13]。知识型人才有较强的对权力的蔑视。知识型人才个性突出、尊重知识、崇拜真理、渴望自由公平，视随波逐流、趋炎附势为耻，甚至对以权势压迫他人的行为感到愤恨。知识型人才的需求具有复杂性。相对于传统员工从追求保健因素到追求激励因素的台阶式路径来说，知识型人才的需求表现出多样化、交叉性、复杂性。他们既要求物质激励也要求成就激励、精神激励，而且对后者的要求远远大于前者。正是由于知识型人才自身的复杂性，传统的管理方式已经不能适应知识型人才的发展，从而增加了知识型人才系统的复杂性，对知识型人才进行复杂性管理应该围绕着知识型人才个性心理的复杂性展开。

4.4　领导因素的影响

知识型人才问题成为当今各界研究热点的一个原因，是知识型人才对经济社会发展的重要性及其不同于普通员工的特殊性，从而使得传统的领导方式、管理手段"失灵"。知识型人才虽然有较强的自主性，但是在一个组织或团队中，还是需要有一个核心领导或是领导集团。一方面，领导方式的科学与否、领导者的领导力如何、领导风格或严或松等因素都影响着知识型人才的工作氛围、团队内的人际关系、知识型人才的组织忠诚度和满意度，从而影响了知识型人才的流动率及工作效率；另一方面，千变万化的外界环境、错综庞大的组织、复杂的员工个性及需求，都使得对知识型人才的领导和管理也变得复杂。知识型人才主要从事脑力劳动，没有固定的流程和模式，具有较强的无形性、不确定性，因而领导者难以监控其工作过程。知识型人才的工作成果常常表现为某种思想、创意、技术发明、管理创新等形式，并且企业工作成果往往不是单个知识型人才的贡献，而是企业内部团队相互协作、共同努力的结果，因而领导者难以测评其工作成果。知识型人才工作的动态性，不仅要求知识型人才系统有较好的开放性，也要求对知识型人才的领导思想、领导方式随之进行改革。同时，知识型人才团队化、虚拟化的趋势的发展及工作—家庭冲突的不断加剧也增加了知识型人才的领导难度。不科学的领导方式会导致知识型人才系统陷入无序瘫痪的僵局，使知识型员工容易工作倦怠、满意度降低、流失率增加。Hulin（胡琳，1966），Mowday Porter（默德·波特，1982）提出，工作满意度与离职之间存在显著的负相关。Jockofsky Peters（1983）认为，不满意的员工，当他们认为可能到其他组织工作的话，必然会采取离职行为。据数据统计，国有企业中知识型人才的流动率超过15%，外企中的流动率约为6%—7%，而在民企和私企中，流动率更是居高不下[14]。

5　知识型人才管理对策

5.1　创建学习型组织

如前所述，影响知识型人才系统复杂性的组织因素中包括组织的战略、组织的规模、技术水平、组织结构、组织所处的生命周期、组织文化等。而要能够应对这些组织因素的影响，就需要建立一种新型的组织模式，一种能够为企业带来内在动力的模式。而学习型组织具有共同愿景、改变心智模式、自我超越、团队学习、系统思考等五项要素，正是适应知识型人才复杂性要求的组织模式。在新经济下，企业将不仅是知识的使用者，更多地要进行知识的生产和创新。这需要从两个方面来理解：一是知识的生产是知识型企业的一种经济活动，其效益由知识产权和专利权的有偿转让中获取；二是知识的生产也是为企业自身和社会提供资源，为后继发展积蓄力量。要生产和创造知识就要求企业具有鼓励学习的机制。迪斯认为，学习既是一个个体化的过程，又是一个组织化的过程。学习对企业创新和发展具有十分重要的意义，通过学习，企业中的行为主体不断地获得新知识和新经验，不断地调整自己的行为规则，同时也不断地改变自己的行为方式、增强适应性，推动着企业向前发展。建立在学习基础上的行为方式的改变就是创新。创新是新事物的产生，是行为方式的改变，是企业学习的必然结果。但是，企业创新还需要一定的组织运行环境，即企业需要创建学习型组织。学习型组织是一个能熟练地创造、获取和传递知识的组织，同时也要善于修正自身的行为，以适应新的知识和见解。成功的学习型企业应具备六个要素：一是拥有终身学习的理念和机制，重在形成终身学习的步骤；二是多元反馈和开放的学习系统，重在开创多种学习途径，运用各种方法引进知识；三是形成学习共享与互动的组织氛围，重在建设企业文化；四是具有实现共同目标的不断增长的动力，重在不断创新共同目标；五是工作学习化使成员活化生命意义，重在激发人的潜能，提升人生价值；六是学习工作化使企业不断创新发展，重在提升应变能力[15][16]。

5.2　提高环境适应性

知识型人才系统的开放性特性，要求系统与外界环境有高效、通畅的信息、资源交流渠道，只有与外界环境保持紧密的联系，系统才能不断吸取能量，保持生命力和竞争力，因此，系统必须要有灵活应对外界环境变化的机制。要形成这一机制,必须做到以下几点。一是充分授权。知识型员工知识创造性的积极发挥,要求企业组织内部成员间的关系将是一种平等的伙伴式的关系,在组织中留给知识型员工以最大限度的自由发挥余地。围绕知识型员工对工作自主性的要求,现代企业更加重视发挥员工在工作自主和创新方面的授权,通过充分授权,实现员工的自我管理。二是减少企业管理层次。这不仅能够解决信息流动不畅、决策速度缓慢等问题,而且可以给知识型员工以较多的现场处置权,缩短上下级之间的距离。管理层次过多的最大缺点是缺乏灵活性,人浮于事的现象严重。当环境发生改变,企业难以进行相应的改革,也难以发现组织中出现的问题。三是构建多功能、跨等级的项目结构和团队。具有不同专长的人才可以突破统一控制的职能部门和等级制度被高效地配置在一起,通过知识的碰撞和观念的杂交创造性地解决各类复杂问题。四是打破组织边界。利用外部的知识资源,建立以技术合作为内容的虚拟组织或知识联盟,为获得交叉知识、分享互补的能力、追求更短的产品开发周期、减少风险、提供战略柔性等提供了一种非常有效的机制。[17]五是建立应急机制。世上唯一不变的就是变化,马云在阿里巴巴内提倡"拥抱变化";只有积极有效应对各种外界变化,才能化危机为机遇。"拥抱变化"就是要建立系统应急机制,系统要主动及时地了解外界信息,分析变化的趋势和利弊,并准确快速地传达给整个系统。六是利用现代信息技术。在信息爆炸的时代,时间就是金钱已成为现实;现代信息技术的应用可以大大缩短系统搜寻信息的时间,节省人力,这样也就可以缩短系统对环境变化的反应时间,从而抓住时机、快速取胜。

5.3 个性化激励

从知识型人才系统复杂性的个性影响因素中,我们得知知识型人才的需求是多元化的,因而对知识型人才的个性化激励应是一项集合多种激励方式的激励组合。该组合中包括工作激励、教育培训激励、知识资本化激励、知识产权保护激励等。个性化激励是应对知识型人才系统复杂性的直接措施,从本源上去认识和了解知识型人才的个性、需求、心理等特征,才能提出有针对性的领导方式和管理对策。知识型人才的工作已经不具有明显的界限,其工作范围也不再是传统的岗位说明书上所规定的内容,员工们也不再满足于完成常规化的工作,以增强自主性、独立性、权力、责任的新型工作开始为知识型员工所青睐。企业应该进行工作丰富化、工作扩大化、工作再设计等改革。知识型人才有较高的成就期望并注重个体成长,所以其自身具有较强的自主学习的意愿,并希望能在组织中得到知识和能力的飞跃,这就需要企业为员工提供培训教育的机会;在培训教育过程中,应注意引导知识型员工把这种个人目标与企业目标联系在一起，正确处理好个人目标与集体目标的关系。在知识经济形态下，知识型员工知识价值的实现，是以知识参与经营管理来具体表现的。为了充分发挥知识型员工的积极性，在经营管理过程中应考虑其知识价值的实现途径和方式，有条件的以股权形式分配给员工不同比例的股票，让知识型人才以技术或管理入股。如果不加限制地使用会损坏知识创新的进步，降低知识型员工创新知识的积极性。虽然此前我们强调应该鼓励知识共享，但滥用知识型人才的工作成果则会损害其利益，挫伤其工作积极性。企业应保护知识型人才的工作成果不被非法侵害，保证其以知识作为资本参与生产所应获得的权益。[18]

5.4　创新领导艺术

领导因素与知识型人才的满意度、忠诚度、离职率等有着直接的紧密联系。要提高员工的组织忠诚度，提高知识型人才系统的运行效率，就必须创新领导艺术。领导艺术是指领导者具有创造性的领导才能、技巧、艺术和方法，其五项要素是指领导者、被领导者、客观环境、群体目标、方式方法。知识型人才的特殊性已经决定传统的领导方式不再适应知识型人才的发展要求。创新领导艺术，第一，要求创新领导理念，特别是要创新领导者的思维方式。领导者的思想是整个知识型人才系统，甚至整个企业的航标灯，许多实践活动能否收到成效都取决于领导者的支持和参与程度，如先进的思想理念的引进、传播，先进的领导方式的推行及管理工具的应用等。因此，领导者要不断打破传统思维模式的束缚，创新的思维才能产生创新的行动。第二，充分利用企业文化的功能，将先进的领导理念和领导方式传达给系统内的每一位员工，营造出创新和谐、交流合作、公平透明的文化氛围。哈佛商业评论指出：笼络员工的心，比加薪更重要，"领导"最精华的功能在于得到员工的心，从而实现员工和企业的共赢。第三，领导者要尊重知识型人才，做到"以人为本"，引导员工培养团结协作的团队精神。知识型人才需要并希望与他人建立起和谐的人际关系，得到团队的接纳和认可，这种具有和谐人际关系的组织环境本身就是对知识型人才无形的吸引[19]。第四，领导者要科学地制定目标、进行科学决策。领导者在制定目标时，要有一定的预见性，要结合客观环境和群体目标，选择系统未来的行动目标和方案，并付诸实施。第五，要善于调动知识型人才的积极性，发挥其创造性，将知识转化为生产力。领导者应结合中国的特定情况，注意将中国传统的权术和御心术，和西方现代领导心理理论结合到一起，如管理风格理论、生命周期理论、情势理论、效用理论等，发挥人的主观能动性，使效益效率都得到同步提高。

6 本章小结

综上所述，随着知识经济的迅速发展，作为高人力资本载体的知识型人才正日益成为企业的核心竞争力。本书通过将复杂性科学的相关理论应用于知识型人才系统中，分析了组织、环境、个性、领导等因素对知识型人才系统的影响，有助于更好地了解知识型人才的特性，更加重视其价值，提出相应的知识型人才的管理对策；有利于更好地发挥知识型人才的创造性，促进企业发展。

【复习题】

（1）试析知识型人才复杂性模型。

（2）试析知识型人才复杂性的影响因素。

【思考题】

（1）知识型人才复杂性主要表现形式。

（2）当前知识型人才复杂性的影响因素是否发生变化，未来的趋势是什么？

（3）基于复杂性的知识型人才管理对策。

【案例分析】

马云：如果事情都准备好了才去做，那你一定不会成功*

马云去非洲做了一场演讲，在南非著名学府金山大学，2000 多名非洲年轻人赶来旁听，现场那个火呀！另外，如果你是个创业者，或者野心大想创业开辟事业，或许你能从马云的演讲中发现非洲的机遇，现在有很多中国创业者在非洲做电商。

以下为马云演讲全文。

If not now，when？

If not me，who？

---

* 引自 http：//tech. ifeng. com/a/20180817/45125460_ 0. shtml。

去年是我第一次来非洲，来之前担心很多。

但来了我就后悔了，后悔自己没有 10 年前来。非洲是一个充满机会的大陆，从现在开始，我每年都要来非洲，去 3 个非洲国家。

这是我第二次来非洲，我希望接下来十几年，能去遍非洲的 54 个国家。

我的很多企业家朋友问我，去非洲干吗？我说，等你们亲自来感受了，就会爱上这里。

我去年来非洲的时候就感觉，有一些事情必须要做，也有很多事情可以去做。

我在阿里巴巴刚创业的时候，跟团队说：If not now, when? If not me, who?

很多人会说，非洲问题很多。请你告诉我，世界上哪个地区没有问题？

有人说：非洲贫穷，没有财富。但我觉得非洲有世界上最好的财富：动物、自然、空气、蓝天。这是最宝贵的财富，全世界都羡慕。尤其是中国，特别想要蓝天。

大家都说非洲是古老的大陆，但其实这里到处都是年轻人。

这个大陆充满机会，充满梦想，这片土地也充满着责任。

如果事情都是准备好了再去做
那你一定不会成功

我一直相信，当把所有事情都准备好了再去做，就太迟了。

创业者就是要在一切都未就绪的时候去做事。如果什么事情都准备好了，马云就不会成功了。

你们知道的，我失败了很多次，高考失败了 3 次，我家里没钱。今天的非洲和 19 年前我们创立阿里巴巴的时候一样，那个时候，中国互联网速度很慢。

1994 年，我创业的时候，很多人说我是骗子，说没有互联网这个东西。

我去注册公司时，政府的工作人员问我要注册什么公司。我说要做一个互联网公司。他们说，没有叫互联网的东西呀，你不能注册，中国还没有加入互联网。

为了证明我不是骗子，我们等了 3 个半小时下载首页。

肯定会有很多人问：非洲怎么可能发展电商，没有信用卡、没有物流、没有基础设施、没有政府支持、没有资金，什么都没有。

但，这才是机会呀！

机会永远藏在人们抱怨的地方。人们抱怨的声音越大，你就越要去解决问题，抱怨越多，机会越大。

作为企业家，我们不抱怨，我们让其他人抱怨，让我们的竞争对手抱怨。我们从不哭泣，哭泣解决不了问题，让我们的竞争者哭去吧，让那些不相信我们梦想的人哭去吧。

我在公寓创立阿里巴巴的时候，有 18 位创始人。

我们有远大的梦想：我们希望成为全球 TOP10 互联网公司。但在那个时候我们只是排名几百万名。

然后我们就开始干了。19 年过去了，我们真的成为全球 TOP10 互联网公司。人们现在应该开始相信，在接下来十几年，非洲会有 100 个阿里巴巴。

如果你不这么想，那就不会这么做，你也就没机会了。但如果你现在开始努力，你就有机会。

非洲有 12 亿人口，大部分是年轻人，每年有 1300 万人毕业开始找工作，这就是资源。

别人帮你，那是你的幸运
别人不帮你，那是很正常的

阿里巴巴当年雇人的时候，根本找不到人，没有人愿意在"阿里巴巴"这个有着奇怪名字的地方工作，而且还是公寓里，没有人相信互联网和电商。

所以，我们雇任何能走路的人，我们完全不介意你是本科还是硕士。只要是相信我们的人，都可以加入，我们白手起家。

一开始的 10 年真的很难，我们找不到顾客，找不到好的工程师，完全没有资源。我们也无法从银行获得贷款，所以对每一笔支出都很谨慎。

不过情况总会好起来的。2007 年，阿里巴巴 B2B 业务 IPO（首次公开发行）的时候，我们有 300 个人成了百万富翁。

当时我问了同事两个问题。

你们成为百万富翁是因为比其他人聪明吗？

他们说：不是，我们都找不到工作。

那是因为你们勤奋工作吗？

他们说：也不是，有很多人都很勤奋。聪明人都去 IBM 和微软了，猎头根本就不来我们公司挖人。我们根本没人要，我们相信梦想、努力工作，才成为百万富翁的。

的确，他们成为百万富翁就是因为没人要。我也是那个 13 家公司都不要的人，我们习惯了被拒绝，习惯了没有他人的帮助。

为什么别人要帮你？

愿意帮你，是非常少见的，那是你的幸运，不帮你才是正常的。你应该一直努力工作才能获得帮助。

我常常鼓励其他 17 位创始人和所有加入我们的同事，我对他们说：我们的竞争对手 eBay（全球购物网站）很强，员工都来自哈佛、牛津等名校。

而我们很多人，都是无名小卒，我们都不想提学校的名字。

所以如果我们可以胜利，如果我们能成功，那么中国 80% 的年轻人都可以成功。

很多人努力工作，但没有梦想；很多人有梦想，但不努力工作。创业者是有梦想又努力工作的一群人，所以我们才能赢。

今天很残酷，明天更残酷
要习惯失败，学习失败

简单回顾了阿里巴巴的创业过程，我有一些感触想分享给也在创业的朋友们。

创业者其实很不容易，非常孤独。家人、朋友、妻子可能都不支持你，我都习惯了，你也必须习惯。当你孤独的时候，用你的左手温暖你的右手。

我常常记住一句话，今天很残酷，明天更残酷，后天会很美好，但绝大多数人都死在明天晚上。

作为创业者，就要习惯失败。

今天阿里巴巴成功了，我们想活 102 年。为什么是 102 年呢？阿里巴巴 1999 年成立，希望能跨越 3 个世纪。

我们从来不说我们已经成功了，因为我们仅仅成立了 19 年，我们还有 83 年要走。过去的 19 年里，我们犯下了无数错误。

作为创业者，不要去学别人如何成功，要去学他们是如何失败的。因为，在很多 MBA 项目里，学校里的老师都在教成功的案例。

你读了很多成功的故事，你就能成功了吗？当然不是，成功的背后有很多事情你都不知道。

很多商学院来阿里巴巴写商业案例。一周调研后，他们想让我签字，说这是阿里巴巴。我说，这不是阿里巴巴。他们说，Jack 你不了解你自己。我说，那好吧。

其实，看阿里巴巴不能光看表面。

另外，清华大学每 5 年都会做一个案例研究，我受邀去探讨阿里巴巴的案例。

阿里巴巴面临很多竞争对手，每次的案例研究分析，都是阿里巴巴死掉，竞争者获胜。但实际上，阿里巴巴的竞争对手都死了。

所以，你要怎么从这样的案例里学到东西？

那就是向错误学习，因为大多数的错误都是相同的，大多数的成功却都有不同的原因。当你向错误学习时，并不意味着你要学会如何避免犯错，而是当你犯错时，能知道如何面对它。

创业者要有一颗强大的内心，来迎接困难、错误和各种麻烦；更要有一颗温暖和柔软的心，尤其是对同事和客户。

我想和大家分享下阿里巴巴的价值观——六脉神剑，其中有两条非常有特色，我认为值得大家思考。

1. 客户第一，员工第二，股东第三

我们认为客户最重要，把客户服务好了，他们就会付钱。第二重要的是员工，员工团结协作就能服务好客户。所以如果客户高兴，员工高兴，股东自然就会高兴。

2. 拥抱变化

在这个不断变化的世界，保持变化是走向成功的最好方式。永远不要尝试改变世界，而要改变我们自己。向错误学习，向他人学习，改变自己，我们才可能成功。

常问自己这三个问题
你有什么？你想要什么？你愿意放弃什么？

除了习惯失败、学习失败，企业家还要有很好的视野和战略，能看到世界的变化、客户的需求。

企业家需要经常问自己这三个问题。

1. 你有什么？

我唯一拥有的就是梦想和信念。我们有团队，会十分努力。

2. 你想要什么？

客户想要什么？社会的问题出在哪？你的客户存在什么问题？我们的团队想要什么？

3. 你愿意放弃什么？

如果一个人不愿意放弃任何东西，那么什么也得不到。我们要学会专注于一件事。如果你想要抓住兔子，不要换目标，要改变自己，直到抓住兔子。

成为创业者是一个很好的经历。生活艰难，所以我们成为创业者。

我从来没有为自己写过书，我认为要等老了再写，我的人生才刚刚开始。

如果有一天我要写书，我会写一本《阿里巴巴的1001个错误》，我会告诉孩子们我经历了多少艰难的日子，犯了多少愚蠢的错误，这些都是最好的经历。

在这里，我还想说一说非洲的发展机遇。我认为，非洲有三个非常巨大的机遇在我们面前。

机遇1："数字非洲"的发展

非洲还没有特别完善的IT基础设施，而欧美国家的IT基础设施都已经非常完善了，想要发展就很难。

电商在中国飞速发展的原因之一，是当时中国的零售行业发展基础太差。现在的非洲，我认为和19年前的中国很像。

这里没有互联网的支付方式，我们建议去升级支付方式，这并不难。成熟的技术就在那里，不用过于担忧支付安全等问题。

支付宝在过去的15年里经历了复杂的发展过程，现在每天有超过5亿笔交易，已经超过了visa和master等支付平台的全球交易规模，去年全年我们有超过10万亿美元交易。

科技就在那里，关键在于你是否愿意让大家变得富有，是否愿意让小微企业得到发展。技术就在那里，阿里巴巴会尽一切努力去分享技术。

机遇2：物流网络的发展

所有的非洲国家必须团结起来，升级物流网络，这才能给非洲带来大量的就业机会。

如果能做到全球买、全球卖、全球运，那将会带来很大的发展机会，所以非洲需要数字化发展。

但现在不少国家的基础设施比较差，非洲有一个国家风景很美，但是没有Wi-Fi，准确地说只有一点点Wi-Fi，如果非洲没有覆盖广泛的Wi-Fi和手机设备，这比20年前缺乏电力更可怕。

互联网基础设施太重要了，让大众接触互联网，得到资讯、找到买家、找到卖家、找到伙伴，让思维的火花不断碰撞。

未来几年，我们会在非洲办更多的创业者论坛，创业者是驱动非洲经济发展的重要引擎。

不是技术，也不是钱，就能推动经济发展，而是依靠梦想，依靠年轻人来驱动经济发展，小微企业才能创造广大的就业机会。

机遇3：全球化的发展

我是全球化坚定的支持者，没有人能阻止全球化，全球化并没有任何错，只是"全球化"的定义需要与时俱进。

在过去30年里，"全球化"只关注发达国家和大公司，我们要让"全球化"更普惠。

以上就是非洲面临的 3 个机遇。

普通人想要成功、创造未来
要做一些深信不疑的事

对于非洲来说，创造就业是一件很重要的事，而创造就业最好的途径是鼓励小微企业发展，并信任年轻人。

有人说非洲很复杂，但我认为特别单纯，在这里，我们没有什么可失去的。

在这个世界上，最难的事情是说服一个成功的人，成功人士会告诉你这也别做、那也别做，因为他有过这样那样的经验。

但我们都是普通人，我们想要成功，想要创造未来，想要做一些深信不疑的事。

同时我也要对很多创业者说，千万别认为你下个月或明年就能成功，眼光至少要放到 5 年后。如果创业下个月就能成功，那"马云"多了去了。

"全球化"更普惠，除了支持小企业和年轻人，还要更多支持女性的发展。

在互联网行业，当你创业时，他们不关注你的性别，只关注你的产品发展。

如果你想做一家很棒的企业，公司的女性员工比例至少要有 50%；

如果你想做一家特别优秀的企业，大多数员工可能都得是女性。

告诉大家，阿里巴巴有 48% 的员工是女性，34% 的高管是女性。

女性有很多优秀品质，和很多男性不同，女性不仅要关注家庭状况，还要照顾孩子，同时关心工作。这也是我们特别需要的人。

所以，我想和大家分享，"非洲青年创业基金"只是一个开始，是一次尝试。1000 万美元规模并不是很大，尤其是和其他领域的基金或政府资金相比。

创业者们，我们需要钱吗？是的，我们需要钱。但如果钱能解决问题，那么银行能做成任何事。

真正的创业者，首先要有理想。团队、客户、钱就在那里，关键在于你是否能坚持理想，保持努力，赋能他人。

所以我非常高兴能和大家在一起，让我们一起鼓励非洲的年轻企业家，支持他们、尊重他们，让他们成为时代的英雄。

当非洲有了更多伟大的企业家，这片大地也会更加繁荣，成为一片人人都愿意来的大陆。

创业者开心了，就会成功，而我们的客户成功了，阿里巴巴也就成功了。

问题：结合人性复杂性分析影响创业成功的主要因素，分析未来自己如何创业或帮助别人创业，说明理由。

参考文献

[1]李世荣. 知识型人才的激励——ST公司案例研究[D]. 青岛:中国海洋大学,2006.

[2]贾婧. 企业基于知识型人才特征的员工保留计划[J]. 消费导刊,2008(4):106.

[3]张向前. 知识型人才的和谐管理[M]. 北京:中国言实出版社,2008.

[4]吴今培. 复杂性管理初探[J]. 五邑大学学报,2006(7):5-11.

[5]黄欣荣. 复杂性科学方法论:内涵、现状和意义[J]. 河北师范大学学报,2008(4):81-84.

[6][7][11]刘汶荣,李建华. 技术创新的复杂性特征研究[J]. 当代经济研究,2008(8):59-62.

[8]张忠明,李言. 基于复杂性科学的企业价值创新研究[J]. 哈尔滨商业大学学报,2008(3):16-19.

[9]陈渝. 我国企业知识型人才的激励研究[D]. 成都:四川大学,2007.

[10]吕鸿江,刘洪,程明. 组织复杂性管理理论探析[J]. 科学学与科学技术管理科技政策与管理,2009(1):35-43.

[12]刘永利. 论知识型人才的特点及管理[J]. 时代经贸,2007(4):77-78.

[13]张竞. 我国知识型人才管理问题研究[D]. 大连:东北财经大学,2006.

[14]张娟娟. 知识型人才工作压力、工作满意度与离职倾向的关系研究[D]. 长春:吉林大学,2007.

[15]Adimin. 基于复杂性科学的企业创新与管理[EB/OL]. www.66wen.com,2005.

[16]http://baike.baidu.com/view/264925.htm.

[17][18]高宏峰. 新经济下的知识型人才管理[D]. 广州:暨南大学,2002.

[19]陈菲,宋绍峰. 论知识型人才的激励[J]. 商场现代化,2009(1):100.

第四章　知识型人才不确定性研究

【学习目标】
(1) 了解不确定性和知识型人才不确定性
(2) 了解知识型人才不确定性源泉
(3) 了解知识型人才不确定性分类
(4) 了解知识型人才不确定性度量
(5) 了解知识型人才不确定性的消减思路

1　引言

　　21 世纪是一个以知识、信息、科技为主宰的新经济时代，在知识经济时代竞争日益激烈的环境中，知识型人才逐渐成为获取竞争优势的关键因素和核心人才，知识经济实质上是一种人才经济。彼得·德鲁克（Peter Drueker，1999）认为知识工作者的生产率是 21 世纪企业管理的核心[1]。我国学者朱名宏认为，知识经济是人才的经济，是人才创新的经济，是人才协作的经济，是人才高效率的经济[2]。知识型人才是知识的承载者、所有者，是企业创新的主体，在企业中占有绝对重要的地位[3]-[5]。关于知识型人才的定义，管理学家彼得·德鲁克认为，一方面，知识型人才（knowledge worker）是指能充分利用现代科学技术知识提高工作的效率，另一方面，知识型人才本身具备较强的学习知识和创新知识的能力。知识创新能力是知识型人才最主要的特点[6]。加拿大著名的学者、加拿大优秀基金评选主审官弗朗西斯·赫瑞（Frances Horibe）认为："知识型员工就是那些创造财富时用脑多于用手的人们。他们通过自己的创意、分析、判断、综合、设计给产品带来附加价值。"[7]本书所称的知识型人才是指在一个企业组织之中用智慧所创造的价值高于其动手所创造的价值的员工[8]。依据管理学家席酉民博士和谐管理理论判断[9]，知识型人才与一般员工不同，存在更大的不确定性。Thompson 曾在他的经典书籍 *Organizations in Action*[10]中断言，不确定问题是高级管理者必须应对的一个基本问题。在不确定研究的理论丛林里，知识型人才的不确定性研究是一个应用性较广的研究领域。知识型人才不确定性的研究对于知识型人才管理的系统化研究将具有理论和实践意义。

2　不确定性和知识型人才不确定性综述

关于不确定性的概念，不同学科、学派的认识差异很大，存在不同的阐述和理解。经济学界认为不确定性是与风险相联系的，物理学界用熵来测度不确定性，管理学界认为不确定性是不可预测性、复杂性和变化性的统一体。不同学派对不确定性的解释也存在差异。如：信息说视角下的不确定性具有三方面的内涵，即信息的清晰度不高、确定的反馈时间过长和因果关系的不确定性[11]；能力说视角下的不确定性定义为由于没有能力区别相关的和不相关的数据，个体感到不能精确地预测（Milliken，1987），可分为三类即状态的不确定性、影响的不确定性和反应的不确定性[12]；环境说视角下的不确定性定义为：不确定性是环境因素的结果，这些环境因素导致了缺乏必要的信息来确定路径即结果关系、制定决策和自信地分配结果的概率（Carpenter，2001）[13]。关于不确定性的研究还有 Henisz（2001）提出不确定性主要包括政策的不确定性和组织对市场特征的不熟悉以及组织具体的不确定性[14]；Priem（2002）认为不确定性是"不可预测的变化"[15]。根据知识型人才本身的特征，如高素质、独立自主性、创新性、一定骄傲性、高成就动机和高流动性等[16]，结合不确定性的不同概念和解释，笔者提出知识型人才不确定性的含义，即知识型人才不确定性是信息不对称、人的有限理性和环境不稳定性共同作用下产生的人才对自身和环境的认识偏差，由此导致其行为结果不能进行精确预测从而产生的一系列未知。知识型人才不确定性主要具有以下四个特征：（1）客观性。知识型人才不确定性是客观世界的产物，不以人的意志为转移，只能通过一系列工具进行消减而不能被消除。（2）动态发展性。知识型人才不确定性着眼于特定时间点的人与环境的属性和状态的不稳定和难以衡量，现在某一时间点的人无法对下一时间点的人与环境进行精确的预测。并且这一时间点的预测性可能随着时间的推移而由模糊逐渐趋于精确。（3）多维性。知识型人才不确定性是一个探索性概念和多维视角概念，应从不同的角度探究其不确定性的源泉，这样才能系统把握和分析知识型人才的不确定性。（4）难以预测性。知识型人才不确定性由于个体与环境不稳定和多变的影响，对其行为结果难以通过现有经验进行精确预测和定量分析。

3　知识型人才不确定性源泉分析

学者通过对不确定性来源的研究总结出，决定不确定性来源的因素经历了巨大的变化，其来源正在超过"环境"的范围[17]。根据知识型人才的特征和知识型人才不确定的含义，笔者认为知识型人才不确定性是由知识型人才的劳动（L）复杂性，人性（H）变化性和环境（E）预测性三个因素共同影响而产生的。知识型人才不确定源泉的三维结构模型见图1。

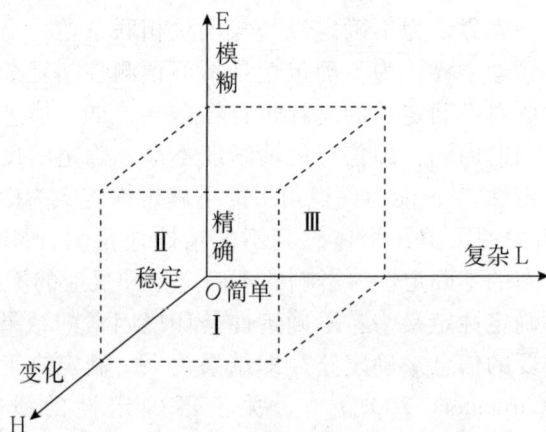

图1　知识型人才不确定性源泉三维结构

知识型人才不确定性源泉的三维结构模型图说明：（1）以 O 为坐标原点，O 点的值为零，即不确定性为零。（2）横轴L表示劳动（L）复杂性，主要指知识型人才劳动过程的隐蔽性和难以监控（以脑力劳动为主难以观测），劳动考核的难以量化和劳动成果的不可衡量和评估。劳动复杂性程度越高，知识型人才的不确定性越大，反之劳动越简单则不确定性越小。（3）纵轴H表示人性（H）变化性，主要指知识型人才由于欲望、虚荣、比较、关系等因素的综合影响而产生的个体目标或追求的差异程度和变化频率。人性变化性程度越大，知识型人才的不确定性越大，反之，人性越稳定则不确定性越小。（4）竖轴E表示环境（E）预测性，主要指个体对外部环境是否能够进行精确的预测以及预测组织内部各要素的数量和组织所拥有的与这些要素的广度和精度。环境预测性越精确，知识型人才的不确定性越低，反之，预测性越模糊（亦可称之为不可预测）则不确定性越高。（5）一维不确定性分别位于横轴L、纵轴H和竖轴E上，表示知识型人才的不确定性只由劳动复杂性、人性变化性和环境预测性中的任一特性构成，此时的不确定性最小，用 U_{min}（$U_{min} > 0$）表示。（6）二维不确定性分别位于图中的三个面上，即底面（Ⅰ）、左侧面（Ⅱ）、背面（Ⅲ），表示知识型人才的不确定性由劳动复杂性、人性变化性和环境预测性中的任意两个特性构成，并且每个面均可细分出四种不确定性情况，具体见表1，此时的不确定性大小为中，用 U_{mid}。（7）除坐标轴L、H、E和平面Ⅰ、Ⅱ、Ⅲ以外的任意位置统一定义为三维不确定性，表示知识型人才的不确定性由劳动复杂性、人性变化性和环境预测性三个特性共同构成，此时的不确定性最大，用 U_{max} 表示。三维不确定性可细分为八种情况，具体见表2。（8）维数越多，知识型人才不确定性越大（即 $0 < U_{min} < U_{mid} < U_{max}$），主要原因在于知识型人才不确定性的构成影响因素逐渐增多。（9）特定时间、特定情境下，知识型人才不确定性可能位于立方体上或立方体内的某一点，并且随着时间推移或情境变化知识型人才不确定性可能在立方体范围内发生位移，即表明其不确定性大小可能会因时间或情境的改变而发生变化。

表1　知识型人才二维不确定性详表

Ⅰ	Ⅱ	Ⅲ
H变化/稳定：简单变化(4)、复杂变化(3)、简单稳定(1)、复杂稳定(2)；横轴 简单—复杂L	E模糊/精确：稳定模糊(4)、变化模糊(3)、稳定精确(1)、变化精确(2)；横轴 稳定—变化H	E模糊/精确：简单模糊(4)、复杂模糊(3)、简单精确(1)、复杂精确(2)；横轴 简单—复杂L
（1）表示劳动简单且可量化性，个体目标明确稳定，知识型人才不确定性较小 （2）表示劳动复杂难以量化，个体目标明确稳定，知识型人才不确定性由于劳动复杂性增加而有所增大 （3）表示劳动复杂难以衡量，个体目标差异显著且变化频繁，知识型人才不确定性随着劳动复杂性和人性变化性的同时递增而趋于较大 （4）表示劳动简单且可量化性高，个体目标变化频繁，知识型人才不确定性随人性变化性增大而增大	（1）表示个体目标明确稳定，内外环境因素少，面临的环境较容易预测，知识型人才不确定性较小 （2）表示个体受人性差异影响产生的目标变化频繁，内外环境较容易预测，知识型人才不确定性由于人性变化性增加而有所增大 （3）表示个体受人性差异影响产生的目标变化频繁，且环境因素较多较难预测，知识型人才不确定性由于人才变化性和环境预测性的共同作用而趋于较大 （4）表示个体目标明确稳定，内外环境只能模糊预测，知识型人才不确定性受环境预测性作用而有所增大	（1）表示劳动简单且可量化程度高，内外环境可预测精确度高，知识型人才不确定性较小 （2）表示劳动复杂且难以量化，但内外环境可预测精确度高，知识型人才不确定性由于劳动复杂性增加而有所增大 （3）表示劳动复杂且难以衡量，内外环境难以精确预测，知识型人才不确定性受劳动复杂性和环境预测性的共同作用而趋于较大 （4）表示劳动简单且可量化程度高，但内外环境难以精确预测，知识型人才不确定性受环境预测性作用而有所增大

表 2　知识型人才三维不确定性表

不确定性程度	Umax 极大	Umax 大	Umax 小	Umax 极小
具体表现	（L 复杂，H 变化，E 模糊）	（L 简单，H 变化，E 模糊）（L 复杂，H 变化，E 精确）（L 复杂，H 稳定，E 模糊）	（L 简单，H 变化，E 精确）（L 复杂，H 稳定，E 精确）（L 简单，H 稳定，E 模糊）	（L 简单，H 稳定，E 精确）

4　知识型人才不确定性的分类

从上述不确定性的概念和划分中可以认为由于不确定性的主体和程度不同，可将不确定性进行分类。戴米亚和克里斯托弗·洛赫（Demeyer & Christoph Loch）将不确定性分为四类：偏差（Variation）、可预见的不确定性（Foreseeable Uncertainty）、不可预见的不确定（Unforeseeable Uncertainty）和混乱（Chaos）[18]。国内学者徐飞根据不确定性的特点，将不确定性分为客观不确定性、主观不确定性、过程不确定性、博弈不确定性和突变不确定性[19]。笔者基于上述知识型人才不确定性产生的三大源泉，即劳动（L）复杂性、人性（H）变化性和环境（E）预测性，认为知识型人才不确定性可根据其来源的不同进行划分，具体见图 2。

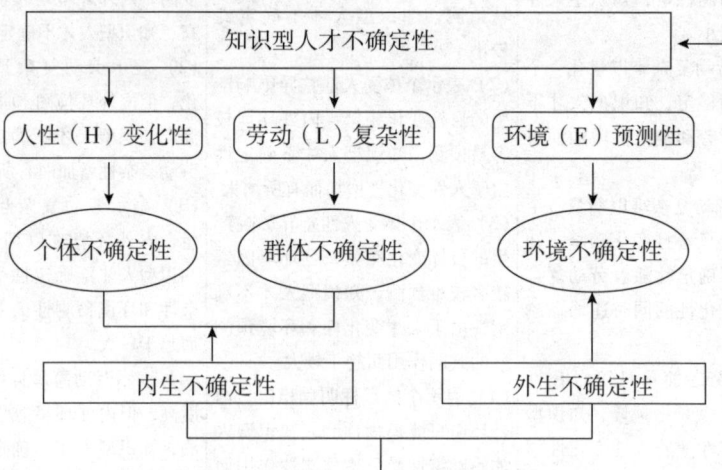

图 2　知识型人才不确定性的分类

4.1　个体不确定性

人性（H）变化性是知识型人才个体不确定性产生的根源。知识型人才个体由于知识的有限性和专属性、人性的变化性、情感因素的不稳定性，个体对同一事件的感知会产生差异，从而衍生出个体价值取向和行为选择的不确定性。个体不确定性主要是由来自人性、角色和流动的不确定性共同作用而造成的。首先，知识型人才个体是复杂人，受欲望、虚荣、比较、情感等因素的影响在不同时期会表现出不同的人性主题。人性的变化性会作用于个体的思维方式和思考内容，使个体产生对自身发展趋势把握的分歧，直接表现为知识型人才对自身职业发展规划和职业选择的不确定性。其次，知识型人才充当的不同角色与知识专属性之间有萌生冲突的可能。角色体现在知识型人才的任职岗位上，所承担工作的岗位内容和职责权限能否为人才个体的专属性知识提供充分发挥的平台是未知的，这会给人才隐性知识的显性化带来不确定性。知识显性化一旦受阻，知识将难以转化为生产力，知识和人才将面临资源闲置的状况。最后，知识型人才个体人性变化性带来的需求多样性为个体流动不确定性的产生提供了可能。知识型人才个体从组织获得的终极状态与个体的需要和目标产生差异和矛盾时，将会出现个体流动不确定性，流动的方向取决于激励效果与个体需要的满足程度之差。当差为正值时知识型人才流入组织，反之则流出组织。

4.2　群体不确定性

劳动（L）复杂性的存在是知识型人才群体不确定性产生的根源。知识型人才通常以团队的形式来共同承担一个项目或完成一份工作，劳动过程复杂，劳动成果往往是群体智慧的结晶而难以衡量。一方面，知识的专属性使得知识型人才在群体劳动中进行知识交流和共享时存在机会成本的差异，加之劳动成果难以衡量，人才在权衡得失后会做出是否交流知识和共享多少知识的选择，这会给群体间的知识流量大小带来不确定性，进而影响到群体的劳动生产率。另一方面，劳动的复杂性使得知识型人才必须通过合作共同完成一项任务，在团队群体劳动过程中由于个体人性变化性的存在，不同知识型人才个体有着自己的价值标准和行为规范。不同个体间价值取向能否协调一致以及个体的价值取向能否与团队群体的价值观产生共鸣是不确定的，这会导致群体间合作的不确定性。一旦价值取向存在严重对立和冲突，那么知识型人才群体间实质性的合作将难以达成。知识型人才的个体不确定性和群体不确定性分别产生于知识的载体——知识型人才个体中和知识型人才群体间，可以将这两种不确定性统称内生不确定性。

4.3 环境不确定性

主要指知识型人才对外部环境的难以准确把握及精确预测和知识型人才对组织内部环境的未知性。环境预测性是知识型人才环境不确定性产生的根源。外部环境主要包括自然环境和社会环境。自然环境的难以预测性加剧了知识型人才的不确定性，自然环境中不可抗拒和不可预期因素的大量存在使得知识型人才无法通过现有的信息、资源和设备来准确把握自然环境的状况，只能顺应自然环境的变化不断调整自己的行为选择和价值判断。同时，社会环境中政治环境、经济环境、文化环境中也存在大量的不确定性因素，知识型人才作为社会的个体难以逃避社会环境不确定性的影响。另外，内部环境中组织信息和资源的不完全公开造成知识型人才与组织间信息的不对称，知识型人才只能根据自己已掌握的信息来判断组织的发展前景，这进一步加剧了知识型人才的不确定性。加之组织变革、人事调整、经营业绩、财务状况等因素也时刻发生着变化，知识型人才不可能及时察觉或提前预测到这些变化的发生，因而表现出不确定性。知识型人才的环境不确定性来自对内外部环境的预测，与内外部环境中各种变量的难以准确和及时预测有关，并不直接产生于知识型人才个体或群体间，这种不确定性可称之为外生不确定性。

5 知识型人才不确定性度量——熵理论的应用

熵的概念最早出现在物理学界，但人们对于它的运用早已超出了物理学界的范畴。申农（Shanon C. E.，1948）的信息熵[20]，用熵来解释信息的特点（不确定性及其消除）；肯尼思·阿罗（Kenneth J. Arrow）的信息经济学[21]，也是用熵的概念进行经济学解释。在国际上，从巴塔耶到布瓦索，熵的思想一步一步从概念演变成一种经济学的整体框架[22]。熵作为系统论的基本概念，代表着一种无序状态，通常运用熵函数测度有关系统的稳定性，熵增就意味着不确定性加大。目前，已有部分学者运用熵论研究系统的稳定性，Deshmukh[23]提出了熵论视角下的制造系统分析框架并测定其静态不确定性问题；Drestk[24]利用熵原理系统地描述和测度了制造系统的不确定性问题；贾燕等[25]利用熵论研究了供应链不确定性问题。现有的研究成果对用熵来度量知识型人才不确定性提供了借鉴意义。基于知识型人才不确定性源泉的三维立体结构模型分析，运用熵理论，本书提出一种度量知识型人才不确定性的方法。

假设知识型人才不确定性是一个三维系统，可定义其不确定性 $U =$

$\{U\,(\mathrm{L})$，$U\,(\mathrm{H})$，$U\,(\mathrm{E})\}$，其中 $U\,(\mathrm{L})$，$U\,(\mathrm{H})$，$U\,(\mathrm{E})$ 表示它的三个构成影响因素，分别为劳动（L）复杂性、人性（H）变化性和环境（E）预测性，并且三个因素出现的概率分别用 P_1，P_2，P_3 表示。根据熵理论可将知识型人才不确定性定义为一个熵函数，具体如下：设 U 是离散的，$P\,(U) = \{P_1,\ P_2,\ P_3\}$ 为 U 上的三个因素发生的概率集合，用 $D\,(U)$ 表示 $P\,(U)$ 的熵，即

$$D\,(U) = -\sum_{i=1}^{n} K\,(P_i)\ \text{其中}\ K\,(P_i) = \begin{cases} P_i \ln P_i, & 0 < P_i \leqslant 1 \\ \sum\limits_{i=1}^{n} K\,(P_i) \end{cases} \qquad (\text{公式}\,3-1)$$

当所有的 $P_i = \dfrac{1}{e}$，$i = 1,\ 2,\ 3$ 时，$D\,(U) = -\sum\limits_{i=1}^{n} K\,(P_i) = -\sum\limits_{i=1}^{n} \dfrac{1}{e} \ln \dfrac{1}{e} = \dfrac{3}{e}$ 为最大值，即知识型人才的三维不确定性的极大情况 $\mathrm{D}\,(U_{max})$，此时 U 具有最大的不确定性。另外，当所有的 $P_i = 1$ 或 $P_i = 0$，$i = 1,\ 2,\ 3$ 时，$D\,(U) = -\sum\limits_{i=1}^{n} K\,(P_i) = -\sum\limits_{i=1}^{3} P_i \ln P_i = 0$ 为最小值，即知识型人才不确定性位于坐标原点 O，此时不确定性 U 为 0。但一般来说 $0 < D\,(U) < \dfrac{3}{e}$，因此可定义：

$$\alpha = \frac{D\,(U_{max}) - D\,(U)}{D\,(U_{max})},\ 0 \leqslant \alpha \leqslant 1 \qquad (\text{公式}\,3-2)$$

可用 α 度量知识型人才不确定性源泉三维立体结构模型图中任意一点的不确定性大小。以三维不确定性为例，如已知 $U\,(\mathrm{L})$，$U\,(\mathrm{H})$，$U\,(\mathrm{E})$ 三个因素的概率 P_1，P_2，P_3 的具体数值，联立（1）式、（2）式即可解得 α 的具体数值，此时 α 即表示点 $(P_1,\ P_2,\ P_3)$ 的不确定性的值。

6　知识型人才不确定性的消减思路

目前学界有关消减不确定性方法的研究还处于探索阶段，研究基本保持在共性层面。由于没有从不确定性的来源和本质出发研究消减不确定性的方法，造成不确定性的消减缺乏系统性。席西民教授和谐管理理论的提出为消减不确定性开辟了新的思路，它以"和谐主题"作为管理分析的基本出发点，以人与物的互动以及人与系统的自治性和能动性为前提，围绕"和谐主题"，以"和则"与"谐则"的耦合互动来应对管理问题，提高组织绩效。该理论基于目前管理理论应对不确定性的局限性，提出了和谐管理的基本思路为："问题导向"基础上的"优化设计"与"人的能动作用"双规则的互动耦合机制，即围绕和谐主题的和则与谐则的互动耦合形成和谐机制及相应的运行状态，使组织达到和谐管理的目标[26]。本书借鉴和谐管理理论，通过

和谐机制构想消减知识型人才不确定性的应用框架，借此寻求消减知识型人才不确定性的思路。

　　知识型人才不确定性是外生不确定性和内生不确定性的综合体。借鉴和谐管理理论，从知识型人才不确定性的含义和分类出发，借助知识型人才不确定性的度量方法验证知识型人才不确定性源泉分析的结果，通过和则、谐则及二者的互动耦合机制的建立来寻求消减知识型人才不确定性的解决方案。其实质是在知识型人才不确定性源泉分析的基础上明确知识型人才不确定性的和谐主题，并围绕和谐主题运用和则机制、谐则机制及其二者的互动耦合机制来消减知识型人才的不确定性，从而达到知识型人才的和谐状态。和谐视角下消减知识型人才不确定性应用框架的思路见图3。

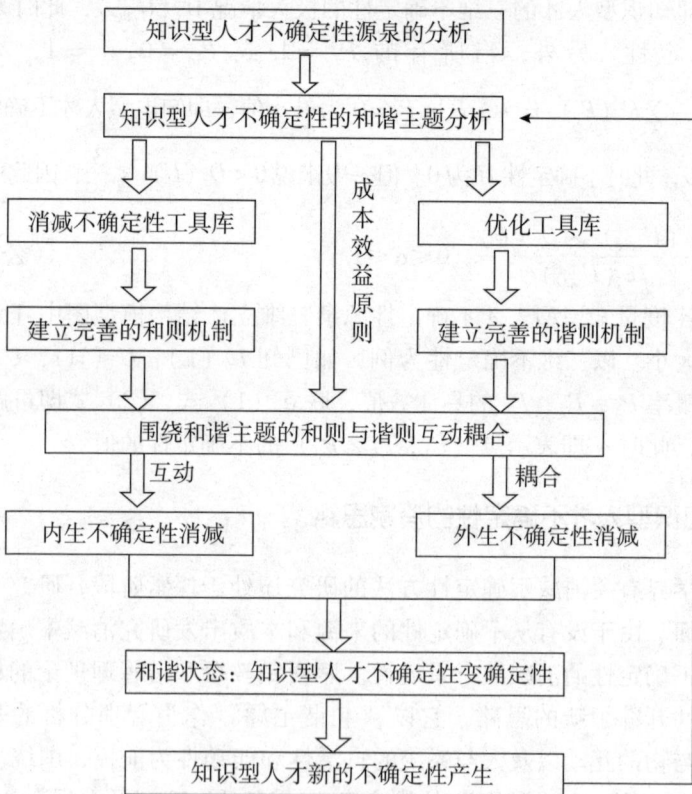

图3　和谐视角下消减知识型人才不确定性应用框架的思路图

　　知识型人才不确定性消减的和谐机制是在借助知识型人才度量方法验证其个体不确定性、群体不确定性和环境不确定性源泉分析的基础上，围绕其在某个时间或某个情境下的不确定性的和谐主题，在遵循成本效益原则的基础上，利用谐则机制解决可以物化，即可以事先预计、能够事先安排和科学优化的东西，利用和则机制解决人的能力、能动性问题。最后通过和谐主题、和则机制及谐则机制的互动耦合消减知识型人才的内生不确定性和外生不确定性，从而变知识型人才不确定性为确定性，达到和谐状态。当知识型人才新的不确定性产生后，可依据相同的分析思路探索消减不确定性的方法。

其中，和则机制的建立可通过消减不确定性工具库运用主观分析法加以构建，具体可通过组织和谐文化的塑造、组织资源和信息共享平台的构建、沟通机制的完善、知识型人才整合体系建立等措施来消减知识型人才不确定性。谐则机制可通过优化工具库，借鉴现代确定性的技术、工具、方法来构建。例如可运用前述熵度量知识型人才不确定性的方法，测度出不确定性的具体数值，依此确定知识型人才不确定性的维度。若属于三维不确定性，进而可以在知识型人才不确定性产生的三大源泉——劳动（L）复杂性、人性（H）变化性和环境（E）预测性下设计各自的构成子指标，利用基因算法等现代工具库对子指标进行优化求解，从而达到消减知识型人才不确定性的目标。

7 本章小结

本书在综述了不同学科学者对不确定性认识的基础上提出知识型人才不确定性的含义，通过模型构建分析了知识型人才不确定性产生的源泉，依此对知识型人才不确定性进行了分类，运用熵理论为知识型人才不确定性源泉三维立体结构图中任意一点不确定性的大小建立相应的度量方法，最后，借鉴和谐管理理论通过和谐机制构想消减知识型人才不确定性的应用框架。本书认为，知识型人才不确定性研究是组织管理无法回避的一个关键领域，对于知识型人才不确定性的研究首先必须从其不确定性产生的源泉分析入手探索消减知识型人才不确定性的方法，从而提高组织应对知识型人才不确定性的能力。

【复习题】
（1）何谓不确定性？
（2）何谓知识型人才不确定性？
（3）试析知识型人才不确定性的消减思路。

【思考题】
（1）试析知识型人才不确定性与管理不确定性的关系。
（2）试析知识型人才不确定性与复杂性的关系。

【案例分析】

郑永年：中国企业家的困局*

在任何一个社会，企业家是国家经济的主体。如果根据马克思"经济是基础、政治是上层建筑"的观点，人们可以说，没有企业家群体的崛起就没有国家的崛起。近代以来，无论是早些时候西方的崛起，还是后来日本和东亚"四小龙"的崛起，都说明了这个现象。

从反面来说，即使国家通过政治力量"强行"崛起，但如果没有一个企业家群体的支撑，国家的崛起就会变得不可持续。不说久远的历史，苏联的崛起即是一个典型的案例。

在计划经济下，国家替代了企业家的角色，尽管在新中国成立之后的一段时间里，国家能够集中最大的资源来搞经济建设，也取得了很大的成就，但因为缺失企业家群体，最终没有实现可持续发展，在和西方的竞争过程中败下阵来。

类似地，"二战"以来，很多发展中国家在赢得独立之后，即使政治领袖具有崛起的雄心，但因为缺失企业家群体，经济发展缺失主体，国家崛起计划只好付诸东流。历史地看，没有人会否认政治的重要性，但政治如果没有企业家群体的支撑，便往往是无效的政治、空洞的政治。

中国改革开放以来的崛起也是以经济崛起为核心的，这个过程中企业家群体的作用自然怎么评估都不为过。不过，在进入新时代以来，因为内外环境的急剧变迁，企业家群体面临前所未有的严峻挑战。总体来说，中国仍然以商人群体居多，而少企业家。商人和企业家既有关联，更有本质性的不同。简单地说，商人以赚钱为己任，一切以钱的多少来衡量企业的成功和自己的成就，而企业家则以改造世界为己任。

中国企业家的本质和特征

从这个角度来说，中国企业家群体表现出至少如下特征。（也应当指出的是，这些特征也表明了这个群体今天所面临的挑战是难以想象的，因为这些特征与其说是中国企业家的本质，倒不如说是企业家所处的环境造就了这些特征。）

第一，离钱太近，离科学技术太远。大多数人见钱眼开，唯利是图，但

---

* 引自 https：//www.zaobao.com/forum/expert/zheng－yong－nian/story2019011 5－924100。

对科学技术不那么感兴趣。商人自古就有，但企业家更多的是近代工业化的产物，近代以来的企业家群体是资本和科学技术相结合和整合的产物。西方的企业家改变了世界，但离开了科学技术则无从谈起。世界上很多文明都好商，但商本身不足以构成国家崛起的动力。成功的国家都实现了从"商人"到"企业家"的转型。没有这个转型，国家崛起会变得极为困难。当代中国尽管也培养了一大批专于技术的企业家，但相对庞大的商人群体来说，这个群体的人数仍然太小。

前些年，中国人蜂拥至日本购买普通的马桶盖、电饭煲等，这是匪夷所思的事情。这并不是说，中国人没有能力制造优质的马桶盖和电饭煲，而是没有工匠精神，没有能力建设自己的品牌。这样的事情虽小，但很能说明问题，那就是中国尽管是制造业大国，但对技术和技术的改进仍然处于漠视状态。中国已经远离传统的"制造业"概念，确切地说是"组装大国"。今天，很多企业深刻担忧中美技术冷战的来临，因为一旦发生技术冷战，技术进口就会变得困难，企业就必然面临生死存亡的威胁。

第二，离权力太近，离使命太远。企业有无使命？可以说，企业家的"初心"是有的。看看中国企业的发展历史，很多企业最初也是雄心勃勃，想干一番大事业，但可惜的是，逐渐地或者很快地，企业的使命发生了"异化"。对一些人来说，钱就成为唯一的"使命"，而另外一些人则以和权力的关系来衡量成功。"权力崇拜"文化在中国根深蒂固，几乎已经成为人们的血液，企业家更不例外。

尽管表面上看中国有"士农工商"的传统，"商人"处于社会等级的最底端，但在实际层面，"商人"和"权力"的关系一直很密切，"红顶商人"层出不穷。商人只有社会地位，没有政治地位，但一旦靠近权力，和权力拉上关系，便可"狐假虎威"，似乎自己也有了权力。再者，商人这样做也是有经济理性的，赚钱不容易，通过和权力的关系而得到"政策寻租"的机会，是最容易赚钱的方式。企业家和权力之间的这种关系在当代中国不仅没有改变，反而变本加厉。

第三，离官员太近，离老百姓太远。经验地说，官商永远是一体的，但"官民一体"或者"商民一体"充其量只是一个难以实现的理想。"官商一体"主要是因为两者有共同的利益。中国企业家或者商人是最懂得官员需要什么的一个群体；而官员也是最懂得企业家或者商人需要什么。官员有"潜规则"（金钱等）或者"政绩工程"的需求，企业家和商人有"政策寻租"的需求，两者之间经常互相帮忙，或者互为工具，通过合作达到各自的目标。

西方学者说中国是"公司型政府"（corporate state），描述的便是这种情形。但很可惜，无论是官员还是企业家却不知道老百姓需要什么。理论上说，在商业社会，消费者（即老百姓）是"上帝"，但实际上，消费者是最弱的一方，是最容易被欺骗的一方。这些年来，商界充斥的丑闻（毒奶粉、疫苗、食品、假商品等），无一不是针对普通老百姓的。尽管中国的消费者越来越成为庞大经济体的支柱，但仍然没有实现其消费权的有效机制。

第四，离政治太近，离社会太远。所有社会，政治和经济不可绝然分离。企业家需要关心政治，不关心政治的企业家不会太成功。不过，企业家本身不是政治人物（除非弃商从政），不能把自己视为政治人物。当然，企业家参与政治则是另外一回事情。企业家具有丰富的经验，尤其在经济事务方面，他们的实践知识对国家的发展至为关键，可以通过各种途径参与到国家政治过程之中，把这部分知识贡献给国家。但是如果企业家的政治参与过程演变成为"政策寻租"过程，就会离政治过近。离政治过近的危险性也是不言而喻的，因为政治变化无常，今天的"朋友"便是明天的"敌人"。

离政治近可以"培育"出企业家，但更可以葬送企业家。实际上，企业家的最大政治就是把自己的企业做好，而要做好企业便要接近自己的"上帝"，即消费者。不过，很可惜，中国的企业家离社会实在太远。在很大程度上，一些企业可以说是"政治企业"，只对官员负责，而社会则是被忽悠的对象。

这些年来，尽管"公司的社会责任"（CSR, corporate social responsibility）的概念也进入了中国的企业界，但到底有多少企业把"社会责任"当作是它们运行的内在动力？对很多企业来说，即使是"社会责任"，大量的行为也是在做给政治看的，而并非真心实意地为了社会。经济发展了，但社会也被破坏了。在经济发展过程中，保护社会的努力实在太少。保护社会既是政府的责任，也是企业的责任。当政府和企业都不仅不保护社会，反而破坏社会的时候，人们可以想象这个社会的样子。

第五，在国际社会上，离"机会"太近，离"规则"太远。对中国的企业来说，走向国际市场实在不容易。国际市场已经被发达国家所占领，中国企业家是国际市场的"后来者"，"走出去"处处受挤压，要承受更多、更大的风险。这就要求企业做更多的努力，尽量根据市场的规则来行事，以减少风险。但企业家对这个客观环境认识不清或者没有足够的认识，从而把自己推向"风险地带"。

很多企业家走出国门之后，一旦看到机会，便失去了理性，什么事情都敢做。一些企业家在国内也经常是"机会主义者"，出了事情，就通过和权力、官员和政治的关联来化解风险、求得问题的解决。问题在于，如果走出国门之后依然是机会主义者，要通过什么途径来化解风险呢？国内的"权力关系"很难延伸到国外。当然，也有一些企业家走出去之后的确能够和当地政府权力、官员和政府建立各种关联。不过，这种关联也正是这些企业所面临的巨大风险。一句话，对企业家来说，如果对"机会"所包含的风险评估不足甚至看不到，最终肯定是要出问题的。

社会环境制约企业发展

诚如前面所说，企业家所具有的这些行为特征，大多是企业家所生存的社会环境的产物。但不管其起源如何，它们也是客观存在的，有效地制约着企业的发展。就是说，如果要改变企业家的行为，就必须改变他们所生存的社会环境。

在这方面，政府作为的转型是关键的。在中国，政府本身是企业最重要的营商环境，光有企业自身的努力难以改善营商环境。所谓的营商环境也就是一系列制度机制的存在，包括法治、政商关系、明确的产权、财产保护等。产权的"明确化"和"保护"已经讨论了数十年，但仍然处于两个极端。对自由派来说，是私有产权；对左派来说，是国有产权。这种意识形态的争论永远不会有终结点。

经验地说，无论是国有资产的产权还是民营资产的产权，都需要明确化，都需要得到保护。近来人们开始讨论"中性制度"的确立问题，但在意识形态、制度和政策各个层面来实现"中性"是很不容易的一件事情。

同样，知识产权的保护似乎刚刚有了点意识。之前，这个概念只是为了应付西方（尤其是美国）的压力，现在人们终于认识到了知识产权的保护是为了自己的可持续发展，而不仅仅是为了应付西方的压力。如果上述这些构成了企业的营商环境，还必须塑造企业"趋善"的制度环境，例如确立可行的税收制度，鼓励企业群体承担和行使社会责任等。如果企业不能承担很大一部分社会责任，政府失败便是可预期的。

在国际市场上，中国企业首先要遵守现行市场规则，哪怕是不合理的规则。只有在接受的基础之上，才能进入国际市场，再寻求改革、改善和创新市场规则。在航海时代之前，世界各地已经形成了地方市场规则。葡萄牙、西班牙、荷兰人和英国人开拓世界市场，破坏了原来的市场规则，确立了符合自己利益的市场规则。不过，当时的世界处于"弱肉强食"时代，"适者生存"，没有其他国家有能力来抵抗这些列强的强盗行为。

但现在的情况已经大为不同，通过全球化，已经形成了全球市场和与之相关的市场规则。这需要中国企业的智慧。但不管怎样，政府和企业的合作原则是不变的，光是政府或者光是企业，都不足以开拓海外市场。企业在国际市场所面临的挑战，和政府在国际组织所面临的挑战几乎就是一样的。尽管如此，政府和企业如何通力合作走向国际，仍然是一个巨大的问号。

不过，在所有这些要素中，企业家群体的自我认同建设最为重要。如果企业家群体不能成为一个寻求独立的群体，而继续是权力、官员和政府的附属物，所有其他方面的变化也拯救不了企业家。

（作者是新加坡国立大学东亚研究所所长）

问题：分析中国企业家如何应对自身不确定性与环境不确定性，说明理由。

参考文献

[1]Peter Drucker. Management Challenges for the 21st Century[M]. Boston：Harvard University Press，1999.

[2]朱名宏.人力资源与知识经济增长[EB/OL]. http：//www. swpi. edu. cn /rw sky/zsjj/7. htm，2005 − 04 − 27.

[3]Barney J. Firm Resource and Sustained Competitive Advantage[J]. Journal of Management，1991(17).

[4]Barney J B. Looking in Side For Competitive Advantage[A]//A Campbell，K L S Luchs. Core Competency based Strategy[C]. International Thomoson Business Press，1997：13—29.

[5]A S A du Toit. Competitive Intelligence in the Knowledge Economy：What is in it for South African Manufacturing Enterprises[J]. International Journal of Information Management，2003(23)：111—120.

[6]彼得·德鲁克，等.知识管理[M].杨开峰，等译.北京：中国人民大学出版社，2004.

[7]张望军，彭剑锋.中国企业知识型人才激励机制实证分析[J].科研管理，2001(6)：90—96.

[8]张向前，黄种杰，蒙少东.信息经济时代知识型人才管理[J].经济管理，2002(2)：60—64.

[9]席酉民，尚玉钒.和谐管理理论[M].北京：中国人民大学出版社，2003.

[10]Thompson J D. Organizations in Action[M]. New York：Mc Graw Hill，1967.

[11]Denn is R，Benson R. The Struggle for Strategic Alignment in Multinational Corporations：Managing Readjustment During Global Expansion[J]. European Management Journal，2001(19)：404—416.

[12]Milliken F J. Three Types of Perceived Uncertainty about the Environment：State，Effect and Response Uncertainty[J]. Academy of Management Review，1987(12)：133—143.

[13]Carpenter M A. Top Management Teams，Global Strategic Posture，and the Moderating Role of Uncertainty[J]. Academy of Management Journal，2001(44)：533—545.

［14］Henisz W L. An Uncertainty,Imitation and Plant Location:Japanese Multinational Corporations［J］. Administrative Science Quarterly,2001(46):443—475.

［15］Priem R L. Executives' Perceptions of Uncertainty Sources:A Underlying Dimensions［J］. Journal of Management,2002(28):725—746.

［16］张向前. 知识型人才内涵分析［J］. 科学学研究,2009,27(4):504—510.

［17］王益谊,席酉民,毕鹏程. 组织环境的不确定性研究综述［J］. 管理工程学报,2005(1):46—49.

［18］Demeyer A,LOCH H C,P ICH M T. From Variation to Chaos［J］. MIT Sloan Management Review,2002(winter):60—68.

［19］徐飞. 不确定性视阈下的战略管理［J］. 上海交通大学学报(哲学社会科学版),2008(5).

［20］申农. 信息论理论基础［M］. 上海:上海科学技术编译馆,1965.

［21］肯尼思·阿罗. 信息经济学［M］. 北京:北京经济学院出版社,1989.

［22］乌家培. 信息经济学与信息管理［M］. 北京:方志出版社,2004.

［23］Deshmukh A V,Talavage J J,BarashMM1Complexity in Manufacturing Systems,Part1:Analysis of Static Complexity［J］. IIE Transactions,1998(10).

［24］Dretske FI. Knowledge and the Flow of Information［M］// Philosophy and Cognitive Science Reissues1 San Francisco:CS－2LI Publications,1999.

［25］贾燕,王润孝,殷磊,等. 熵在供应链复杂性研究中的应用［J］. 机械科学与技术,2003(5).

［26］席酉民,尚玉钒. 和谐管理理论［M］. 西安:西安交通大学出版社,2005.

第五章　知识型人才不确定性的模糊综合评价研究

【学习目标】
(1) 了解知识型人才不确定性评价指标体系
(2) 掌握知识型人才不确定性模糊综合评价方法
(3) 掌握知识型人才不确定性模糊综合评价实际应用

1 引言

知识经济时代"人"的不确定性日益凸显，成为组织环境不确定性的重要来源。伯金肖（Birkinshaw）[1]认为，知识密集下的不确定性主要来源于人力资源和新技术。韩巍、席酉民[2][3]认为人的因素是组织不确定性的来源之一。知识密集条件下，复杂性的人成为组织不确定性管理分析的起点。知识型人才正是这种复杂性的人的主要构成群体，他们是知识的承载者、所有者，是企业创新的主体，在企业中占有绝对重要的地位[4]-[6]。张向前[7]认为，知识型人才比一般员工具有更大的不确定性，传统的管理方式已不再适用于知识型人才，研究知识型人才的不确定性更有助于应对组织管理的不确定性问题。在不确定性研究领域，不确定性的量化一直是个研究难点，具体表现在不确定性量化的维度、指标和方法上。研究知识型人才的不确定性的关键同样在于寻求一种能够科学、有效地量化知识型人才不确定性的途径；而知识型人才不确定性的评价研究恰恰是量化知识型人才不确定性的前提和基础，能够提供研究知识型人才不确定性的可供参考的量化维度和量化指标。另外，从知识型人才不确定性管理的角度出发，研究知识型人才不确定性的评价：一方面，有利于知识型人才对自身特点、质量和价值有一个定量化的鉴别和评判，为个体职业发展和规划指明方向；另一方面，有利于企业组织系统把握知识型人才的特质、需求、动机等难以衡量的要素，为知识型人才的引进、选拔、任用、配置、定价等人力资源管理决策提供参考。目前，知识型人才不确定性的评价研究亟待挖掘，传统评价方法的指标赋权大多采用专家评价法、德尔菲法以及传统的统计分析方法，如层次分析法（AHP）、主成分分析法、因子分析法，新的分析方法，如熵权法、模糊综合评价法、马尔柯夫分析方法、贝叶斯网络方法等也逐步应用到人力资源评价领域[8]，且多种评价方法的集成综合运用成为一种趋势。鉴于知识型人才不确定性的特点，本书的研究旨在模糊综合评价思想的基础上，探索一种适合于评价知识型人才不确定性的科学、有效的方法，为知识型人才的不确定性的量化及知识型人才不确定性管理提供依据。

2 知识型人才不确定性评价指标体系设计

如何设计科学、合理、系统的评价指标体系，是研究知识型人才不确定性评价的前提。知识型人才不确定性评价是一项模糊的、复杂的系统工程，知识型人才的实际工作投入和产出难以通过简单的经济方法计量，加之评价对象和范围的差异性，使得评价指标分类和选取缺乏统一的标准和依据，这无形中增加了知识型人才不确定性评价的难度。因此，在建立评价指标体系时，既要考虑到知识型人才的特点以及其不确定性在企业工作中的实际体现，又要兼顾评价过程中指标选取的可行性、针对性以及静态、动态等多种评价方法的选择和应用。本书基于前人有关知识型人才（员工）的研究理论，遵循相互独立、科学可比、重点突出的原则选取评价指标，并结合知识型人才不确定性的内涵和分类[9]，构建知识型人才不确定性评价指标体系（见图1），分为目标层、属性层和因子层三级。其中，属性层指标的选取参照知识型人才不确定性的分类，因子层指标的内容、选取来源详见表1。

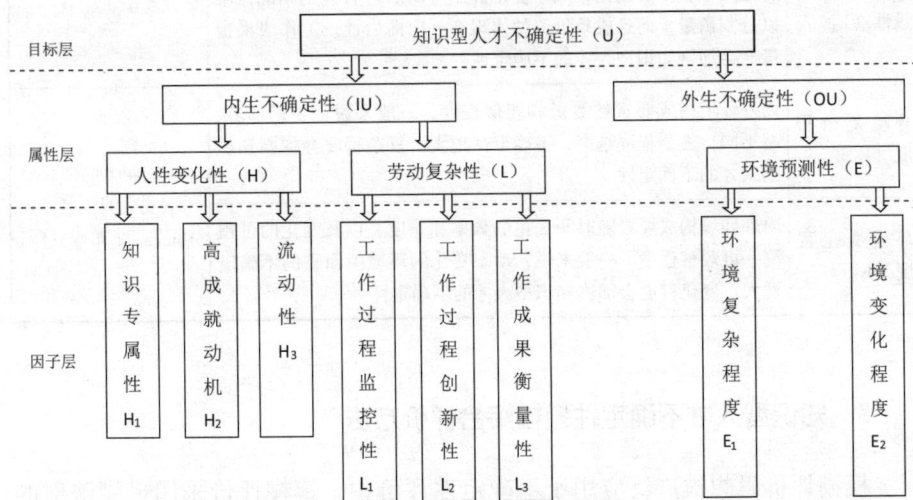

图1 知识型人才不确定性评价指标体系

表1　因子层指标的内容和选取来源

因子层指标	内容概要	来源、依据
知识专属性（H_1）	知识型人才具备与一般性工作要求所不同的专业技能或特殊知识，这种技能或知识具有一定稀缺性和专属性，凭借专属性知识，知识型人才具有较大的职业选择权。知识专属性会加剧知识型人才的不确定性	Davenport（达文波特）[10]
高成就动机（H_2）	知识型人才的需要层次较高，渴望获得社会的尊重、认可，有强烈的自我实现动机，追求个人成就和职业发展，对组织激励提出较高要求。自我实现动机会加剧知识型人才的不确定性	魏海勇等[11]
流动性（H_3）	知识型人才更加忠诚于职业（专业）承诺而非组织承诺，追求终身就业能力，希望通过流动实现增值，流动意愿普遍高于普通员工。流动倾向会加剧知识型人才的不确定性	张亚莉等[12] 蒋春燕等[13]
工作过程监控性（L_1）	知识型人才的工作不受时空的限制，无法明确观察，工作过程具有不可观测性和非实时监控性。工作过程监控性会加剧知识型人才的不确定性	Kanter（坎特）[14] 贾建锋等[15]
工作过程创造性（L_2）	知识型人才以脑力劳动为主，工作过程中产生新创意、新方法，运用知识进行产品创新、服务创新，这种创造性工作存在较大风险。工作过程创造性会加剧知识型人才的不确定性	Horibe（赫瑞比）[16] Dickeson（迪克森）[17]
工作成果衡量性（L_3）	知识型人才的工作成果往往表现为某种想法、发明、创意，具有无形性，不易量化，成果多是群体（团队）智慧的结晶，难以分割衡量，而且成果价值的体现有一定滞后性。工作成果衡量性会加剧知识型人才的不确定性	张兰霞等[18]
环境复杂程度（E_1）	内外环境构成要素的数量和相似程度。一般来说，要素越多、越不同，复杂程度越高，不确定性越大。复杂程度会加剧知识型人才的不确定性	Lawrence（劳伦斯）[19] Duncan（邓肯）[20]
环境变化程度（E_2）	内外环境构成要素随时间变化的频率和速度，以及变化的可预测、可观察程度。一般来说，动态变化的环境中面临的不确定性大。变化程度会加剧知识型人才的不确定性	

3　知识型人才不确定性模糊综合评价方法

模糊评价思想被广泛应用于不确定性评价中。模糊评价采用模糊映射的数学思想，按照设计好的语言评价集，根据各因素的相对重要程度赋予权数，得到评价向量（集），确定各指标相对于语言评价集的隶属度，获得模糊评价矩阵，进行模糊综合评价。其主要步骤[21]分为确定隶属度函数、建立模糊矩阵、模糊矩阵复合运算。本书基于模糊综合评价的基本思想[22-23]，结合构建好的指标体系（图1），提出一种知识型人才不确定性模糊综合评价方法，主要包括两部分：目标层评价和属性层评价。

3.1　目标层评价

目标层指标知识型人才不确定性（U）的大小可以通过内生不确定性（IU）和外生不确定性（OU）两大属性指标来确定，其中，内生不确定性（IU）指标又可细分为人性变化性（H）、劳动复杂性（L）两个指标，外生不确定性（OU）指标专指环境变化性（E）。如果将知识型人才不确定性（U）视作内生不确定性（IU）和外生不确定性（OU）的函数，则上述关系可以通过函数形式简单表示为 $U=f(IU, OU)=f[f(H, L), E]$。内生不确定性源于知识型人才个体或群体之间，直接决定了知识型人才不确定性的大小，因此将内生不确定性定义为知识型人才不确定性的程度。外生不确定性来源于外部环境，是知识型人才不确定性的重要影响因素，因此将外生不确定性定义为知识型人才不确定性的概率（或可能性）。知识型人才不确定性的大小由不确定性程度和不确定性概率两者的乘积所决定，进而给出知识型人才不确定性大小的计算公式如下：

知识型人才不确定性 = 内生不确定性 × 外生不确定性 = （人性变化性 + 劳动复杂性）× 环境预测性

即：$U = IU \cdot OU = (H+L) \cdot E, \ 0 \leqslant U \leqslant 1$　　　　　　　　（1）

接着将知识型人才不确定性的程度——内生不确定性（IU）作为坐标横轴，将知识型人才不确定性的概率——外生不确定性（OU）作为坐标纵轴，建立知识型人才不确定性大小的评价等级，共分为五个等级（见图2、表2）。

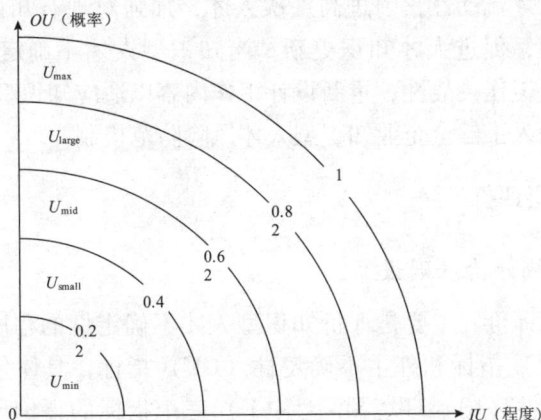

图2　知识型人才不确定性等级标准

表2　知识型人才不确定性等级标准说明

等级	代号	大小	标准	管理策略
高度不确定性	U_{max}	极大	0.8—1	控制策略
中上不确定性	U_{large}	大	0.6—0.8	微调策略
中度不确定性	U_{mid}	中	0.4—0.6	保持策略
中下不确定性	U_{small}	小	0.2—0.4	微调策略
高度不确定性	U_{min}	极小	0—0.2	控制策略

知识型人才不确定性并不是越小越好，知识型人才不确定性起着类似"鲇鱼效应"的作用，保持适度的不确定性有利于激发企业活力，提高创新绩效，促进知识积累、转移和流动。其一，不确定性过小要么是社会环境欠佳，不适合知识型人才的需要；要么是企业知识型人才整体素质不高，部分人才存在滥竽充数的现象。其二，不确定性过大要么是组织承诺过高，导致企业知识型人才流动性低，信息、知识交流不畅，阻碍企业创新和发展；要么是工作绩效过大，企业工作过于复杂，工作要求的知识、技能超出了企业现有知识型人才的能力范围。一般来说，中度不确定性（0.4—0.6）是较理想的状态，企业可采取保持策略；中下不确定性（0.2—0.4）和中上不确定性（0.6—0.8）说明企业知识型人才管理存在一些问题和风险，但不宜矫枉过正，采取微调策略即可；低度不确定性（0—0.2）和高度不确定性（0.8—1）是企业知识型人才不确定性管理的风险预警信号，企业应采取控制策略，及时依据环境的变化趋势优化社会环境，从工作设计和人才队伍建设两方面着手防范。当知识型人才不确定性等级较低时，企业可通过加大技术、研发、创新等要素在工作中的比例，适当增加工作难度和挑战性，或者考虑通过加快人才流动性，引进高层次人才，加强对现有知识型人才的培训开发和生涯规划，促进人才知识更新。当知识型人才不确定性等级较高时，企业应适时降低工作挑战性，重新设计工作内容以适应知识型人才的胜任力，或者从内部激励入手健全企业知识型人才风险防范机制。

3.2　属性层评价

3.2.1　模糊评价准则设立

属性层指标评价，主要是评价知识型人才不确定性的程度和概率，即内生不确定性（IU）指标和外生不确定性（OU）指标，具体包括人性变化性（H）、劳动复杂性（L）、环境预测性（E）三个指标的评价。根据前文构建的指标体系，设立知识型人才不确定性的模糊评价准则（如表2）。评价准则表由人性变化性因子评价集、劳动复杂性因子评价集、环境预测性因子评价集三个分量表构成，分量表包括三个部分：因子权重（W）维度、评价标尺（S）维度以及依照评价尺度设计的评价因子语言集。其中，因子权重（W）的个数等于因子层指标的数目；评价标尺（S）的数值介于 0—1 之间，划分为五个尺度 S1—S5，分别代表小、中下、中、中上、大。因子权重（W）和评价标尺（S）的数值采用专家赋值法主观给定。不同企业由于自身行业性质、组织结构的差异，企业的知识型人才不确定性评价准则会存在不同，主要反映在因子权重（W）和评价标尺（S）的差异上。在实际应用中，因子权重（W）和评价标尺（S）的数值可以由企业高层主管和企业所邀请的专家组成的知识型人才不确定性调查小组，经过问卷调查、员工面谈、企业诊断后，以专家赋值法给定。

表 3　知识型人才不确定性模糊评价准则

量表1：人性变化性因子评价集						
人性变化性 H　标尺／权重		S_{11}	S_{12}	S_{13}	S_{14}	S_{15}
知识专属性 H_1	W_{11}	完全无专属	低度专属	中度专属	高度专属	完全专属
自我实现动机 H_2	W_{12}	无动机	一点动机	有动机	较高动机	强烈动机
流动倾向 H_3	W_{13}	无倾向	有点倾向	倾向一般	倾向明显	倾向显著
量表2：劳动复杂性因子评价集						
劳动复杂性 L　标尺／权重		S_{21}	S_{22}	S_{23}	S_{24}	S_{25}
工作过程监控性 L_1	W_{21}	监控比较容易	监控容易	监控性一般	监控困难	监控比较困难
工作过程创新性 L_2	W_{22}	无创新性	创新性低	创新性一般	创新性高	创新性显著
工作成果衡量性 L_3	W_{23}	比较容易衡量	容易衡量	衡量性一般	衡量困难	衡量比较困难
量表3：环境预测性因子评价集						
环境预测性 E　标尺／权重		S_{31}	S_{32}	S_{33}	S_{34}	S_{35}
复杂程度 E_1	W_{31}	简单	有点复杂	一般复杂	较复杂	非常复杂
变化程度 E_2	W_{32}	稳定	有点变化	变化频率一般	变化快	变化非常快
注：评价尺度 S（0≤S≤1）分 5 级，$\{S_{i1}, S_{i2}, S_{i3}, S_{i4}, S_{i5}\}$ = $\{$较小，小，中，大，较大$\}$，i=1,2,3,4,5.						

3.2.2　模糊评价步骤

第一步：确定人性变化性（H）指标的大小。人性变化性指标由企业知识型人才组成的测评小组评定，参照评价准则表2的人性变化性因子评价集，对于同一因子，由于不同的人员可以给出不同的评价，故采用对第 m 因子给出第 n 评价标尺的可能程度的大小，即隶属度 amn 作为人性变化性的评价结果，amn = 对第 m 因子给出第 n 评价标准的知识型人才人数/参评的知识型人才总数。由此可得人性变化性（H）的模糊评价矩阵：

$$A = \begin{bmatrix} a_{11} & a_{12} & a_{13} & a_{14} & a_{15} \\ a_{21} & a_{22} & a_{23} & a_{24} & a_{25} \\ a_{31} & a_{32} & a_{33} & a_{34} & a_{35} \end{bmatrix}$$

进而可求人性变化性（H）的综合评价 $X = W_1 \cdot A$，再将 X 归一化得 $X' = (X_1, X_2, X_3, X_4, X_5)$，则人性变化性（H）的大小可表示为 $H = X'S_1^T = \sum_{i=1}^{5} X_i S_{1i} = X_1 S_{11} + X_2 S_{12} + X_3 S_{13} + X_4 S_{14} + X_5 S_{15}$

$$\text{(2)}$$

第二步：确定劳动复杂性（L）指标的大小。劳动复杂性指标由企业主管组成的测评小组评定，参照评价准则表2的劳动复杂性因子评价集，对于同一因子，由于不同的人员可以给出不同的评价，故采用对第 m 因子给出第 n 评价标尺的可能程度的大小，即隶属度 bmn 作为劳动复杂性的评价结果，bmn = 对第 m 因子给出第 n 评价标准的主管人数/参评的主管总数。由此可得劳动复杂性（L）的模糊评价矩阵：$B = \begin{bmatrix} b_{11} & b_{12} & b_{13} & b_{14} & b_{15} \\ b_{21} & b_{22} & b_{23} & b_{24} & b_{25} \\ b_{31} & b_{32} & b_{33} & b_{34} & b_{35} \end{bmatrix}$

进而可求劳动复杂性（L）的综合评价 $Y = W_2 \cdot B$，再将 Y 归一化得 $Y' = (Y_1, Y_2, Y_3, Y_4, Y_5)$，则劳动复杂性（L）的大小可表示为 $L = Y'S_2^T = \sum_{i=1}^{5} Y_i S_{2i} = Y_1 S_{21} + X_2 S_{22} + X_3 S_{23} + X_4 S_{24} + X_5 S_{25}$

$$\text{(3)}$$

第三步：确定环境预测性（E）指标的大小。环境预测性指标由企业邀请的专家组成的测评小组评定，参照评价准则表2的环境预测性因子评价集，对于同一因子，由于不同的专家可以给出不同的评价，故采用对第 m 因子给出第 n 评价标尺的可能程度的大小，即隶属度 cmn 作为环境预测性的评价结果，cmn = 对第 m 因子给出第 n 评价标准的专家人数/参评的专家总数。由此可得环境预测性（E）的模糊评价矩阵：$C = \begin{bmatrix} c_{11} & c_{12} & c_{13} & c_{14} & c_{15} \\ c_{21} & c_{22} & c_{23} & c_{24} & c_{25} \end{bmatrix}$

进而可求环境预测性（E）的综合评价 $Z = W_3 \cdot C$，再将 Z 归一化得 $Z' = (Z_1, Z_2, Z_3, Z_4, Z_5)$，则环境预测性（E）的大小可表示为 $E = Z'S_3^T = \sum\limits_{i=1}^{5}$

$$Z_i S_{3i} = Z_1 S_{31} + Z_2 S_{32} + Z_3 S_{33} + Z_4 S_{34} + Z_5 S_{35} \tag{4}$$

经过第一至第三步的计算后，将求出的 H、L、E 的值代入公式（1），即可求得知识型人才不确定性（U）的大小，最后根据图2，确定知识型人才不确定性的等级。知识型人才不确定性的模糊综合评价框架总结见图3。

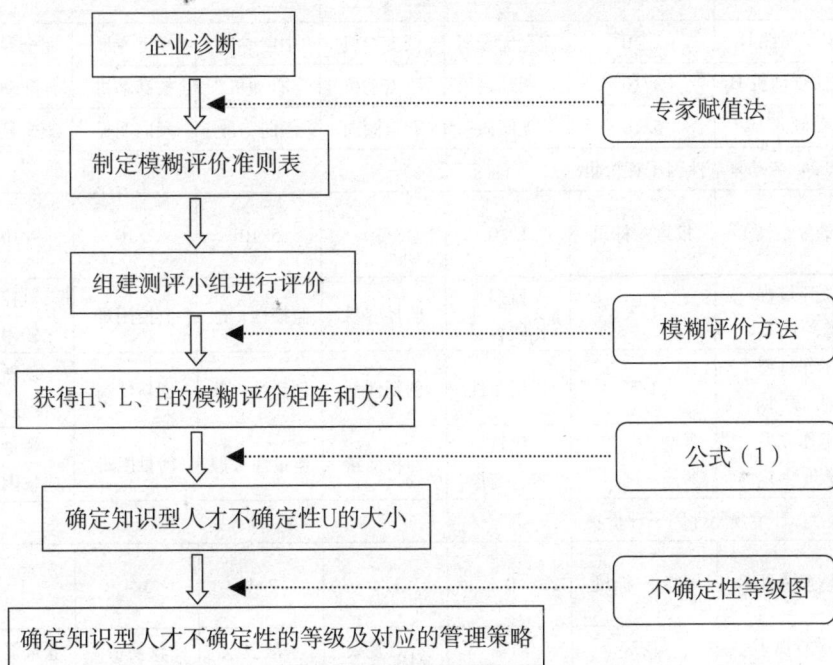

图3　知识型人才不确定性的模糊综合评价框架

4　评价应用实例

假定某企业拟对知识型人才不确定性进行评价，成立由企业高层主管和所邀请的专家组成的调查小组，经过问卷调查、员工面谈、企业诊断后，参照表2的模板，采用专家赋值法给定各分量表的因子权重（W）和评价标尺（S），设立出该企业的知识型人才不确定性模糊评价准则，假设如表3所示。人性变化性因子评价集的因子权重 $W_t = (W_{11}, W_{12}, W_{13}) = (2/10, 3/10, 5/10)$，评价标尺 $S_1 = (S_{11}, S_{12}, S_{13}, S_{14}, S_{15}) = (1/10, 3/10, 5/10, 7/10, 9/10)$；劳动复杂性因子评价集的因子权重 $W_2 = (W_{21}, W_{22}, W_{23}) = (1/3, 1/3, 1/3)$，评价标尺 $S_2 = (S_{21}, S_{22}, S_{23}, S_{24}, S_{25}) = (1/10,$

3/10，5/10，7/10，9/10）；环境预测性因子评价集的因子权重 W_3 =（W_{31}，W_{32}）=（1/2，1/2），评价标尺 S_3 =（S_{31}，S_{32}，S_{33}，S_{34}，S_{35}）=（0，1/4，2/4，3/4，1）。

表4 某企业设立的知识型人才不确定性评价准则

量表1：人性变化性因子评价集							
人性变化性 H	权重	标尺	1/10	3/10	5/10	7/10	9/10
知识专属性 H_1	2/10		完全无专属	低度专属	中度专属	高度专属	完全专属
自我实现动机 H_2	3/10		无动机	一点动机	有动机	较高动机	强烈动机
流动倾向 H_3	5/10		无倾向	有点倾向	倾向一般	倾向明显	倾向显著
量表2：劳动复杂性因子评价集							
劳动复杂性 L	权重	标尺	1/10	3/10	5/10	7/10	9/10
工作过程监控性 L_1	1/3		监控比较容易	监控容易	监控性一般	监控困难	监控比较困难
工作过程创新性 L_2	1/3		无创新性	创新性低	创新性一般	创新性高	创新性显著
工作成果衡量性 L_3	1/3		比较容易衡量	容易衡量	衡量性一般	衡量困难	衡量比较困难
量表3：环境预测性因子评价集							
环境预测性 E	权重	标尺	0	1/4	2/4	3/4	1
复杂程度 E_1	1/2		简单	有点复杂	一般复杂	较复杂	非常复杂
变化程度 E_2	1/2		稳定	有点变化	变化频率一般	变化快	变化非常快

注：评价尺度 S（$0 \leqslant S \leqslant 1$）分5级，{$S_{i1}$，$S_{i2}$，$S_{i3}$，$S_{i4}$，$S_{i5}$} = {较小，小，中，大，较大}，i = 1，2，3，4，5

参照表4，人性变化性指标由企业知识型人才组成的测评小组进行评定，劳动复杂性指标由企业主管组成的测评小组进行评定，环境预测性指标由企业邀请的专家组成的测评小组进行评定，评价结果经统计整理后，假设得到的人性变化性（H）、劳动复杂性（L）、环境预测性（E）的模糊评价矩阵分别如

下：$A = \begin{bmatrix} 0.4 & 0.1 & 0.3 & 0.1 & 0.1 \\ 0.2 & 0.1 & 0.1 & 0.5 & 0.1 \\ 0.1 & 0 & 0.5 & 0.2 & 0.2 \end{bmatrix}$，$B = \begin{bmatrix} 0 & 0.2 & 0.5 & 0.2 & 0.1 \\ 0.1 & 0.3 & 0.2 & 0.1 & 0.3 \\ 0.2 & 0.1 & 0.3 & 0.2 & 0.2 \end{bmatrix}$，

$C = \begin{bmatrix} 0.2 & 0.2 & 0.3 & 0.2 & 0.1 \\ 0 & 0.2 & 0.5 & 0.2 & 0.1 \end{bmatrix}$，进而可以通过公式（2）（3）（4）求得人性变化性（H）、劳动复杂性（L）、环境预测性（E）三个指标的大小，计算过程如下：

人性变化性的综合评价

$$X = W_1 \cdot A = \left(\frac{2}{10}, \frac{3}{10}, \frac{5}{10} \right) \begin{bmatrix} 0.4 & 0.1 & 0.3 & 0.1 & 0.1 \\ 0.2 & 0.2 & 0.1 & 0.5 & 0.1 \\ 0.1 & 0 & 0.4 & 0.2 & 0.2 \end{bmatrix} = (0.19, 0.05, 0.34, 0.27, 0.15)$$

则人性变化性的大小

$$H = X' S_1^T = (0.19, 0.05, 0.34, 0.27, 0.15) \left(\frac{1}{10}, \frac{3}{10}, \frac{5}{10}, \frac{7}{10}, \frac{9}{10} \right)^T = 0.528$$

劳动复杂性的综合评价

$$Y = W_2 \cdot B = \left(\frac{1}{3}, \frac{1}{3}, \frac{1}{3} \right) \begin{bmatrix} 0 & 0.2 & 0.5 & 0.2 & 0.1 \\ 0.1 & 0.3 & 0.2 & 0.1 & 0.3 \\ 0.2 & 0.1 & 0.3 & 0.2 & 0.2 \end{bmatrix} = (0.1, 0.2, \frac{1}{3}, \frac{1}{6}, 0.2)$$

则劳动复杂性的大小

$$L = Y' S_2^T = (0.1, 0.2, \frac{1}{3}, \frac{1}{6}, 0.2) \left(\frac{1}{10}, \frac{3}{10}, \frac{5}{10}, \frac{7}{10}, \frac{9}{10} \right)^T = 0.5333$$

环境预测性的综合评价

$$Z = W_3 \cdot C = \left(\frac{1}{2}, \frac{1}{2} \right) \begin{bmatrix} 0.2 & 0.2 & 0.3 & 0.2 & 0.1 \\ 0 & 0.1 & 0.5 & 0.2 & 0.2 \end{bmatrix} = (0.1, 0.15, 0.4, 0.2, 0.15)$$

则劳动复杂性的大小

$$E = Z' S_3^T = (0.1, 0.15, 0.4, 0.2, 0.15) \left(0, \frac{1}{4}, \frac{2}{4}, \frac{3}{4}, 1 \right)^T = 0.5375$$

最后，将计算出的 H、L、E 的数值代入公式（1），可求得知识型人才不确定性的大小：

$$U = IU \cdot OU = (H + L) \cdot E = (0.528 + 0.5333) \cdot 0.5375 = 0.5704$$

结合图 2 可知，该企业的知识型人才不确定性等级为 Umid，即中度不确定性（0.4—0.6）是较理想的状态，故该企业可采取保持策略。

5　本章小结

本书提出的知识型人才不确定性模糊综合评价方法是多种评价方法的有机结合，包括目标层评价和属性层评价，给出的知识型人才不确定性等级标准能够对评价结果划分等级并确定管理策略，最后通过一个具体实例验证了该评价方法的有效性和适用性。然而必须指出的是，本书提出的知识型人才不确定性模糊综合评价方法并不完美，比如：为保证指标选取的全面性，采用理论文献方法构建的评价指标体系主观性较强；为避免评价复杂性，采用专家赋值法确定的指标权重可能缺乏客观性和可靠性。在未来的研究中，仍有以下两方面值得学者们进一步思考：一是探索科学的指标筛选方法来建立评价指标体系，解决指标选取全面性和客观性的矛盾，并力求指标的精练化；二是知识型人才不确定性具备难以直接或简单测量的性质，满足 SEM 模型中潜变量的特征，SEM 模型在知识型人才不确定性评价中的应用值得探索。

【复习题】

(1) 试析知识型人才不确定性模糊综合评价指标。

(2) 试析知识型人才不确定性模糊综合评价方法。

【思考题】

(1) 试析知识型人才不确定性模糊综合评价方法可否用于复杂性评价。

(2) 如何更好改装知识型人才不确定性模糊综合评价方法？

【案例分析】

为什么成功的人总是说：我只是单纯做我想做的事*

人在追求梦想、事业或知识的时候总有一个（或多个）动机驱使我们不断向前，因为这些默默支持我们的动机，才能在辛苦、挫折中咬紧牙关继续前进而不至于半途而废。

心理学家将我们的动机简单区分成两类：外在动机、内在动机。外在动机来自外在的诱因，例如升迁、加薪、奖金等；内在动机则是单纯地"想要做某件事"。

两者之间的界线虽然没有一分为二的点，但我们可以大致将我们的动机归类至这两种类别。举例来说，假如少年 A 想要成为摇滚歌手，主要原因是他觉得摇滚歌手的外形很帅、有很多支持者、收入也许不错，那么驱使少年 A 努力成为摇滚歌手的动机就属于外在动机；而少年 B 想成为摇滚歌手的主

---

* 引自 http://www.sohu.com/a/121810989_465500，作者徐小妮。

要原因纯粹是因为喜欢音乐、喜欢弹奏吉他时的感觉，那么驱使少年 B 努力成为歌手的动机就属于内在动机。

耶鲁管理学院（Yale's School of Management）的研究团队在《美国国家科学院院刊》（*Proceedings of the National Academy of Sciences*, *PNAS*）发表的一篇论文指出，如果在追求一项事物时同时具有外在动机与内在动机，不但达不到激励效果，在事业上成功的比例也比单纯持有内在动机的人还要低。

该研究追踪西点军校（The United States Military Academy at West Point）1997 年到 2006 年报到的新生，共 10238 名军校生，在开学的第一年，新生会填写一份问卷询问他们加入西点军校的原因，其中包括"工作机会""经济原因（西点军校不收学费）"等外在动机，和"想成为一名军人"等内在动机，并追踪那些新生中哪些人顺利完成了 5 年的军校生涯、哪些人毕业之后继续服役，还有哪些人获得了较高的军阶。

分析之后的结果是，持有内在动机与事业的成功有正相关，而同时持有内在和外在动机的学生成就却不如前者。

这或许可以解释，为什么我们经常看到社会上许多事业有成的人生胜利组，他们无论致辞、领奖感言或是自传里总喜欢提道："我只是单纯做我喜欢做的事！"

他们这么年轻，凭什么早早成功了？

我站在书架前，面对刚刚整理出来的 30 多个笔记本。

它们占据了书架的两个格子，按照年份，从 2003 年排到 2015 年。

有的本子很厚，罩着软软的皮革封面，用光洁的铜版纸分隔出月份，前后夹着几个置物袋和卡袋，要用双手抱起来翻。有的薄薄的，一个手掌那么大，寥寥数页，可以塞进衣服口袋。

每年，我都会准备好几个规格不同的本子，记录工作和生活，第二年再换新的。通常，一年记录的东西只占 10%，剩下 90% 都是白纸。翻看那10%，大多也是些鸡零狗碎。如果把所有笔记做成图表，在每一个记录过的日子上打点，这张图大概会呈现出沙漠一样的荒凉，偶尔冒出几个小点，像仙人掌突兀地扎在地上，而且，它们往往抱团在年初的几个月里。

每一年，都有一个雄心勃勃的开始，和疲软无力的结果。

在书架的另外两个格子里，陈列着以前订阅的杂志。封面多为某个当红名人，他们或坐或站，瞳孔在聚光灯下折射出炫目斑斓，衬得整张脸都跟开过光似的。他们绝大多数都很年轻，不仅年轻，而且能干。1984 年出生的扎克伯格，27 岁公司已经上市，成为全世界最年轻的巨富。封面上，他难得地穿上了正装，和奥巴马一同出席活动。对照看我那些软趴趴的本子，这些杂志显得越发硬气。

当某个年轻人跳出来，做出我们在同样年龄做不出的事情时，这种强烈的对比更让人沮丧，都是年轻人，凭什么差距这么大？

如果扎克伯格也有记笔记的习惯，他的日历本里，会记载些什么呢？

10岁那年，电脑还不怎么普及，看起来只比打字机高级一点，身为牙医的父亲为家里的孩子每人配了一台。扎克伯格开始自学写程序。初中请了软件专家当家教。

高中开发了两款软件，一个名为ZuckNet的程序，让父亲可以在家里与牙医诊所交流。一个名为Synapse Media Player的程序，可以借由人工智能来学习用户听音乐的习惯。

大二开发出名为Course Match的程序，可以依据其他学生选课逻辑参考选课。一段时间后，又开发了另一个程序，名为Facemash，让学生在一堆照片中选择颜值最高的人。

这之后，才有了Facebook，那一年，扎克伯格20岁，不过编程这件事，他已经做了10年。

扎克伯格的合伙人之一帕克，7岁开始学编程。到高中时，已经有能力侵入公司和大学的系统。15岁那年，他入侵了某500强公司内部网络系统，由于未成年，被判处社区服务。19岁高三毕业，他已经靠编程赚钱，并着手创业做音乐分享网站Napster。33岁时，他第四次创业，推出新型社交视频聊天网站Airtime。作为连续创业的CEO还很年轻，不过创业这件事，他已经做了14年。

或许可以说，是机遇造就了这批年轻人，让他们用比前人快得多的速度成长。但终究，是他们更早地选定了人生方向，并适时接住了时代抛来的幸运。

蔡志忠在采访中曾说，任何厉害的人，从小就开始想通，这辈子要拿什么刷子混饭吃，及早就把刷子选好。

他1岁开始看《圣经》。从《创世记》开始，看了成百上千个故事。故事里每个人物都很厉害，耶稣基督可以让瘸子走路，让盲人看见，摩西可以分开红海，挪亚可以制造方舟，而自己什么都不会。4岁的时候，他躲在桌子底下，思考了整整一年，父母都以为他精神出了问题，就在那一年，他确定好了将来的人生之路——画漫画。

15岁，他辍学成为职业漫画家。28岁成立卡通公司。画23年，画出了畅销书《庄子说》。

我快忘了自己4岁时的样子，如果那时候有什么非要不可的话，我只记得路过一家零食店时，特别想吃老妈又不给买，赖在路上号啕大哭，目标坚定，哭到虚脱。于是我经常以己度人，咬定故事里都是骗人的，学龄前能思考什么人生哲理，一根棒棒糖还不够摧毁所有信念哪！

今年 5 月，我去上海玩，借宿在朋友家，她家孩子差不多 4 岁，叫作小涵。早上 8 点多睁眼，我听到卧室外面滋啦滋啦煎鸡蛋的声音，肚子"咕噜"了几下，赶紧翻身起床。餐桌上已经摆了满满一桌好吃的，现热的牛奶，刚切的西瓜，顶上撒着芝麻外皮带点脆焦的生煎包……小涵站在桌子边，左手拿包子，并不吃，眼睛直愣愣盯着右手的手机。等我洗漱完毕，他还保持着一样的姿势。在外婆催促下，才咬了口包子，肉馅快从皮里掉出来了，也没再咬第二口。

"这孩子，看什么动画片这么聚精会神？"我凑过去，一手抓一个包子吃了起来。朋友解释说："哪是动画片呀，他一早就起来看棋谱，已经一小时了。"说着轻车熟路地没收了手机，"别看了别看了，你再不吃饭，下次妈妈就不带你去上围棋班。"小涵这才三口两口吃掉手里的包子，匆匆拿了一块西瓜，又摸到手机看起来。

我在一旁目瞪口呆，原来真有孩子是一个包子，不，一笼包子都骗不走的。小涵立志成为世界顶级围棋大师，最害怕的是不能去上围棋课，以及别的同学赢了他。

所谓天才，抛开天赋异禀，更多是因为他比别人早确定下目标，并能心无旁骛。

写出《哈利·波特》的罗琳，不是离婚以后，在咖啡馆里坐着一拍脑子，或者在孩子床前张张嘴，随口把故事给编出来了。罗琳 8 岁时就读过《小妇人》，她喜欢与她同名、同样急性子的乔·马琪，觉得自己也像她一样渴望写作。

1990 年，她在葡萄牙波尔图教英语，孕育出了《哈利·波特》的灵感，于是晚上教书，白天一边听柴可夫斯基的小提琴协奏曲，一边写小说。1993 年女儿出生以后，她的第一段糟糕婚姻宣告结束。罗琳带着女儿，装着写好的三章《哈利·波特与魔法石》回到英国。为了专心写作，她推迟了在爱丁堡做教师的培训课程，申请了失业救济金，找了间条件糟糕的公寓住了下来。其间，她患过严重的抑郁症，接受心理治疗后，1995 年才完成了第一本《哈利·波特》小说。等到小说真正进入公众视野，已经过去了 7 年。

当然，不是所有人都能早早地找到人生方向。大器晚成的代表人物摩西奶奶，就是从 77 岁才开始画画的。不过在她拿起画笔之前，做过将近 20 年乡村景色刺绣。拿起画笔之后，从 77 岁到 101 岁，居然又画了 20 多年，共创作了 1600 幅作品,平均以每周 1—2 幅的速度持续创作。

年轻有为和大器晚成,并没有分别。

没有人是在一个点突然爆发的,也没有规定到了哪个点就应该怎样。从起点出发,总要翻过小径,越过河流、穿过丛林,才能走到更远的地方。有些人走得快些,有些人走得慢些。有人年纪轻轻就干得漂亮,但要知道,他们做成一件事,不是因为年纪轻,而是因为开始早。

黛比·米尔曼曾说:"期待每件有价值的事值得花很长时间。"由于很难更好地捕捉到这样的根本原则,以至于我们如此不耐烦地将其忽视,大多数时候,我们只看到更早的获得,却没注意到更早的开始。

衡量开始点,不是出生的日子,而是"知道自己该做什么,并且去做"的日子。从那以后的时间,才有可能纳入有质量有效率的累积中。从那以后,蝴蝶才扇起翅膀,花苞开始孕育,胚芽冲破种皮,静止的开始流动,风帆扬起,等待启航。

问题:结合本案分析管理中如何从不确性内外部环境中寻找确定性。

参考文献

[1]J Birkinshaw,R Nobel. Knowledge as a Contingency Variable:Do the Characteristics of Knowledge Predict Organization Structure[J]. Organization Science,2002,13(3):274—289.

[2]韩巍,席酉民.不确定性—支配权—本土化领导理论:和谐管理的视角[J].西安交通大学学报:社会科学版,2009,29(5):7—17,21.

[3]韩巍,席酉民.和谐管理组织理论:一个探索性的分析框架[J].管理学家(学术版),2008,1(1):3—16.

[4]Barney J. Firm Resource and Sustained Competitive Advantage[J]. Journal of Management,1991(17):99—120.

[5]Barney J B. Looking in Side For Competitive Advantage. A Campbell,K L S Luchs. Core Competency Based Strategy[M]. International Thomoson Business Press,1997.

[6]A S A du Toit. Competitive Intelligence in the Knowledge Economy:What is in It for South African Manufacturing Enterprises[J]. International Journal of Information Management,2003(23):111—120.

[7]张向前.基于和谐管理理论知识型人才管理机理分析[J].科学学与科学技术管理,2009(1):168—174.

[8]李良成,杨国栋.广东省创新型科技人才竞争力指标体系构建及评价[J].科技进步与对策,2012(19):130—135.

[9]罗兴鹏,张向前.知识型人才不确定性的研究[J].科技进步与对策,2013,30(3):

138—142.

[10]Davenport. Improving Knowledge Work Processes[J]. Sloan Management Review,1996（Summer）:53—65.

[11]魏海勇,李祖超.知识型人才激励模型的建立与应用——基于成就需要理论的视角[J].科技进步与对策,2008,25(6):169—171.

[12]张亚莉,杨乃定.人员流动风险分析与控制[J].科学学与科学技术管理,2000(9):42—44.

[13]蒋春燕,赵曙明.知识型员工流动的特点、原因与对策[J].中国软科学,2001(2):85—88.

[14]Kanter R M. Knowledge Workers[J]. Executive Excellence,2000(1):15—16.

[15]贾建锋,付永良,孙年华.知识型员工胜任特征模型研究的总体框架[J].科学学与科学技术管理,2009(8):166—171.

[16]Horibe F. Managing knowledge workers[M]. Hoboken:John Wiley and sons LTD.,1999.

[17]Dickeson R. V. Understanding Knowledge Worker[J]. Printing Impressions,1999(42):76.

[18]张兰霞,张燕,王俊.知识型员工胜任力的评价指标与方法[J].东北大学学报(自然科学版),2006,27(8):942—944.

[19]Lawrence P R,Lorsch J W. Organization and Environment:Managing Differentiation and Integration[M]. Boston:Harvard University Press,1967:1—279.

[20]Duncan R B. Characteristics of Organizational Environments and Perceived Environmental Uncertainty[J]. Administrative Science Quarterly,1972(17):313—327.

[21]齐义军,付桂军.典型资源型区域可持续发展评价——基于模糊综合评价研究方法[J].中央民族大学学报(哲学社会科学版),2012,39(202):117—123.

[22]Kaufmann A,Gupta M M. Introduction to Fuzzy Arithmetic:Theory and Applications[M]. New York:Van Norstrand Reinhold,1985:1—351.

[23]Kaufmann A,Gupta M M. Fuzzy Mathematical Model in Engineering and Management Science[M]. Amsterdam:North Holland,1988:1—338.

第六章　人性假设 H 理论与和谐管理系统

【学习目标】

(1) 了解 H 人假设

(2) 了解和谐管理

(3) 了解 H 人假设管理的目标

(4) 掌握 H 人假设管理基本思路

1　引言

人性是指人区别于动物，人所特有的，是人通过自己的活动所获得全部属性的综合，是现实生活中的人所具有的全部规定性[1]，或者说是一切人普遍具有的各种属性的总和[2]。管理是为人服务，为了实现人的全面发展，若不注意研究人性，必然忽略人的重要作用，不去鼓励人与物的配合，而犯了偏重物而约束人的错误[3]。人性假设是管理理论的基础，管理理论的构建和方法的设计，是以对人性的一定看法为基础。纵观管理历史的发展，不同的管理模式和管理思想都有赖于管理者或管理学家对人性的不同假设。1980 年代以来，席酉民等提出和谐管理理论（HeXie Management Theory），这个管理理论的提出使得我国传统零碎、片段的"和谐"管理思想形成较有规范的组织管理理论[4][5]，然和谐管理理论缺乏对人性的系统假定，要充分发挥人的工作积极性和主动性，实现人力资源的最高价值，真正实现和谐管理目标，就必须正确把握人性，正确运用人性。

2　人性假设研究的回顾

在人类思想史上人性一直是哲学家、管理学家研究的重要问题之一。中国自古就有"性善论""性恶论"之争，古希腊哲学家也对人性进行广泛讨论，随着历史不断发展，人类对人性研究不断完善和丰富。

2.1　外国管理学家对人性的研究

2.1.1　经济人假设

经济人（Economic man）假设起源于享乐主义哲学和亚当·斯密关于劳动交换的经济理论，18 世纪亚当·斯密在《国富论》中首次描述经济人的含义以后，约翰·穆勒依据亚当·斯密对经济人的描述和西尼尔提出的个人经济利益最大化公理，提炼出经济人假设。麦格雷戈（D. McGergor）在《在企业中的人性方面》一书中将这种人性假设概括为 X 理论。经济人假设认为：人是由经济诱因引发工作动机的；人总是被动地在组织的操纵、激励和控制下从事工作；人总是企图用最小投入取得满意的报酬；大多数的人缺乏理性，不能克制自己，很容易受别人影响，组织必须设法控制个人的感情。泰勒就是"经济人"假设的典型代表，它建议采用"胡萝卜加大棒"的管理方法。

2.1.2　社会人假设

社会人（Social man）假设理论是管理学家埃尔顿·梅奥 1933 年在其发表的《工业文明的人类问题》一书中提出的，而后不断完善。梅奥于 1927—1932 年在美国芝加哥郊外的西方电器公司进行了著名"霍桑试验"，主要包括"照明实验""福利实验""群体实验""谈话实验"，得出：人是社会人，影响人生产积极性的因素，除物质因素外，还有社会、心理因素；生产率的高低主要取决于员工的士气，而员工的士气受企业内部人际关系及员工的家庭和社会生活影响；非正式组织的社会影响比正式组织的经济诱因对员工有更大的影响力；员工最强烈期望在于领导者能承认并满足他们的社会需要。所以，要调动员工的工作积极性，必须使员工的社会和心理需求得到满足。

2.1.3　自动人假设

自动人（Self – actualising man）假设，提出于 20 世纪 50 年代末，自动人也称自我实现人，麦格雷戈总结了马斯洛（A. B. Maslow）的"需要层次论"中最高一级的自我实现需要和阿吉里斯（Chris Argyris）的"不成熟—成熟理论"中的所谓成熟个性，也就是自我实现人，将之概括为"Y"理论。自动人假设认为：人一般是勤奋的；人能够自我管理，自我控制；在适当条件下人能将自己的目标与组织的目标统一起来；人是有责任感的；人具备创造力和想象力，在现代企业条件下人的能力只是部分得到发挥。自动人假设认为管理者应把管理的重点从重视人的因素，转移至创造良好工作环境，使得员工能力得到最充分的发挥。

2.1.4 复杂人假设

复杂人（Complex man）假设是 20 世纪 60 年代至 70 年代由组织心理学家埃德加·沙因（E. H. Schein）等经过长期研究提出来的，他们认为，经济人、社会人、自动人假设各自反映出当时时代的背景，适用于特定的环境，而人是很复杂的，不能把人归为一类。几乎同一时期美国管理心理学家约翰·摩尔斯（J. Malse）和杰伊·洛希（J. W. Lsch）于 1970 年提出了"超 Y 理论"，其观点与复杂人假设基本一致。复杂人假设的基本观点是：人的需要是多样的，随着发展条件而变化，因人而异，因事而差；人在同一时间内有各种需要和动机，会发生相互作用；人在组织中可能产生新的需要和动机；一个人在不同单位工作或同一单位的不同部门工作会产生不同的需要；由于人的不同，对同一管理方式会有不同的反应，所以没有特定的管理方式对任何组织都适用。复杂人假设认为，管理方法和技巧必须随时、随地、随人、随境不断变化，强调管理者必备的最重要的能力体现在鉴别情景、分析差异、诊断问题的洞察力上。

2.1.5 其他人性研究

2000 多年前古希腊学者亚里士多德认为"人是政治的动物"，后人将之总结为"政治人"及相应的政治管理[6]。西方管理学家们对人性的研究观点还有很多种如"文化人""生态人""效用人"等，对人的需要研究也存在不少有益的观点，如奥德费（Alderfer）提出人的需要可分为存在、关系、成长的需要；麦克莱兰（D. Meclelland）认为人的需要分为权力、归属和成就需要。

2.2 中国对人性的研究

2.2.1 中国古代对人性的研究

早在春秋战国时期思想家孔子就提出了"人性"问题，他在《论语·阳货》提到"性相近，习相远也"。最早提出"人性恶"是中国法家早期思想家荀子，他认为："今之人性，饥而欲饱，寒而欲暖，劳而欲休，此人之惰性也。"（《荀子·性恶》）后其弟子韩非及李斯等将其思想推向"人性恶"观点（见《韩非子》等）。道家老子也认为："五色令人目盲，五音令人耳聋，五味令人口爽，驰骋畋猎令人心狂。"（《老子》十二章）法家人性论与经济人假设类似。儒家亚圣孟子认为："恻隐之心，仁之端也……"（见《孟子·公孙丑上》）与社会人假设类似。春秋战国时期有一位思想家告不害提出"性无善恶论",类似复杂人假设。

2.2.2　中国近代对人性的研究

近代中国不少思想家为了民族的解放事业向西方学习科学,将中国的传统人性思想与西方的人性理论相结合,严复提出基于进化论的"性无善恶论";梁启超的"人性中心论";章太炎的"善恶同时进化论";李宗吾基于中西科学的"性恶论";但都没有形成系统中国现代人性理论。

2.2.3　这几年对企业人性的研究

近年来,我国国内的学者在积极介绍西方企业管理的"人性假设"思想,也提出了不少新的关于人性的假设。如"创新人"假设[7]突出了人在新经济时期创新性;"虚拟人"假设及其管理哲学[8]突出人类符号化的想象力和智慧;智慧人假设[9]突出了人的能动性、智能人假设[10];等等。

2.3　不同人性假设的特点

人性假设理论反映了管理学家对人的不同认识,与所处环境及时代的有关,这些人性假设都有自己的道理,强调人性的某些方面特征;但这几种"人性假设"在提出管理措施时偏重于从管理者出发,致使人性假设理论即使是"现实人假设"(Real Man)几乎将所有人的可能特征全部描述出来,提出的对策仍无法真正实现和谐管理;况且管理上不可能研究人性的全部特征,现实管理只能注重人性中影响管理最重要的某些方面,使得管理能在最少的投入中获取最大的效益。所以,我们试图在前人的基础之上,通过寻找影响人行为结果的主要因素,提出相应的管理措施,最终实现和谐管理。

3　人性假设——H 人假设

3.1　H 人假设

H 人假设认为:首先,人性是善与恶的综合体,善与恶包括动机、过程和结果。其次,人性善与恶之间可以发生转化,转化有时是一个漫长的过程,有时可能发生在顷刻之间;管理上除了注意人性的本质内容,也须关注人性转化。最后,人具备区别于动物的特性,如创新性、能动性、社会性等。一个人一个行为生发,必然有原因与结果;即使有时是无意识的行为,也是在人的潜意识作用下的结果;为了研究及实践的方便,把人的行为简单分为四种情况:(善因,恶果),(恶因,善果),(善因,善果),(恶因,恶果)。

这就是 H 人假设理论（Humanity Hypothesis Theory）[11]。

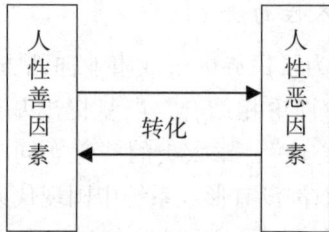

图 1　人性善恶图

3.2　影响 H 人的主要因素

影响人性善恶的因素很多，如前所析西方管理学者对人性的假设及中国人性研究者的研究情况，经过调查分析，影响人性善恶的主要因素如下：

3.2.1　欲望

人都有在自己的意愿和能力的前提下，拥有对自己有利的东西的欲望。从贬义上言，欲望也可称之为贪婪。爱财曰贪，爱食曰婪；贪婪是对某种事物的欲望老不满足，贪得无厌，是人类贪占本性的极端体现。《左传·昭公二十八年》有"贪婪无厌"之说；屈原《离骚》中叹曰"众皆竞进以贪婪兮，凭不厌乎求索"。戴尔·卡耐基指出："贪婪、野心、嫉妒、暴怒、骄傲，这五种情绪是寂静的大敌。"马斯洛需要层次理论第一层次需要是生理需要（衣食住行需要），国外还有不少学者也将贪婪作为人的本性之一。人类的欲望可分为三类（见图2），欲望一：相对的拥有，不是永恒的拥有。如对物的拥有，因为转让、使用等原因便可失去。欲望二：绝对拥有，至少在有生之年一直拥有。如对知识的拥有，一旦拥有一般情况下无

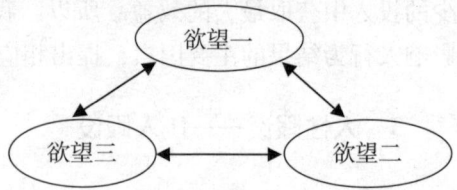

图 2　欲望图

法被剥夺，其中拥有者不会因为知识与人共享或使用，而丧失了对知识的拥有。欲望三：即大公无私。所谓大公无私，即以"天下""组织"为公，也就是愿意为"天下""组织"奉献一切；这种思想其实是将"天下""组织"当作开拓事业的平台，以"天下""组织"为私，是欲望最高境界。欲望本身并不能说明绝对善或恶，因为欲望是促进人类勤奋劳作的条件之一。影响欲望因素主要有主客观原因，随着主客观环境的变化，人类的欲望在不同层次间发生变化；在同一层次之间程度也将发生变化。

3.2.2　虚荣

影响人性的第二个主要因素是虚荣。虚荣是一个普遍存在的个性特征，《现代汉语词典》定义：表面上的光彩。俗话说的爱面子，爱名誉。虚荣更多表现为对外炫耀自己，从而感到快乐。人产生虚荣的原因主要来自家庭和社会，一个人的成长过程或多或少受到家庭与社会灌输了"给他人好印象、保持尊严"等精神上的东西。虚荣是人性中的精神需要，这在马斯洛需要层次理论及麦克莱兰需要理论中均有提及；虚荣对人性影响的结果主要有三类（见图3），一是恶性结果，如导致人际关系紧张，如不能容许别人在工作或其他方面超过自己；不正当攀比，导致工作中弄虚作假，等等；使人缺乏独立意识，容易因别人不同的评价而影响自己的情绪。二是良性结果，由于正常虚荣心使人追求上进，从而赢得别人尊重和好评。三是超脱结果，这种人已经摆脱了虚荣心理，把工作、学习当成生活的第一需要。

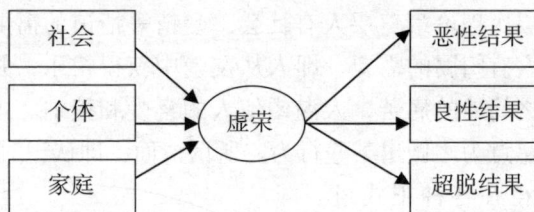

图 3　虚荣图

3.2.3　比较

人都有一种比较的心理（见图4）。嫉妒源于比较，康德认为嫉妒是忍着痛苦去看别人幸福的一种倾向，是一种间接的、怀有恶意的想法，是一种不满[12]。中国宋朝名相王安石认为：嫉生于不胜。辞典里嫉的意思是憎恨比自己好的人，妒则是埋没贤良的人。在《圣经》中嫉妒被称为"凶眼"，在占星术中则称之为"灾星"。嫉妒具有对象指向性，即指向特定对象。临近性，即比较对象的年龄、文化、地位、空间距离等临近；一个人可能容忍一位陌生人发迹，却不能容忍身边人有所作为，甚至是好朋友；乞丐一般不会嫉妒皇帝。隐蔽性，一般不会太直接表现。危害性（见图5），处理不好会对自己、指向对象及社会产生危害。当然嫉妒也有其正面作用，通过对个体求胜心理的激发，从而促进个体不断进步。也有利于监视团体公正性，嫉妒可防止领导者过分偏袒某些人。

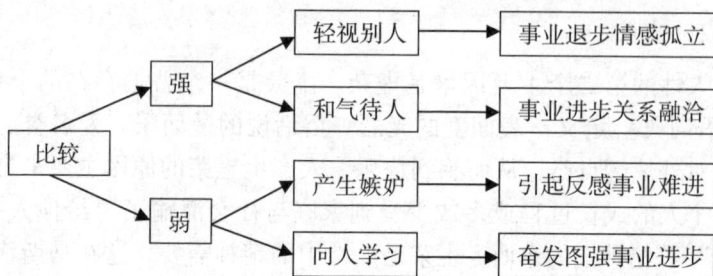

图 4　人际关系比较图

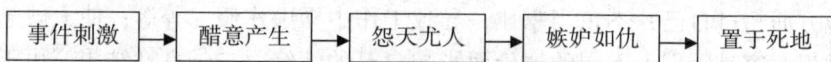

图 5　恶性嫉妒过程图

3.2.4　情感

马斯洛需要层次理论第三层人有社会、爱情等情谊的需要。麦克莱兰激励需要理论认为人有归属的需要，即人从友爱中获得快乐，并总是设法避免因被某个团体拒之门外的痛苦，人渴望他人的喜爱和接纳。中国人讲究情面也有似于此，并愿意为之做出某些行为。所谓情面，即认识时间长了，深了，就有了情面，使得在各种正式组织之间都存在非正式组织。管理不仅仅考虑正式组织的作用，也需要考虑非正式组织所产生的情感的需要。个体在做出决定时很多时候考虑情感问题，或者说受情感左右；有时做出正确的决定，但有时却做出错误的决定。影响人的情感因素，由近及远通常表现见图6。

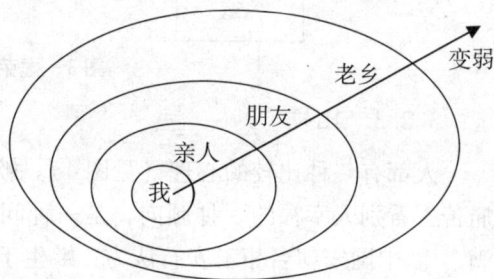

图 6　情感图

3.2.5　其他因素

影响人性善恶的原因还有很多；如权力，权力的来源不一样，权力在不同人的手中产生的作用不一样；在同样人的手中权力的大小产生的作用也不同。同时人的性格、气质影响管理，本来人的性格与气质是中性的，但管理中由于搭配的不当，或用人时忽视了这些因素会使得不一样的管理结果产生。管理归根结底是对人的管理，对人的管理关键是抓住影响人性的最重要因素，这样对组织或管理者而言就可能以最小投入获得最大的收益。

4　人性管理的目标

和谐是所有生命的基础，无论是有机体的生命还是组织的生命，和谐都会产生一种令人吃惊的力量。它不仅可以保证系统组织最优，而且可以降低摩擦，避免冲突，激发热情，使人精神愉快。更重要的是能使系统具有较强的应变能力，保证系统动态和谐发展。从 H 人假设理论可以看出，人性是善恶的综合体，人性受内外环境变化的影响。如技术的发展引发的社会变革，会对人的思想产生重要影响，相应对管理也产生深远影响。无论是 TQM（全面质量管理）、BPR（企业流程再造）或是现在流行供应链管理等，这些管理理论的提出都企图实现企业管理的更优；实践证明这些管理方式的提出都只能部分或有条件解决企业的一些问题；而且受企业发展的限制，于是和谐管理的提出，无疑是一个重要福音；和谐管理相对于其他管理方式将使组织产生更好的结果。

实施和谐管理途径主要有两条：一是优化。优化可分为：过程优化，可以借鉴现代管理原理及其他相关科学理论。实现管理过程优化，必须让每一位员工认识到自己的工作是企业不可或缺的部分，使员工根据需要对企业的整个管理过程有一定的了解，有利于提高员工的主人翁精神。目标优化，即企业针对 H 人假设理论管理目标必须是善；过程中可能有不良的动机甚至行为，但是最终实现的结果应当有利于企业、员工及其他相关利益群体，最终实现整个社会效益最大化。认识优化，根据内外环境变化不断提高员工的认识水平，最终有利于实现员工对企业、对管理者、对自身认识优化，甚至为企业的不断发展献计献策。其他优化，如管理工具优化，如测谎仪等现代化工具在管理上的应用。二是削减不确定性。随着主体对自身和环境认识不断深化，原来对于管理而言可能是不确定性的事项，逐渐可以常规化，即将部分不确定性通过认识转变为确定性，就可以实现优化管理。同时，主体通过不断应对不确定性，提高了对不确定性的认识，应对不确定性的能力会不断进步；对于现实条件下无法变确定性的问题，主体直接处理，争取善的结果，减少或避免恶的结果的发生及发生程度。当然实施和谐管理对于不确定性的判断和优化工具库的应用，首先必须考虑成本效益原则，即虽然通过现代的优化工具可以实施优化管理，但成本投入非常大，这时可直接让主体根据自身应对不确定性的能力，进行直接处理，以确保组织的最佳效益。人性和谐管理的目标图见图 7：

```
┌─────────────────────────┐
│   基于H人的管理环境分析   │
└─────────────────────────┘
             │
             ↓
┌─────────────────────────┐
│    基于H人管理主题分析    │
└─────────────────────────┘
             │
             ↓
┌─────────────────────────┐
│  确定性判断（考虑成本效益）│←──────────┐
└─────────────────────────┘           │
     Y ↙        ↘ N                    │
┌──────────┐   ┌──────────────┐        │
│ 优化工具库 │   │ 削减不确定性途径 │       │
└──────────┘   └──────────────┘        │
     │           ↙        ↘            │
┌──────────┐ ┌──────────────┐ ┌──────────┐
│优化或更优化│ │ 主体应对能力提高 │ │ 转为确定性 │
└──────────┘ └──────────────┘ └──────────┘
     ↘           ↓
   ┌──────────────────────────┐
   │  善 = 优的结果或损失的减少等  │
   └──────────────────────────┘
```

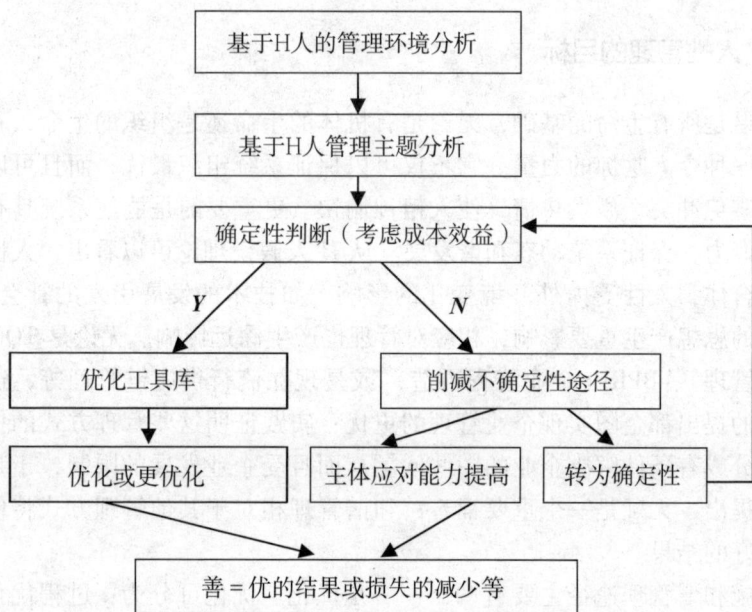

图 7 H 人和谐管理的目标图

5 人性管理基本思路

根据 H 人假设，影响人性的因素主要有欲望、虚荣、嫉妒、情感、权力等。在管理过程中最终追求的目标是善的结果；即使从个体本性而言，原来的出发点可能是恶的动机，但只要结果是善，都属于组织接受的范畴；当然最好是个体、群体的动机与结果都是善的。为此，在考虑影响人性的因素后，围绕管理途径优化与削减不确定性，和谐管理基本思路如下：

5.1 双向认识管理

传统人性假设管理理论偏重管理者对被管理者的认识，这就会造成要求各级管理者都有非常高的认识下属的能力；虽然同样下属相似性很多，但差异性不少；特别由于个体所接受的文化教育、生活习惯、性格气质等都存在很大差异，即使是再高水平的管理者也可能没办法客观评价下属。所以我们提出基于 H 理论的更好管理方式，首先强调管理者与被管理者之间的相互认识，管理者可将自己的管理习惯、知识、能力、经验、经历、性格等可能告知内容告知被管理者；被管理者也可将与工作可能相关的内容告知管理者；以此增强彼此双方的了解，达到管理上的"知彼知己，百战不殆"的第一步。

5.2　自助激励管理

企业在考虑自身利益最大化时，必须考虑员工利益的最大化，由于影响个体工作动机不一样，个体可能倾向于对名誉的需要、职位的需要、权力的需要（有些个体实际上对职位的需要只是职位所带来的荣誉而非职位所带来的权力）、经济的需要、社会的需要、培训的需要、休闲的需要等。企业在选择激励方式时，不可以只制定一种激励方式，从"效用人"理论也难使得个体的效用达到最大化；为了使个体效用达到最大化，可以采取自助式的激励方式，即根据个体贡献的大小，设激励方式 N 种；这种个体可根据企业事先制定好的贡献标准度自由选择激励方式，如 C_n^1、$C_n^2 \cdots C_n^{n-1}$、C_n^n 种，甚至可以自己设计激励，以使得个体效用达到最大化；从而最大限度调动员工工作的积极性、主动性与创造性，最终实现企业利益的最大化。

5.3　最有效惩罚管理

相对于激励，惩罚用于对员工过错行为的惩戒，最终目标是导恶为善。组织在实施惩罚过程不能"一视同仁"，如对员工挂牌上岗的惩罚，不少组织对不遵守挂牌制度的员工处以相同罚款，这显然是不对的，也不公平；因为高层员工薪金比低层员工的薪金高得多；同样的惩罚对高层员工负强化作用小得多，所以可以按薪金比例实施惩罚，即使这样效果也未必明显；由于金钱替代效应与收入效应相互作用，使得用金钱惩罚负效用不一样。从 H 理论可能看出员工本性对名、利、权偏好可能不一样，组织必须寻找有效的惩罚措施；与自助激励刚好相反，组织对于同一过错行为，制定多种惩罚措施，管理者可以选择对员工最有效惩罚措施来惩罚员工，这样使得员工不再犯同样错误。

5.4　方法发展管理

企业应根据企业的不同发展阶段采取不同的管理方法。这也进一步说明了所谓经济人、社会人、复杂人、自动人等人性假设理论并非错误，而是其适用的条件不断发生变化。为此不同管理方法的运用可按以下内容实行：一是对企业内部不同工作类型的员工实施不同的管理方法，如对于车间一线生产员工、技术开发人员、业务营销人员采取不同的管理方法；对于一线生产员工可采用偏重于经济人假设管理方法，从 H 理论来看，这类员工对于物质的欲望比其他员工高一些，主要由于他们的收入相对较低；而对技术开发人员或业务人员可采用偏重于社会人假设管理方法。二是在企业不同的发展阶段采用不同的管理方法。如企业刚发展时可能由于员工素质较低，企业偏重于制度约束；随着企业不断发展，员工的素质不断提高，企业可逐渐从硬管理走向"软管理"。

5.5　情感管理

由于员工都有社交的需要，H 理论认为情感是影响员工工作情绪和结果的重要因素之一。在管理过程中，必须重视正式组织的管理，因为正式组织的管理使得企业得以正常的运转；也必须重视非正式组织的存在，非正式组织存在是员工情感交流的需要基本媒介。非正式组织往往影响了正式组织的决定，如因朋友情谊、校友情谊、战友情谊等影响了正式组织的决定等。在现实中，年轻员工流动性较大，年长的员工流动性较小；由于年长的员工非正式组织网较大，离开旧的环境心理成本太大，所以有时非正式组织存在反而有利于稳定员工队伍。

5.6　竞争比较管理

由于员工之间存在比较心理，所以员工之间很可能因比较而产生嫉妒心理，从而影响工作的正常开展。从 H 理论可以看出比较产生竞争，竞争的结局有四种，良性竞争有利于个体不断发展，也利于组织不断进步。组织必须鼓励良性竞争，为组织发展和员工进步服务。同时组织必须避免恶性竞争，特别竞争所产生敌对结果，使得组织资源内耗，不利于组织和个体的发展。

5.7　差异文化管理

文化管理是管理的较高层次，这里强调的文化管理包含两个含义：一是对不同文化背景的员工的管理。组织在实施管理过程中必须了解员工、组织内相关团体的不同文化背景，实施管理过程要考虑员工不同的习惯、风俗等；既是对员工的尊重，也利于进一步掌握员工的人性，从而有利于管理的开展。二是建设企业文化，使企业管理最终实现文化管理。企业必须在第一代创业者及员工精神基础上，根据组织内外环境的不断变化，有序调整企业文化。

6　本章小结

总之，人性无法用"经济人""社会人""复杂人""自动人"等进行简单概括[13][14]，组织可能由于发展阶段、岗位、环境等因素使得针对某一简单的人性假设都无法实现组织的和谐管理，最终无法实现组织效益乃至整个社会效益最大化。本书的研究，企图正确认识人性——H 理论，借助于现代的科技工具及管理方法，实施和谐管理，从而为组织的不断发展做出更大贡献。

【复习题】

（1）外国管理学家对人性的研究。

（2）中国人对人性的研究。

（3）影响 H 人的主要因素。

（4）H 人管理基本思路。

【思考题】

（1）试析 H 人假设与主要人性假设之间的关系。

（2）管理中如何更有效运用 H 人假设？

【案例分析】

苹果 CEO 蒂姆·库克主题演讲：科技和人性*

2017 年 6 月 9 日，苹果 CEO 蒂姆·库克（Tim Cook）在美国麻省理工学院（Massachusetts Institute of Technology）发表了以"科技和人性"为主题的毕业演讲。他呼吁年轻学子们，将科技与价值观相融合，利用科技力量造福人类。

麻省理工的同学们，你们好！

感谢大家。祝贺 2017 届毕业生。我要特别感谢麻省理工学院董事长罗伯特·米兰德（Robert Millard）、校长拉尔夫·赖夫（L. Rafael Reif）、杰出的全体教员、学院董事以及 1967 届校友们。今天，在这个极不平凡和重要的日子里，能够和你们的家人和好友共同在这里庆祝，我感到十分荣幸。

麻省理工学院和苹果有许多共同点。我们都喜欢攻克难题，追求新想法，尤其是喜欢找到能够改变世界的伟大创意。我知道，麻省理工拥有恶作剧的自豪传统，也就是你们所称的"黑"（hacks）。在麻省理工学院就读的这几年，你们肯定完成了不少非常棒的恶作剧。我永远想不明白你们是如何把火

---

* 引自 http://tech.ifeng.com/a/20170610/44636778_0.shtml。

星漫游车送到演讲厅的，也不知道你们如何在图书馆的圆顶上戴上螺旋桨帽子的。显然，你们也接管了总统的 Twitter 账号，因为在凌晨 3 点发布那么多推文只有你们才干得出来。

今天在这里出席你们的毕业典礼，我由衷地感到高兴。今天是一个值得庆祝的日子，你们有许多值得骄傲的成就。当你离开这里，开启人生下一个篇章时，你会扪心自问，"下一步发展方向是什么？""目标是什么？""自己的目标又是什么？"老实说，我问过自己相同的问题，花了近 15 年时间才找到答案。今天，通过分享我的人生旅程，我或许能够帮助你们节省一些寻找答案的时间。

我的困惑很早就已经出现。上高中时，当我以为能够回答那个老生常谈的问题——你长大了想做什么时，我就找到了自己的人生目标。但其实不然。上大学时，我曾以为自己知道想学什么专业就找到了目标。也不完全如此。在我找到一份好工作，认为自己只需要几次晋升后，我又有了这样的想法，但都不对。

我不断地告诉自己，在未来的某一天或某个地方，我一定能够找到人生目标的终极答案。但不幸的是这始终没有发生，这让我十分伤心。我一边不断地工作争取下一个成就一边拷问自己："难道生命的意义就在于此吗？"

于是，我到杜克大学深造，我尝试冥想，我在宗教和灵修方面尝试，我阅读许多伟大哲学家和作家的经典。在年少无知的岁月里，我甚至尝试使用 Windows PC，显然它没有给我我想要的答案。

经过无数的曲折，时间来到了 20 年前，苹果公司当时成为我的"下一个尝试"。当时，苹果公司正在勉强生存。史蒂夫·乔布斯刚刚回到了苹果，并提出了知名的"Think Different"口号。他想要让疯狂的人、非主流的人、反叛分子、麻烦制造者来到这家公司工作。乔布斯知道，如果苹果能够做到这一点，那么他们就可以改变世界。

在此之前，我从未遇到过有着如此热情的领导，也没见过有如此笃定决心的公司：服务全人类。多么简单的一个目标。服务全人类。在 15 年寻求真理之后，我最终找到了这样一个答案，就在那一刻，我觉得自己受到了启发。我的理想和公司的目标达成一致——使用技术达成更崇高的目标。我的理想和乔布斯也是一致的，我们今天所做的努力能够改变人们明天的生活，改变人们的未来。

当时，我自己其实已苦苦追求这个目标许久，但当时的我并不知道自己正在寻找答案。突然间，我感到心中的负担完全消失了。后见之明告诉我，这一切是顺理成章的。我明白如果在一个目标不明确的公司工作，我绝对不会找到自己的理想，所以在那个时候是乔布斯给我了机会，让我全身心投入工作。所以我问自己："我将如何为人类服务？"从那时起，这才是对我来说最重要的问题。

好消息是，在 MIT 你们已经走上了正确的道路。你们知道科学和技术可以让世界变得更好，让成千上万人们的生活变得更加健康、丰富和充实。如果我们要解决一些世界上最棘手的问题——从癌症到气候变化到教育不平等——仅靠技术本身并不是终极之道，甚至有时候技术也会是问题的一部分。

比如说就在去年，我有机会和教皇方济各见面，这是我生命当中最特别的会面。他在贫民窟中安抚贫民的时间超过了和国家元首见面的时间。他对科技的了解也让人觉得难以置信，他肯定是深入思考过科技的。在他看来，这些都是机会，同时也意味着风险，还关乎人们的道德。在跟教皇的这次见面当中，我们讨论了在苹果一个非常重要的话题：那就是人类如何面对自身从未拥有过如此多的权力。方济各怀疑，这些权力究竟能不能以正确的方式为人所用。

今天，科技已经占据了生活的方方面面，在很多情况下，都是积极的影响。但我们也可以看到有潜在的可能，也就是科技反噬我们，可能会咬得猝不及防。比如对我们安全、隐私的威胁，比如说虚假新闻、社交媒体现在都对社会产生了负面影响。有些时候这些本来应该连接人类的技术，开始把人类分割开来。科技有能力做伟大的事情，但它并不想做伟大的事情，它并不想要任何东西。科技的这个特点会带走我们所拥有的一切：它会带走我们的价值观，我们对家庭、邻里和社区的承诺，我们对美的热爱，我们的信念，我们的正直和善良。

我所担心的并不是人工智能能够像人一样思考，我更担心的是人们像计算机一样思考，没有价值观，没有同情心，没有对结果的敬畏之心。如果科学是黑暗中的探索，那么人性则是引领我们前行、让我们看清危险的烛火。

乔布斯说过："科技本身是不够的，一定要让科技和文化和人文结合起来才可以让人理智。"当人仍然是处在核心位置的时候，你可以带来巨大的影响力，比如说今天使用 iPhone 手机，一个盲人可以跑马拉松；你使用苹果手表可以及时预防心脏病；使用 iPad，可以帮助自闭症儿童认识世界，敞开心扉。所以你们需要将价值观跟科技融合起来，要让这种权力真正地惠及所有人。

你在一生当中所做的事情，以及我们在苹果公司所做的事情，就是在尝试把我们的科技同人文融合起来。这样责任重大，同时也是机会所在。我相信你们这一代人，以你们的热情和你们愿意服务人类的决心，我有理由相信你们、依赖你们。

尽管有很多愤世嫉俗的言论和阴谋论存在——互联网赋予了我们很多，但是也会有很多基本的原则被人们置之脑后，斤斤计较和负能量爆棚。但不要让这样的声音使你们误入歧途，不要陷入生活的琐碎，不要听信网络喷子，更不要变成喷子。不要通过点赞来衡量生活，而要看你真正触及了多少人的生命。不要看自己是否受欢迎，而是看自己服务了多少人。在我开始在乎别人怎么看我之后，我生活的目标也变大了，你们也会如此。但是请你们不要分心，要关注真正重要的事情。

有些时候你有决心想要去服务人类，但是这种决心将会受到考验，请做好准备。人们会劝说你"你应该在职业生涯当中抛弃同情心和同理心"，但是不要相信这些谎言。

曾经有人一直都在质疑苹果的投资，有人要求我承诺苹果只会不断去投资那些可以带来最好回报的业务。我尝试跟他们打太极，有很多事情其实跟投资回报率没有关系，但是我们依然做了。像 iPhone 提供给残障人士的辅助功能。我做这些是因为我们认为这是正确的事情，保护环境本身就是一个非常重要的例子。当时在董事会当中有人不同意我们这样去做，于是我跟他摊牌，我告诉他如果你不同意苹果做这些正确的事情，那你就不适合做苹果的股东。

当你笃定你的事业是争取的时候，你必须要敢于承担责任，必须要有立场。有些情况下，只有你才能做正确的事情，不能指望别人。大家要遵从自己的内心，用自己的双手，来为更重要的事情努力，没有什么比这更重要的。

正像马丁·路德金博士说过的，"所有的事情是内在互联的，我们被命运捆绑在一起"。我们所有人都朝着一个方向去努力，如果你们选择要科技和它所服务的人的交叉点，如果你愿意为生活当中遇到的每个人尽你所能，那么今天，我们所有人类都有理由来相信它们。

非常感谢大家，最后，祝贺 2017 届的学生顺利毕业！

问题 1：结合案例分析企业发展与人性的关系互动。

问题 2：结合知识型人才人性，分析如何才能让企业更好服务人类可持续发展。

参考文献

[1]周文霞.人力资源管理的理念基础——人性假设[J].南开管理评论,1999(5)：14—16.

[2]周敦耀. 论人性假设[J]. 广西大学学报(哲社版),2000(6):1—8.

[3]苏东水. 管理心理学[M]. 上海:复旦大学出版社,2002.

[4]席西民. 和谐管理与战略[M]. 贵阳:贵州人民出版社,1989.

[5]张向前. 影响 H 人假设的因素分析[J]. 基础教育研究与实践,2004(1):6—7.

[6]黎红雷. 人性假设与人类社会的管理之道[J]. 中国社会科学,2001(2):66—73.

[7]王德宾. 创新人假设及其管理理论的创新[J]. 广西社会科学,2002(5):98—100.

[8]胡蓉,王凤海."虚拟人"假设及其管理哲学[J]. 财经问题研究,2003(2):19—23.

[9]张华强. 关于管理对象的新假设——智慧人[J]. 发现,2002(7):19—21.

[10]郭士伊,席西民. 和谐管理的智能体行为模型[J]. 预测,2004(2).

[11]张向前. H 人假设及管理对策[EB/OL]. http://manage. org. cn/Article/Show Article. asp? ArticleID =6914.

[12]康德. 道德形而上学探本[M]. 北京:商务印书馆,1957.

[13]Kern William S. Classical Economic Man:Was He Interested in Keeping up with the Joneses? [J]. Journal of the History of Economic Thought,2001,Vol. 23Issue3,353—368.

[14]Thomas A Klein. The End of Economic Man:An Introduction to Humanistic Economics [J]. Journal of Macromarketing. Boulder:Dec2002. Vol. 22,Iss. 2;189—193.

第七章 基于和谐管理理论知识型人才管理机理分析

【学习目标】
（1）和谐管理理论
（2）基于和谐管理理论知识型人才管理机理

1 引言

管理学家彼得·德鲁克（Peter Drucker，1999）在《21世纪对管理的挑战》（*Management Challenges for the21 st Century*）一书中指出："知识工作者的生产力是21世纪对管理最大的挑战，在发达国家这是它们生存的需要，舍此就别无他法能维持其领导地位和维持其生活水平。"[1]不断发展知识经济，组织之间竞争的重点在知识、资讯、科技综合体——知识型的人才。本书所指的知识型人才（Knowledge talented person）是在一个组织之中用智慧所创造的价值高于其动手所创造的价值的人，是现代组织人力资源的核心，知识型人才管理是组织管理的关键[2]。"人们通常将管理作为'完成任务'的艺术"（Simon，1997）[3]，即管理是通过手段与技巧实现目标的学问。知识型人才管理显著特征是不确定性，不确定性来源主要包括知识型人才的变化性、复杂性以及难以预测性。Milliken（1987）认为不确定性是指由于缺乏信息或者没有能力区别相关和不相关的信息，个体感到不能精确地进行预测[4]。席西民认为不确定性是"个体由于认知有限和情感因素而对客体的难以准确预测性"[5]。变化性（Child，1972）[6]的主要特征为变化频率、变化的差别程度、不规则程度，也即变化的速度、变化程度（数量）以及规律性；复杂性程度（Daft，1988）[7]与知识型人才管理事件的数量和多样性正相关。知识型人才管理环境中因果律不清晰、模糊性、随机现象等直接构成了组织难以预测的来源。和谐管理理论主要从组织内外环境的不确定性和复杂性，特别是针对人的行为不确定性，在认知环境特征的基础上分析管理难题，形成一系列解决问题的思想与方法[8]。该理论有别于传统的管理理论与方法，为解决当前组织面临的知识型人才管理提出一种新思路，本书试图就此进行初步分析，以期对理论研究者及实践者有所裨益。

2　和谐管理理论基本内容

1987 年席酉民教授在《和谐理论与战略研究》一文首先提出了和谐理论，经过长期探索研究，研究团队 1989 年出版《和谐理论与战略》、2002 年出版《和谐管理理论》、2004 年出版《和谐理论》、2006 年出版《和谐管理理论研究》与《和谐管理理论的案例及应用》等专著及系列论文，形成与发展和谐管理理论。该理论基于目前管理理论应对不确定性的局限性，提出了和谐管理的基本思路为："问题导向"基础上的"优化设计"与"人的能动作用"的双规则的互动耦合机制。通过内外环境分析组织的战略意图（Strategy intention），并经领导的选择性注意机制判定组织的和谐主题，然后依据和谐主题找到合适的"和则"（He Principles）与"谐则"（Xie Principles）解决问题的方法组合，围绕和谐主题的和则与谐则的互动耦合（Hexie Coupling）形成和谐机制及相应的运行状态（HeXie, HX），组织达到和谐管理的目标[9]。和谐管理理论"和谐主题"是指组织在特定发展时间和特定的环境中，为了实现其战略目标而需要解决的核心问题或要完成的核心任务。"和则"是指依靠"人"的能动反应应对复杂性管理问题的机制，具体思路是通过环境设计来"诱导"人的能动反应解决管理问题或完成管理任务。"谐则"是通过对组织管理系统设计，规定管理对象行为路线、追求确定性条件下的组织高效运行的问题解决机制[10]。组织的和谐运行是和则机制、谐则机制与组织运行过程中不断浮现的和谐主题互动耦合的结果，同时又与内外部环境相互依赖，共同演化，从而使组织实现和谐目标[11]-[14]。

3　基于和谐管理理论知识型人才管理机理

3.1　基于和谐管理理论知识型人才管理研究框架

知识型人才管理离不开处理组织中的人的关系、物的关系、人与物的互动关系。其中物及可物化的管理，可以通过科学管理方法或技术使得组织取得更好的绩效。知识型人才的人的要素管理，需要充分调动人的积极性、主动性与创造性，这就需要充分考虑人性的因素。和谐管理理论正是围绕解决管理问题，对能科学安排的内容尽可能科学设计，对无法实现科学设计，或实现科学设计不符合经济效益等，主要通过营造一种氛围，使得人的能动性得以有效发挥。同时，实现人与科学设计相互作用，使组织自主根据环境变化来适应和调节，最终实现更好的绩效。人是一切不确定性终结源泉，知识型人才不确定性与复杂性显然比一般人力资源更加显著。和谐管理吸收中国传统"和"的思想基础，对于实现知识型人才与组织的物及可物化要素之间、知识型人才自身、知识型人才之间、组织与知识型人才之间、知识型人才主导的组织之间、知识型人才主导的组织与社会产生管理问题应对显得更有针对性。因此，在充分考虑知识型人才管理的环境 E、组织 O、领导 L 与知识型人才人性 H 因素情况下，即充分考虑 EOL-H 因素，基于和谐管理理论的知识型人才管理理论分析总体框架图见图 1。

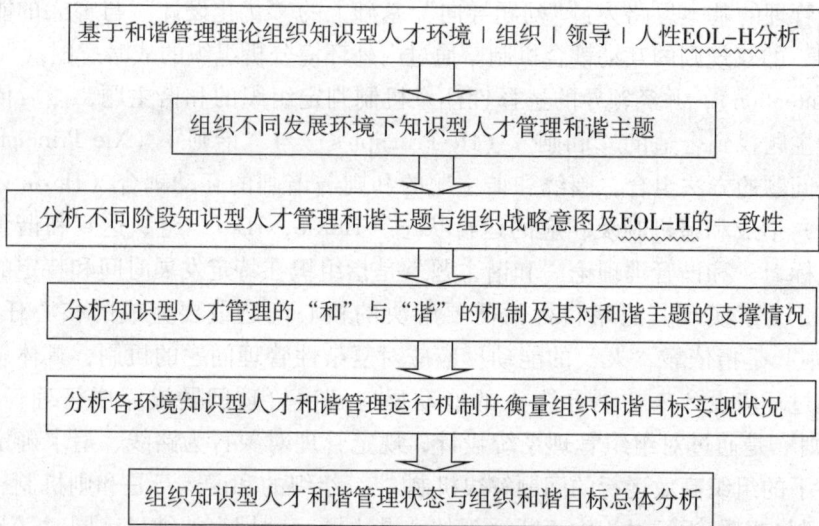

基于和谐管理理论组织知识型人才环境 | 组织 | 领导 | 人性EOL-H分析

组织不同发展环境下知识型人才管理和谐主题

分析不同阶段知识型人才管理和谐主题与组织战略意图及EOL-H的一致性

分析知识型人才管理的"和"与"谐"的机制及其对和谐主题的支撑情况

分析各环境知识型人才和谐管理运行机制并衡量组织和谐目标实现状况

组织知识型人才和谐管理状态与组织和谐目标总体分析

图 1　基于和谐管理理论的知识型人才管理理论分析总体框架图

3.2　基于和谐管理理论知识型人才管理理论机理分析

3.2.1　组织知识型人才管理内外环境与人性 EOL-H 分析

和谐管理理论将管理问题的产生分析归为 EOL 分析，即对围绕环境、组织、领导三大因素分析。在知识型人才管理过程中，知识型人才既是管理的主体，也是管理的对象，是整个管理的核心，有必要将知识型人才人性因素纳入重要的考虑因素。为此，知识型人才和谐管理主题，必须由环境、组织、领导、人性四大因素影响产生，必须组织知识型人才管理环境、组织、领导与人性 EOL-H 分析。领导因素可归结为组织内部因素，那么知识型人才管理 EOL-H 分析可归纳为三类：外部环境分析、内部环境分析（领导与组织其他因素可归结为内部环境分析）与知识型人才人性假设分析。

（1）知识型人才管理外部环境分析

第一，政治法律环境。政治法律环境一般指一个国家或地区的政治制度、体制、方针政策、法律法规等，同时也包括国际政治法律环境。具体如我国《劳动合同法》等，如加入 WTO 以来产生的影响、国际条约、两国或多国之间的相关协定或协议履行[15][16]，这些因素常常制约、影响组织经营管理，从而影响知识型人才管理。第二，经济环境。经济环境一般指构成组织生存和发展的社会经济现状和政府经济政策，主要由社会经济结构、经济发展水平、经济体制和宏观经济政策等四个要素构成。经济环境变化直接影响知识型人才的利益。第三，社会文化环境。社会文化环境包括一个国家或地区的社会性质、人们共享的价值观、人口状况、教育程度、风俗习惯、宗教信仰等各个方面，对知识型人才个体及组织文化都会产生深远影响。第四，科技环境。科技环境通常指企业所处的社会环境中的科技要素的集合。组织要密切关注与组织的产品有关的科学技术现状、趋势及速度，对掌握新的硬技术知识型人才，如掌握新材料、新工艺、新设备的人才，对掌握新型软技术知识型人才，如掌握现代管理思想、方法、技术等，都必须特别重视[17]。第五，自然环境。自然环境主要是考虑企业所处的自然地理气候资源条件，自然环境发展变化也会给企业带来市场机会或威胁。如：以资源型为主的企业特别依赖于自然环境，这类企业一旦资源短缺，企业的发展立即困难，对知识型人才管理必然陷入困境。企业所处的气候条件、地理位置也影响对知识型人才的吸引程度。

（2）知识型人才内部环境分析

从内部影响知识型人才管理的因素构成了组织内部环境。组织的目标、政策、公司文化、高层管理者的管理方式、知识型人才自身、非正式组织、其他组织机构和工会等都是重要的内部因素。这些因素对决定人力资源管理与组织内部其他部门间的相互作用有重要的影响，这种相互作用又影响了组织的整体效率与效益，有必要研究如何使这种相互作用成为实现组织目标的积极有利因素至关重要。知识型人才管理内部环境主要可分为：知识型人才成长或能力周期、知识型人才结构、知识型人才竞争力、知识型人才团队群体、知识型人才管理成功关键因素等。知识型人才个体成长周期可分为探索期、适应期、创新期、维持期、衰退期等；知识型人才组织发展管理周期，如开发期、成长期、成熟期和衰退期等阶段。组织发展周期与知识型人才个体发展周期相互之间会产生影响：知识型人才结构可以从不同的性别结构、年龄结构、专业结构、地域结构等分类，也可从知识型人才组织内部竞争结构进行分析；知识型人才市场结构与竞争可简单分为完全竞争、垄断竞争、寡头垄断和完全垄断，有助于对知识型人才整个竞争者的性质加以正确的估计；知识型人才需求状况，可以从人才需求的决定因素和需求价格弹性等角度分析；知识型人才战略群体是指某一个产业中在某一战略方面具有决定性影响的知识型人才团队；知识型人才成功的关键因素是，组织拥有知识型人才核心竞争力，同时随着组织与个体生命周期的演变，成功关键因素也会发生变化。

（3）知识型人才人性因素分析

管理的中心和管理的目标决定了管理过程中一切分析、研究以及实践始终都应以人作为起点和终点。人是管理中的最重要的因素，抓住了人，就抓住了管理的根本。21世纪是知识经济时代，科技的进步促使组织朝"知识密集型"方向发展；人的主导地位和作用更加突出，特别是知识型人才主导作用。现代人性无法用"理性人""工具人""经济人""社会人""复杂人""自动人""效用人"等进行简单概括，也不可能将人的全部的人性因素一一罗列；管理问题总是受到各方面因素制约，而且必须符合成本效益原则；组织可能由于发展阶段、岗位、环境等因素使得针对某一简单的人性假设无法实现组织的和谐管理，最终无法实现组织效益乃至整个社会效益最大化。针对以上问题，张向前通过研究传统人性假设及现代知识型人才，提出了H人假设与和谐管理关系[17]：认为人性是善恶的综合体，善恶在一定的条件是可以互相转化；影响人性善恶的主要因素是欲望、虚荣、比较、情感等因素，提出和谐管理目标包含实现个人目标与组织目标。

（4）环境对知识型人才管理的影响

内外环境变化对知识型人才管理有着重要影响。变化可能给组织带来两种性质不同的影响：一是为组织与个体的生存和发展提供新的机会；另一种是对组织与个体生存造成某种威胁。环境不确定程度以及组织与个体内外的利益相关者关系会影响管理行为。不确定性主要表现为变化程度和复杂程度两个方面。变化程度是指要素的变化速度及这种变化的可观察和可预测程度。如果构成要素经常变动，并且不能精确地预测，称之为动态环境；如果变化很小，并且能精确地预测，则称之为稳定环境。复杂程度是指要素的数量以及组织所拥有的与这些要素相关的广度。内外要素越多，则复杂程度越高，不确定性越大；一个组织或个体所需掌握的有关内外及自身环境的知识范围越广，则环境的复杂程度越高，不确定性越大。环境不确定性分析图可见图2，管理中最难应对的是复杂不稳定境况。

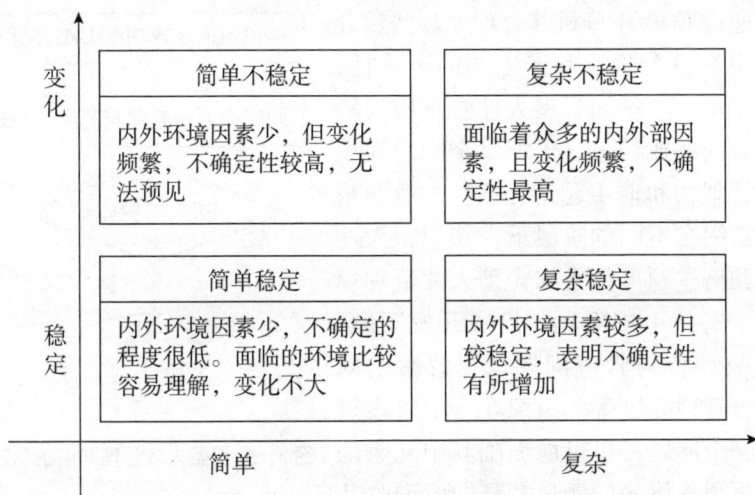

图 2　环境不确定性图

3.2.2　确定组织知识型人才管理的和谐主题

知识型人才管理和谐主题，是组织在特定的时期内相对稳定的核心工作或任务；它是基于知识型人才环境、组织、领导、人性四个因素即 EOL-H 作用下，在组织战略意图的指引下，通过充分了解组织与知识型人才背景资料之后，可按照时间顺序或重要性排序。即，对组织知识型人才管理过程中重要事件和管理活动进行适当整理与排列；分析事件或活动背后的关系；寻找这些事件或活动针对组织知识型人才管理要完成的任务或必须解决的问题；分析问题与任务的关系；形成问题和任务关系网络；分析和识别出组织各阶段知识型人才管理的核心问题或任务，即知识型人才和谐管理的主题。然后根据已经选出和知识型人才管理的和谐主题进行阶段划分或重要性划分。可以依据阶段进行排列，对于同一阶段可能产生几个知识型人才管理的核心问题或任务，可依据重要性排列；也可同时考虑组织的内外环境进行划分。依据以上分析，可以得出，知识型人才管理和谐主题是组织在知识型人才管理过程中实际真正实施的主题，是组织在各个阶段实际要解决的核心问题与任务。其选择过程可依图 3 判断组织在各个阶段实施的知识型人才管理的主题是否正确；是不是组织在进行知识型人才和谐管理中最迫切需要解决的核心问题或要完成的核心任务；这可以通过对于组织战略意图的分析来判断。首先，通过分析组织的活动，了解组织有无明确的战略意图；再通过环境、组织、领导、人性（EOL-H）四大方面进一步分析；如果组织有明确的战略意图，判断其正确性；如果没有明确的战略意图，分析组织的总体指导思想是什么，通过 EOL-H 分析其合理性。然后分析出来组织各个阶段和谐主题的准确性；即提出了每个阶段知识型人才管理应当解决的核心问题或任务，也即每个阶段知识型人才管理的和谐主题是什么。一般的情况下，组织在不同的阶段下，知识型人才管理的和谐主题可能是知识型人才管理规划问题、有效引进问题、投资开发问题、有效绩效评价与管理问题、有效激励问题、冲突管理问题等。组织在一个阶段可能面临一个问题；也可能面临其中几个问题，或更为具体的问题。若是同时面临几个问题，则可围绕组织战略意图，依据重要性等进行排列。

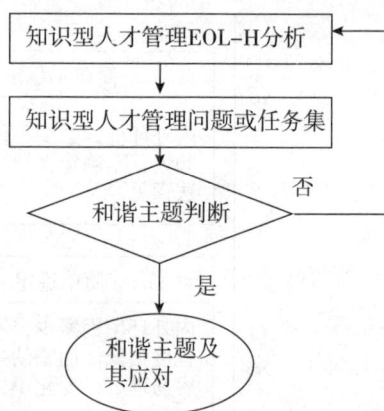

图3 知识型人才管理和谐主题辨识图

3.2.3 分析知识型人才管理的和谐主题与组织战略意图及 EOL-H 的一致性

组织知识型人才管理的战略意图通常可以分为两类：首先，获取更多物质收益。知识型人才的物质职能表现在两个方面，一是通过获取知识型人才才能，如企业家才能、工程师等生产要素，为组织创造更多的物质收益；二是知识型人才拥有者获得直接物质收益，主要包括劳动者工资、福利收入等物质收益。新经济增长理论认为，知识型人才是保持经济持续增长的根本动力，决定着物质资本的有效利用；不断提高劳动者的综合素质，才能最大限度地发挥其他各种资源的使用效益，使得用较少的劳动耗费生产出更多更好的产品。舒尔茨对美国研究得出，人力资本投资是加快美国经济发展的决定因素[18]，也是美国企业强有力竞争的保证。随着知识经济的发展，组织对获取或培训开发等手段积累更多的知识型人才，是推动未来发展的基础。与其他生产要素不同的是，人是知识型人才智慧的载体；智慧作用于人的行为，使人才通过有意识的物质生产活动，将自己的主观能动性和创造性作用于自然、社会和经济活动，从而获得物质财富，同时获取更多精神收益。知识型人才的精神收益表现在两个方面：一是为组织创造了更多的文化、专利等精神财富；二是知识的拥有者为自己创造了享受精神财富的条件。通过开发与管理知识型人才，有利于提高全组织的知识存量，加大知识型人才促进与发展；有利于使个体的知识、技能、道德、素质等不断得到发展和提高，从而使个人在精神和心理满足、社会地位提高、恋爱婚姻等方面获得更大的优势等。

在组织更为具体的阶段，可能战略意图表现更为直接，如直接获取多大的物质收入，需要多少知识型人才等。组织的战略意图也应当将知识型人才个体的战略意图考虑在内，这可能是区别于一般人力资源必须特别考虑的问题；这个问题从知识型人才自身的价值实现理念上充分表现出来，特别是越高层次知识型人才对自我价值的实现可能看得更重。组织知识型人才管理的和谐主题实际情况有时可能与通过本书办法分析出来的和谐主题一致，也可能不一致。如果两者一致，可以认为组织知识型人才管理和谐主题与组织的战略意图及 EOL-H 一致。如果不一致，可通过进一步分析当前知识型人才管理的和谐主题有哪些不足，是否与战略意图相反；还是忽视了环境分析、组织自身分析、领导因素或是人性因素分析中的某一个环节，并以此判断对组织和谐目标实现会产生的影响，再通过与实际 EOL-H 验证，厘清真正的知识型人才管理的和谐主题；也能进一步证明知识型人才管理和谐主题筛选方法的正确性。具体方法可参照图4：

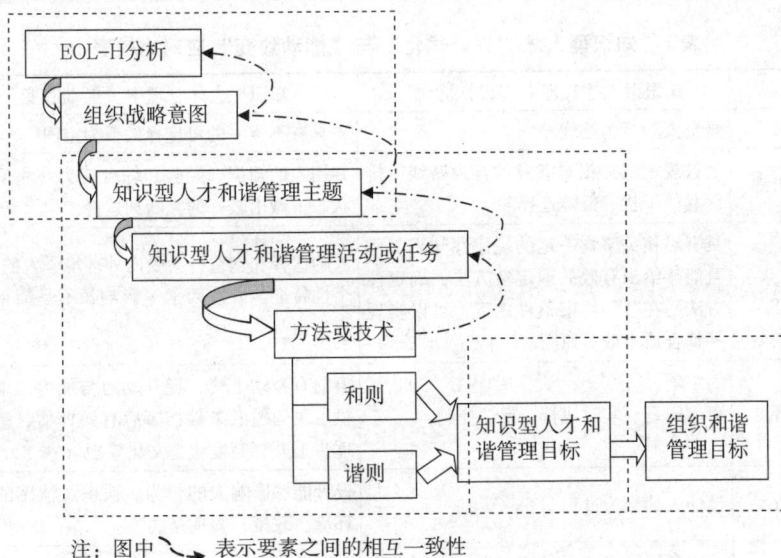

注：图中 ↘ 表示要素之间的相互一致性

图4　知识型人才和谐管理中要考虑的要素图

从上图可以看出，为了保证知识型人才管理和谐主题的一致性，通过EOL-H分析，厘清组织战略意图，分析出知识型人才管理的和谐主题；进一步分析知识型人才管理的和谐主题下更为具体的管理活动或任务；初步提出解决管理活动与任务的方法与技术；为了保证要素之间的一致性，组织在实施本过程时，不仅要"向前看"，也应当"回头看"，或者两者并用；进一步保证知识型人才管理要素的一致性，使组织有效实现和谐管理的目标。

3.2.4 分析知识型人才管理的"和"与"谐"的工具

依据本书前面所介绍的和谐管理理论，解决知识型人才和谐管理的问题可分为两个方面，一是和则，二是谐则。知识型人才和谐管理的和则，是实现环境诱导下知识型人才主体自主演化的基本原则，主要是针对知识型人才行为及人际关系进行协调与控制的管理机制，可以借鉴已经有的关于偏重于管理人的手段，如组织文化管理行为层及精神层管理方法、组织承诺等甚至是传统优秀管理思想与管理方法。知识型人才和谐管理的谐则，主要是针对指导理论设计的基本原则，针对系统内的各种理论设计方案，如借鉴各种动态规划、熵理论、最优决策等理论工具。知识型人才和谐管理过程中必须遵循这两种机制，用优化思路解决客观科学方面的问题，利用不确定性的思路解决主观情感方面的问题。若是两个机制能有机统一，优化互补，则可能实现更好的和谐目标。针对知识型人才管理中的这两种应对问题方法，在借鉴和谐管理理论相关理论基础上[19]，总结比较见表1。

表1 知识型人才"设计优化"与"能动致变"应对比较表

比较项	知识型人才管理中"设计优化"	知识型人才管理中"能动致变"
定义	规定人的行为路线	人具有不唯一的可选择的行为空间
作用机理	通过规定选择相对满意的行为路线，排除其他干扰、低效选择	利用人的知识、经验和综合能力在不确定性状态下做出较好的判断和选择
前提	具有对相关事物一定的规律性知识，而且能够给出有效的确定性方法，确定性方法是在各种约束条件之下，可以实现并符合成本效益原则等	人的选择和创造行为受内外环境、人的能力、个性特征、人性因素等影响，不是简单无政府自由
过程特点	事前规划、实时执行、反馈控制	事前有鼓动士气、提升动力与能力；事中提供解决问题的条件；事后有效评估、激励并逐步上升到制度化、文化管理
设计角度	设计人的行为过程	设计能够影响人的行为、认识及情感的组织环境、政策、管理模式等
优势	运作有序稳定，不易产生混乱，不易受到领导变换等因素变化的影响，较易学习与复制	创造性、柔性，应变及反应能力强，对领导、知识型人才自身能力要求高，管理不易学习与复制
劣势	刚性、相对僵化，应变及反应能力差，不利于应对快变环境	容易产生混乱及无政府状态，领导、知识型人才变换易导致后续无人或新领导人管理适应期不稳定
管理对策	知识型人才管理的谐则	知识型人才管理的和则
可借鉴相关理论及方法	科学管理；数学学派等；设计流程；结构化；确定性制度等	中外传统思辨管理思想；行为理论；企业文化；不确定性制度设计；相关激励理论

具体实践过程中，在确定知识型人才管理和谐主题之后，根据组织某一主题，深入分析该主题下更为具体的管理活动与任务，分析哪些活动是倾向于"和"的活动，哪些活动是倾向于"谐"的活动。然后，将该主题的活动大体分成四种类型，"和"的活动、"谐"的活动、以"和"为主的活动、以"谐"为主的活动。如：组织面临知识型人才管理和谐主题——招聘，招聘主题可具体划分为招聘规划、招聘甄选、录用、录用后的指导；其中，招聘甄选阶段又可具体为招聘方式的选择，采取内部招聘还是外部招聘；方法可采用笔试、面试、情景模拟、心理测试等。在这里，如招聘规则可以采取优化的方法，如借鉴运筹学等方法实现，若为了节省成本，也可以采取主观预测法，这就偏向"和"的活动。招聘方法上，面试是较为典型"和"的活动，笔试则是以"谐"为主的活动；仔细分析活动的性质后，对于和则或谐则工具的选择就容易实现了。

当前，为了更好实现组织和谐目标，有必要进一步分析知识型人才管理"和"活动及相对应的和则工具，与"谐"的活动及相对应谐则工具与和谐主题的关系，是否真正与和谐主题相一致；同时也应考虑采取的措施是否适当、是否及时、是否符合成本效益原则，如采取谐则工具优化，优化工具成本投入比组织知识型人才和谐管理绩效目标实现更多，可见投入太多，而产出太少，显然不合算，此时建议直接采取和则方法，即由相关管理人员直接判断决定。同时，还应分析知识型人才管理在某一和谐主题下，相对应的和则与谐则是否相一致，再对知识型人才人性假设分析。本书已经提出，和则与谐则有时会互相转化，如有时只能通过和则工具处理的，随着环境的变化，特别是科技的变化，可以转化为可优化的问题，这时可借助谐则来更好完成和谐主题；在谐则应用过程中也可能产生新的问题，无法通过谐则完成，这时需通过和则完成。对于知识型人才管理过程中，这种现象明显性会更高，因此需要和则与谐则有效互动，和则与谐则耦合，最终促进组织和谐目标更有效实现。

3.2.5　衡量知识型人才和谐管理目标实现状况

知识型人才和谐管理目标，可分为组织目标与个体目标。知识型人才和谐管理过程中，如果战略意图与 EOL-H 一致，这时组织知识型人才和谐管理战略意图正确；如果知识型人才管理和谐主题与战略意图及 EOL-H 一致，则说明和谐主题分析是正确的；如果知识型人才和谐管理具体活动或任务与和谐主题、战略意图、EOL-H 相一致，则说明知识型人才和谐管理活动或任务分析正确；如果和则、谐则与和谐主题一致，则说明知识型人才和谐管理系统较为完善，管理到位；知识型人才和谐管理目标可以实现，组织目标与个体目标均能产生积极效益；知识型人才和谐管理实现整体和谐。

知识型人才和谐管理目标的组织目标可分为三类，组织效益、组织发展与组织良性冲突。本书假设如果知识型人才和谐管理各阶段和谐主题得到有效管理，组织目标应当是和谐的，即实现组织三个目标。可能表现为组织效益的提升；组织未来的发展会更好；组织不排斥有利于组织效益及组织发展的良性冲突。知识型人才和谐管理目标的个体目标可分为三类，个体效益、个体发展与个体良性冲突。以上目标实现也是基于组织知识型人才和谐管理有效管理与个体目标之间是正相关的。其中组织的个体效益，主要提高个体短期内的物质与精神收益，个体发展为个体未来一段时间有利于职业锚①的实现。个体良性冲突，是指有利于个体效益及个体发展的良性冲突。

3.2.6　分析组织总体和谐状态及和谐目标实现状况

前面已经分析，组织知识型人才和谐管理过程中，各阶段的和谐主题不一样，通过和则与谐则工具，应对和谐主题，实现各主题下的知识型人才和谐管理目标，从而最终实现组织总体和谐状态。这个和谐状态与和谐目标表现三个方面：组织的战略意图正确；各阶段知识型人才管理的和谐主题与组织战略意图及 EOL-H 一致；应对各阶段知识型人才和谐管理的和则机制、谐则机制与和谐主题及它们相互之间一致；理论上与实践上，产生知识型人才和谐管理耦合机理，对组织和谐目标及和谐状态实现产生更为积极的影响，达到知识型人才人性假设中"善"的目标实现。

4　本章小结

本书通过分析和谐管理理论的基本内容，提出基于和谐管理理论的知识型人才管理理论研究框架，提出基于和谐管理理论的知识型人才管理理论机理；根据 EOL-H 分析出组织在不同阶段下的战略意图与和谐主题，确定不同和谐主题下更为具体的管理活动与任务；应用和则机制、谐则机制及其互动耦合机制，实现知识型人才和谐管理目标，最终实现组织的和谐状态。组织知识型人才管理在不同 EOL-H 情况下，可以面临的和谐主题知识型人才投资

---

① 职业锚的概念是由美国埃德加·沙恩（Edgar Schein）教授提出的。所谓职业锚就是指当一个人不得不做出选择的时候，无论如何都不会放弃的职业中的至关重要的东西或价值观。职业锚实际上就是人们选择和发展自己的职业时所围绕的中心。一个人对自己的能力、动机和需要以及态度和价值观有了清楚的了解之后，会意识到自己的职业锚到底是什么。（详见：［美］埃德加·沙因. 职业锚：发现你真正的价值［M］. 北京：中国财政经济出版社，2004）

管理、知识型人才交易管理、知识型人才流动管理、知识型人才激励管理、知识型人才冲突管理等主题。本书无法将基于和谐管理理论的知识型人才管理过程中面临的所有问题进行理论分析，仅简单提出解决问题的思路与方法；同时指出当组织面临知识型人才和谐管理的不同主题时，可以参照本书研究或笔者已经进行的研究思路，寻找较妥的解决问题的方法，实现更好的组织目标与个体目标。笔者也将就这个课题研究持续深入下去，以期产生积极的理论与实践成果。

【复习题】

（1）试析和谐管理与和谐管理理论。

（2）试析和谐管理中的和则与谐则。

（3）试析和谐管理中的和谐主题的寻找。

【思考题】

（1）试析基于和谐管理理论知识型人才管理机理。

（2）试析基于和谐管理理论知识型人才管理机理可否用于一般人力资源管理。

【案例分析】

李嘉诚：管理的艺术*

屈指一算我的公司已成立了 55 年，由 1950 年数个人的小型公司发展到今天全球 52 个国家超过 20 万员工的企业。我不敢和那些管理学大师相比，我没有上学的机会，一辈子都努力自修，苦苦追求新知识和学问。管理有没有艺术可言？我有自己的心得和经验。

翻查字典，Art（艺术）的定义可简单归纳为人类发自内心的创作、作为、原则、方法或表达，一般带美感，能有超然性和能引起共鸣，是一门能从求学、模仿、实践和观察所得的学问。光看这些表面字词，管理学几乎和艺术可混为一谈，那么我今天就应该没有什么好讲了。

你是老板还是领袖？

---

* 引自 http：//finance.ifeng.com/a/20140429/12217503_0.shtml。

我常常问我自己，你是想当团队的老板还是一个团队的领袖？一般而言，做老板简单得多，你的权力主要来自你地位之便，这可来自上天的缘分或凭仗你的努力和专业的知识。做领袖较为复杂，你的力量源自人性的魅力和号召力。要做一个成功的管理者，态度与能力一样重要。领袖领导众人，促动别人自觉甘心卖力；老板只懂支配众人，让别人感到渺小。

想当好的管理者，首要任务是知道自我管理是一项重大责任，在流动与变化万千的世界中，发现自己是谁，了解自己要成什么模样是建立尊严的基础。儒家之修身、反求诸己、不欺暗室的原则，西方之宗教教律，围绕这题目落墨很多，到书店、在网上自我增值的书和秘诀多不胜数。我认为自我管理是一种静态管理，是培养理性力量的基本功，是人把知识和经验转变为能力的催化剂。这"化学反应"由一系列的问题开始，人生在不同的阶段中，要经常反思自问，我有什么心愿？我有宏伟的梦想，我懂不懂得什么是节制的热情？我有拼战命运的决心，我有没有面对恐惧的勇气？我有资讯有机会，有没有实用智慧的心思？我自信能力天赋过人，有没有面对顺流逆流时懂得恰如其分处理的心力？你的答案可能因时、因事、因处境，审时度势而有所不同，但思索是上天恩赐人类捍卫命运的盾牌，很多人总是把不当的自我管理与交厄运混为一谈，这是很消极无奈和在某一程度上是不负责任的人生态度。

14岁，穷小子一个的时候，我对自己有一管理方法很简单，我知道我必须赚取足够一家勉强存活的费用。我知道没有知识我改变不了命运，我知道当天的我没有本钱好高骛远，我也想飞得很高，在脑海中常常记起我祖母的感叹："阿诚，我们什么时候能像潮州城中某某人那么富有。"我可不想像希腊神话中伊卡洛斯（Icarus）一样，凭仗蜡做的翅膀翱翔而堕下。我一方面紧守角色，虽然我当时只是小工，但我坚持每样交托给我的事做得妥当出色，另一方面我绝不浪费时间，把任何剩下来的一分一毫都购买实用的旧书籍。我知道，要成功，怎能光靠运气，欠缺学问知识，程度与人相去甚远，运气来临的时候也不知道。还有一个小但重要的点，我想和同学分享，讲究仪容整齐清洁是自律的表现，谁都能理解贫困的人包装选择不多，但能选择自律心灵态度的人更容易备受欣赏。

22岁我成立公司后，进取奋斗的品德和性格对我而言层次有所不同，我知道光凭能忍、任劳任怨的毅力已是低循环过时的观念。成功也许没有既定的方程式，失败的因子却显而易见，建立减低失败的架构，是步向成功的捷径。知识需要和意志结合，静态管理自我的方法要伸延至动态管理，理性的力量加上理智的力量，问题的核心在如何避免聪明组织干愚蠢的事。"如果"

一词对我有新的意义，多层思量和多方能力皆有极大的价值，要知道"后见之明"在商业社会中只有很狭隘的贡献。人类最独特的是不仅是我们有洞悉思考事物本质理智，而是我们有遵守承诺、矫正更新的能力、坚守价值观及追求目标的意志。

商业架构的灵活制度要建基于实事求是、能有自我修正挽回的机制（Check and Balance）。我指的不单纯是会计系统，而是在张力中释放动力，在信任、时间、能力等范畴建立不呆板、能随机应变的制度。你们也许听过我说企业应在稳健中寻找跳跃的进步，大标题下的小点要包括但不局限于：开源对节流、监督管治对创意和授权、直觉对科学观、知止对无限发展……（见《中国企业家》2003 年第 6 期《赚钱的艺术》）

每一个机构有不同的挑战，很难有绝对放之四海皆准、皆适用的预制组件，老实说我对很多表面的、人云亦云的专家分析是"尊敬有加"，心里有数，说得俗一点，有时大家方向都正确，耍的却是花拳绣腿，姿势又不对。管理者对自己负责的事和身处的组织有深层的体验和理解最为重要。了解细节，经常能在事前防御危机的发生。

其次成功的管理者都应是伯乐，摩登伯乐的责任在甄别、延揽"比他更聪明的人才"，但绝对不能挑选名气大但妄自标榜的企业明星。高度竞争社会中，高效组织的企业亦无法负担那些滥竽充数、唯唯诺诺、灰心丧志的员工，同样也难负担光以自我表演为一切出发点的"企业大将"。挑选团队，有忠诚心是基本，但更重要的是要谨记光有忠诚但能力低的人和道德水平低下的人同样是迟早累垮团队、拖垮企业，是最不可靠的人。要建立同心协力的团队第一条法则就是能聆听得到沉默的声音，问自己团队和你相处，有无乐趣可言，你是否开明公允、宽宏大量，能承认每一个人的尊严和创造的能力，有原则和坐标而不是费时失事矫枉过正的执着者。

领袖管理团队要知道什么是正确的"杠杆"心态，"杠杆定律"始祖——阿基米德（Archimedes）（前 287—前 212）是古希腊学者，他曾说："给我一个支点，我可以撬起整个地球。"支点是效率和节省资源策略智慧的出发点，试想与海克力士（Hercules，希腊神话中最勇武的英雄）单凭个人力气相比，阿基米德是有效得多。不知从什么时候开始，把这概念简单扭曲为叫人迷思四两拨千斤、教人以小搏大。聪明的管理者专注研究精算出的是支点位置，支点的正确无误才是结果的核心。这门功夫倚仗你的专业知识和综合力，能否洞察出那些看不见的联系之层次和次序。今天我们看见很多公司只看见千斤和四两的直接可能而忽视支点的可能性，因过度扩张而陷入困境。

我未有你们幸运在商学院聆听教授指导。告诉你们，我年轻的时候，最喜欢翻阅的是上市公司的年度报告书,表面上挺沉闷,但别人会计处理的方法的优点和漏弊,方向的选择和公司资源的分布对我有很大的启示。

对我而言,管理人员对会计知识的把持和尊重,正现金流的控制,公司预算的掌握是最基本的元素。还有两点不要忘记,第一,管理人员特别要花心思在脆弱环节;第二,在任何组织内优柔寡断者和盲目冲动者均是一种传染病毒,前者的延误时机和后者的盲目冲动均可使企业在一夕间造成毁灭性的灾难。

最后,好的管理者真正的艺术在其将新事、新思维与传统中和更新的能力。人的认知力由理性和理智的交融贯通,我们永远不是也永远不能成为"无所不能的人",有时我很惊讶地听到今天还有管理人以"劳累"为单一卖点。"天行健,君子以自强不息。"自强不息的方法重要,君子的定义也同样重要,要保持企业生生不息,管理人要赋予企业生命;这不单只是时下流行在介绍企业时在 Powerpoint 打上使命,或是懂得说上两句人文精神的语言,而是在商业秩序模糊的地带力求建立正直的方针。这路并不好走,企业核心责任是追求效率及盈利,尽量扩大自己的资产价值,其立场是正确及必要的。商场每一天如严酷的战争,负责任的管理者捍卫企业和股东的利益已经天天精疲力竭,永无止境的开源节流,科技更新及投资增长,却未必能创造就业机会,市场竞争和社会责任每每两难兼顾,很多时候,也只能是在众多社会问题中略尽绵力而已。

我常常跟儿子说:你要建立没有傲心但有傲骨的团队,在肩负经济组织其特定及有限责任的同时,也要努力不懈,携手服务贡献于社会,这不能只是我对你的一个希望,而是你对我的一个承诺。今天也和大家共勉。

问题:结合案例分析如何实现优秀的知识型人才管理?说明理由。

参考文献

[1]Peter Drucker. Management Challenges for the 21st Century[M]. Boston:Harvard University Press,1999.

[2]张向前. 知识型人才及其激励研究[J]. 预测,2005(6):9—13.

[3]Simon H A. 管理行为[M]. 詹正茂,译. 北京:机械工业出版社,2004.

[4]Milliken F J. Three Types of Perceived Uncertainty About the Environment:State,Effect, and Response Uncertainty[J]. Academy of Management Review,1987(1):133—143.

[5][9][19]席西民,韩巍,葛京,等. 和谐管理理论研究[M]. 西安:西安交通大学出版社,2005.

［6］Child J. Organizational Structure, Environment and Performance: the Role of Strategic Choice［J］. Sociology, 1972(3): 1—22.

［7］Daft R L, Sormunen J, Parks D. Chief Executive Scanning, Environmental Characteristics, and Company Performance: An Empirical Study［J］. Strategic Management Journal, 1988(2): 123—139.

［8］［10］席酉民,韩巍. 管理研究的系统性再剖析［J］. 管理科学学报,2002(6):1—8.

［11］席酉民,肖宏文,王洪涛. 和谐管理理论的提出及其原理的新发展［J］. 管理学报, 2005(1):23—32.

［12］席酉民,韩巍,尚玉钒. 面向复杂性:和谐管理理论的概念、原则及框架［J］. 管理科学学报,2003(8):1—8.

［13］井辉. 和谐管理谐则机制的作用机理、构建途径及其应用的研究［D］. 西安:西安交通大学,2007:12—20.

［14］王琦,席酉民,尚玉钒. 和谐管理理论核心:和谐主题的诠释［J］. 管理评论,2003(9):24—30.

［15］王方华,吕巍. 企业战略管理［M］. 上海:复旦大学出版社,2006.

［16］刘冀生. 企业经营战略［M］. 北京:清华大学出版社,2000.

［17］张向前. 人性假设与和谐管理系统［J］. 江淮论坛,2005(1):30—35.

［18］Schultz, Theodore W. Investing in People: the Economics of Population Quality［M］. University of California Press, Berkeley and Los Angeles, 1981.

第八章　知识型人才和谐管理实证研究

【学习目标】
(1) 影响知识型人才的主要因素
(2) 和谐管理目标内涵
(3) 背景因素对知识型人才和谐管理的影响

1　引言

当今世界，信息技术飞速发展，信息化速度迅猛，世界面临着信息化、全球化的两大趋势。在科技先进和信息化先行的国家，又涌现了知识经济的浪潮，这给经济管理和传统经济管理理论带来许多新的情况和新的课题。企业经济管理之间竞争的重点在知识、资讯、科技综合体——知识型的人才，而经济管理中各种要素的管理归根结底是对知识型人才的管理。彼得·德鲁克先生在《21 世纪对管理的挑战》（*Management Challenges for the 21st Century*)[1]一书中指出："知识工作者的生产力是 21 世纪对管理最大的挑战，在发达国家这是它们生存的需要，舍此就别无他法能维持其领导地位和维持其生活水平。""20 世纪最重要的，也是最独特的对管理的贡献是制造业中手工工作者的生产力提高了 50 倍。21 世纪对管理最重要的贡献同样将是提高知识工作与知识工作者的生产力。20 世纪企业最值钱的资产是它的生产设备，而 21 世纪企业或非企业最值钱的资产则将是知识工作者及其生产力。"可见知识型人才对 21 世纪组织发展的关键作用，本书所认定的知识型人才是指在一个企业组织之中用智慧所创造的价值高于其动手所创造的价值的员工。当前知识型人才应当是组织的管理者，技术开发者等具有一定或较高理论知识和学问的人才，如：职业经理人、高级营销员、技术开发员、医生、律师、教师、会计师、工程师、科研人员等[2]。对于人力资源管理的相关实证研究，研究的重点集中在人力资源与企业绩效之间，研究结果比较模糊与不确定性[3]-[7]，且对知识型人才实证研究相对较少，从人性影响因素研究知识型人才管理方向就更少。本书采取计量分析法对知识型人才和谐管理实证研究，主要目的是寻找影响知识型人才决策的人性影响因素构成，进行相关分析，提出知识型人才和谐管理[8]若干结论。

2　研究假设与研究方法

2.1　研究的理论思路

此前笔者对知识型人才进行过理论研究，研究发现知识型人才能力特征及个性特征：知识型人才具有两项重要的能力，即创新能力与管理能力；知识型人才的特征为较高的素质、独立自主性、较高流动性、高成就动机、一定骄傲性、劳动复杂性等[9]，有必要通过实证验证知识型人才素质及个性特征，为知识型人才和谐管理奠定基础。国内外对于人力资源管理实证研究除研究人力资源与企业绩效外，还集中在人力资源管理的激励影响因素研究、冲突影响因素研究、工作满意度影响因素研究等[10]。研究认为：影响管理型人才管理的因素主要有薪酬福利、高层管理、绩效管理、人员招聘及人力资源管理信息化[11]。影响人力资源价值的主要因素有工资、培养成本、体能等[12]。知识管理专家玛汉·坦姆仆（F. M. K. Tampoe）研究认为：激励知识型员工的前四个因素依次为个体成长、工作自主、业务成就和金钱财富[13]。国内学者借鉴知识管理专家玛汉·坦姆仆的实证研究，概括出知识型员工的期望偏好：在"学习型组织"中工作，比竞争对手学得更快，学到更新的东西，追求自我成长；在和谐的群体环境工作，并受到尊重；从事的工作具有挑战性，同时具有较大的自主、自治权；在职位晋升上，希望能够公平、公正，依靠自己的实力与组织共同发展；追求多元化的价值分配，除工资、奖金外，现在的知识型员工更加注重的是股权、分红以及福利待遇[14]。根据传统人力资源管理实证研究及以往的研究成果，知识型人才特性及 H 人假设①的影响因素，本研究提出知识型人才和谐管理目标为个体与组织目标；影响和谐管理的人性善恶因素主要有欲望、虚荣、比较、情感等因素，进而影响个体及组织决策[15]。

---

① H 人假设认为：首先，人性是善与恶的综合体，善与恶包括动机、过程和结果。其次，人性善与恶之间可以发生转化，转化有时是一个漫长的过程，有时可能发生在顷刻之间，管理上除了注意人性的本质内容，也须关注人性转化。最后，人具备区别于动物的特性，如创新性、能动性、社会性等。一个人一个行为生发，必然有原因与结果，即使有时是无意识的行为，也是在人的潜意识作用下的结果，为了研究及实践的方便，把人的行为简单分为四种情况：（善因，恶果），（恶因，善果），（善因，善果），（恶因，恶果）。这就是 H 人假设理论（Humanity Hypothesis Theory）。

2.2　研究假设

根据以上理论思路，本研究对企业知识型人才和谐管理因素做如下假设：

假设1：知识型人才的特征为较高的素质、独立自主性、较高流动性、高成就动机、一定骄傲性、劳动复杂性。

假设2：知识型人才和谐管理目标与知识型人才个体欲望、虚荣、比较、情感等个性影响因素相关。

假设3：和谐管理目标及影响人性的因素都有较好的子因子。见表1。

表1　和谐目标及影响H人假设因素

和谐目标		欲望			虚荣	比较	情感（关系）		
个人目标	组织目标	欲望一：相对欲望	欲望二：绝对欲望	欲望三：大公无私			亲戚关系	朋友同事关系	其他关系

定义：欲望一，相对的拥有，不是永恒的拥有。如对物的拥有，因为转让、使用等原因便可失去。欲望二，绝对拥有，至少在有生之年一直拥有。如对知识的拥有，一旦拥有一般情况下无法被剥夺，其中拥有者不会因为知识与人共享或使用，而丧失了对知识的拥有。欲望三，即大公无私，所谓大公无私，即以"天下""组织"为公，也就是愿意为"天下""组织"奉献一切，这种思想其实是将"天下""组织"当作开拓事业的平台，以"天下""组织"为私，是欲望最高境界[16]。

假设4：影响知识型人才个性的欲望、虚荣、比较、情感因素之间有相关关系。

假设5：不同职位、性别、文化程度、工作年限对和谐管理的目标有影响。

2.3　研究方法

（1）样本

本研究的数据来源于2005年在福建进行管理咨询培训时所做的问卷调查。面向的对象主要有泉州德力管理咨询公司、福州木星咨询公司、泉州市生产力中心、泉州市科技局等举办的总裁、职业经理人、闽商执行力等培训班学员，主要参加者有福建××汽车公司、××鸟集团等公司高层管理人员，涉及企业共有272家，发放问题600份，共收回有效问卷528份，回收率是88%，回收率较高原因主要是研究者本人作为咨询公司高级培训师，直接指导学员现场答题及回收。样本中属于福建本地的企业（在福建注册）占263

家，占96.7%，非本省企业占3.3%，因此，本实证研究主要对福建企业知识型人才和谐管理的实证研究。这些企业，职工平均人数332人，标准差是401.7。问卷的背景资料包括单位名称、所在单位规模、性别、年龄、学历和职务，样本的主要特征见表2。

表2 样本个体分布情况（N = 528）

项目	类别	频数	百分率
性别	男	301	57.0
	女	227	43.0
年龄	30 岁以下	175	33.1
	31—40 岁	226	42.8
	41—50 岁	80	15.2
	51 岁以上	47	8.9
工作年限	10 年以下	257	48.7
	11—20 年	158	29.9
	21—30 年	70	13.3
	30 年以上	33	6.3
学历	初中以下	41	7.8
	高中、中专或中技	165	31.2
	大学、大专	317	60.0
	研究生	5	0.01
职位层级	低层及一般	102	19.3
	中层管理	371	70.2
	高层管理	55	10.4

（2）指标体系

知识型人才能力指标体系，知识型人才个性指标体系，影响人性因素的指标体系，和谐管理目标指标体系，这些指标体系问卷表设计从笔者先前的理论研究[17][18]及前人的研究基础选取及增加出来的。

（3）研究方法

本书采用一般回归分析的方法来发现验证知识型人才的能力指标、个性特征指标、和谐管理目标指标、人性影响因素对企业知识型人才和谐管理目标的影响，具体说就是影响人性因素的欲望、虚荣、比较、情感（关系）作为自变量，知识型人才和谐管理目标作为应变量进行回归分析，根据回归的显著性程度来判断假设成立与否。调查表共设计了四部分问题，采用"完全符合，较符合，中等，较不符合，完全不符合"，分值依次为 5，4，3，2，1 分五级量表评价方法。数据采用 SPSS11.5for windows 进行统计分析。

3 知识型人才和谐管理影响因素统计分析

3.1 关于知识型人才能力因素分析

关于知识型人才能力构成因素分析，本书对调查问卷项目数据，进行主因子分析；根据各部分陡阶图的整体情况，将参数进行 Varimax 旋转，最终抽取了特征值大于 1.2 的成分做主因子；荷重较大，α 系数均大于 0.50，并验证了其一致性度。最后得出 5 个主要因素（见附录 1），技能能力，创新能力，管理能力，学习能力，处理信息能力，解释变异量的 59.1%。这说明本书事先认定知识型具备管理能力、创新能力是正确的。国内学者刘宏胜、张金隆认为军事高素质知识型人才应当具备创新能力、学习能力、系统思考能力、专业技能、指挥协调能力、决策能力、语言表达能力、心理承受能力、应变能力等[19]。蒲德祥对贵州及四川省 16 家企业进行研究认为，知识型员工的综合能力结构包括学习创新能力、认知能力、自我管理能力、专业技术能力、适应能力、信息处理能力等[20]。本书的研究结果与他们的研究有共性，但也有一定的差别，这可能与所选取的样本有关。由于本书研究的样本中管理人员比重较大，研究不仅表明创新能力与管理能力是知识型人才的重要职能；另外，其中技能能力，体现了笔者对知识型人才定义描述即脑力劳动贡献超过体力劳动贡献。

3.2 关于知识型人才个性特征因素分析

对于知识型人才有效管理前提是充分了解知识型人才的个性特征，只有这样才能有效地管理知识型员工；激发其工作的积极性、创造性，已成为企业人力资源管理的重心，也成为现代企业可持续发展的一个核心命题。本书研究的假设认为知识型人才的特征：较高的素质、独立自主性、较高流动性、高成就动机、一定骄傲性、劳动复杂性等。同样采取了主成分提取法，按特征值大于 1.2 的原则，按方差最大进行旋转，最后得出了（见附录 2）知识型人才显著特征：劳动复杂性、高成就动机、较高素质、较高流动性、独立自主性。成果的结果骄傲性反而不明显，这说明两种可能，一是由于样本知识型人才参加工作年限时间较长，对自己的评价已经较为务实；二是本书此前对知识型人才个性特征理论假设有误。研究结果与国内学者易正伟研究结果有相似性，但差异也较大，易正伟认为知识型员工的个性结构包括责任心、人际关系、控制性、心智思维、成就动机、外向主动性、道德评价七个维度。

3.3　对于知识型人才和谐管理的目标分析

类似地，本研究也进行了主成分因子分析法，按照 Varimax 转轴，采用 Cattel 陡阶法，以及各种不同的因子分析和旋转方法获得了一个包含两个因子的稳定和谐目标因子结构；本书把这两个因子分析命名为和谐管理的组织目标（由三个项目组成：组织效益、组织发展、组织良性冲突，α 系数是 0.79）；和谐管理的个人目标（由三个项目组成：个人当前收益、个人职业发展、个人良性冲突，α 系数是 0.87）。（见附录 3）

3.4　影响知识型和谐管理目标的人性因素分析

为了考察影响知识型人才决策的人性因素分析，本研究对欲望、虚荣、比较、情感与和谐管理的组织目标与和谐管理的个人目标进行相关分析。得出相关矩阵见表 3。

表 3　人性影响因素对和谐管理目标相关矩阵（N = 528）

项目	均值	标准差	1	2	3	4	5	6	7	8	9	10
1	3.92	0.41	1	.52**	.44**	.53**	.61**	.32**	.43**	.21	.67**	.52**
2	3.98	0.75		1	.58**	.42**	.69	.21*	.01	-.11*	.56**	.47**
3	1.31	0.48			1	-.03**	.32	.12*	.10*	.14*	.52**	.61**
4	3.32	1.17				1	.53	.47**	.35*	.12*	.47**	.52**
5	3.43	1.02					1	.47**	.52**	.32**	.61**	.58**
6	3.25	1.12						1	.11**	.14*	.37**	.23
7	3.58	1.14							1	.01**	.17*	.13*
8	1.28	0.71								1	.10**	.12
9	3.89	0.65									1	.63**
10	3.11	0.53										1

注：1 相对欲望，2 绝对欲望，3 大公无私，4 虚荣，5 比较，6 亲戚关系，7 朋友同事关系，8 其他关系，9 个人目标，10 组织目标

*P<0.05；**P<0.01，均为双尾检验值。

从上表各因子的均值及标准统计分析表明，影响知识型人才实现和谐目标的人性因素有一定的规律，前 5 个的依次顺序为绝对欲望即对健康和知识的需求（3.98）、相对欲望（3.92）、朋友同事关系（3.58）、比较（3.43）、虚荣（3.32）。其他排列明显靠后，如欲望三大公无私（1.31）。首先，这说明样本所调查的知识型人才更多对物质、权力、健康、知识的欲望，真正达

到自我实现的层次的人才较少。其次，统计分析表明情感（关系）对管理的影响，朋友同事关系竟然高于亲戚关系（情感），这可能说明现实工作、社会交往对知识型人才做出各项决定影响是较大的。再次，影响知识型人才的人性因素中竞争比较因素也较大，产生的原因与中国古代道家"胜人者力，自胜者强"，"胜人"或"公平感"对知识型人才影响很大。最后，人性虚荣也影响很大，从心态分析，一定程度的虚荣可能代表一定志向，虚荣心善加利用有利知识型人才的成长。国内学者易正伟在《知识型员工的内在薪酬激励与满意度研究》统计分析的结果发现：影响企业知识型员工工作满意度的各因素按重要程度排序为成就欲的实现、经济报酬、尊重欲的实现、自我发展欲的实现、创造欲的实现、福利和工作环境[21]。胡兴旺根据马斯洛的需要理论并结合我国企事业单位的实际情况，员工的基本需求可以做如下归类：（1）生理需要：①薪水，②福利保障；（2）安全需要：①工作稳定性，②工作条件；（3）爱与归属需要：①管理方式，②同事，③上司；（4）尊重需要：①职位，②权力，③升迁，④奖赏；（5）自我实现的需要：①成就，②决策、提案采纳，③工作兴趣、个人特长，④创造力，⑤自我发展的机会、自由性。了解影响员工工作行为的因素[22]，赵伟军通过实证研究认为影响知识型员工满意度的主要因素根据重要性顺序可以分为：（1）环境、制度和管理以及与之相适应的企业文化；（2）个体成长；（3）工作自主；（4）工作成就；（5）公平性；（6）薪酬体系[23]。林泽炎调查研究发现影响知识型员工积极性的因素主要有：（1）事业吸引人，工作有成就感；（2）同事间关系融洽；（3）工作时心情舒畅；（4）加工资、奖金；（5）领导的信任与器重；（6）工作条件优越；（7）家庭和睦；（8）晋升机会；（9）表扬、奖励；（10）爱情激励[24]。从他们的研究与本书的研究进行比较发现，有几个因素对知识型人才影响都是较大的，如知识型人才对物质的欲望、对权力的欲望、与朋友同学之间的关系、虚荣心有一致的地方，差异地方可能与研究的目标不一样，他们主要考虑工作满意度或如何激励知识型人才，本书的研究主要目标是和谐目标，包括的范围更大。

从表3还可以看出，不同的人性因素对实现个体和谐目标及组织目标的影响都存在明显的正相关关系；绝对欲望与朋友同事关系等不相关外，其他人性因素存在较强的相关关系；这说明在分析人性因素、提出相应管理对策的时候必须考虑这些因素的相关关系，才能在实践中形成有效的知识型人才和谐管理系统。个体和谐目标与组织和谐目标存在显著相关关系，说明知识型人才与企业之间能够实现利益在较高程度上的一致。

3.5　背景因素对知识型人才和谐管理的影响

本章最后对不同性别、学历人对影响知识型人才人性影响因素及和谐目标进行分析，分析结果表明性别、学历的影响不大。这说明影响人性的因素中性别差异、学历高低是差不多；同样对和谐目标而言，男女、学历高低也是差别非常小。但研究表明，工作年限与知识型人才的工作岗位对知识型人才和谐管理的一些因素影响较大。见表4。

表4　工作年限、管理层级对知识型人才和谐管理因子方差分析（N=528）

背景	因素名称	差异来源	平方和	自由度	均方	F值	显著性水平
工作年限	相对欲望	组间	8.7	3	8.7	4.7	0.023
	个体目标	组间	7.3	3	7.3	4.1	0.029
	比较	组间	6.8	3	6.8	3.2	0.031
管理层级	组织目标	组间	13.4	2	13.4	3.7	0.010
	绝对欲望	组间	9.6	2	9.6	3.1	0.019

这可能是因为参加工作年限较短的人，对钱财权需求要强一些，对实现个体目标要求也高一些，同时比较在乎与同事、同学、朋友等所取业绩的比较；工作年限较长的人相对会看淡一些。管理层级高者对实现组织目标更在乎一些；可能以此实现人身价值，对绝对欲望即健康的追求也高出许多。

4　研究结论

4.1　知识型人才和谐管理的积极意义

通过对企业知识型人才研究分析了知识型人才能力主要因素，知识型人才主要个性特征，知识型人才和谐管理目标因素，分析影响知识型人才人性因素与人才和谐管理目标之间的关系，得到了一些有益的发现：知识型人才素质构成要求有技能能力、创新能力、管理能力、学习能力、处理信息能力等，其中技能能力、创新能力反映现代企业对知识型人才要求既要务实，又能参与到现实有效的工作中去，才能不断推动企业的发展。由组织内外环境的变化，使得今天对知识型人才学习能力要求也不断提高，这样才能适应竞争的需要。管理能力反映目前企业对知识型人才不仅要求其技能，还要求有一定的协调、统筹能力；信息处理能力反映现代组织由于面临信息量增加，需要知识型人才能够从众多的信息中获取有益的信息。知识型人才个性构成要素主要有劳动复杂性、高成就动机、较高素质、较高流动性、独立自主性等：知识型人才在企业中工作复杂性较高，显然重要性较大；知识型员工具有较高的流动性，说明这类人才不希望终身在一个组织中工作，由追求终身就业饭碗，转向追求终身就业能力。对企业而言，就必须面对如何有效建立企业与员工之间的忠诚关系。流动过频、集体跳槽给企业管理带来危机。高成就动机、独立自主性，需要组织搭建张扬个性、实现人生价值的舞台；管理的最高境界，应当使知识型人才得到充分授权，即实现"无为而治"。

关于知识型人才和谐管理目标，得出可分为个人目标与组织目标：个人目标包括个人当前物质与精神收益、个人发展、个人良性人际冲突；组织目标包括组织效益、组织发展、组织良性冲突。无论是个人目标或组织目标都将良性冲突视为和谐目标之一；这说明知识型人才都相对理性，希望组织有一定的竞争比较，允许不同意见表达，最终寻找最有利于更好实现和谐，和谐不排斥冲突。对于人性因素分析，欲望占第一位，其次是情感（关系）；比较与虚荣也是影响知识型人才决策的重要因素，这说明 H 人假设中提出的影响人性的因素基本上是正确的；这些因素对和谐目标实现的影响基本上是显著的；极个别因素影响较小，如其他关系。这些因素之间也基本上是正相关的，仅有一个负相关，大公无私与虚荣之间负相关。

4.2 理论意义

首先，论证了 H 人假设；分析影响人性善恶决策或行为结果的因素有欲望、虚荣、比较、情感（关系）四个主要因素；这样对管理者或管理理论研究者提供新的思考方式。其次，论证了影响 H 人假设人性因素对知识型人才和谐管理目标的影响，并且寻找出影响因素之间相关关系；同时对和谐管理目标适当具体化。再次，研究还分析了个体的背景对和谐管理目标的因素有影响，并找出影响的主要因子。以后的研究可就背景对和谐管理的影响进一步深入研究，对组织与个体都将有积极意义。最后，由于本书研究的样本主要针对福建省的企业，本研究可能对闽商和谐管理研究有借鉴意义，将来可将之进一步扩大至台商研究、浙商研究等，最终有效扩大到华商研究。

4.3 实践意义

本研究对于管理实践者也有值得借鉴的地方。第一，可以通过抓住影响人性的主要因素，制定相应的管理对策，对于知识型人才冲突、流动、激励、投资决策都是有益的。第二，必须有效考虑组织目标与个体目标的多方面内容，无论是组织还是个体当前目标与长远目标都是必须考虑的。第三，管理方法必须随着知识型人才的背景不同，与时俱进变化管理对策。不同年龄、不同管理层级，不同个体随着背景变化人性因素的主次都可能发生变化，从而管理措施就必须变化。第四，对于知识型人才能力的认识对人才交易中关于知识型人才的评价提供了有益的指标选择。第五，本研究得出知识型人才对相对欲望如物质报酬、权力需要很在乎，说明报酬可能不再是一种生理层面的需求，其本身也是个人价值与社会身份和地位的象征。从某种意义上说，报酬成为一种成就欲望层次上的需求。

4.4 不足之处

首先，研究的样本主要取自福建的企业，福建企业以民营企业多，本研究未来还应当扩大至其他企业、行政组织及事业单位。其次，本书的研究对知识型人才能力及特征的归类，不一定具有完全说服力，不同学者可能看法有所差异。本研究只能代表某一个时间点上的研究成果，随着时间的变化，研究结论可能会有差异。

【复习题】
（1）试析影响知识型人才和谐管理的主要因素。
（2）试析欲望的构成。

【思考题】
试析知识型人才和谐管理的目标与管理满意度之间的关系。

【案例分析】

陈晓的悲情与黄光裕的红黑江湖*

前日召开的国美年报发布会上，62 岁的张大中首次以国美董事局主席身份公开亮相——作为大中电器的创始人，张大中似乎欣然于从"老板"到职业经理人的角色转化，他多次表示，能够在国美这样久负盛名的企业担任董事局主席是很多企业领袖的梦想，他为能有这样的机会"深感荣幸"。相对于前任国美董事局主席陈晓"鱼死网不会破""黄先生的政治生命已经结束"

---

* 引自 2011 年 3 月 30 日《南方都市报》。

"我们可以通过增发让他黄光裕出局"的喊话，张大中的谦恭姿态让黄家感到安全和放心。在黄家眼里，与"狼子野心"的陈晓相比，张大中最难得的是"仗义、正直、为人谦和、宅心仁厚"。

忠诚，已然成为企业所有者选择职业经理人的第一要素。

"中国大多数企业的股权集中，形成了更近似于内部治理模式并具有家族治理模式的特点，公司所有权与经营权没有真正地分离，公司的主要控制权在家族成员中配置。"罗兰·贝格国际管理咨询公司高级合伙人兼大中华区副总裁吴琪认为，陈晓与黄光裕之间的对抗，被认为是职业经理人开始争夺企业控制权，"这种观点在企业所有者心里引起了一种忧虑，这样下去，最后职业经理人有可能变成国美事件的受害者"。

为什么是张大中？

张大中曾是业内赫赫有名的人物，他花了20年时间确立了大中电器在北京市场的地位，随后一卖了之。张大中日前接受采访时坦言，在国美电器对大中电器的收购完成后，"这三年我完全是家电零售业的局外人，感觉家电圈丰富多彩，我终于离开了竞争激烈的、非常复杂的局面，感觉那是非常轻松的三年"。

但在黄家的召唤下，张大中重新回到聚光灯下。

在有了陈晓的"背叛"经验后，黄家为什么选择了同样做过老板的张大中？一方面，张大中符合黄光裕对职业经理人的要求：像陈晓一样有过家电连锁业的创业经验。这也是国美二股东贝恩资本方面能够接受的人选。另一方面，张的行业地位能够镇得住已经失去黄光裕绝对信任的国美管理层——国美总裁王俊洲也曾是张的部下。

但最重要的是，张大中在关键时刻，表现出了对黄家的绝对支持。去年"黄陈之争"白热化阶段，张大中出头力挺黄光裕，他甚至气愤地说道："去什么黄光裕化，去了，国美还剩什么！"外界更传言，张大中曾主动借钱给黄家用于收购股权。

在黄家眼里，张大中最难得的是"仗义、正直、为人谦和、宅心仁厚"。

但是，张大中虽然接替了国美董事局主席一职，但却是非执行董事，这个头衔意味着他并不负责具体经营事务，这也是黄家的前车之鉴——避免张大中和陈晓一样，在兼任国美董事局主席和执行董事职务后"拥兵自重"。

陈晓：职业经理人太委屈

国美"内战"发生后，国内网民几乎一直是一边倒地挺黄抑陈。新浪财经网上调查显示，最初有超过85%的网民支持黄光裕一方。虽然随着事态的发展和越来越多信息的披露，认为黄氏家族应该赢得胜利的网民比例逐渐下降，但直到临时股东大会投票的前一天，在参与网上调查的总计近 90 万网民人次中，仍然有近 55% 的"挺黄派"。

在"挺黄派"的逻辑中，陈晓作为一个昔日的"手下败将"，得到老板黄光裕的善意收留和大度提拔之后，非但不思感恩，反而处心积虑地暗地里算计老板，一俟时机成熟，便迫不及待地跳出来一脚踢开黄光裕，自己取而代之。还有人想象力十足地用勾践卧薪尝胆的故事来比拟陈晓的"窃取国美"大业。

广为流传还有黄光裕的"礼贤下士"：在陈晓进入国美后，黄光裕对陈晓百般照顾，在国美总部为陈晓安排和他办公室同样规格的房间、分列走廊两端，又配置和自己同样的价值数百万元的迈巴赫，甚至安排自己家人为吃不惯北方菜的陈晓开小灶。这更让支持黄光裕的人们觉得：黄老板太冤枉！

为黄光裕喊冤，显示出中国商界存在强烈的忠诚文化：作为高管必须忠诚于黄氏家族，否则就是不忠不义。但在陈晓看来，中国的职业经理人，才是真的"太委屈"。陈晓说，在中国很多民营企业上市以后，企业的创始股东和原始职工之间财富出现了一个巨大鸿沟。创始股东投入的原始货币资本通过上市得到价值增值放大，但是以职业经理人为代表的人力资本则很少出现价值增长。从这一点来说，中国大多数职业经理人是非常冤屈的，创业股东对职业经理人一直采取一种"居高临下"的态度。中国民营企业上市，多半是出于融资的考虑，出于赚到更多钱的利益驱动，很少有人意识到公司借由上市将变成一个公众公司。

"问题的根本还在于要搞清楚'企业是谁的企业?''谁来控制这个企业?'这两个问题。"陈晓说，在民营企业里，人们倾向于认为，创始人创立了公司，决策应该由创始人说了算，他们很容易忘记这家企业已经变成了公众公司，还有很多其他的利益共同体：投资者、团队、员工等。"我一直认为企业成长是个分享的过程，当初永乐上市时，有 47 个创始股东都得到了股权，其中 5 个人资产过亿。但在国美，所有高管都不曾持有股份，这主要是基于黄光裕本人对期权奖励并不认可。……对我个人而言，直至今天，我都认为我做的是对公司有利的事情。"

贝恩的决定

无论陈晓如何"自白"，黄氏家族已被陈晓的"背叛"深深打击、对职业经理人再无信任；而对于很多民企老板们来说，他们对职业经理人的警惕性大增，对保证自己在企业 50% 以上的绝对控股的要求更加名正言顺。

罗兰·贝格国际管理咨询公司高级合伙人兼大中华区副总裁吴琪称，"陈黄之争"在一些企业所有者当中已经开始显现出后遗症。"前段时间，我看到有家企业原本在筹划对管理团队进行股权激励，但现在便开始犹豫了，担心股权分出去是不是以后会给自己找麻烦。这样下去，最后职业经理人有可能变成了国美事件的受害者。"

德邦物流创始老板崔维星明确表示，在选择职业经理人时，能否代表创始人和大股东的利益，是他考虑的首要素质。国美事件在一定程度上影响了他对职业经理人的看法，"对职业经理人要有所限制，不能给予过大的权力"。

但在财经评论人叶檀看来，唯一能够与中国大型民营企业创始人抗衡的，是资本的力量，而不是职业经理人。

被抛弃的陈晓

"即便张大中出任国美董事会主席，国美都不会因此打上张氏烙印。中国的企业很少因为职业经理人吃亏，只有在与投行签署对赌协议、购买金融衍生品时，才会为日后被扫地出门埋下伏笔。"叶檀举例称，蒙牛就是前车之鉴，牛根生不得不以万言书请求国内企业家们的帮助，以免蒙牛落入外资之手。"这次陈晓在前台与黄光裕方面博弈，最得益者是贝恩资本，他们让贝恩资本以低价成为大股东。"

事实上，陈晓的离开，也有着被贝恩资本抛弃的悲情。知情人士称，在2010年8月下旬，陈晓做出的两个偏执于"反对黄光裕"的决定，最终让自己走向了贝恩的对立面。

8月23日，陈晓领导的国美董事会公布了一个"未来5年新增700家门店"的谨慎扩张计划，而同期国美主要竞争对手苏宁的计划则是"未来10年新增3000家门店"，这就意味着，国美家电连锁龙头的地位将被苏宁取代；8月27日，黄家威胁称可能将其持有的372家未上市门店从国美割裂出去，陈晓未经董事会表决，便私下回复黄家："你们把未上市门店拿回去自己经营吧。"

对于期待早日套现的贝恩来说，从那时起，陈晓就已经开始成为一个"价值破坏者"了。8月28日，贝恩就开始了与黄光裕家族的接触、谈判，当陈晓成为"高位套现"的最大障碍时，贝恩的唯一合理选择便是放弃陈晓。

问题1：从人性角度分析黄陈案例，如何处理好老板与职业经理人的关系？

问题2：本案对您有何启示，并说明理由。

参考文献

[1] Peter Drucker. Management Challenges for the 21st Century[M]. Boston：Harvard University Press，1999.

［2］［9］［17］张向前. 知识型人才及其激励研究［J］. 预测,2005(6):9-16.

［3］Arthur J B. Effects of Human Resource Systems on Manufacturing Performance and Turn-over［J］. Academy of Management Journal,1994,37(3):670-687.

［4］Guest D. Human Resource Management and Performance:A Review and Research Agenda ［J］. The International Journal of Human Resource Management,1997,8(3):263-276.

［5］Huselid M A. The Impact of Human Resource Management Practices on Turnover,Pro-ductivity,and Corporate Financial Performance［J］. Academy of Management Journal,1995,38 (3):635-672.

［6］Koch M J,MeGrath R G. Improving labor Productivity:Human Resource Management Pol-icies do Matter［J］. Strategic Management Journal,1996(17):331-370.

［7］Paauwe J,Richardson R. Introduction:Special Issue on HRM and Performance［J］. Inter-national Journal of Human Resource Management,1997(8):247-257.

［8］席西民,尚玉钒. 和谐管理理论［M］. 北京:中国人民大学出版社,2003.

［10］张望军,彭剑锋. 中国企业知识型员工激励机制实证分析［J］. 科研管理,2001(6): 90-95.

［11］刘国新,赵光辉. 上市公司人力资源开发与管理实证研究［J］. 武汉理工大学学报 (信息与管理工程版),2004(6):85-90.

［12］班景刚,孙玉甫. 人力资源价值体系构成及其影响因素实证研究［J］. 现代财经, 2005(3):49-56.

［13］Eugene Mckenne. Nic Veech. The lssues Baout Employment of Talent in Management and Exploitation of Labor Resourse［J］. Human Resourse Management. Prentice Hall. 2001.

［14］玛汉·坦姆仆. 激励知识工作者［M］. 蒋惠工,等,译. 珠海:珠海出版社,1998.

［15］范飞龙,袁云峰. 知识型员工激励的实证研究［J］. 中央财经大学学报,2002(2): 66-67.

［16］［18］张向前. 人性假设 H 理论与和谐管理系统［J］. 江淮论坛,2005(1),9-15.

［19］刘宏胜,张金隆. 基于知识军事的高素质军事人才评价模型研究［J］. 武汉理工大 学学报(信息与管理工程版),2002(3):138-141.

［20］蒲德祥. 基于素质的知识型员工绩效研究［D］. 贵阳:贵州师范大学,2004:32-35.

［21］易正伟. 知识型员工的内在薪酬激励与满意度研究［D］. 广州:暨南大学,2004: 1-3.

［22］胡兴旺. 对知识型员工工作满意度的实证研究［J］. 企业活力,2005(11):42-44.

［23］赵伟军. 知识型员工满意度研究［J］. 生产力研究,2004(7):142-144.

［24］林泽炎,王继承,李春苗. 中国企业人力资源管理调查报告［J］. 人力资源开发, 2004(10):8-10.

附录1 知识型人才能力指标因子结构

项目	F1	F2	F3	F4	F5
技能能力 α=0.87					
4 具有与工作相关较多专业知识与经验	0.69				
5 能及时发现问题	0.71				
6 对于确定性问题提出优化解决办法	0.75				
7 对于不确定性的问题能沉着应对	0.69				
创新能力 α=0.76					
10 能有效运用新知识或技术解决面临问题		0.76			
11 善于提出新方法、新技巧、新方案		0.68			
管理能力 α=0.81					
13 善于协调领导同事下属人际关系			0.79		
14 善于授权，不事必躬亲			0.69		
15 能容忍同事一些不利于工作行为			0.67		
16 能有效计划并控制计划执行			0.74		
17 能有效评价他人的工作业绩及能力			0.71		
18 能够采取现实方法解决现实问题			0.75		
学习能力 α=0.67					
1 能在工作中不断学习新知识				0.76	
2 善于总结经验				0.61	
3 具有较强的阅读理解能力				0.68	
处理信息能力 α=0.73					
20 能够及时收集与工作有关的信息					0.77
21 能够有效判断信息价值					0.62
22 能够运用信息处理现实问题					0.57
不被包括项目					
19 能够处理问题员工					
12 能够有效创造机会					
9 能够为员工进行适当培训					
8 能把任务分给最适合的人					

附录2　知识型人才个性指标因子结构

项目	F1	F2	F3	F4	F5	F6
较高素质　α=0.74						
1 脑力劳动比体力劳动多	0.78					
2 对待问题有多种解决办法	0.71					
3 善于与不同人打交道	0.63					
独立自主性　α=0.69						
14 遇到问题首先自己思考解决		0.69				
15 不希望别人过多干预本职工作		0.67				
17 能管理好个人时间及其他资源		0.74				
16 积极主动帮助别人		0.65				
较高流动性 α=0.63						
5 曾在5年内跳槽3次及以上			0.67			
6 能更好实现理想还会考虑跳槽愿望			0.69			
8 与组织文化不符时会流动			0.63			
高成就动机　α=0.78						
19 能完成工作分配的任务				0.74		
22 能自己设定职业目标				0.78		
20 对实现职业目标很有信心				0.69		
21 为完成工作目标愿意付出代价				0.63		
一定骄傲性　α=0.51						
11 较经常在同事朋友面前提起自己成绩					0.77	
10 取得成绩后喜形于色					0.74	
12 有提起别人工作弱项或失误，并持批评态度					0.69	
9 比较不能容忍别人不善的批评					0.63	
劳动复杂性　α=0.81						
23 工作过程不易简单描述						0.74
24 工作时间不易简单测量						0.71
25 工作成果短期不易见成效						0.69
26 工作结果不易简单评估						0.67
不包括项目						
7 与同事冲突时会流动						
4 工作中正直与善良						
18 工作态度很乐观						
13 自我控制情绪能力较强						

附录3 六项知识型人才和谐管理目标的因子结构

项目	F1	F2
F1 和谐管理的组织目标 α=0.79		
组织效益	0.90	
组织发展	0.82	
组织良性冲突	0.80	
F2 和谐管理的个人目标 α=0.87		
个人当前收益		0.89
个人职业发展		0.87
个人良性人际冲突		0.91

第九章　知识型人才成长研究

【学习目标】
(1)　了解知识型人才成长内涵
(2)　了解知识型人才成长主要途径
(3)　掌握知识型人才成长对策

1　引言

"知识型人才"又称"知识工作者"，是随着知识经济的发展而产生的一个概念。彼得·德鲁克（Peter Drucker）在《明天的里程碑》（*Landmarks of Tomorrow*）中最先提出了"知识工作者"的概念，认为知识工作者是"那些掌握和运用符号和概念，利用知识或信息工作的人"[1]。张向前认为"知识型人才是指在一个企业组织中用智慧创造的价值高于其动手所创造的价值的员工"[2]。知识型人才拥有知识资本与创造能力和自主性强、个人素质高、成就感强、绩效难以评价、流动性强等特性，知识型人才已经是现代企业最重要的资源。近年来，国内外学者掀起对知识型人才相关研究热情。美国著名的管理学家玛汉·坦姆仆（F. M. K. Tampoe）较早开展对知识型人才成长、激励等因素研究[3]。彭剑锋、张望军（2001）以华为公司为样本，研究认为，激励知识型人才因素最重要有工资报酬与奖励（31.88%），个人的成长与发展（23.91%）等[4]。邓超、黄攸立研究认为，激励国有企业知识型人才因素主要有提高收入（48.12%）、个人发展（23.71%）等[5]。这些学者都发现，个人成长在知识型人才管理中的重要位置。民营中小企业一般指民间私人投资、民间私人经营、民间私人享受投资收益、民间私人承担经营风险中小型法人经济实体。改革开放以来，我国民营中小企业的发展取得巨大成就，但民营中小企业的整体水平还较低，要改变这样的局面，首先必须促进民营中小企业知识型工员的成长，最终促进民营中小企业的发展。

2 知识型人才的成长内涵及路径

2.1 知识型人才成长内涵

2.1.1 知识型人才成长的方向

从成长的方向说，知识型人才成长有纵向成长、横向成长与核心成长三种。纵向成长，即在组织中职位等级由低级向高级提升。横向成长，即在组织同一层级职位平级调动，或者沿着一种职能或技术方向移动；这种横向成长可以发现知识型人才能力最佳发挥点，同时又可以使员工积累各方面的经验，为知识型人才今后的发展创造更有利条件。核心成长，即虽然没有职位提升，但担负了更多的重任，享受更多机会参加各种决策活动，不断接近组织核心，并成为组织核心骨干发挥作用[6]。

2.1.2 知识型人才能力的成长

从能力成长说，知识型人才的成长有管理能力的成长、技术技能及综合能力的成长。笔者研究曾发现，创新职能与管理职能是知识型人才最重要的两项职能之一。管理能力的成长，即一名知识型人才从一个普通的职员，经过一段时期的培养和时间，成长为一名基层管理者，再不断提升成一名中层管理者，进而成为领导者，最终实现高级管理人才或组织领袖的目标。技能的成长，即从普通的技术员到技术专家再到资深技术专家最后成为高级技术人才的成长[7]，甚至成为创新能力强的科学家。综合能力的成长，即这类知识型人才不仅是技术专家或管理专家，而且可能是两类能力的合体，这有利于培养出有领导能力的工程师、总工程师或技术项目总负责人。

2.1.3 知识型人才成长服务的对象

从成长服务的对象来说，知识型人才的成长可以分为自身成长、为组织成长和为社会成长三种。为自身成长，即知识型人才根据自身性格特点、心理等各个方面需求，在组织中争取自己的发展平台，获得自身知识能力和资本能力及各方面能力的提升。为企业成长，即知识型人才在企业中按照组织的长期发展战略，接受组织内或者组织外的培训提高了综合能力并为企业创造价值而得到企业的重视，获得各方面的资源与机会。为社会的成长，即知识型人才直接或间接地为社会创造价值而获得社会提供的各种成长环境、机遇与挑战等。见图1。

```
                    ┌ 横向成长：在同一管理层级的调动
        ┌ 成长的方向 ┤ 纵向成长：在组织中由低级职位向高级职位发展
        │           └ 核心成长：承担更多的任务，拥有更多决策权
民企
知识   │           ┌ 管理能力成长：从普通员工成长为领导者
型员   ┤ 能力的成长 ┤ 技术能力成长：从低技术成长为高创新职员
工的   │           └ 综合能力成长：管理能力和创新能力共同成长
成长   │
        │           ┌ 为自身成长：满足自身需求的成长
        └ 成长的对象 ┤ 为企业成长：满足企业需求的成长
                    └ 为社会成长：满足社会需求的成长
```

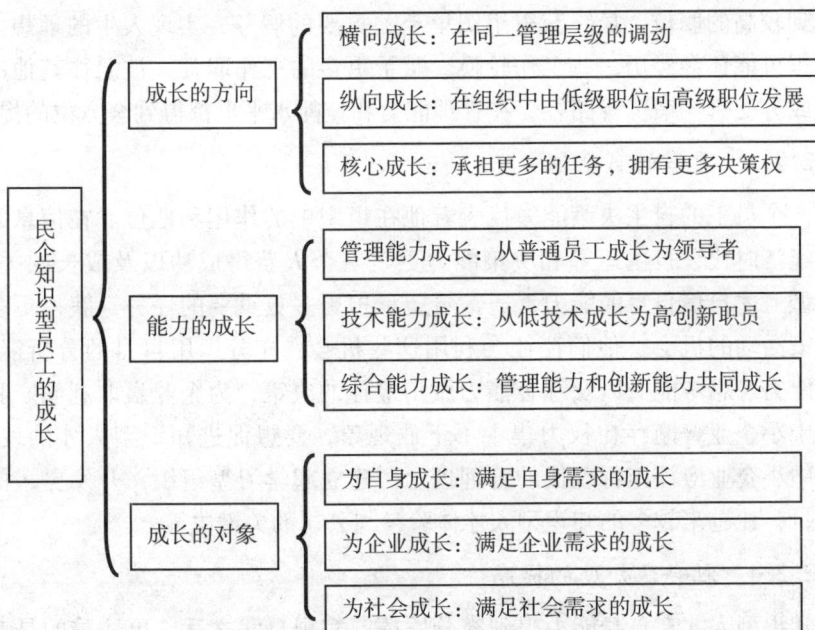

图 1　知识型人才的成长内涵

2.2　知识型人才成长路径

2.2.1　全面薪酬增长

全面薪酬即组织支付给员工的外在薪酬和内在薪酬的总和。外在薪酬主要指组织支付给员工的可以量化的货币性价值，包括基本工资、奖金等短期激励薪酬，股票期权、认股权、股份奖励等长期激励薪酬，退休金、医疗保险、工伤保险、公积金等货币性福利，以及公司支付的其他各种货币性开支，如住房津贴、公司配车等。内在的薪酬则是指那些给员工提供的不能量化的货币形式表现的各种奖励价值，包括对工作的满意度、培训的机会、吸引人的公司文化、良好的人际关系及公司对个人的表彰、谢意等。[8] 对知识型人才来说，全面薪酬的增长是代表其个体的成长重要组成部分，薪酬高低也代表其劳动价值的水平。企业应该在一定程度上满足其需求，让其在工作上积极表现，充分地发挥自身的能力，为企业创造财富。

2.2.2　职位的晋升

在民营中小企业中，职位的晋升是知识型人才成长的最直接的表现。从一个刚进入组织的普通职员，在一个比较低的职位上，将知识资本投入组织的生产运营上，为企业的不断发展创造附加价值，从而获得了上级的重视，

晋升到较高的职位，最终获得组织里至关重要的职务，实现人生的理想。这个过程可能还会经历一些工作轮换、赋予更多的工作职责、被派往其他的分公司或分支机构锻炼等路径，在管理能力和技能水平上都得到全方位的提升。

2.2.3 更多的自主权

一个员工的自主决策能力代表着他在组织中的作用和地位。在信息万变知识经济时代，自主运筹和决策能力更是一个人获得成功以及成长的关键。知识型人才自信自身的能力，通常希望承担更多更重要的任务，获得更多参与决策活动的机会。他们往往会利用这些机会，充分运用自身的分析能力、推理能力、思考能力以及综合能力做出最佳的决策，为企业赢取利润。我国民营中小企业普遍存在权力集中不下放现象，要想促进知识型人才的发展，民营中小企业应该施行现代的管理理念，建立起学习型组织，开发更多的团队项目，让越来越多的知识型人才体验参与公司的关键决策。

2.2.4 社会认知度的提高

知识型人才在自身能力得到充分发挥、实现自我之后，更注重的是获得社会的认知。从人的心理需求层次分析，第一，知识型人才认可自身拥有的能力和素质，并依据自己的性格特点和能力去为企业创造价值，获得自身的成长；第二，知识型人才希望组织认可他们的能力和素质，希望组织为其提供合适的足够的发展空间，使其能够最大限度地发挥自身的潜能，获得自己在组织中的成长；第三，知识型人才希望提升自己的社会认知度，因为组织的发展促进了社会经济的发展，不断进步的社会环境能够给知识型人才创造更具有挑战和机遇的工作环境，让其在原有的能力水平上更上一层楼，最终获得在社会中的成长，并做出更多的贡献，促进组织的发展，促进社会的进步。因此，民营中小企业首先要树立自身的公众形象，在社会上获得一定的认识度，再帮助知识型人才提升其社会认知度。

2.2.5 自我成就感提高

知识型人才对工作环境、上级领导器重、其他同事的尊重、个人声望、社会身份等各方面的需求比非知识型人才更强烈。无论是全面薪酬的增多，职位的晋升，社会认知度的提高，还是获得更多的决策能力，都说明了知识型人才得到了组织的信任和重视，自我成就感的需要获得了满足。现代经济时代里，知识和技术正在不断地更新，知识型人才拥有的专业技能在不断贬值；组织应该随时与知识型人才进行充分的沟通，分析知识型人才的内外在需求，给予具有挑战性的工作任务，让他们通过完成这些任务实现自我价值，提高个人名望。与国际知名企业相比,我国民营中小企业更注重自身的发展而忽略知识型人才自身发展与渴望自我成就感的需求。这样的观念必须转变,给予知识型人才更多自我成就感,促进他们的成长,同时促进企业的成长。

3 当前我国知识型人才成长路途上的主要障碍

3.1 民营中小企业的管理机制还较落后

目前,我国多数民营中小企业还存在家庭式管理、作坊式生产、粗放式经营等较初级管理模式;家族裙带关系现象比较严重;而且不少民营中小企业存在产权模糊、所有权界定不清、公司的股权单一或公司股权平均化、分散化等问题[9]。这类问题已经造成企业上层管理人员相互间的钩心斗角、争权夺利。同时,民营中小企业的创新能力薄弱、研发能力不强、产品科技含量不够、品牌知名度小。而知识型人才是改变民营中小企业这些现状的重要资源。在对知识型人才的管理上,民营中小企业通常缺乏针对性,没有充分考虑知识型人才的性格特点,忽视知识型人才的个人能力素质。甚至不少民营中小企业把当今知识经济时代知识型人才掌握的无形知识资源按照传统企业中对有形资源的管理模式来管理,缺乏先进理念,无法获得成效[10]。

3.2 知识型人才的薪酬管理问题

知识型人才的价值贡献相对非知识型人才更大,渴望得到的回报也更多。当前,对知识型人才的评价很重要的因素是其待遇的多少。学者李国庆认为,民营中小企业中,薪酬不应该作为一个普通因素,而应当混合、复杂地看待它[11]。当前,多数民营中小企业在薪酬管理表现不足,具体表现有:(1)采用相同且单一的薪酬制度。知识型人才的特征决定了其较高水平的需求;相对于一般的员工,他们已经不单纯追求生理需求、安全需求、社交需求,而更多的是获得尊重和自我实现的需求;民营中小企业提供的单一的薪酬制度已经完全不能满足和激励他们。(2)只重视短期薪酬忽略长期薪酬。相对于基本工资、奖金等短期激励薪酬,知识型人才更渴望获得股票期权、股份奖励等长期薪酬。多数民营中小企业目前给知识型人才提供的往往是短期薪酬,导致知识型人才满足感较低;对工作失去兴趣,得不到很好的成长。(3)重视外在薪酬忽略内在薪酬。物质激励虽然是激励员工最重要最普遍的手段,但对知识型人才来说,物质激励即外在的薪酬激励已经逐渐被弱化;舒适的工作环境、自由的工作氛围、更多授权的机会、更广阔的发展空间也是他们所追求的，民营中小企业恰恰在这些方面有所欠缺。

3.3 限制知识型人才的决策能力

长期以来，民营中小企业在经营管理上更习惯集中权力，组织中所有的稍微重大的决策基本都由几个最高层的领导进行，或者对知识型人才不信任，或者民营中小企业自身所有者不知道如何有效授权。知识型人才接受了工作任务后，往往更希望按照自己的方式，利用自身的创新能力，安排工作的进程，管理项目过程相关的资源。在这个过程如果受到限制或阻碍，知识型人才的积极性必定会受到打击，进而对工作失去兴趣和坚持。没有达到满足的知识型人才不可能发挥自身最大的潜能，组织也因此失去了宝贵的资源，蒙受一定的经济损失。对知识型人才授权也是对员工的一种激励方式，民营中小企业限制知识型人才的决策能力，也就限制了他们的能力发挥，最终限制了组织自身的发展。

3.4 培训和教育的机会太少

知识型人才自我学习的能力比较强，往往不满足现有状况，渴望进一步的学习和培训，更新自身的专业知识和技术能力。在经济全球化的今天，知识与个人拥有的资本几乎成正比例增长。民营中小企业大多没有考虑到知识型人才原有的知识技能会随着经济时代的变化退化，不再适应新市场的要求。我国民营中小企业总体上为知识型人才提供的培训和教育的机会较少；没有定期进行依据企业发展进程而设定的培训课程；对于知识和技能不扎实的员工没有进行及时的再教育；从而导致知识型人才不能及时巩固和更新原有的资源。知识型人才失去对最新知识技术的吸收，民营中小企业也因此难以获得较高创新能力和创新价值。

3.5 工作挑战性不足

当前，不少民营中小企业由于管理和服务的缺位，没能充分考虑组织当前的发展状况和市场经济形势，缺乏对知识型人才有效认识。民营中小企业对知识型人才的管理缺乏制度性和规范性；在对知识型人才的工作分析、工作设计上缺乏针对性；设定一些流于形式的与非知识型人才相类似的工作内容，缺乏挑战性。知识型人才总是希望自己的工作要动用更多脑力而非体力；他们希望拥有宽松自由可以任由自己充分发挥创意的工作环境；工作的时间和工作进程最好都由他们自己安排。一些挑战性强的项目或者任务能更好地证明知识型人才的实力；民营中小企业在适当地安排这类有挑战性项目、挖掘知识型人才的潜能还缺乏思考，也就无法管理知识型人才为企业创造更多有形和无形资源。

4 知识型人才成长的对策

4.1 采用领先的全面薪酬制度

美国著名学者詹姆斯（James S. Pepitone）认为："个人发展的机会是最大限度激励员工的方法之一，它有助于员工取得更好的业绩。"[12] 当前，薪酬作为知识型人才实现自我价值的一种形式，直接影响到知识型人才的工作热情和工作持久性。民营中小企业应该采用领先的全面薪酬制度，积极激励知识型人才。首先，民营中小企业要制定有针对性的多样化薪酬制度。知识型人才与非知识型人才相比，付出的脑力劳动比体力劳动多，企业中重大的决策项目、创新产品和创新理念、扩大的市场份额、客观的财务指标、持续发展的有效资源等基本都是知识型人才创造；所以，组织在制定薪酬制度时，应该考虑具有针对性且多样化的方案。其次，民营中小企业要实施长短期薪酬同时兼顾的策略。短期薪酬能让员工在短期得到激励，并努力工作，但无法解决长期的发展；长期薪酬能让知识型人才看到长远的未来，坚定长留企业。民营中小企业在设计薪酬构成时，除了短期薪酬更应该重视长期薪酬。综合的薪酬可以促进知识型人才自身的成长，也能促进组织的成长。最后，民营中小企业要内外在薪酬同时注重。内外在薪酬在知识型人才成长过程中的激励作用不同，但两者相互联系、相互补充，是知识型人才综合薪酬体系的重要构成部分。民营中小企业在薪酬设计方面对内外在薪酬必须两手抓，两手都要硬。

4.2 采纳较为先进的管理理念

在传统的管理模式中，民营中小企业过多重视自身的发展，重视利润的增长，而忽略知识型人才的成长。在日益激烈的企业竞争中，知识型人才是最有竞争力的资源。一套科学合理创新的管理理念能够更有效地调动知识型人才的积极性，让其充分发挥自身的能力。企业要注重在发展中实现管理、技术、人才、资金等多种因素集成创新，以及借鉴、引进国外现代商贸的经营理念、方式、人才并与民营中小企业实际相结合再创新，实现观念创新、制度创新、技术创新、管理创新、制度创新，并引导企业注重人才的引进、使用、培养机制的建立和完善，培育核心竞争力，提升民营中小企业自身的竞争力[13]。组织在进行工作设计和职位晋升渠道设计时，必须同企业长期发展的总体战略目标相结合，剔除裙带关系、举贤唯亲、官僚管理作风的现象。同时，民营中小企业必须处理好自身股权问题，避免股权的不清晰和重大的股权纠纷给企业的生产和经营管理带来严重的阻碍，进而造成企业优秀人才的流失，最终导致企业无法顺利发展。知识型人才是民营中小企业的核心资源，所以人力资源部门必须主动摒弃旧的不适应知识经济时代管理理念，运用适合组织发展并且具有创新亮点的经营管理理念，依靠共同的信念、互动的心灵进行柔性管理。专业高效地招纳并科学使用和创新有效地管理知识型人才，积极开发知识型人才潜在的能力，为企业培养和储备适应市场挑战的综合人才。民营中小企业拥有了能够对市场变化做出迅速反应的优秀的知识型人才，才能在行业乃至整个产业中获得很好的发展。

4.3　让更多的知识型人才参与企业的管理决策

尽管民营中小企业一直强调给予员工信任和尊重，但对于让知识型人才参与重要决策方面显得较为保守。很多民营中小企业还存在家族成员掌控领导的局面，不管什么决策，总喜欢事必躬亲，很少会放手让下层自行管理。知识型人才具有较强的独立性和自主性，民营中小企业管理可以根据工作项目或任务的具体情况分工授权，放手让知识型人才按照自己计划的方法和方式去处理完成。拥有特殊的专业技能的知识型人才往往知道什么才是最好的最有效的方法，在哪个环节还能进行创新，如何才能最迅速有效地解决问题。正如"皮格玛利翁效应[14]"表明，给予知识型人才决策权力，告诉他，他很行，他能够做得更好，从而使他更好地认识自我，挖掘潜能，增强信心。我国联想集团就利用了"皮格玛利翁效应"，提出"小马拉大车"的用人理论。"小马拉大车"使"小马"感受到集团的信任，得到了满足后，"小马"不断地追求进步，在工作上有更出色的表现，迅速长成"大马"了[15]。当知识型人才获得的期望比自身的要求更高时，他们努力的程度更大了，为企业创造的价值也随之更多。所以民营中小企业应该给予知识型人才更多的决策权，让他们发挥自身最大的潜能，以促进企业的不断发展。

4.4　完善的培训教育机制

"活到老，学到老"是每个知识型人才的人生理念，培训和教育是贯穿知识型人才整个成长过程的关键部分。美国学者詹姆斯·利克特（James Lik-ert 说："注重员工的培训，是企业最有意义的投资、最有效果的人力资源整合。"知识型人才在民营中小企业中能否快速全面地成长，需要民营中小企业提供良好的成长阶梯。世界知名的成功公司都将培训教育当作企业发展的重要环节。摩托罗拉公司认为培训员工是公司发展最为重要的因素，公司认为未来商业市场竞争中，最重要的武器是应变的能力、适应能力和创新能力。必须将很大的财力物力投入公司的教育与培训工作，才能使知识型人才的知识和独立思考的能力得到最丰富的发展。可口可乐公司的愿景中也包含"激励员工发挥自身的潜能"，该公司为员工创造一种信任与宽容的工作氛围，接受一些诸如岗位轮换、被委派参与各种跨多个职能部门的大项目的培训方式，使得知识型人才在充满挑战充满压力充满竞争的环境下不断成长。民营中小企业要想走上国际化道路，获得同世界知名企业的发展，不能盲目地只求创新，必须认清自身的发展阶段，结合技术、生产、财务、营销、人力资源等方面的资源，建立符合实际的、合理的、有计划、有目标、有创新的培训教育机制，站在企业的战略发展的角度对知识型人才进行培训与教育。

4.5 提供充满挑战的个人发展空间

《财富》杂志曾经对全美工作环境最佳的 100 家公司的雇员做了一次"为什么你留在现在的公司？"的问卷调查。得到的答案有：先进的技术、激动人心的工作、有挑战的海外任务、内部提升的机会、优厚的福利等。[16] 由此发现，充满挑战的发展空间也是员工愿意留在公司的重要因素。知识型人才希望拥有宽松开放的工作环境，希望获得具有挑战性的任务。从总体来看，我国的民营中小企业为知识型人才提供的发展空间还比较有限，很多家族型民营中小企业还将权力集中在最高领导者手中。这样就造成了知识型人才提出的一些具有挑战性且对企业发展起着关键作用的决策或者项目被扼杀，不仅限制了企业自身的发展，同时阻碍了知识型人才向更高的层次成长。所以，民营中小企业一定要在经营策略手段和管理方式上改变一些短期和投机的策略，转向关注长远的发展。民营中小企业明确了自身的发展前景，然后用新颖的企业文化吸引和熏陶知识型人才，让他们将企业的发展前景视为个人的发展前景。接着，民营中小企业要为知识型人才提供广阔的发展空间、和谐的工作氛围，并鼓励知识型人才不断挑战，不断创新。只有在充满挑战的环境下，知识型人才才能够更好地发挥自身的创意，并且不断地发现自身的不足，及时更新知识技能，获得最有效的成长。

5 本章小结

当前，知识已经成为社会经济发展的主要动力，知识型人才成为民营中小企业发展的最重要资源，知识型人才的成长是民营中小企业成长过程中的重要部分。作为知识的承载者，知识型人才富有自主性、创造性、特定的专业技能和个人素质，在工作上渴望挑战，渴望实现自我，渴望获得成长。民营中小企业在管理上应采取创新、领先、全面的管理理念，解决知识型人才在成长路途上碰到种种障碍，为其创造合适的工作环境和发展空间，使其各方面的需求得到满足，并充分发挥自身的潜能，最终实现民营中小企业的长远目标。

【复习题】

（1）试析知识型人才成长的方向。

（2）试析知识型人才成长路径。

（3）试析当前我国知识型人才成长路途上的主要障碍。

【思考题】

（1）如何加快知识型人才能力的成长？

（2）试析当前我国知识型人才成长路途上的主要障碍及对策。

【案例分析】

马云年会演讲：可以失去一切，不能失去理想*

我们要感谢这个时代、感谢互联网、感谢中国、感谢所有的同事，包括那些曾经在阿里巴巴工作过哪怕半个小时的人。

18 年来变化最大的，是我们从 18 个人变成了截至昨晚的 54421 名员工，来自 70 个不同的国家，我们在 21 个国家和地区有自己的办事处。以前创业的时候我们天天都开员工大会，现在开员工大会起码得筹备一年，搞得满城风雨。当年创业的时候，我们 18 人的创业团队讲，总有一天，阿里巴巴会美女如云，良将如草。现在，阿里巴巴已经拥有了 22000 名"美女"和超过30000 名"良将"。我为此感到特别骄傲。

当年我们有很多的梦想，早上在巴黎，下午在伦敦，晚上在布宜诺斯艾利斯吃晚饭，但是现在发现这个理想也是灾难。我去年一年在空中飞了 870

---

* 引自 http://tech.ifeng.com/a/20170908/44677449_0.shtml。

个小时，但是去年一年，阿里人在空中总共飞了 68 万个小时，相当于 77 年的时间在空中，谢谢大家的付出。

18 年以来我们最大的成就是拥有了大家，从 18 个人到了 5.4 万多人，我们最大的财富也是因为有了你们，我们最大的骄傲、最大的资产就是因为有了 5.4 万多名员工，以及以往为阿里巴巴做出点滴片刻贡献的人。

我们为什么要开年会，把大家聚集到一起，不是为了显示我们的成绩，彰显我们的实力，不是炫耀我们做了多少事情。而是需要冷静地思考，我们需要反思，需要复盘，我们需要统一对外来的认识。因为我们已经 18 岁了，已经成人，客户和各界对我们的期待已经发生了变化。

我们所有人要清醒地认识到，今天的阿里巴巴的市值是全世界第六大公司，但绝不等于我们的实力进入了世界前十强。我们离那些伟大公司的路还非常遥远。我们绝对没有别人想象的那么强大，更没有别人想象的那么无所不能。

跟未来相比我们还是孩子，但和 18 年前相比，我们俨然是庞然大物。18 岁的阿里和所有 18 岁的人会犯的错误、无知和狂妄，我们都有。但这正是我们今天聚在一起，需要思考，需要改变，需要迎接未来的挑战。

18 年以前，我们 18 个人聚在一起，相信互联网，相信电子商务，相信我们合在一起一定能做些事情。之前我听人讲觉得很有道理，说："绝大部分人是看见而相信，很少部分人是因为相信而看见。"过去的 18 年，阿里是因为相信才有今天。

18 年之后，数万名员工再次聚集杭州，需要重新思考，我们为什么？有什么？需要去做什么？什么需要坚持？未来的路在哪里？

18 年前我们看到的是机会，现在我们看到的是挑战。这个世界的挑战会越来越大，无论是政治、经济、文化、宗教，各种冲突加上技术的变革和社会的变革，在未来 30 年会非常之大。一直让我担心的是贫困、环境、疾病和不公平的问题会越来越突出。甚至由于技术的变革和发展，很多人会失去就业机会，就业必须寻找未来。

阿里巴巴今天有 5 万名员工，超过 25000 名工程师和科学家，我们拥有强大的技术能力和资源、客户，以及有一定影响力。我们要思考，面对未来的问题，我们应该做一些什么。因为我们拥有了别人没有的东西，这不仅仅是财富，更是责任。

让阿里巴巴坚持 18 年的是因为我们有理想主义，坚持理想主义使阿里巴巴走到了今天。我最担心的是我们的员工，看到自己拥有这一切的时候，忘却了理想主义。如果人没有了理想，这个人会活得非常无趣。而由人组成的组织失去了理想，一个公司失去了理想，就只是一部赚钱的机器。

这个世界上永远会有公司比我们更赚钱，永远有公司比我们模式更好，但是这个世界需要每一个人都非常明确知道自己有什么、要什么和想做什么。所以阿里巴巴可以失去一切，但是不能失去理想主义。

今天的阿里巴巴已经不是一家普通的公司，已经是一个经济体，一个新型的经济体。以前的经济体以地理位置界定：长三角经济体、珠三角经济体、加州经济体。

但是今天在互联网上，正在诞生新的经济体。我们希望通过这个新的经济体，及其搭建的基础设施，让全世界的年轻人、中小企业能够做到全球买、全球卖、全球付、全球运和全球邮。我们希望能够让更多的发展中国家、中小企业和年轻人都能够分享自由贸易和全球化的快乐，尝试创业创新的快乐，享受技术进步的好处。

阿里巴巴今天已经是一个经济体，从规模来讲已经是全世界第21大经济体。但是未来的梦想再过19年，我们希望能够打造全世界第5大经济体。而第5大经济体，不是因为规模，而是责任，更是担当。我们希望为全世界解决1亿的就业机会，我们希望能够服务20亿的消费者，我们更希望能够为1000万家中小企业创造盈利的平台。

这个经济体创造的价值就是能够让世界经济更加普惠、共享，更加可持续发展，更加健康和快乐地成长。

经济体和普通公司有差别，公司以考虑自己利益为主，而经济体是要担当社会的责任。它不是规模的差别、不是利润的差别，而是担当和责任的差别。

未来5到10年，世界经济和中国经济处在非常关键的时刻。当然，世界经济和中国经济永远处于非常关键的时刻。世界必须改变今天去迎接未来，而变革是最痛苦的。今天在中国，14亿人口，巨大复杂的差异性使得变革变得非常困难。政府任何文件的下达未必一定能达到效果，除了政府的职能之外，商业企业也必须担当起推进社会进步的责任。在改革和变革的过程中，需要有市场的力量，有创新的力量，有技术推动的力量。而阿里巴巴必须担当起市场、创新以及技术推动社会进步的力量。

我们要成为各行各业发展推动的鲇鱼，18年前，我们的理想就是做一家让世界尊重的中国公司。那时候，我们想干吗就可以干吗，而今天，我们不能想干吗就干吗。因为我们必须考虑到时代、国家、社会和全球。因为我们拥有了别人没有的东西。

我们未来必须要有"家国情怀"和"世界担当"，必须考虑自己的家、考虑每个人的家，考虑这个社会，考虑这个国家，考虑世界的担当，阿里才会赢得尊重。

未来 5 到 10 年，我们不是要超越谁，也不是要当世界前三，而是要为未来解决问题，要为中小企业、为年轻人、为我们当年"让天下没有难做的生意"这个承诺去付诸行动。这个世界没有大而不倒的企业，这是幻想，只有好而不倒。阿里巴巴不是要做大，而是要做好，做好最重要的标准是客户对我们的信任。

未来阿里巴巴将全力投入全球化、积极推进全球化。我们必须用全球的眼光看问题，必须用全球的能力、整合各方资源，解决社会、世界未来的问题。全球化势不可当，我们不应该阻碍全球化，阿里巴巴有责任去完善全球化。

我们也会全力以赴、不惜一切代价地投入农村发展之中，技术不应该成为贫富差距拉开的驱动剂。技术必须是一种完全的、彻底的、普惠共享的东西，必须让全人类能够共享这样的技术。所以我们今天必须参加到中国的脱贫之中去，我们必须参与到全球的脱贫之中，只要能够解决掉贫困的问题，我相信阿里巴巴会骄傲的不是我们的利润、不是我们的收入、不是我们的规模，而是我们担当的责任以及巨大的福报。

我们将更进一步地加大技术的投入和创新。大家经常讲，BAT 之中马云是最不懂技术的，但最不懂技术的人往往最热爱技术，因为是真心的热爱。今天阿里为之骄傲，2.5 万名工程师和科学家加入阿里，感谢你们为阿里巴巴创造了无数技术的奇迹。你们未来要为世界创造奇迹。技术的投入不仅仅是资金的问题，而是我们的承诺，技术的发展不仅仅是要把"不作恶"作为底线，而是应该为社会、为世界做出贡献，才是我们技术的使命。

未来的阿里要靠技术获得利润，不是靠市场规模赢得利润，未来的阿里要靠创新赢得市场，而不是靠预算赢得市场。我们希望最终获得尊重的不是因为我们排名世界多少，不是因为收入和利润多么的了不起——当然，我们的收入和利润一定了不起——而是因为我们为世界，为中国，为所有我们关心的人创造价值，解决问题。

我们永远客户第一，没有客户的支持和信任，不会有阿里巴巴。这世界上最珍贵的就是客户的信任，信任是最昂贵，又是最脆弱的产品，只有对得起这些信任，阿里才会走得更远、走得更好。关心中小企业、关心年轻人、关心妇女，才是真正关心未来，我们自己的未来。

我们也要高度关心合作伙伴，互联网的 3W，三个 win。第一个 win 给客户，第二个给合作伙伴，第三个给阿里的员工。只有给客户和合作伙伴服务好，阿里的生态才能持久，才能演变成健康和可持续的经济体。

最后，我为我们的员工感到骄傲。这么多年来，我总是对新员工讲，我们不承诺发财、升职和买房。我们承诺加入公司之后，3 年、5 年、10 年的锻炼你将成为最好的自己。你所看到、经历和尝试的，一定是世界上最难忘的经历。

我希望我们的员工记住，今天阿里巴巴大了，已经形成了巨大经济体规模。但跟未来相比，我们真是一个孩子。我们值得骄傲，但是我们不能骄横，我们不能自以为是，离开了平台，离开了合作伙伴，离开我们拥有的信任，我们什么都不是。

我最难过的是在外面听见阿里人现在骄横了，阿里人现在自大了，阿里人认为自己无所不能了。我现在其实不怕别人说阿里巴巴经济体大，无处不在。我们无处不在不是因为那里有利润，而是因为那里有空间，那里的空间本来可以做得更好。阿里进入任何领域，希望成为那个领域的推动者，变革者，真正的鲇鱼。因为有我们，行业发生变化。

我们必须明白，也必须拥有一颗谦卑的心。阿里巴巴要成为一家了不起的企业，我们员工必须是谦卑的。阿里巴巴要成为一家担当世界未来、解决问题的公司，我们的员工首先是担当自己、担当家庭、担当团队、担当社区的责任。

认真生活、快乐工作、保持理想。我们跟别人的差别，在于我们比谁都要认真对待我们的生活。生活只有一次，它没有 rehearse（排练），所以你不认真对待，生活不会真正地对待你。

问题 1： 结合案例分析个人理想对个人发展的影响。
问题 2： 结合案例分析知识型人才发展如何影响企业的发展。

参考文献

[1] Peter Drucker. Management Challenges for the 21st Century[M]. Cambridge：Harvard University Press，1999.

[2] 张向前. 知识型人才内涵分析[J]. 科学学研究，2009，(04)：504—510.

[3] F. M. K. Tampoe：Human Resource Planning for ICL[J]. Long Range Planning，1990：23.

[4] 彭剑锋，张望军. 中国企业知识型人才激励机制实证分析[J]. 科研管理，2001(6)：90—96.

[5] 郑超，黄攸立. 国有企业知识型人才激励机制的现状调查及改进策略[J]. 华东经济管理，2001(Z1)：30—34.

［6］文泽华,曹学慧,张国庆.基于知识型人才特点的职业生涯规划［J］.人力资源,2009(2):45—47.

［7］倪渊,陈华.现代企业知识型人才的激励机制研究［J］.工业技术经济,2008(4):38—40.

［8］胡锦妃.论知识型人才的激励［J］.管理科学,2009(4)168—169.

［9］汪小红.我国民营中小企业发展现状及问题研究［J］.经济纵横,2008(5):29—30.

［10］［13］韦艳.信息经济时代知识型人才管理对策的研究［J］.贵州大学学报(社会科学版),2009(7):56—63.

［11］李国庆.从知识型人才的需求特征看人才吸纳和维持［J］.产业与科技论坛,2009(8):200—201.

［12］冯莉.民营中小企业发展现状与问题实证分析［J］.发展研究,2008(7):47—49.

［14］［16］曹劲.员工在职培训方式与效果评价［J］.人力资源开发,2007(10):68—69.

［15］孔丽华.浅谈知识型人才的人力资源管理与开发［J］.商场现代化,2007(4):266—267.

第十章　知识型人才职业生涯管理实证研究

【学习目标】

(1) 了解知识型人才

(2) 了解职业生涯管理

(3) 了解影响知识型人才职业生涯管理主要因素

1　研究背景与问题界定

1.1　研究背景

伴随着改革开放，民营企业作为一支新兴的力量，在我国国民经济体系中的地位日益上升，对于我国经济的发展起着重要的作用。虽然大多是中小型的企业，但它们肩负着国家经济发展的重任；尤其是在经营管理实践中，许多民营企业忽视了企业人力资源的有效管理和合理开发，知识型人才的流动率很高，因此，多数企业正面临着如何吸引优秀人才、保留骨干队伍、稳定知识型人才的压力，急需拥有一批既有专业技能，又能认同企业文化的知识型人才。由此，如何培养和使用人才，如何吸引和留住人才，如何在激烈的人才竞争中占据主动以争取保持一支稳定的、高素质的管理及专业技术知识型人才队伍，成为民营企业人力资源管理工作的重要内容。在具体的实施上，企业必须认识到，职业生涯的管理是人力资源管理的重要组成部分，对于一位知识型人才来说是其贯穿终生并不断调整适应的过程。目前，我国民营企业开展职业生涯管理暂处于起步阶段，很多组织没有系统地对知识型人才开展职业生涯管理，但是一些组织也开展了一些零星的活动。例如，在很多组织中实际上都有为知识型人才提供免费培训、适时公布职位空缺信息、公平晋升等做法。那么，这些做法的进展到底如何，对企业发展到底起到了什么样的作用，对知识型人才的工作有什么影响，知识型人才自身对于职业生涯管理的重视程度对知识型人才成长有什么作用，本章将通过实证研究对于这些问题给予确切的回答，对于完善我国民营企业的人力资源管理，提升组织的竞争力具有重要意义。

1.2　研究问题的界定

（1）知识型人才的界定

经济学家帕累托曾提出过一个著名的二八法则：80%的价值来源于20%的因子，其余20%的价值来源于80%的因子。对于企业来讲，这20%的关键少数就是企业的知识型人才。本书界定为那些掌握企业核心技术，或从事企业核心业务，或处在企业核心岗位，对企业生产经营有着重大影响力或决策权的，理解与实践企业核心价值观的知识型人才，他们是企业核心能力的创造者。

（2）职业生涯管理的界定

职业生涯管理主要包括两种：一是个人职业生涯管理，指社会劳动者在职业生命周期（从进入劳动力市场到退出劳动力市场）的全程中，由职业发展计划、职业策略、职业变动等一系列变量构成；二是组织职业生涯管理，即由组织实施的、旨在开发知识型人才的潜力、留住知识型人才、使知识型人才能自我实现的一系列管理方法，是组织生涯发展计划和个人生涯发展计划活动相结合所产生的结果。通过组织生涯管理系统以达到组织人力资源需求与个人生涯需求之间的平衡，创造一个高效率的工作环境和引人、育人、留人的企业氛围。只有组织知识型人才的卓越发展，将自己的聪明才智奉献给组织，才有组织目标的实现，而知识型人才的卓越则有赖于组织实施的职业生涯管理[1]。

从上述对于研究概念的界定可得出本书研究中涉及的问题：（1）企业对于知识型人才实施的职业生涯管理现状如何，不同规模的企业是否有差异？（2）职业生涯管理成效如何，是否更易留人？对企业知识型人才的职业承诺、组织承诺、工作绩效、职业满意度、工作卷入度等是否产生积极的影响？（3）知识型人才个人职业生涯管理现状如何，其重视度对知识型人才的绩效与成长是否产生积极影响？

2　文献综述

国内外学者对于企业职业生涯管理的模式以及效果的研究已经取得了一定的成绩，国外的学者早在数十年前就开始了对于职业生涯管理的探索。美国著名学者施恩（Edgar H. Schein）教授在《职业的有效管理》（*Career Dynamics*）一书中率先从职业发展出发，建立了在个体与组织互动基础上的职业发展模型，勾勒出了个人成长和发展，为组织发展与变革、管理角色与管理功能等领域的一系列问题提供了有效的工具，并首次提出了"职业锚"概念：技术/职能型职业锚、管理能力型职业锚、创造型职业锚、安全稳定型职业锚、独立自主型职业锚[2]。

塞姆（Semer, 2000）等对驻香港的内地公司和西方公司对各自的管理人员职业开发措施的支持程度进行了一项调查。调查内容包括十项：工作张榜、职业通路信息、年度绩效考评信息、快车道计划、职业规划信息、个人职业咨询、职业指导、职业兴趣测验、评价中心和职业生涯讲习班。研究结果发现，西方公司对管理人员的职业开发支持与我国公司存在显著差异。其中在工作张榜、快车道计划、职业规划信息、评价中心和职业兴趣测验措施上存在显著差异，而在年度绩效考评信息、职业指导和职业生涯讲习班措施上相差不大[3]。布鲁斯（Baruch, 2003）对组织职业生涯管理系统的维度进行了理论探索，试图为组织职业生涯管理建立一个范式模型，通过对二十二项职业生涯管理实践的专家调查，研究结果表明，组织职业生涯系统包括知识型人才发展导向、组织决策导向、创新导向、组织参与程度、复杂性、战略导向六个维度[4]。

国内学者对于企业实施职业生涯管理的措施以及效果也进行了研究，并得出了影响职业生涯管理的相关因素，取得了一定的成果。龙立荣、方俐洛和凌文辁（2002）以中国企业为研究样本，对职业生涯管理实践进行了实证研究，该研究通过开放式问卷调查和访谈等方法，发现我国企业组织职业生涯管理的结构主要体现在四个维度：即晋升公平、注重培训、组织自我认识的活动、职业发展信息的沟通。通过实证研究，验证了职业生涯管理体系并对知识型人才的心理和行为（包括职业承诺、组织承诺、工作卷入度、职业满意度、工作绩效等）产生积极的影响[5]。周文霞，李博（2006）对组织职业生涯管理与工作卷入关系进行了实证研究，结果显示组织职业生涯管理对不同人群产生的效用不同，管理确实与知识型人才的工作卷入呈正相关关系。也就是说，实施职业生涯管理活动应该对知识型人才的工作卷入度有积极的影响作用[6]。这与龙立荣等人的研究不谋而合，说明了在我国企业实施职业生涯管理是具有现实意义的。研究还表明，职业生涯管理对于专科、本科知识型人才、处于初级职业探索阶段以及中层管理者及以下的知识型人才更为有效。同时，较多学者针对某一个行业或企业的知识型人才职业生涯管理的研究也是从实证的角度出发，对某个行业或企业的知识型人才特点进行分析。例如武汉大学的谢艳珊对于我国 IT 企业知识型人才职业生涯管理问题进行了探讨，论文从 IT 业特性的角度阐述了知识型人才需要规划职业生涯的必要性，并建立了我国 IT 产业的职业生涯管理体系，进行了一定程度的定性分析，不够深入[7]。四川大学的杨莺撰写了《BD 广告装饰有限公司职业生涯管理体系研究与设计》，主要是针对某一个企业进行了研究，对存在的一些问题进行定性分析，并从知识型人才进行职业生涯管理的设计、实施与评估三个阶段进行了论述，分析了企业现状[8]，但缺乏调查数据的论证，整体也是定性的分析。

本章是在龙立荣、周文霞等人研究的基础上进行的更深层次的研究，由于其针对某一类型企业的研究还不够深入，大多还处在定性分析的基础上，也给本书提供了一定的研究空间。同时，研究知识型人才目前职业生涯管理的现状以及产生的效果对我国的民营企业的发展具有一定的现实意义。

3 研究设计与方法

3.1 研究假设

本章旨在调查知识型人才职业生涯管理的实施状况以及实施的效果，了解不同企业职业生涯管理的开展现状，通过具体分析为企业留人、提高整体团队绩效、个人的工作发展顺畅等提供数据论证。本章在分析现状的基础上提出以下假设：

（1）职业生涯管理与企业留人呈正相关关系；

（2）职业生涯管理与企业绩效呈正相关关系；

（3）职业生涯管理与个人的成长呈正相关关系。

研究架构图如下：

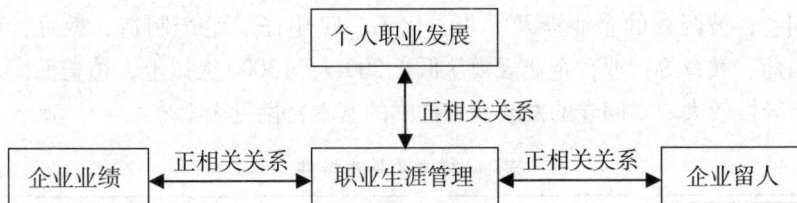

图1 研究架构图

3.2 研究设计

本章主要采取问卷调查的方法，并辅以访谈，以知识型人才为研究单位，对抽取的样本做横断面研究。问卷是根据龙立荣之前针对企业调查的开放式问卷和针对个人职业生涯管理调查问卷改编，具有较高的信度；并相应调查了人口统计变量、企业性质等，进行了相关的分类，有利于问卷结构的总结。初次问卷设计了近60个题目，针对一个民营企业高层管理人员培训班的学员进行调查，收到有效问卷数量近为0，发现题目数量过大，语言较为专业，学员不能够清楚地作答，于是根据学员的意见进行修改，重新设计了第二份问卷。此次问卷设计为29个题目，1—3题目的是察看其是否为知识型人才，并可根据其个人职业生涯管理的情况判断其工作的绩效，如果知识型人才选择为非知识型人才则问卷为无效问卷；4—13题旨在调查知识型人才目前职业生涯管理现状，了解企业的重视程度，着重从以下四个维度考察——晋升公平、注重培训、企业自我认识活动与职业信息的沟通；14—23题旨在了解知识型人才对于企业实施职业生涯管理的态度以及管理的成效，目的是研究职业生涯管理对于企业留住人才、团队的绩效是否有促进作用，即组织职业生涯管理对企业知识型人才的心理与行为变量（包括职业承诺、组织承诺、工作绩效、职业满意度、工作卷入度、离职意愿等）产生的影响如何；24—29题旨在了解知识型人才个人对于职业生涯规划的现状以及重视程度，结合最初的1—3题分析知识型人才个人职业生涯的重视是否促进其职业生涯发展。

3.3 研究方法

本研究共发放问卷230份，回收208份，有效问卷183份，问卷的有效回收率为79.6%。问卷的发放主要通过两种途径，第一种是利用教授对于民营企业高级主管培训的课间时间进行的，学生的填写较为认真与准确，有效度也较高；第二种途径是请以前的同学与单位同事帮助做问卷并进行问卷的发放工作，此种方法的问卷回收以及有效度不及第一种。因此，笔者利用了约半年的时间发放问卷，被调查的企业涉及零售、化工、IT电子、生产制造、教育、房地产、医药、教育等行业，企业规模从低于200人到3000人以上，覆盖面广，样本的差异性较大。本问卷的发放调查样本的基本特性见表1。

表1 样本的基本特性

人口统计学变量	变量取值	人数	百分比
性别	男	98	52.97
	女	85	47.03
年龄	25岁及以下	55	30.05
	26—35岁	102	55.74
	36—45岁	20	10.93
	46岁以上	6	3.28

人口统计学变量	变量取值	人数	百分比
学历	高中、中师以下	18	9.84
	大专	58	31.69
	本科	81	44.26
	硕士及以上	26	14.21
工作职位	职员	75	40.98
	项目经理	18	9.84
	部门经理	66	36.07
	总监及以上	24	13.11

4 研究结果分析

4.1 知识型人才职业生涯管理现状分析

企业职业生涯管理结构主要包括以下四个维度：晋升公平、注重培训、企业自我认识活动与职业信息的沟通。四个维度的均值及标准差见表2：

表2 问卷四个维度的均值比较

	晋升公平	注重培训	企业自我认识活动	职业信息的沟通
Mean	8.707	8.653	7.806	8.018
SD	2.865	2.364	1.985	2.601

笔者同时将以上四个维度的实施现状进行了对比：①目前民营企业对于职业生涯管理中培训和职业信息沟通环节的认识还不够清晰，具体实施较为欠缺，企业很少发布内部空缺岗位信息和任职资格信息，晋升的流程也不清晰；在职业培训方面普遍做得很有欠缺，26.19%的企业基本没有对知识型人才进行过培训，39.29%的企业偶尔发布内部职业信息。②大部分企业对于晋升的公平性把握较好，企业自我认识活动开展也较为频繁，上级能够主动关心下属的工作、提倡团队的重要性，并不断地强调企业的核心价值观，说明民企已经开始意识到职业生涯管理的重要性，并着重在知识型人才最为敏感的晋升环节努力做到公平。对比状况见图2。

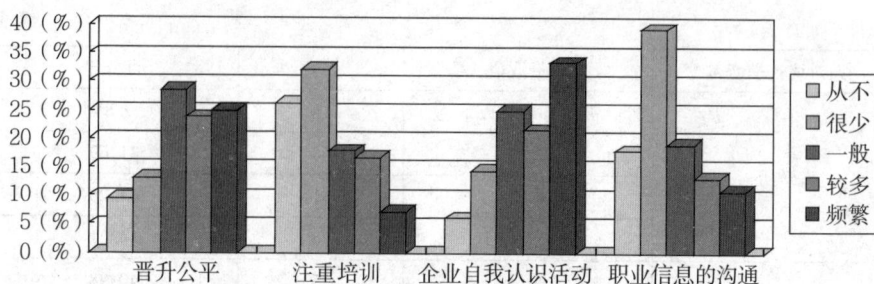

图2　企业知识型人才职业生涯管理现状

　　笔者将企业规模作为一个参变量，将不同规模的企业职业生涯管理实施进行了对比，可以得出：在公平晋升和企业自我认识活动方面，方差分析结果表明组织类型之间不存在显著差异；在注重培训和提供信息方面，方差分析结果表明组织类型之间存在显著差异，差异主要是规模1000人以上和200—1000人之间的企业分别显著地高于规模在200人以下的企业，而规模在200—499人和500—999人之间的企业则差异不显著。见表3。

表3　不同规模的企业职业生涯管理各维度的均值和标准差比较

	企业规模	N	Mean	SD
晋升公平	少于200人	78	9.834	2.864
	200—499人	45	10.102	2.892
	500—999人	31	10.014	2.881
	1000人以上	39	10.171	2.343
注重培训	少于200人	78	6.019	2.755
	200—499人	45	7.122	2.702
	500—999人	31	7.645	2.613
	1000人以上	39	8.401	2.460
企业自我认识活动	少于200人	78	9.362	2.533
	200—499人	45	9.390	2.488
	500—999人	31	9.401	2.521
	1000人以上	39	9.574	2.304
职业信息的沟通	少于200人	78	7.011	2.301
	200—499人	45	7.465	2.352
	500—999人	31	7.637	2.204
	1000人以上	39	7.912	2.648

4.2　知识型人才职业生涯管理成效分析

问卷中将知识型人才对于企业实施的职业生涯管理措施的反馈（即知识型人才心理与行为变量）进行了相应的跟踪，主要从职业承诺、组织承诺、工作绩效、职业满意度、工作卷入度、离职意愿等几个方面进行调查。调查表明，职业生涯管理对于知识型人才产生积极的影响，尤其是在组织承诺与工作满意度产生较为显著的影响，在离职意愿上则呈显著的负相关，具体调查呈现的结果见表4。

表4　知识型人才心理与行为变量的 Pearson 相关关系

		职业承诺	组织承诺	工作绩效	职业满意度	工作卷入度
	N	183	183	183	183	183
	Sig.（2 – tailed）	0.000	0.000	0.000	0.000	0.000
职业承诺	Pearson Correlation	1.000	0.631 * *	0.301 * *	0.458 * *	0.446 * *
组织承诺	Pearson Correlation	0.631 * *	1.000	0.383 * *	0.568 * *	0.508 * *
工作绩效	Pearson Correlation	0.301 * *	0.383 * *	1.000	0.441 * *	0.321 * *
职业满意度	Pearson Correlation	0.458 * *	0.568 * *	0.441 * *	1.000	0.365 * *
工作卷入度	Pearson Correlation	0.446 * *	0.508 * *	0.321 * *	0.365 * *	1.000
离职意愿	Pearson Correlation	− 0.788 * *	− 0.598 * *	− 0.135 * *	− 0.301 * *	− 0.341 * *

＊＊Correlation is significant at the 0.01 level（2 – tailed）.

4.3　知识型人才自我职业生涯管理现状分析

知识型人才个人的职业生涯管理常常包括发现自身特长及职业能力、积极学习并参加培训、制定职业目标、制订计划、人际相处等方面，本次调查显示的知识型人才个人实施职业生涯管理现状见图3。

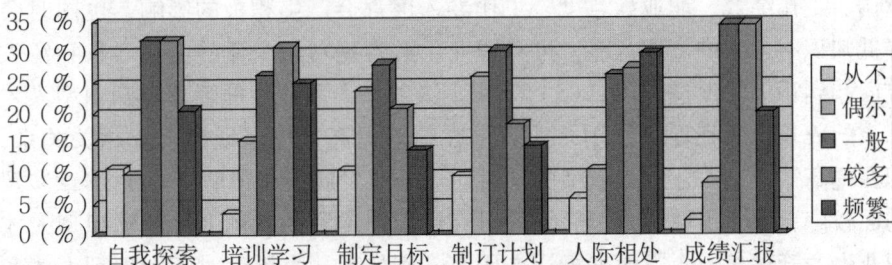

图3　知识型人才自我职业生涯管理现状

由图3可以看到，知识型人才在自我探索、成绩汇报、人际相处等方面做得较为积极，同时也在积极地自我学习并参加培训，但在制定目标、制订计划等方面做得较为欠缺。也就是说，绝大多数知识型人才意识到了自我探索与分析并展示成绩的重要性，但是没有完全落实到实际行动中，对于自己的奋斗目标不够明确，于是给管理者带来启示，要重点引导知识型人才树立奋斗目标，以增加其奋斗动力，这也是企业应强化知识型人才职业生涯管理的一个方面。此外，我们还可以看到积极开展自我职业生涯管理的知识型人才的业绩也更为突出，知识型人才积极开展职业生涯管理与自身职业发展呈正相关关系，其中绩效优良与个人职业生涯探索的相关度最高，达到了显著水平。见表5。

表5 个人职业生涯管理各维度与自我职业生涯发展相关关系

		自我探索	学习培训	制定目标	制订计划	人际相处	成绩汇报
绩效优良	N	183	183	183	183	183	183
	Sig. (2 – tailed)	0.000	0.000	0.000	0.000	0.000	0.000
	Pearson Correlation	0.784 **	0.688 **	0.733 **	0.562 **	0.801 **	0.811 **

** Correlation is significant at the 0.01 level (2 – tailed).

5 本章小结

本章认为企业开展职业生涯管理有助于促进企业发展，对知识型人才的个人成长也具有促进作用，这与之前的学者得出的结论是一致的，可见民营企业开展职业生涯管理是有一定现实意义的。具体得出以下结论：（1）目前民营企业对职业生涯管理的认识已经有了较大进步，也开始了职业生涯管理的部分活动，在知识型人才最为敏感的晋升环节上较为公正，企业也常常开展自我认识活动，但是规模较大的企业在职业培训与职业信息沟通等方面做得比小企业更为深入。（2）职业生涯管理对于知识型人才的职业承诺、组织承诺、工作绩效、职业满意度、工作卷入度都会产生积极的影响，也同时会降低知识型人才的离职意愿，可见职业生涯管理对于企业的业绩增长和留人方面起到积极的促进作用。（3）知识型人才个人职业生涯管理对知识型人才个人的成长也起到促进作用，尤其是在绩效提高方面呈现显著正相关关系，即在提高知识型人才个人业绩的同时对于企业发展很有帮助。（4）本章涉及的面较广，因此不够细致，后续的研究可以在本章的基础上针对知识型人才职业生涯管理某一个方面进行深入研究，例如某一个维度对于知识型人才产生的影响等。

【复习题】

（1）分析企业知识型人才。

（2）分析职业生涯管理设计。

（3）分析影响知识型人才职业生涯管理主要因素。

【思考题】

（1）民营企业如何有效开展知识型人才职业生涯管理？

（2）民营企业与国有企业有效开展知识型人才职业生涯管理主要区别。

【案例分析】

世界上最有财富和权力的洛克菲勒去世，
富过六代，他留下了哪些精神财富？*

19世纪下半叶，戴维·洛克菲勒的爷爷约翰·洛克菲勒创办美孚石油公司，通过石油生意积累了巨额财富。而戴维·洛克菲勒的事业不在石油上，而在大名鼎鼎、位列世界十大银行第六位的曼哈顿银行上。他任该银行执行委员会主席兼总经理以后，使该银行从资金20亿美元上升到资产净值达34亿美元。

戴维·洛克菲勒此前一直是洛克菲勒家族最年长者，自2004年7月以来担任洛克菲勒家族族长。

德新社2015年的报道，《福布斯》杂志估算戴维·洛克菲勒的身家为32亿美元，位居全球富豪榜第603位。尽管"腰缠万贯"，戴维·洛克菲勒并不看重自己的财富。

他先前接受《福布斯》杂志采访时说："我的人生非常精彩……我相信，物质很大程度上可以让一个人过得快乐。不过，如果你没有好友和重要的亲人，生活会非常空虚和难过，那时物质的东西也不重要了。"戴维·洛克菲勒是洛克菲勒家族唯一出版自传的人，他的自传于2002年面世。

曾捐建中国最好的医院

有"石油大亨"之称的洛克菲勒家族与中国的投资合作最早是在1863年，那一年，家族第一代、年仅24岁的约翰·洛克菲勒将他的第一桶煤油卖

＊ 引自 http://www.sohu.com/a/129666600_673573。

到了中国。

但洛克菲勒家族和中国的连接点，最著名的却是北京协和医学院。这也是洛克菲勒基金会在海外单项拨款数目最大、时间延续最长的慈善援助项目。

据《时代》周报此前报道，1914年，专注慈善的洛克菲勒基金会刚成立不久，便派出了中国考察团，对社会状况、教育、卫生、医学校、医院进行了细致的考察。三次考察的结果让洛克菲勒基金会下定决心，在中国的首都北京创办一所集教学、临床、科研于一体的高标准医学院——这就是后来的协和医学院。

1921年学校建成开学，约翰·洛克菲勒的儿子小洛克菲勒从美国乘坐轮船，历经一个多月的海上航行，赶到中国出席开学典礼。

此后，协和医学院培养出林巧稚、吴阶平、诸福棠等一批顶尖名医，在中国建立起了培养现代医学人才的体系。而这些中国现代医学精英，一人往往可开办一所甚至多所医院或学校，为日后中国现代医学发展打下了基础。

协和医学院成立之初，中国没有一所综合性大学能够达到协和期望的医预系水平。为此，洛克菲勒基金会斥资捐助13所综合性大学，以提高其教学水平，过程整整持续8年。这其中最大的资助对象是当时中国的世界级一流大学——燕京大学。

70多年后，1998年，小洛克菲勒的孙女佩姬·杜拉尼（Peggy Dulany）第一次来到中国，就走进了位于东单的协和医学院。

除了捐建医院，洛克菲勒家族还与中国商业合作紧密。

2003年9月，洛克菲勒家族第六代成员尼古拉斯·洛克菲勒第一次访问北京的时候，就表达了自己对中国市场浓厚的兴趣，他认为"中国是世界上最适合投资的国家"。第五代成员史蒂文·洛克菲勒二世更是表示，中国的投资环境很让他满意，会把北京作为其第二故乡。

就目前而言，洛克菲勒家族在中国的主要投资都放在了房地产开发。此外，他们对在中国投资主题公园、无线通信及媒体等都表现出了浓厚的兴趣。

千金散尽，浮华易老，唯精神和历史能长久流传。

亿万富豪洛克菲勒离世　曾深夜与周恩来会面

这位前银行家被视为全球舞台上的重要人物，亦因而经常成为阴谋论者的目标，指他及其家族是"非官方美国皇室家族"。

戴维·洛克菲勒在1973年离世前曾于深夜与周恩来会面长达两个多小时。他们的谈话内容未被官方发表，唯2002年出版的洛克菲勒回忆录，曾比较详细地披露该次会谈内容。周恩来对洛克菲勒本人及家族的背景十分了解，并惊讶于洛克菲勒在国际政治金融和其他权力圈子内结交之广，竟然不认识宋子文、孔祥熙。

戴维·洛克菲勒创立了国际性的非政府非党派团体"三边委员会"（Tri-lateral Commission），亦是有"全球影子政府"之称的彼尔德堡俱乐部（Bilderberg Club）成员。他亦因此被不少阴谋论者指斥为操纵美国政府的幕后黑手，力推"新世界秩序"（New World Order）；甚至将他牵扯到与外星人有关。

对此，戴维·洛克菲勒曾回应："可能 20 年之后，我会活得比我的负面新闻更长。"又称如果他真的在推动"新世界秩序"，他会感到骄傲。

财富传承背后神秘家族信托

作为哈耶克和熊彼特的学生，并与著名经济学家萨缪尔森同学，他对经济学，对企业经营和政府影响都有着深刻的见地，这些见地也广泛地影响了美国经济的走向和政策制定。他重新定义了企业家的身份，认为"企业家身份本身代表着一种机会，用于满足人的发明创新、追求权力和赌博的本性……事实上，对成就过程的追求，其本身对于许多人来说就是一个目标，而在那些人眼里，利润只是一种值得付出努力的副产品"，这也许更能解释他在使用和创造财富上做的一切。

在 20 世纪的绝大部分时期，"洛克菲勒"就是"美国财富和权力"的同义词。"富不过三代"似乎是铁一样的定律，然而洛克菲勒家族从发迹至今已经绵延了六代。

（一）创始人 16 岁就开始打工：当簿记员学会尊重数字

洛克菲勒家族总部在纽约州的威斯特彻斯特县境内，位于哈得孙河上游，距纽约曼哈顿岛有一小时车程，占地 3400 英亩，规模可比一座小城镇。这个庄园的主体部分，是 19、20 世纪之交时，由家族创办人约翰·戴维森·洛克菲勒一手建造的，四周环绕着花园、喷泉、跑马场和艺术雕塑作品，风景怡人。

洛克菲勒的先祖 18 世纪便从德国移民到美国，1839 年，约翰出生。他的父亲比尔是个行为放荡的假药贩子，时常搬家，日子过得颠沛流离。

1855 年，16 岁的约翰开始找工作养活自己。在人口约为 3 万的克利夫兰，他连续奔波了 6 周，但谁也不想雇个孩子。约翰偏偏有股倔劲，不屈不挠，又走进一家从事农产品运输代理的公司。公司正好因为需要一个人记账，大老板休伊特拥有大量的房地产和铁矿开采公司，他仔细看了这孩子写的字，然后说："留下来试试吧。"此后，约翰一生都把 9 月 26 日当作"就业日"来庆祝，比生日还重视。

从簿记员的工作中，约翰学会了尊重数字和事实，无论它有多小。之后，约翰还为老板收房租，年轻的他不但有耐心，有礼貌，而且还表现出斗牛犬般不屈不挠的精神，直到欠债的人交出钱为止，升职涨薪便也顺理成章。

1858 年，略有积蓄的约翰和朋友莫利斯·克拉克合伙成立了一家经销农产品的商号。商号生意不错，克拉克的朋友安德鲁斯时常前来串门。安德鲁斯是照明油方面的专家，他认为煤油将比其他来源的光要亮，市场也更大，因此炼油将更有前途。克拉克对此心存疑虑，约翰则越听越心动，就动员克拉克共同拿出 4000 美元，作为新建的安德鲁斯—克拉克炼油厂一半的周转资金。

（二）从农产品转而炼油：为卖煤油先送油灯

约翰选址眼光奇准，他将炼油厂选在一条名叫金斯伯里的小河边，离铁路不远。由于水陆并举，炼油厂取得了运费低廉的优势。不久，河边出现了一连串的炼油厂。

约翰十分钟情于账本，这让大他将近 10 岁的克拉克很瞧不起，觉得他做事刻板，像个小职员。1865 年 2 月，因为约翰打算贷款扩大炼油业务，这彻底激怒了保守的克拉克，两人分道扬镳，26 岁的约翰以 7.25 万美元买下了克拉克的股份。

此时的约翰拥有了克利夫兰最大的炼油厂，每天能提炼 500 桶原油，是当地第二大炼油厂产量的两倍。之所以敢掷出全部身家也要买下炼油厂，是因为他相信这个行业有着长远的前景，而大多数开采商则心态浮躁，谁也说不清石油究竟是不是一个昙花般的奇迹。

当年 12 月，约翰又开了第二家炼油厂。1870 年，两家工厂以联合股份的形式起名为标准石油公司，在俄亥俄州注册，约翰任总裁。之后，约翰一连收购了几家炼油厂，并涉足管道运输业，还建立了自己的铁路网络。1878 年 8 月，约翰认为股东分红应该投入生产，但另一股东安德鲁斯认为股东就该多拿钱，两人闹崩，约翰以 100 万美元买下对方股份，从此独自执掌公司大权，并开始了标准石油的全球垄断时期。

为了将煤油卖到更多地区，约翰的方法是："在许多国家里，我们得先生产油灯，再教当地人学会使用煤油。"为了扩大人们对煤油的需求，公司以低价卖出了成千上万盏煤油灯和灯芯，有时还免费赠送给第一次买煤油的顾客。

到 1890 年，标准石油公司已拥有了 10 万名员工，是世界上最大最富有的公司，而洛克菲勒则被称为"美国史上第一个 10 亿富豪"。但由于其实质上的垄断地位，约翰备受指责。

1895 年，56 岁的约翰开始逐步引退，把事业交给他的儿子小约翰·D.洛克菲勒。

（三）传承六代从未争产：家族信托避免内耗

1911 年，依据休曼反垄断法案，标准石油被分拆，但洛克菲勒家族仍是美国最富有的家族，且经历六代人，从未引发任何争产风波。

家族创始人约翰深知财富可以造就人，也可以毁灭人，他时刻给子女灌输勤俭节约的价值观。孩子没长大前，他没带他们去过办公室和炼油厂，以防孩子知道自己身在豪门。退休后，约翰热衷施舍财富，和钢铁大王卡内基开创了美国富豪捐出财产做慈善的先例。

约翰去世后，儿子小约翰继承了大量的财富，也因此承受了巨大的压力。1913 年，一场激烈的劳资冲突使洛克菲勒家族在纽约的宅院受到袭击，这彻底改变了洛克菲勒家族传承财产的态度：一方面，小约翰选择了以信托的形式，将财富传承给后代；另一方面，他将家族财富拿出来彻底从事慈善事业，他一生捐出了 5 亿美元，这个数字超过了他一半的身家，消解在民众眼中他的家族财富是原罪的印象。刚刚度过百岁生日的第三代族长戴维·洛克菲勒被估算身家 32 亿美元，他也承诺，会将自己过半财产捐赠给慈善事业。

据悉，洛克菲勒家族的信托本金自动传给受益人的子女，委托人把资产注入信托之后，即在法律上完全失去该资产的所有权以及控制权。受益人在 30 岁之前只能获得分红收益，不能动用本金，30 岁之后可以动用本金，但要信托委员会同意。

这种机制使遗产始终是一个整体，家族企业既不会因为分家而变小或终止，也不会因为代代传递而被逐渐分割成若干个部分，可以发挥规模优势，获得更好的经济效益。

此外，约翰还打破家族企业的"子承父业"弊病，退休时并未让儿子接班，而是让基层员工出身的阿奇·博尔德接任。

此后的洛克菲勒家族后代，只有能者才可以参与企业管理，凭自己实力担任一定的职务。这也就是为什么到了第三代，洛克菲勒家族仍能人才辈出，他们成为美国副总统、大慈善家、风险投资业开创者、摩根大通银行董事长。

（四）我们来看看"六代帝国"的财富秘密

约翰·戴维森·洛克菲勒（John Davison Rockefeller，简称"老洛克菲勒"），标准石油（Standard Oil）的创始人，他是美国第一个财富达到 10 亿美元的富豪。

假如老洛克菲勒活到今天，他的财富将比全球前十大富豪的总资产还多 10%。这些惊人的财富除了用于慈善，大部分被他传给了儿子小洛克菲勒。小洛克菲勒又分别在 1934 年、1952 年设立一系列信托，分别把财富传给妻子、子女和孙辈。在信托委员会和别名"5600 房间"的家族办公室的打理下，老洛克菲勒当年积累的财富已传递到家族第六代成员。

在财富内部传承之外，洛克菲勒家族更是运用他们的财富为社会做出贡献，并使家族的影响力渗透到世界各地。洛克菲勒家族的财富是如何传承及管理的？他们又是如何通过财富增加家族影响力的？

（五）财富传承触发点

1917 年，老洛克菲勒 78 岁，这一年之前，他累计给了子女价值 3500 万美元的资产。当时他唯一的儿子小洛克菲勒 43 岁，其个人资产在 2000 万美元左右，而那时一个美国人的平均工资是 800 美元/年，这些财富应该已经是天文数字了，然而在接下来的 6 年内，小洛克菲勒还将从他的父亲那里收到总价值将近 4.7 亿美元的股票，他也将成为拥有 5 亿美元资产的全球第一富豪。

触发老洛克菲勒传承的两个原因：

1. 拉德洛事件是小洛克菲勒的人生转折点，是因为他在麦肯齐金（日后的加拿大总理）的帮助下增强了对自己判断力的信心，他在严峻形势下表现出来的坚毅果断以及能力与勇气，也证明了他有资格担负起管理整个家族的重担。老洛克菲勒决定通过把财富集中在儿子一人身上的方法，让他的财富影响力在后世发扬光大，而在拉德洛事件之前，他曾经考虑过把绝大部分财富捐献给慈善事业。

2. 1916—1917 年，美国政府三度上调了遗产税的税率，从最初的 10% 上调到 25%。由于担心未来继续上调遗产税以及征收馈赠税的可能，老洛克菲勒加快了传承财富的速度。后来的事实证明他的担心完全正确，美国政府在 1924 年首次开征馈赠税，最高税率 40%，而在此之前，赠予是不需要交税的，也就是说，老洛克菲勒在 1917 到 1922 年的 6 年间传给小洛克菲勒的 4.7 亿美元都不用交税。

（六）神秘的家族信托

小洛克菲勒传承财富的主要方式是信托，而信托资产的主要组成是老洛克菲勒留下来的石油股票，也正是他设立的这些信托让洛克菲勒家族的财富能够传承至今。

小洛克菲勒有 6 个孩子，最大的是女儿，其余是 5 个男孩。小洛克菲勒在 1934 年他 60 岁时，为妻子以及 6 个孩子设立了信托，他的妻子得到 1800 万美元，6 个孩子分别得到 1600 万美元。小洛克菲勒又在 1952 年他 78 岁时为孙辈设立了信托，注入"1952 年信托"的具体资产数额不详，但相对"1934 年信托"要少。

这些信托的受益人是小洛克菲勒的后代，一份信托协议对应一个受益人，每份信托的本金自动传给其受益人的子女。受益人在30岁之前只能获得分红收益，不能动用本金，30岁之后可以动用本金，但要信托委员会同意，例外的是，小洛克菲勒的妻子和女儿在任何条件下都不能动用信托的本金，只能获取收益。

这些信托的委托人是小洛克菲勒，形式是不可撤销信托，即信托协议不可以被更改或终止，除非受益人同意。这意味着，委托人把资产注入信托之后，即在法律上完全失去该资产的所有权以及控制权，这样可以在有效避税的情况下，把家族财富至少传至第四代。

"1934年信托"的受托人是大通国民银行，"1952年信托"的受托人是Fidelity Union Trust（后被收购为美联银行的一部分，美联银行在2008年金融危机中被富国银行以150亿美元全盘收购）。

信托委员会作为信托资产的实际受托人，在家族财富传承的过程中起到了关键的作用，但小洛克菲勒的儿子戴维·洛克菲勒（David Rockefeller）曾经在自传中对信托委员会强大的权力颇有抱怨，因为在处理有关洛克菲勒集团有限公司的事项时，信托委员会绕过了公司的董事会，直接向管理层传达了指示并得到了执行。

直到1974年洛克菲勒家族应要求提供给政府一份文件，才显示了家族信托资产当时的情况。我们可以看到，当时信托的总资产价值为7亿美元，包括1934年的6亿美元资产及1952年的1亿美元资产，其中股票资产占90%。从持股情况中可以看出，受托人对信托资产进行了分散化的投资，但石油资产仍然占到股票资产的44%。

《纽约时报》在戴维·洛克菲勒去世后发表了长篇讣告，以下是讣告全文

慈善家、大通曼哈顿银行领袖戴维·洛克菲勒逝世 享年101岁

著名的银行家和慈善家戴维·洛克菲勒（David Rockefeller）已于当地时间周一早上在其位于纽约州Pocantico Hills的家中逝世，享年101岁。

洛克菲勒家族的发言人弗雷泽·赛特尔（Fraser P. Seitel）证实了戴维·洛克菲勒的死讯。

大通曼哈顿银行（Chase Manhattan）长期以来都被称为洛克菲勒银行——尽管洛克菲勒家族的持股比例从来都没有超过5%。但是，戴维·洛克菲勒远非只是一名"管家"而已。作为这家银行在整个20世纪70年代期间的董事长兼首席执行官，他使其变成了许多人口中的"戴维的银行"，将其业务扩展到了国际市场上。

洛克菲勒的名望之高，不是任何公司头衔所能传达出来的。他的影响力

渗透到了华盛顿和其他国家的首都、纽约市政府、艺术博物馆、大学和公立学校。

对于洛克菲勒这个日渐淡出人们视线的家族来说，戴维·洛克菲勒可能是最后一位在世界舞台上给人留下了深刻印象的出色人物。作为美国以及他自己麾下银行的经济利益的巡游倡导者，他曾是全球金融事务乃至美国外交政策中的一股力量。在其他国家的首都，他曾受到过等同于国家元首的荣宠接待。

在周一逝世以前，戴维·洛克菲勒是约翰·洛克菲勒（John D. Rockefeller）最后一个仍旧在世的孙子，后者在19世纪创建了标准石油公司（Standard Oil Company），并因此而创造出了庞大的财富，成为美国的第一位亿万富豪，同时也使其家族成为美国历史上最富有也是最强大的家族之一。

作为一名遗产继承人，戴维·洛克菲勒一生都过着优渥的特权生活，无论是在曼哈顿（在童年时期，他和他的兄弟们在第五大道上溜旱冰的时候，身后都会跟着一辆豪华轿车，以免他们玩累了）还是在其宏伟的田庄里都是如此。

戴维·洛克菲勒从小被灌输了东海岸精英保持低调态度的礼仪习惯，成年后他在纽约市西装革履的上流社会里脱颖而出。他的慈善事业是不朽的，正如其艺术收藏品一样。他收藏了大约1.5万件艺术品，他的家宛如一个艺术博物馆，其中有很多都是大师级的杰作。在他位于洛克菲勒中心离地面56层高的办公室的墙面上，悬挂了其中的一些艺术品。

他的联络簿是其权力和人脉的无言证词，其中罗列了他作为一名银行家兼政治家所碰面过的大约15万人的姓名。这个名录的规模是如此庞大，以至于他不得不在自己的办公室旁边专门设了一个房间用以保存。

在洛克菲勒中心俯瞰之下的是他深爱的、施加了强力影响的纽约市。在20世纪70年代中期的纽约市财政危机期间，他在号召私营部门帮助解决那场危机中起到了关键性的作用。他在多年时间里一直都担任纽约市现代艺术博物馆（Museum of Modern Art）的主席一职——这个博物馆是由他的母亲在1929年时帮助成立起来的——在这个位子上，他曾领导过一场鼓励公司购买和在其办公楼里展示艺术品并资助当地博物馆的运动。而作为企业高管联盟"纽约市合作组织"（New York City Partnership）的主席，他致力于在公立学校中培育创新精神，并为中低收入家庭开发了成千上万的公寓房。

戴维·洛克菲勒一直都很清楚地认识到"洛克菲勒"这个姓氏周围所围绕着的神秘性。

"我从来都不觉得它是个障碍。"他在生前曾这样说过，"很明显，有很多次我意识到自己是被区别对待了。毫无疑问，拥有财务资源是个很大的优势；但要感谢我的父母的是，我学会了如何以克制和自由裁量的态度来使用那些资源。"

商业大使

强大的家族名再加上戴维·洛克菲勒本人对出游海外的热情——直到快100 岁高龄之时，他还是会出游欧洲——他成为一种令人生畏的营销力量。在 20 世纪 70 年代他曾与埃及前领袖萨达特（Mohamed Anwar el-Sadat）、苏联领袖勃列日涅夫（Leonid Brezhnev）和周恩来会面，这些会面帮助大通曼哈顿银行成为第一家在埃及、苏联和中国拥有业务运营的美国银行。

"在这个国家里，很少有人像我那样见过那么多的国家领导人。"他说道。

有些人挑剔地批评称其花了太多时间出游海外，他曾被指无视其在大通曼哈顿银行的职责，而且没有擢升那些积极进取的、远见卓识的经理人。在他领导之下，大通曼哈顿银行在资产和盈利两方面都远远落后于其竞争对手、时为美国最大银行的花旗银行。在有些年头里，大通曼哈顿银行曾是美国大型银行中不良贷款最多的一家。

"根据我的判断，他不会作为一名伟大的银行家而青史留名，"戴维·洛克菲勒生前的好友、曾担任过大通曼哈顿银行董事长的约翰·麦克克洛伊（John J. McCloy）在 1981 年接受美联社采访时如是说，"而是将作为一个真正有个性的名人、一位卓越而忠诚的社区成员而被人铭记。"

与此同时，戴维·洛克菲勒涉足国际政治之举也引来了批评，尤其是在 1979 年，当时他跟美国前国务卿亨利·基辛格（Henry A. Kissinger）一起说服了时任美国总统的吉米·卡特（Jimmy Carter），批准当时遭到驱逐的伊朗国王进入美国就医。在伊朗国王抵达纽约时，霍梅尼（Ayatollah Ruhollah KhoMEini）的革命派追随者被触怒了，他们攻占了美国驻伊朗大使馆，在长达一年多的时间里扣押美国外交官作为人质。

"他穷其一生都在统治阶层的'俱乐部'里游荡，并且忠于这个'俱乐部'的成员，无论他们做过些什么。"《纽约时报》的专栏作家大卫·布鲁克斯（David Brooks）曾在 2002 年这样写道。

然而，即如卡特和理查德·尼克松（Richard M. Nixon）这样在意识形态上迥然有异的美国前任总统，却都向戴维·洛克菲勒提出了让他担任美国财政部长的邀请，但他拒绝了两人的邀请。

戴维·洛克菲勒的兄长尼尔森·洛克菲勒（Nelson A. Rockefeller）曾做过美国副总统，还曾四次担任纽约州州长，而在他于 1979 年去世以后，戴维·洛克菲勒几乎成为这个家族唯一还拥有全国影响力的成员。除了他以外，只有约翰·洛克菲勒的重孙杰·洛克菲勒（Jay Rockefeller）以其曾担任一州州长以及来自西弗吉尼亚的美国参议员的身份而拥有过卓著的声名。在洛克菲勒家族的年青一代中，没人曾经获得过——或者说很可能是没人渴求过——像戴维·洛克菲勒那样的声望。

"没人能穿进他的鞋。"他生前的长期挚友沃伦·林德奎斯特（Warren T. Lindquist）曾在1995年向《泰晤士报》这样说道，"不是因为他们不够好或是不够聪明，而只是因为（他就像是）在另一个世界。"

优渥生活

戴维·洛克菲勒出生于1915年6月12日，他那一代共有6个兄弟姐妹，而他是其中最年幼的一个。他的父亲小约翰·洛克菲勒（John D. Rockefeller Jr.）是约翰·洛克菲勒膝下独子，将其一生都奉献给了慈善事业；他的母亲艾比·奥尔德里奇·洛克菲勒（Abby Aldrich Rockefeller）则是尼尔森·奥尔德里奇（Nelson Aldrich）的女儿，后者是来自罗得岛州的一名富有的参议员。

除了生于1908年的尼尔森以外，戴维·洛克菲勒的其他4个兄弟姐妹分别是：出生于1903年、在度过了私密不为人知的一生之后于1976年去世的艾比；出生于1906年的约翰·洛克菲勒三世（John D. Rockefeller Ⅲ），他跟其父一样投身于慈善事业，直至1978年在一场车祸中丧生；出生于1910年的劳伦斯，他生前是一名环境学家，去世于2004年；1912年出生的温斯洛普，他曾当过阿肯色州州长，已于1973年逝世。

作为同代人中的幼子，戴维·洛克菲勒是在纽约西54街10号的一座宅邸中长大成人的，这座宅邸在当时是纽约市最大的私人住所，贴身男仆、客厅女仆、护士和家庭女仆随处可见。在每天晚上就餐时，他的父亲都会戴着黑色领结，母亲则总是穿着正式礼服。

夏日周末则总是在位于缅因州Seal Harbor的洛克菲勒"村舍"度过的，这个所谓的"村舍"共有107个房间，坐落于纽约州城市Tarrytown北部的洛克菲勒家族庄园（Kykuit），这个庄园经常被比作封建时代的封地。正如戴维·洛克菲勒在2002年撰写的自传《回忆录》（Memoirs）中所写的那样："到最后，家族积累起了周边的大约3400英亩土地，其中包含了Pocantico Hills的几乎所有小村庄，其中大多数居民都为家族工作，生活在我祖父拥有所有权的房子里。"

在那种田园风光的环境里，他培养出了着迷于研究昆虫的爱好，到后来这种爱好使其成为全球最大的甲虫收藏家之一。

到戴维·洛克菲勒 21 岁的时候，约翰·洛克菲勒去世了。"他生前会讲很有趣的故事，还会唱小曲。"戴维·洛克菲勒在 2002 年时回忆道，"他会给我们 10 分硬币。"

戴维·洛克菲勒秉持"地位高则责任重"的理念，而这种理念跟他在实验性的曼哈顿林肯学校（Lincoln School）的早期受教育经历是分不开的，这所学校是由美国慈善家约翰·杜威（John Dewey）创办的，并由洛克菲勒基金会（Rockefeller Foundation）提供资金支持，宗旨是接纳来自不同社会背景的儿童入学。毕业以后，他进入哈佛大学深造，在 1936 年拿到了学士学位，随后在伦敦经济学院（London School of Economics）求学一年，这所学院是社会知识分子的温床。到 1940 年，他拿到了芝加哥大学的经济学博士学位。

有感于美国内外的"大萧条"（Great Depression）形势，他在自己的博士论文中写道："我倾向于认同罗斯福新政（New Deal）的观点，也就是在其他条件相同的情况下，赤字融资在经济低迷时期是有助于经济复苏的。"他抱持这样一种经济观可以说是个重磅新闻，这是因为洛克菲勒家族是顽固的共和党人，以其激烈反对时任美国总统的富兰克林·罗斯福（Franklin D. Roosevelt）而闻名。

在拿到博士学位以后，戴维·洛克菲勒成为时任纽约市市长的菲奥雷洛·亨利·拉瓜迪亚（Fiorello H. La Guardia）的秘书，后者是一位好斗的、自由派的共和党人士。他在 1940 年娶玛格丽特·麦格拉斯（Margaret McGrath）为妻，后者是他在 7 年前的一场舞会上认识的，当时他还是哈佛大学的新生，而她则是纽约市查宾学校（Chapin School）的学生。他的妻子是一位全心全意的自然资源保护论者，已于 1996 年去世，享年 80 岁。两人育有 6 名子女：小戴维、艾比、妮娃、玛格丽特、理查德和艾琳。

戴维·洛克菲勒在 1942 年入伍，进入美国陆军服役。他参加了军官培训学校，"二战"期间曾在北非和法国战场上服役。到 1945 年，他以上尉身份退役。

到 1946 年，他开始了自己作为一名银行家的职业生涯，最开始担任的是 Chase National Bank 银行的一名助理经理，随后这家银行在 1955 年与 Bank of Manhattan Company 合并，从而组建了大通曼哈顿银行。在战后时代的初期，银行业是一份很有身份的职业，业内高管可以照料自己的外部利益，利用社会联系人来培植客户，同时，让那些初级银行家来处理日常的管理事务。戴维·洛克菲勒找到了充裕的时间来从事这些活动。到 20 世纪 40 年代末，他取代了其母成为纽约市现代艺术博物馆董事会的成员，并最终出任董事会主席，当时他很喜欢招揽那些艺术品收藏家。在 1968 年，他整合了一个辛迪加，其成员包括其兄尼尔森和哥伦比亚广播公司（CBS）董事长威廉·佩利（William S. Paley）等人，一举收购了美国作家和诗人格特鲁德·斯泰因（Gertrude Stein）的艺术收藏品。戴维·洛克菲勒和妻子玛格丽特·麦格拉斯·洛克菲勒自己最珍爱的画作——其中包括塞尚、高更、马蒂斯和毕加索等人的作品——则已永久性地借给了纽约市现代艺术博物馆。

全球扩张

戴维·洛克菲勒在银行业中的崛起不可谓不快。到1961年时，他就已经成为大通曼哈顿银行的总裁，并与时任该行董事长的乔治·钱皮恩（George Champion）联手担任联席首席执行官。戴维·洛克菲勒提倡海外扩张的观点与钱皮恩相左，后者认为该行的美国国内市场才是更加重要的。在他于1969年取代钱皮恩出任大通曼哈顿银行的董事长，并成为该行唯一的首席执行官之后，他就将这家银行的"足迹"扩展到了几乎每块大陆。

"有很多人都宣称这些活动是不合适的，妨碍了我管理这家银行的职责。"戴维·洛克菲勒在其自传中写道，"对这种观点我是绝对无法认同的。"他坚持声称，其"所谓的'外部活动'给这家银行带来了相当大的利益，无论是从财务方面还是从其全球声望方面来说都是如此"。

到1976年，大通曼哈顿银行的总运营利润为1.05亿美元，而该行旗下国际部门所贡献的运营利润已在其中占据了高达80%的比重。然而，这种数据未能证明戴维·洛克菲勒对于海外扩张的热望的正确性，而是凸显了大通曼哈顿银行美国国内业务落后于其他银行的表现。1974—1976年，该行的盈利下降了36%，而其最大的一些竞争对手——美国银行、花旗集团、Manufacturers Hanover和J. P. 摩根公司（J. P. Morgan）等——的同期盈利则实现了12%—31%的增长。

1974年时发生的经济衰退给大通曼哈顿银行带来了重创，当时这家银行在低迷的不动产行业中拥有庞大的贷款组合。另外，与其他任何一家银行相比，该行在20世纪70年代中期所持有的纽约相关证券都要更多，而在那时纽约市正处在破产的边缘。与此同时，大通曼哈顿银行的不良贷款组合也是所有大型银行中规模最大的。

大通曼哈顿银行还在1974年卷入了一桩丑闻。据当时进行的内部审计显示，该行的债券交易账户被高估了3400万美元，并发现相关损失被少报了。其结果是，该行的净利润因此而损耗了1500万美元，其形象也受到了破坏。到1975年，美联储和货币监理署将大通曼哈顿银行认定为一家"问题"银行。

尽管在那时戴维·洛克菲勒正竭力试图扭转大通曼哈顿银行的滑坡局势，

但他还是抽出身来解决了纽约市的财务问题。他参与市政事务的时间最早可以回溯到 20 世纪 60 年代初期，当时他作为"市中心—下曼哈顿协会"（Downtown – Lower Manhattan Association）的创始人及主席建议该市应修建一座世界贸易中心。

在 1961 年，大通曼哈顿银行在华尔街区域开设了 64 层楼高的总部，而这一行动主要是由于受到了戴维·洛克菲勒的股东资助。这笔大规模投资起到了帮助这个金融区域复兴的作用，并鼓励了世界贸易中心项目的实行。

到 20 世纪 70 年代中期，纽约市由于迟滞的经济增长和不受控制的市政开支而面临着违约风险，这时候戴维·洛克菲勒挺身而出，帮助联邦政府、纽约州政府和纽约市政府的官员与该市的商界领袖联合到了一起，制订出了一项经济计划，最终使得纽约市摆脱了那场危机。

与此同时，他还理顺了大通曼哈顿银行的事务，使其恢复了秩序。到 1981 年时，他和他的"门徒"维拉德·布彻（Willard C. Butcher）已经带领这家银行恢复到了完全健康的状态。同年，他将董事会主席的位子让给了布彻。

1976—1980 年，这家银行的盈利增长了一倍以上，其在资产回报率方面的表现优于主要竞争对手花旗银行，这是对银行盈利来说至关重要的一项指标。不过，即使是在 1981 年退休并不再活跃从事该行的管理事务之后，戴维·洛克菲勒还是继续担任其国际顾问委员会的主席职务，同时还充当这家银行的外交家角色。

到了晚年，戴维·洛克菲勒卷入了有关洛克菲勒中心的争论，这座装饰艺术风格的办公大厦是其父在 20 世纪 30 年代建造起来的。在 1985 年，洛克菲勒家族以 13 亿美元的价格抵押了这幢大厦，由此而得的收入估计为 3 亿美元。到 1989 年，洛克菲勒家族将洛克菲勒集团（Rockefeller Group）的 51% 股份出售给了日本三菱地所公司（Mitsubishi Estate Company），该集团拥有洛克菲勒中心及其他建筑物。随后，三菱地所将其持股比例提高到了 80%。

这项收购交易标志着日本企业收购美国物业的浪潮达到了高峰，同时也使得洛克菲勒家族面临批评，被指将一个重要的国家标志出售给了日本企业。当日本的经济泡沫在 20 世纪 90 年代初破裂时，三菱地所被迫于 1995 年宣布洛克菲勒中心破产，当时戴维·洛克菲勒再度遭到了批评，这一次则是被指责任由这座大厦滑入了财务毁灭的深渊。

而就在同年年底以前，戴维·洛克菲勒就组建起了一个辛迪加，收购了洛克菲勒中心的控股权。随后，这座大厦在 2000 年以 18.5 亿美元的价格被出售，从而切断了其与洛克菲勒家族之间的联系。

戴维·洛克菲勒的身家在 2012 年时达到了 27 亿美元，那时候已是耄耋之年的他日益投身于慈善事业，尤其是向哈佛大学、纽约现代艺术博物馆和洛克菲勒大学——由约翰·洛克菲勒创立于1901年——捐赠了数千万美元。

即便是在90多岁高龄的时候，戴维·洛克菲勒工作起来的劲头也仍旧会令年轻得多的人望而生畏。每年有一半以上的时间，他都会代表大通曼哈顿银行或是外交关系委员会（Council on Foreign Relations）和三边委员会（Trilateral Commission）等组织出行。在2005年，他曾在洛克菲勒中心的办公室里接受采访，那时候他的身体状况仍旧很好，还会在该中心的健身俱乐部里跟一名助理教练一起锻炼身体。

他还是在继续收藏艺术品，其中包括数以百计的画作以及有色玻璃、瓷器、木化石和家具等各种艺术作品。

同年，他承诺将向纽约现代艺术博物馆捐献1亿美元的遗产。从整个社会的层面上来看，他的这种善举起到了一种激励作用。在2005年，现代艺术博物馆曾举行过一次聚集了各界名流的筹款活动，此次活动吸引了850人以最高9万美元的价格购买一张桌子。那次活动是在他90岁大寿之际举办的，到活动结束时他收到了一个生日蛋糕作为礼物，那个蛋糕是以他在缅因州的房子为模型而制作的。

在2002年撰写自传《回忆录》一书时，时年87岁的戴维·洛克菲勒成为洛克菲勒家族三代人里第一个出版自传的人。在被问及为何要写这本书的时候，他以其特有的矜持语调回答道："这个嘛，我只是想到我的人生相当有趣而已。"

问题1： 结合案例分析影响个人职业发展的主要因素。

问题2： 结合本案分析企业家流芳百世的主要途径。

参考文献

[1]黄培伦,马丹.组织职业生涯管理研究概述[J].商场现代化,2006(下旬刊):254.

[2]爱德加·施恩.职业的有效管理[M].北京:生活·读书·新知三联书店,1992.

[3]Semer J,Ebrahimi B P,Li M T. Corporate Career Support:Chinese Mainland Expatriates in Hong Kong[J]. Career Development International,2000,5(1):5—12.

[4]Baruch Y. Career Systems Intransition:A Nomative Model for Organitical Career Practices[J]. Personnel Review,2003,32(2):231—251.

[5]龙立荣,方俐洛,凌文辁.组织职业生涯管理与员工心理与行为的关系[J].心理学报,2002.34(1):97—105.

[6]周文霞,李博.组织职业生涯管理与工作卷入度的研究[J].南开管理评论,2006(9):69—77.

[7]谢艳珊.我国IT企业员工职业生涯管理问题探讨[D].武汉:武汉大学,2005.

[8]杨莺.BD广告装饰有限公司职业生涯管理体系研究与设计[D].成都:四川大学,2004.

第十一章　知识型人才投资决策研究

【学习目标】
(1) 了解人力资本
(2) 了解知识型人才主要职能
(3) 掌握知识型人才投资模型

1　引言

传统的经济增长理论认为，物质资本是经济增长最关键的因素。"二战"后，经济发展表明关键必须依赖人力资本；人力资本是与物质资本相对而言，是指凝聚在劳动者身上的知识和技能及劳动者身体心理素质，而这种资本能在生产中实现其价值增值，即可以带来剩余价值。最早从事人力资本模型研究的是雅各布·明塞尔（Jacob Mincer），他提出《人力资本投资与个人收入分配》（1957）[1]和《在职培训：成本、收益和意义》（1962）[2]等[3]-[5]，1960年代西奥多·W. 舒尔茨（Theodore W. Schultz）和 G. S. 贝克尔（Gary S. Becker）提出："以人为本"理论[6]-[8]，揭示了人力资本对现代经济增长的关键性作用，并因此而获得诺贝尔经济学奖。其后 E. 丹尼森、P. M. 罗莫、R. E. Jr. 卢卡斯等学者都把人力资本视为经济发展最重要的内生变量[9]。本书探讨对象是知识型人才，对应于人力资本中的智力资本，智力资本的载体即知识型人才；这种人才身上的各种知识和能力能够提高生产效率，促进组织发展，可以被用来获取未来收入等。知识型人才投资是指以一定的成本支出获得教育和培训的机会，是人力资本投资中最核心的部分。知识型人才投资具有内在性与外在性，一方面知识型人才投资直接受益者是知识型人才个体，素质与能力附在人身上，是个人在长期的学习、实践中形成的，属于知识型人才个人所有，并与所有者具有不可分离性，是属于人性中追求个人对知识拥有，即 H 人假设中影响人性因素欲望的第二层次[10]，进而能为个人获取物质利益、精神利益。另一方面，在当今社会，知识型人才在组织中所占比重不断提高，对经济增长、对组织发展的作用，已被证实比物质大得多[11]；组织通过购买或投资，可获得知识型人才，关于购买是下一章研究的对象。关于知识型人才投资的成本支出，贝克尔认为主要可分成显性成本（如学费、学习用品等）和隐形成本（如学习期间所损失的收入）[12]。鉴于知识型人才及我国国情特性，研究组织及知识型人才个体如何进行投资决策才能使得知识型人才投资达到更优化，就显得有重要现实意义；本研究依据和谐管理思路，采取通过建立相关模型试图进一步优化投资决策，同时提出相关政策建议。

2　知识型人才主要职能分析

对于知识型人才职能的界定，不同经济学家有不同的答案[13]；我国有学者将知识型人才职能定义为两个方面，即个性发展职能和个体社会化职能[14]；本书从物质、精神、政策等方面认识知识型人才的主要职能。

2.1　物质职能

知识型人才的物质职能表现在两个方面，一是为社会生产提供了高素质的劳动力如企业家才能、工程师等生产要素；二是知识型人才拥有者获得直接物质收益。新经济增长理论认为，知识型人才是保持经济持续增长的根本动力，决定着物质资本的有效利用；不断提高劳动者的综合素质，才能最大限度地发挥其他各种资源的使用效益，使得用较少的劳动耗费生产出更多更好的社会产品。"二战"后韩国、新加坡采取"教育拉动型"成功发展战略经验；舒尔茨对美国研究得出人力资本投资是加快美国经济发展的决定因素[15]，而这些人力资本中知识型人才要素尤其重要；这些对我国都是重要启示。我国人口众多，资源紧张；工业已有一定基础，通过发展中高等教育、组织通过培训积累更多的知识型人才，是推动未来发展的基础。同时，与其他生产要素不同的是，人是知识型人才智慧的载体，智慧作用于人的行为，使人才通过有意识的物质生产活动，将自己的主观能动性和创造性作用于自然、社会和经济活动，从而获得物质财富，主要包括劳动者工资、福利收入等物质收益。

2.2　精神职能

知识型人才的精神职能表现在两个方面，一是为社会创造了更多的科学文化等精神财富；二是知识的拥有者为自己创造了享受精神财富的条件。知识型人才投资有利于提高全人类的知识存量，主要表现在教育提高了人口质量，提高了民族素质、国家素质、全人类的素质。智力资本投资使人类精神财富得以延续、传递、传播和发展。同时，智力资本对陶冶个人的品格、驯化道德、增强学习能力、达到教化功能有重要作用。我国古人就认识到"修道之谓教"（《中庸》）、"以善先人之谓教"（《荀子·修身》）等。西方中世纪以来认为作为智力资本实现途径，教育在传播道德思想，在人类实现崇尚自我、自我肯定、自我完善、自我设计起到重要作用。智力资本投资对个人精神职能具体体现在：使个人的知识、技能、道德、素质等不断得到发展和提高，从而使个人在精神和心理满足、社会地位提高、恋爱婚姻等方面获得更大的优势等。因此，知识型人才投资，使人类向更完美、更幸福的方向发展。

2.3 政策及其他职能

知识型人才投资有利于促进人口的更加合理流动，人口流动是指城乡间、地区间的人力资源流动。当个人预计迁移后的收益与迁移前的收益之间的净值大于他预期的迁移成本时，迁移就会发生。当然有时收益可能是精神与物质收益的总和。人口流动是生产要素追求最优配置的必然反映，增加了流动者接受和掌握的信息，提高了劳动者适应社会的能力；人口迁移为地区经济增长提供了劳动力。在我国，知识型人才投资还有利于推迟生育年龄职能，协调人口性别比等。如一个普通大学毕业生毕业时年龄 23 岁左右，由于住房等经济压力，使得工作约 7 年后即 30 岁，结婚生育，两代 30 岁生育人等于三代 20 岁即结婚生育的人，可以少生一代人，大大减轻人口增长压力。调查也发现高学历的人对子女性别刻意选择比低学历的人要低，这对我国改善性别比而言也是一件好事。知识型人才还有其他一些相关职能，这里不一一分析。

3 知识型人才投资模型分析

知识型人才投资主体主要有政府、企业和个人等，各类主体投资的动机是有差异的。本书的研究主要是针对知识型人才投资主体组织（政府与企业）与个人（其他组织投资可由推论得）；同时只考虑显性成本，对知识型人才投资主要体现为免费投资、自费或半自费投资。组织对于知识型人才投资效益很多时候不明显，投资风险较大；组织的管理者如职业经理人、地方政府的官员往往有一定任期，当投资直接效益不明显时，使得不少领导不愿意对知识型人才进行投资，而往往只对短期容易见成效的普通技术职工培训较为积极。因此，职业经理人往往对由组织投资进行知识型人才培训投入相对较少。若没有上一级干预（对于企业有董事会或股东会作为上一级，政府有上一级政府或中央政府），这种投入供给将远低于帕累托最优水平。

3.1　组织与知识型人才个体智力联合投资的模型及其分析

（1）模型分析

当前组织对知识型人才进行投资有两种情况，一种由组织全部承担投资费用，这种情况相对较少，主要由于投资直接成果智慧是载于知识型人才个体，且如前面所述投资成果见效一般情况不是很快，甚至投资没有见效；所以多数组织采取由组织与知识型人才共同承担的办法；知识型人才个体自筹部分经费，组织给予经费补贴，以弥补知识型人才投资不断增长的需要。作为组织，其目标是在满足既定的经营又受财力限制条件的情况下，给予知识型人才的补贴最小化。在补贴数额最小化的过程中所面临的主要经济约束是使知识型人才个体支出水平至少是 γ。为了便于分析，采用两种商品社会效用函数来描述：Y 代表一种其他商品，X 代表知识型人才愿意个人智力投资的商品（本书将智力投资视为一种有价商品），并假设两种商品都具有单位价格或者说都可以定价。β 表示每个知识型人才智力投资偏好特征的参数（$0 < \beta < 1$）。知识型人才效用函数可以写成下列一般形式：

$$U = (1 - \beta) \ln Y + \beta \ln X$$

在没有企业补贴的情况下，知识型人才预算约束可以写成：

$$X + Y = I \quad (I \text{ 为知识型人才可支出总量})$$

为了便于简化分析，假定 I 在整个研究时期是常数，每个知识型人才所面临的问题可以用公式表述如下：

$$\text{Max} \left[(1 - \beta) \ln Y + \beta \ln X \right]$$

满足条件 $X + Y = I$，利用拉格朗日方法，可以推导出下列需求方程组：

$$X = \beta I \quad Y = (1 - \beta) I$$

这就是在没有组织补贴的情况下，知识型人才在各种物品上所选择的支出水平。

组织智力投资补贴可采用配合补贴与一次性总额补贴两种方法。配合补贴等同于知识型人才智力投资的支出价格降低，而一次性补贴等同于知识型人才获得的收入增加。根据消费者行为理论，只要替代效应不为 0，那么，配合补贴既有收入效应，又具有替代效应，比纯粹的一次性总额补贴使知识型人才智力投资支出水平提高得还要多。这个问题，可通过图 1 来描述。

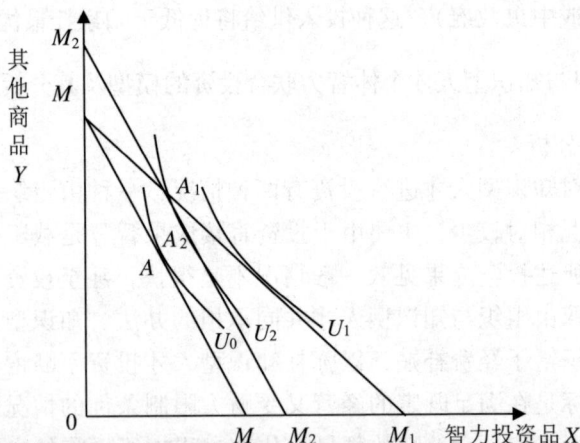

图1　组织不同补贴对知识型人才智力资本投资支出组合的影响

在图1中，横轴表示的是知识型人才智力投资品 X，纵轴表示的是其他商品 Y，知识型人才的预算约束可以用直线 MM 表示。在没有组织补贴之前，最优分配由 A 点表示，在该点，预算约束线与无差异曲线 U_0 相切。现假定组织按知识型人才每提供单位智力投资商品的一定比例向知识型人才提供配合补贴，这种补贴等同于压低智力投资商品的价格，知识型人才的预算约束线旋转到 MM_1，与无差异曲线 U_1 相切于 A_1 点。如果组织采用一次性总额补贴，知识型人才预算约束线就是 M_2M_2，与无差异曲线 U_2 相切于 A_2 点。A_1 点知识型人才智力投资商品支出水平比 A_2 点支出水平要来得高。

这个结论也可以通过数学方法证明：

倘若知识型人才得不到组织补贴，一般知识型人才的智力投资支出为：

$$X = \beta I$$

当组织给予知识型人才一次性智力投资补贴时，预算约束可写成：

$$X + Y = I + G_1 \ （G_1 \ 为组织给予的补贴）$$

需求方程为：$X = \beta \ (I + G_1)$

假设组织希望知识型人才所提供的智力投资商品能够达到 γ 的水平，那么组织所面临的问题是：

Min (G_1)

满足 $\beta \ (I + G_1) \geqslant \gamma$

得到最优解为：$G_1 = \gamma / \beta - I$

倘若组织打算提供配合补贴，预算约束可写成：$gX + Y = I$（g 为组织提供补贴后智力投资商品实际价格）

需求方程为：$X = \beta I / g$

那么，组织所面临问题将是：

Min $\left[\ (1-g)\ \gamma\right]$

满足：$\beta I/g \geqslant \gamma$

为了使知识型人才智力投资商品支出达到 γ，它们所面临的价格不得不等于：$g=\beta I/\gamma$

据此，最优配合比率为 $1-\beta I/\gamma$。因此，一次性总额补贴将等于：

$$G_1 = \gamma/\beta - I$$

而配合补贴等于：$G_2 = (1-g)\ \gamma = \gamma - X = \gamma - \beta I$

（2）结果推论

由于 $\beta<1$，所以，$G_2 = \beta G_1 < G_1$，即配合补贴低于一次性总额补贴。采用这种补贴方式，组织只要投入适当的资金就可以极大地推动知识型人才的投入。但采用配合补贴的有效性在于作为组织必须准确了解知识型人才智力投资支出的真实偏好。由上面分析可知，智力投资知识型人才能够得到补贴的数量与 β 值是负相关的，因此，作为知识型人才为了得到尽可能多的补贴，以获得更大的效用，他们有低报 β 值的动机。知识型人才对于智力投资的偏好是私有信息，这种私有信息企业可以通过其他指标进行揭露；一般说来，一个知识型人才对智力投资的需求偏好水平 β 与这知识型人才的所从事行业对知识更新要求、人均收入水平等因素有紧密关系。而这些指标企业完全可以获得，因此，企业可以以这些指标为基础，制定一套严格且科学的方法来确定 β 值，最终确定企业的补贴额度，达到既能节省开支，又能大大促进知识型人才进行智力投资。

3.2　知识型人才个体智力投资模型及其分析

（1）模型分析

上面分析了组织与知识型人才智力资本联合投资决策，这里要分析的是完全由知识型人才个体投资，如：知识型人才高学历班培训（如时下 MBA、MPA 等教育）、各类职业技术培训（如人力资源师、职业经理人等）、下岗技术工人技能教育、职员再培训、高中及以上教育投资等。知识型人才既是智力资本载体，也是投资主体之一。其投资的动因在于追求被投资者在未来为自己及家庭带来比较优势和相关利益，即获取预期未来收益，这里的个人预期效用和收益包含经济和非经济收益（智力资本物质、精神及其他职能的体现），这些效益往往是非载体投资者所完全不能获得的。因此，个人投资的目的并不是利润的最大化，而是整体效用或收益的最大化。现假定 n 个知识型人才共同自费筹集资金参加培训班或学历班等，每个知识型人才自愿提供

资金为 y_i，总筹集资金 $Y = \sum_{i=1}^{n} y_i$。知识型人才 i 的效用函数为：

$$U_i = U_i\ (x_i,\ Y)\ =\ (1-\beta)\ \ln x_i + \beta \ln Y$$

其中 β 表示智力投资支出偏好参数，$0 < \beta < 1$，x_i 是私人智力投资的消费支出，且私人非智力投资商品和智力投资商品之间的边际替代率是递减且大于 0。假设私人非智力投资商品和智力投资商品均可以单位价格表示，M_i 为第 i 知识型人才的总支出。理性的知识型人才面临的问题可以用公式表述如下：

$$\text{Max}\ (U_i)\ =\ (1-\beta)\ \ln x_i + \beta \ln Y$$

满足：$x_i + y_i = M_i$

纳什均衡下智力投资商品与非智力投资商品的边际替代率：

$(\text{MRS}y x_i)_{\text{ne}} = (\partial U_i / \partial x_i) / (\partial U_i / \partial Y) = 1$；

因此，$(1-\beta)\ / x_i = \beta / Y \qquad Y = (M_i - y_i)\ \beta /\ (1-\beta)$

反应函数为：$y_i^* + \sum_{j \neq i} y_i = (M_i - y_i^*)\ \beta /\ (1-\beta)$；$(i=1,\ 2,\ \cdots,\ n)$

$$y_i^* = M_i - \beta - \sum_{j \neq i} (1-\beta)\ y_j$$

n 个均衡条件决定了知识型人才投资智力商品自愿供给的纳什均衡：

$y* = (y_1^*,\ y_2^*,\ \cdots,\ y_i^*,\ \cdots,\ y_n^*)$，$Y^* = \sum_{i=1}^{n} y_i^*$（$Y^*$ 是纳什均衡下智力投资商品总供给量）

下面我们从整个知识型人才整体角度来考虑智力投资商品支出的帕累托最优水平。

假定知识型人才总效用：$U = \sum_{i=1}^{n} U_i = \sum_{i=1}^{n} \big[\ (1-\beta)\ \ln x_i + \beta \ln Y\big]$，知识型人才所面临的问题可用公式表述如下：

$$\text{Max}\,U = \sum_{i=1}^{n} \big[\ (1-\beta)\ \ln x_i + \beta \ln Y\big]$$

满足：$\sum_{i=1}^{n} M_i = \sum_{i=1}^{n} x_i + Y$

帕累托最优一阶条件为：

$\text{MRS}_{yx} = \sum_{i=1}^{n} (\partial U_i / \partial x_i) / (\partial U_i / \partial Y) = \text{MRS}_y x_1 + \text{MRS}_y x_2 + \cdots + \text{MRS}_y xn = 1$；

帕累托最优均衡下智力投资商品对非智力投资商品的边际替代率：

$(\text{MRS}y x_i)_{pe} < 1$

假设，知识型人才 i 在帕累托最优均衡下提供智力投资商品数量为 y_i^{**}；智力投资商品帕累托最优总供给量 $Y^{**} = \sum_{i=1}^{n} y_i^{**}$。根据两种物品边际替代率的假设，通过图 2 可以清楚看出：

$$y_i^{**} > y_i^{*}; \quad Y^{**} > Y^{*}$$

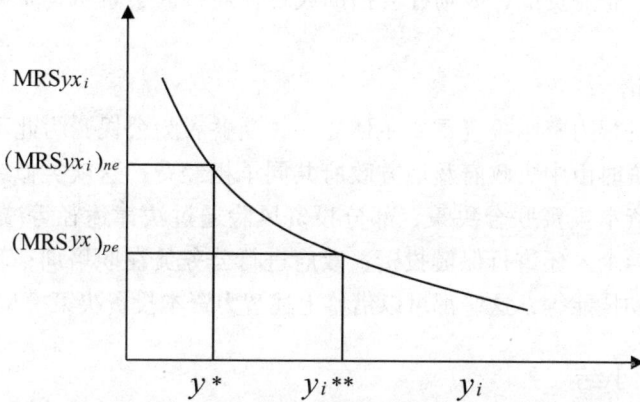

图2　知识型人才智力投资商品与非智力投资商品替代率

　　为了进一步考察知识型人才总数对他们所愿意投资智力商品总量的影响，我们进一步假设知识型人才具有相同的支出水平 M，纳什均衡下各知识型人才愿意智力投资支出。

　　纳什均衡反应函数为：$y_i^{*} = \beta M_i - (1-\beta)\sum_{j \neq i} y_j$　$(i = 1, 2, \cdots, n)$

$$y_i^{*} = \beta M / [n(1-\beta) + \beta]$$

　　纳什均衡总供给为：$Y^{*} = n\beta M / [n(1-\beta) + \beta]$

　　（2）结果分析

　　从以上分析我们可以得出以下结论：第一，智力投资如果完全采用知识型人才自愿供给的方式，其总数量将明显小于帕累托最优。第二，随着知识型人才数的增加，各知识型人才自愿承担的智力投资资金不断减少。资金筹集必然出现非帕累托最优问题；主要是由于知识型人才在提供资金时，往往从个人理性出发，忽视此类物品存在一定的公共性。由于各知识型人才收入水平悬殊，如果组织在资金筹集时强行按知识型人才平均分摊的话，强迫所有知识型人才消费相同水平智力投资商品，不仅有些较低收入知识型人才不堪重负，而且这种资源配置方式也是无效率的。智力投资如我国高职教育，其收费类于此，高职教育的成本基本上由学生负担，高职学习年限3年与本科教育仅差一年，而且高职收费比普通本科学生高得多，显然是不合理的；建议学习美欧高职教育年限压缩至2年或1~1.5年，降低高职学费加上其他配套措施。但如果所有智力投资改由各知识型人才按各自具体情况自愿分担，则私人的自愿供给不可避免将低于帕累托最优水平。比较可行的办法是，首先根据知识型人才收入水平确定知识型人才自筹资金总量，加上组织补贴然后根据由受惠者通过学费或其他费用分担；对于特别困难的知识型人才，可以通过政府、企业资助、鼓励社会捐助或现在通行的金融机构贷款进行有效解决。

（3）推论

政府也是智力资本投资重要主体之一，受益者为公民；为此不少地方在智力资本投资时由中央政府及地方政府共同承担经费；这就类似组织与知识型人才智力资本投资联合决策，部分投资风险通过法律途径等减少。通常，政府、企业与个人还进行保健投资；政府进行公务员在职培训；政府鼓励农民工学习劳动技能等，这些都可以借鉴上述智力资本投资决策模型。

4 本章小结

本章首先分析了智力资本投资的载体是知识型人才，知识型人才与组织是进行智力资本投资的共同获益者；当一方无法实现全部承担投资费用时，有必要探索有效的投资决策方案；和谐管理理论认为对于确定性问题可借鉴现代技术与工具进行优化。本章通过建立组织与知识型人才个体智力投资的模型，分析得出组织可以通过配合补贴的方式，投入适当的资金就可以极大推动知识型人才的投入；但采用配合补贴的有效性在于作为组织必须准确了解知识型人才智力投资支出的真实偏好，当组织了解知识型人才智力资本投资的真实偏好越准确，组织采用的配合补贴必然越有效。通过建立知识型人才个体智力投资模型，分析得出智力投资如果完全采用知识型人才自愿供给的方式，其总数量将明显小于帕累托最优。特别是随着知识型人才数量的增加，各知识型人才自愿承担的智力投资资金不断减少。应根据知识型人才收入水平确定知识型人才自筹资金总量，加上组织补贴然后根据由受惠者通过学费或其他费用分担，对于特别困难的知识型人才，可以通过政府、企业资助、鼓励社会捐助或现在通行的金融机构贷款进行有效解决。当前，我国对知识型人才智力资本的投资支出，远远低于各国平均数。智力资本投资不足，重要原因是该类投资资金来源面小，投入严重不足；可以借鉴本书分析原理，通过制定相关的政策和措施，采用组织补贴等经济手段，用相对较少的资金，积极鼓励和促进整个社会智力资本投资；大力吸收企业、民间、国外资本，调动各方面投资办学积极性；引导资本投向政府希望发展的高等教育领域，形成以国家办学为主体，多种力量共同参与的知识型人才投资体制；最终使政府和相关智力资本投资者都获得较高的经济和社会效益。

【复习题】

（1）试析人力资本与物质资本的区别。

（2）试析知识型人才的主要职能。

（3）试析知识型人才投资模型。

【思考题】

（1）试析未来知识型人才职能会发生哪些变化趋势。

（2）试析知识型人才投资主体的动机及费用承担方式。

【案例分析】

蜘蛛咬伤逸事*

何江

在我读初中的时候，有一次，一只毒蜘蛛咬伤了我的右手。我问我妈妈该怎么处理——我妈妈并没有带我去看医生，而是决定用火疗的方法治疗我的伤口。

她在我的手上包了好几层棉花，棉花上喷洒了白酒，在我的嘴里放了一双筷子，然后打火点燃了棉花。热量逐渐渗透过棉花，开始炙烤我的右手。灼烧的疼痛让我忍不住想喊叫，可嘴里的筷子却让我发不出声音来。我只能看着我的手被火烧着，一分钟，两分钟，直到妈妈熄灭了火苗。

你看，我在中国的农村长大，在那个时候，我的村庄还是一个类似前工业时代的传统村落。在我出生的时候，我的村子里面没有汽车，没有电话，没有电，甚至也没有自来水。我们自然不能轻易地获得先进的现代医疗资源。那个时候也没有一个合适的医生可以来帮我处理蜘蛛咬伤的伤口。

在座的如果有生物背景的人，你们或许已经理解到了我妈妈使用的这个简单的治疗手段的基本原理：高热可以让蛋白质变性，而蜘蛛的毒液也是一种蛋白质。这样一种传统的土方法实际上有它一定的理论依据，想来也是挺有意思的。但是，作为哈佛大学生物化学的博士，我现在知道在我上初中的时候，已经有更好的、没有那么痛苦的，也没有那么有风险的治疗方法了。于是我便忍不住问自己：为什么我在当时没有能够享用到这些更为先进的治疗方法呢？

蜘蛛咬伤的事故已经过去大概 15 年了。我非常高兴地向在座的各位报告

＊ 引自 https：//www. sohu. com/a/77731990_ 260170。

一下，我的手还是完好的。但是，我刚刚提到的这个问题这些年来一直停在我的脑海中，而我也时不时会因为先进科技知识在世界上不同地区的不平等分布而困扰。现如今，我们人类已经学会怎么进行人类基因编辑了，也研究清楚了很多个癌症发生发展的原因。我们甚至可以利用一束光来控制我们大脑内神经元的活动。每年生物医学的研究都会给我们带来不一样的突破和进步——其中有不少令人振奋，也极具革命颠覆性的成果。然而，尽管我们人类已经在科研上有了无数的建树，在怎样把这些最前沿的科学研究带到世界最需要该技术的地区这件事情上，我们有时做得不尽人意。世界银行的数据显示，世界上大约有12%的人口每天的生活水平仍然低于2美元。营养不良每年导致300万儿童死亡。将近3亿人口仍然受到疟疾的干扰。在世界各地，我们经常看到类似的由贫穷、疾病和自然匮乏导致的科学知识传播的受阻。现代社会里习以为常的那些救生常识在这些欠发达或不发达地区未能普及。于是，在世界上仍有很多地区，人们只能依赖于用火疗这一简单粗暴的方式来治理蜘蛛咬伤事故。

在哈佛读书期间，我切身体会到先进的科技知识能够既简单又深远地帮助到社会上很多的人。21世纪初的时候，禽流感在亚洲多个国家肆虐。那个时候，村庄里的农民听到禽流感就像听到恶魔施咒一样，对其特别恐惧。乡村的土医疗方法对这种疾病也是束手无策。农民对于普通感冒和流感的区别并不是很清楚，他们并不懂得流感比普通感冒可能更加致命。而且，大部分人对于科学家所发现的流感病毒能够跨不同物种传播这一事实并不清楚。

于是，在我意识到这些知识背景，及简单地将受感染的不同物种隔离开来以减缓疾病传播，并决定将这些知识传递到我的村庄时，我的心里第一次有了一种作为未来科学家的使命感。但这种使命感不只停在知识层面，它也是我个人道德发展的重要转折点，我自我理解的作为国际社会一员的责任感。

哈佛的教育教会学生敢于拥有自己的梦想，勇于立志改变世界。在毕业典礼这样一个特别的日子，我们在座的毕业生都会畅想我们未来的伟大征程和冒险。对我而言，我在此刻不可避免地还会想到我的家乡。我成长的经历教会了我作为一个科学家，积极地将我们所会的知识传递给那些急需这些知识的人是多么重要。因为利用那些我们已经拥有的科技知识，我们能够轻而易举地帮助我的家乡，还有千千万万类似的村庄，让他们生活的世界变成一个我们现代社会看起来习以为常的场所，而这样一件事，是我们每一个毕业生都会做，也力所能及的。

但问题是，我们愿意来做这样的努力吗？

比以往任何时候都多，我们的社会强调科学和创新。但我们社会同样需要注意的一个重心是分配知识到那些真正需要的地方。改变世界并不意味着每个人都要做一个大突破。改变世界可以非常简单。它可以简单得变成作为世界不同地区的沟通者，并找出更多创造性的方法将知识传递给像我母亲或农民这样的群体。同时，改变世界也意味着我们的社会，作为一个整体，能够更清醒地认识到科技知识更加均衡的分布，是人类社会发展的一个关键环节，而我们也能够一起奋斗将此目标变成现实。

如果我们能够做到这些，将来有一天，一个在农村被毒蜘蛛咬伤的少年或许不需要用火疗这样粗暴的方法来治疗伤口，而是去看医生得到更为先进的医疗护理。

问题：根据案例分析教育投资个体发展影响，个体又如何作用于社会。

参考文献

［1］Jacob Mincer. A Study of Personal Income Kistribution［D］. Ph. D. Dissertation，Columbia University，1957.

［2］雅各布·明塞尔. 人力资本研究［M］. 张风林，译. 北京：中国经济出版社，2000.

［3］Jacob Mincer. Education and Unemployment［A］. Studies in Human Capital［C］. Cambridge. 1993：212.

［4］Jacob Mincer. Human Capital and Economic Growth［C］. NBER Working Paper No. W0803，1981.

［5］Jacob Mincer. Human Capital Responses to Technological Change in the Labor Market，Studies in Human Capital［M］. Elgar Publishers，1993.

［6］Schultz Theodore W. Investment in Human Capital［M］. New York：The Free Press，1971.

［7］Gary S. Becker. The Economic Approach to Human Behavior［M］. The University of Chicago Press，1976.

［8］Gary S. Becker，Kevin M Murphy，Robert F Tamura. Human Capital，Fertility，and Economic Growth［J］. Journal of Public Economics，1990.

［9］张向前. 人才战略与中华经济研究［M］. 北京：中央编译出版社，2004.

［10］张向前. 人性假设与和谐管理系统［J］. 江淮论坛，2005（1）：9—16.

［11］Schultz Theodore W. Investing in People：the Economics of Population Quality［M］. university of California Press，Berkeley and Los Angeles，1981.

［12］Becker Gary S. Investment in Human Capital：A Theoretical Analysis［J］. Journal of Political Economy70（Supplement）1962：9—49.

［13］李建民. 人力资本通论［M］. 上海：上海三联书店，1999.

第十二章　知识型人才交易研究

【学习目标】
(1) 了解知识型人才交易
(2) 了解委托代理理论
(3) 了解并掌握知识型人才交易模型

1　引言

21 世纪，人类进入一个以知识主宰的新经济时代，经济产业结构发生了根本性的变化，组织之间竞争的重点在知识、信息、科技综合体——知识型人才，知识经济要求劳动者不断提高劳动的熟练程度，提高科学文化水平，以适应知识经济时代科技知识不断发展的趋势，其集中表现为知识型人才队伍的不断扩大。我国学者朱名宏认为，知识经济是人才的经济，是人才创新的经济，是人才协作的经济，是人才高效率的经济。企业之间的竞争，知识的创造、利用与增值，资源的合理配置，最终都要依靠知识的载体——知识型人才来实现。美国《未来学家》预测：2000—2010 年，蓝领工人将从现在占 20% 下降到 10% 或更少，60% ~70% 的劳动力由知识型人员组成。知识型劳动者在未来所占的地位越来越重要[1]。知识型员工是知识的承载者、所有者，是企业创新的主体，在企业中占有绝对重要的地位[2]-[4]。培养与引进知识型人才成为组织人力资源开发的重要内容。知识型人才对政府管理也同样重要，目前国内不少地区政府通过高薪引进法律、金融、经贸、城建、规划、信息、外语及高新技术等方面的知识型人才[5]。依据管理学家席酉民博士和谐管理理论判断[6]，知识型人才与一般员工不同，存在更大的不确定性，无论对于企业或是政府，对知识型人才的正确认识与评价，是实现与知识型人才交易的关键。因此，本章对企业（政府）与知识型人才如何能实现更优的交易进行初步探讨。

2　对知识型人才的再认识

关于知识型人才的定义，管理学家彼得·德鲁克认为：知识型员工

（knowledge worker）是指一方面能充分利用现代科学技术知识提高工作的效率，另一方面本身具备较强的学习知识和创新知识的能力。知识创新能力是知识型员工最主要的特点[7]。加拿大著名学者、加拿大优秀基金评选主审官弗朗西斯·赫瑞（Frances Horibe）认为："知识型员工就是那些创造财富时用脑多于用手的人们。他们通过自己的创意、分析、判断、综合、设计给产品带来附加价值。"[8]关于同类的定义国内外学者还有很多种[9]-[12]，笔者认为，知识型员工是指在一个企业组织之中用智慧所创造的价值高于其动手所创造的价值的员工[13]。知识型人才的职能是多样的，对组织而言主要是创新职能与管理职能。

2.1　创新职能

由于知识型人才具有很高的创造性与自主性，与体力劳动者简单、机械的重复性劳动相反，知识型员工是在易变和不完全确定的系统环境下完全依靠自己的知识禀赋和灵感，应对各种可能发生的情况，进行创造性的工作，推动技术的进步和产品的创新，并不断形成新的知识成果，提高劳动生产率。知识型工人不可代替的原因，也是他们存在的价值所在，知识型员工具有更大的潜在价值。知识型员工主要运用其掌握的知识和技术对企业做出贡献，从长远来看，这些知识和技术是企业市场竞争力的主要源泉。知识型人才的创造性使其更倾向于拥有宽松的、高度自主的工作环境，注重强调工作中的自我引导和自我管理，而不愿如流水线上的操作工人一样被动地适应机器设备的运转，受制于物化条件的约束。知识型员工工作过程往往没有固定的流程和步骤，甚至工作场所也与传统的固定生产车间、办公室环境迥然不同，灵感和创意可能发生在任意的工作外时间和场合，因此，他的工作过程很难实施有效监控。知识型人才的工作成果常常以某种思想、创意、技术发明、管理创新的形式出现，往往不具有立竿见影的成效。同时，现代科技的飞速发展，许多创新成果的产生常常非一人所能为，而需要团队协作。这些特征决定了对知识型人才创新评价是一个难题，也给知识型人才交易带来困难。

2.2　管理职能

随着企业的不断发展，企业对知识型员工的倚重不仅仅是其创新职能，许多知识型员工从单纯的技术岗位和局部性工作，转向承担更具综合性、全局性的管理和领导工作。技术专家与管理者身份的融合将成为企业对人才需求的新趋向。知识型人才管理职能起源于两个方面：授予知识型人才管理权限与培养知识型管理人才。第一，对知识型人才有效授权。根据知识型员工特点，可根据任务要求进行充分的授权，允许员工自主制定最好的工作方法，不宜进行过细的指导和监督，或采用行政命令的方式强制性地发布指令。同时，为知识型员工独立承担的创造性工作提供所需的资金、物资及人力支持，使其拥有更大的组织资源支配权，保证其创新职能实现。不少知识型组织，如高校、企业、政府研发机构还采取以人才的特长设岗，做到人尽其才、才尽其用；谁有理想项目，组织就相应地配备助手、资金、设备；谁有某管理专业才能，就委以重任，并赋予更大的人、财、物支配权，使其能够充分发挥所长。事实上，让知识型员工参与他们分管业务或利益直接相关的决策，可以充分表达组织对他们的信任和尊重，又可充分发挥他们的才能。知识型员工由于拥有专业知识和技能，往往最了解问题的状况、改进的方式以及客户的真实想法，一旦员工对公司事务有了更强的参与感和更多的自主性，工作的责任感与工作热情就会大增。第二，将知识型人才培养成某专门业务领域的管理者。由于其已拥有专业技能，若能再培养使其拥有管理技能，可成为行业内高水平的领导者。从某种程度上看，授权知识型人才及培养知识型人才成为优秀管理者，也是激励知识型员工的重要途径。

3 知识型人才交易与委托代理理论

传统经济学理论假设市场中各个主体都掌握着充分的信息，因而无法直接描述企业与员工之间，特别是与知识型员工之间复杂的关系。委托代理理论或称契约理论的发展，使对知识型员工与企业的关系加以描述和分析成为可能[14]。现代意义的"委托代理"的概念最早是由罗斯（Ross S.，1973）提出的："如果当事人双方，其中代理人一方代表委托人一方的利益行使某些决策权，则代理关系就随之产生了。"[15]企业、政府（委托人）与知识型人才（代理人）的关系本质上是一种契约关系或委托代理关系。企业希望付出尽可能小的成本最大限度地激励员工的干劲，员工则希望付出尽可能小的努力从企业中获得尽可能多的利益。对于非知识型人才，员工行为的监督成本一般较低，企业可以基本得到有关员工努力程度的充分信息。对于知识型人才来说，企业与员工之间是一种信息不对称条件下的委托代理关系。知识型人才所从事的主要是脑力劳动，企业很难根据员工的行为识别出知识型人才所付出的努力，因此较难实现低成本的有效监督。知识型员工行为的结果，既与这些员工的努力程度有关，也与工作内外环境有关。知识型人才通常比企业更了解内外环境，并根据环境选择行动。企业作为委托人所能观察到的最明确的是员工行为结果，而仅仅根据行为结果判断员工努力程度是不全面的。这里知识型人才掌握着较多的私人信息，存在着隐藏行为的道德风险和隐藏信息的道德风险。信息经济学证明，当委托人不能观测代理人行动时，如果代理人是风险规避者，最优便无法实现。当代理人是风险中性的，最优则可以实现；解决这一问题的途径是，让代理人成为风险承担者和剩余索取者[16]。当代理人是唯一的剩余索取者时，努力水平便与最优水平相当。剩余索取权是委托权的基本内涵之一，与剩余索取权相对应的是委托人的控制权或监督权。当知识型人才部分地成为风险承担者和剩余索取者时，委托人与代理人的关系变得模糊起来。现在不少企业让掌握核心技术、担当重要管理岗位的知识型人才成为持股人，都体现了风险承担者的责任。

在现实管理中问题较为复杂，知识型人才的工作尽力程度可能受到企业对其激励手段多样性的影响[17]，不仅仅是剩余索取权。企业、政府与知识型人才之间的委托代理关系，有一个前提即知识型人才已经被企业相中或引进，或在以后的工作过程中让知识型人才承担重要的职责。对于企业或政府委托人而言直接难题是怎样评价知识型人才，从而引进（买进）知识型人才，付出多少代价让知识型人才尽力为委托人全力工作；因此企业、政府与知识型人才是一种交易关系，这就涉及这种交易费用问题。如何从交易费用的角度来分析组织配置资源的效率起源于科斯（Coase，1937），目前，不少学者认为威廉姆森（O. Williamson，1975，1985）对交易费用[18]进行的研究是最全面、具有综合性的。威廉姆森认为，只有在古典型交易中，交易费用是可以忽略的。新古典交易与关系型交易中，由于交易中不确定性、交易频率和资产的专用性，因为契约不完备，存在机会主义倾向；加上资产具有专用性，有关订立契约和修改契约的工作就更为复杂，常常可能导致费时费力的谈判甚至更糟的情况。交易费用研究及应用还有不少学者，并已取得相当丰硕的成果，如 Klein（1978）、张五常（Cheung，1983）、Grossman 和 Hart（1986）、Dietrich，M.（1994）等人对此进行了研究。在国内谢奇志等对虚拟人力资源交易费用进行了研究，即组织对暂时所利用的外部人力资源交易费用研究，在人力资源交易方面进行了有益的探索。张五常认为，交易必然产生费用，交易费用主要为识别、考核与测度费用，以及讨价还价与使用仲裁机构的费用[19]。在现实情况下，信息不对称是造成知识型人才交易成本高的主要原因。当然，只要交易带来的收益大于成本，这种交易就是有利的。因此，有必要分析知识型人才交易信息不确定、不对称，使企业、政府与知识型人才的交易在掌握之下进行。

4　知识型人才交易的信息不确定分析

如前所述，知识型员工不易被认识，其工作努力程度不易被控制与评价。知识型员工与企业的关系是一种交易关系。交易第一阶段，企业希望付出最少成本引进（买进）最优秀的员工，员工希望同等条件下，尽力抬高自己的价码（提出尽可能可以达到的薪金水平）。交易第二阶段，企业希望付出尽可能小的成本最大限度地激励员工的干劲，员工则希望付出尽可能小的努力从企业中获得尽可能多的利益。交易第三阶段，如何衡量知识型员工创新与管理的绩效。双方都想尽可能往有利于自身的方向衡量，因此，就非常有必要对知识型人才信息不确定、不对称进行科学的量化，才能使交易持续下去。为此本书引进"熵"的概念，"熵"这个概念虽然来自物理学，但人们对它的理解早已不限于物理学概念的范畴，尤其是在普里高津（Ilya Prigogine，1945）的耗散理论提出后[20]-[21]，熵作为系统论基本概念的地位已经超过其作为物理学概念的地位。申农（Shanon. C. E, 1948）的信息熵[22]，用熵来解释信息的特点（不确定性及其消除）；阿罗（Kenneth J. Arrow）的信息经济学[23]，也是用熵的概念进行经济学解释。在国际上，从巴塔耶到布瓦索，熵的思想一步一步从概念演变成为一种经济学的整体框架[24]。本书在企业调查①基础上，把熵的理论应用于知识型员工的评价之中，帮助企业有效地选用知识型人才。

4.1　有效选择招募者

调查表明，由于知识型人才是企业的重要人才，企业在确立知识型人才的招募者时也较为重视，只由人力资源管理部门或人才需求部门进行直接招聘都有片面性，现实中往往由用人部门经理、人力资源经理、相关部门管理者、可能下属、专家（企业聘用顾问）等联合招聘。假设企业招聘时由 T 位招募者构成，在某个招聘岗位不同招募者决定权权重为 D_i，关系如下：

$$\sum_{i=1}^{T} D_i = 1 \ (0 < D_i < 1)$$

4.2　建立决策矩阵

设应聘者集合为 $P \{P_1, P_2, \cdots, P_m\}$，评价指标为 $E \{E_1, E_2, \cdots, E_n\}$，招募者 q 对应聘者 P_i 在评价指标 E_j 下值为 g_{ijk}（$k = 1, 2, \cdots, T$）。则所有招募者对应聘者 P_i 在评价值 E_j 为 $a_{ij} = \sum_{k=1}^{T} D_i g_{ijk}$，可得决策矩阵 $A = (a_{ij})_{m \times n}$。

---

① 作者在福建泉州对 6 家公司 1182 名员工进行了调查，调查范围涉及普通员工到企业最高层。

4.3 指标处理

调查表明,对于某项指标其指标值的差距越大,该指标在评价人才中所起的作用越大,如果某项指标值全部相等,表示该指标值不起任何作用。在信息经济学,信息熵作为不确定性的度量,已经成为基本概念。信息则是对系统确定性或有序性度量,信息与信息熵这二者绝对值相等、符号相反。某项指标值变异程度越大,信息熵越小,该指标表示的信息量越大,该指标权重也就越大;相反,某项指标变异程度越小,信息熵则越大,该指标表示的信息量就小,指标权重也就小。利于信息熵,可计算各项指标权重。

指标 E_j 的熵为 $e_j = \frac{1}{\ln m} \sum_{i=1}^{m} b_{ij} \ln b_{ij}$ (j = 1, 2, …, n),其中,$b_{ij} = a_{ij} / \sum_{i=1}^{m} a_{ij}$ 为应聘者 P_i 在评价指标 E_j 下的比重。指标 E_j 的差异性系数为 $1 - e_j$。可得,指标 E_j 的权重为 $v_j = \frac{1 - e_j}{\sum_{j=1}^{n} (1 - e_j)}$ (j = 1, 2, …, n)。

4.4 确定最后人选

决策矩阵中 $A = (a_{ij})_{m \times n}$,第 j 列的最大值为 $a_j^* = \max_{1 \leq i \leq m} a_{ij}$,是指标 E_j 的理想值,应聘者 P_i 在 E_j 评价目标 $d_{ij}^* = a_j^* - a_{ij}$,则 $d_{ij} = d_{ij}^* v_j$,表示应聘者 P_i 在 E_j 理想评价目标,则应聘者 P_i 的广义熵为 $C_i = \sum_{j=1}^{n} c_{ij}$,其中 $C_{ij} = \begin{cases} -d_{ij} \ln d_{ij}, 1/e \leq d_{ij} \leq 1 \\ 2/e + d_{ij} \ln d_{ij}, 0 \leq d_{ij} < 1/e \end{cases}$,$C_i$ 越小,应聘者评价值越优。按 C_i 从小到大顺序排列,即可将应聘者的优劣顺序排出。招募者可根据企业的实际需要确定应聘者的人数。

这样的方法也可用于交易第三阶段——关于不同知识型人才绩效信息评价。

5 知识型人才交易模型分析

在评价知识型人才之后,对企业而言面临两大问题:一是该给知识型人才多少薪金;二是当这位员工成为知识型人才,如企业核心研发人员或管理人员时,应该让员工负责多大项目,即企业愿意且能够投入的资本应该是多少,这都是交易第二阶段问题。企业与知识型人才存在交易的可能,由于企业拥有资本,而知识型人才拥有才能,二者之间最后能否就两个问题达成协议，取决于双方的认识，特别是企业对知识型人才能力的掌握。企业愿意提供的薪金多少取决于人才的实际能力的高低。因此，可以假设企业愿意提供薪金与知识型人才的实际能力之间是正相关的函数，假设知识型人才的情况只有两种类型，H 表示实际高能力的人才，L 则表示实际低能力的人才。

企业对人才的认识为：$F（H）=f$，$F（L）=1-f（0<f<1）$

企业愿意支付的薪金为 W_0，当人才的能力为 H 或 L 时，对应给企业带来的收入为 R_H、R_L。$R_H \geq W_0 \geq R_L$，只要知识型人才给企业带来的收益高于薪金，企业就愿意招聘该人才。企业最终聘用知识型人才数量决定 f 的大小时，即企业有 f 可能认为应聘者是高能力的，f 也从某种程度上反映企业与应聘者之间信息不对称程度。可得出如下结论：企业与知识型人才之间最后的成交数量在 $f>1/2$ 时是信息不对称的递减函数，反之则是增函数。如果 $R_H + R_L > 2W_0$，当 $f_0 > 1/2$ 时，则前半部分（$f>1/2$）成立。如果 $R_H + R_L < 2W_0$，则 $f < 1/2$，这时，知识型人才被聘用数量与信息不对称程度没有单调关系。即：当 $f_0 < f < 1/2$ 时是递增的，当 $f > 1/2$ 是递减的。

同样，当企业决定让某位知识型人才负责项目大小时，也可采用此法。

6　知识型人才选用与信息不对称

对组织而言，组织知识型人才选用的途径主要有两条——内部招聘与外部招聘，各有优缺点。外部招聘的主要特点有：选择范围广，选择余地大，信息不对称的可能性更大，交易成本相对较高。组织外部空间是广阔的人力资源市场，可以有更为广泛的选择范围和更大的选择余地，可以借鉴本书关于知识型人才评价，经过考核与评价，在更多的候选人中发现更优秀、更适合组织发展目标的人选，为组织注入新鲜血液，带给组织新的生机，对原有员工也能起到一定的激励和促进作用。这些人才为组织带来新技术和新思想，从而可以拓宽组织决策者的视野和思路。内部招聘的主要特点：和组织外部的求职者相比，组织与内部员工互相比较了解，因为有来自本组织的有关资料和工作表现记录，内部的晋升者了解公司已有的企业文化，通常需要较少的技能评估、较少的时间来做决定，采用本书方法较易实现交易成功。由于减少了投入昂贵的广告费用以及使外部雇佣者熟悉本公司的需要，相关费用较低，交易成本也相对较低，且他们拒绝所提供待遇的可能性也小得多，适应新的工作岗位速度较快。内部晋升会引起多个内部人员的晋升，产生的空位都会成为晋升者们的动力。总之，外部招聘与内部招聘各有优点，代价也是不一样的，对组织而言的外部招聘，意味新的知识型人才进入市场（如刚毕业或刚入新行业），或其他企业知识型人才的流失，企业或政府可依据本书所提供的交易模型及自己所能承担的交易成本及预期收益进行选择内部招聘或外部招聘。

7 本章小结

所谓"知人者智,自知者明",知人与自知都不容易[25]。现实中,知识型人才特别是优秀人才对自身的价值往往评价较高,并极为看重他人、组织及社会对自己的评价;对自身才能是否得到充分发挥,自我价值是否得到相应承认,表现得比非知识型人才更为敏感;也更容易因组织评价与自我评价不一致而产生心理波动或挫折感,导致离职;近年来知识型组织人才流动频繁,固然与薪酬高低、工作环境等因素有关;不可否认,相当部分人才与组织之间评价差异有关。企业或政府应当通过更多的相互沟通了解,通过更为公正的评价及交易,为双方找到最大的利益均衡点;组织还要从知识型人才的薪酬、福利等多方面满足其需要,为知识型员工实现个人价值提供充分的发展空间;让他们最大限度地发挥自己的聪明才智和内在潜力,在富于挑战性和创造性的工作中展示其才华和智慧,从而在更高程度上实现自我,最终使组织得到更好的发展。

【复习题】

(1)试析知识型人才交易与一般人力资源交易的区别。

(2)试析委托代理理论在知识型人才交易中的作用。

(3)试析知识型人才交易模型。

【思考题】

(1)试析知识型人才交易中的不确定性。

(2)试析知识型人才选用与信息不对称,比较内部招聘与外部招聘。

【案例分析】

张五常为何说深圳将成为地球经济中心 深圳发展到什么程度了*

"深圳将成为整个地球的经济中心!"

---

* 引自 http：//www.zhicheng.com/n/20190423/262761.html,至诚财经网（www.zhicheng.com）4月 23 日讯。

2019 年 4 月 21 日的"大湾区与深圳的未来"峰会论坛中，著名经济学家张五常先生如此断言。

乍一看，这饼画得也太大了，地球这个词都搬出来了。

但仔细一想，张先生可是有句名言："为了真理我半步不让。"

如此较真的一位经济学家，所下的每一个论断必然有他的依据。其实我们就从 2019 年的今天往未来看，尽管深圳还有很多方面的不足，但并不是没有成为世界经济中心的可能。

深圳今天到底发展到了什么程度，你可能根本没有完全知道。

关于房价，深圳也在慢慢想办法

不用我说，深圳最饱受非议的一点，就是其房价高不可攀。

这令无数有志青年望楼兴叹，无奈返乡。

其实，高房价的背后是深圳土地资源的紧缺和城镇化推进的困难。两者都让开发商无法提供更多的房子，供给端已然尽力，需求端源源不绝。

深圳很聪明，它深知光靠公租房和人才公寓等政策的助力，对住房的解决只是杯水车薪。

于是开拓性地利用一些其他规划，力争让这里的人才，有个属于自己的家。

关于城中村拆迁难，深圳创新性地提出了城中村改造计划，在保留一定比例城中村的基础上，拆除部分违规建筑，全面改造城中村环境。

这不仅减少了政府的拆迁成本，也提升了租客的居住环境，还增加了统租保障房的供应，一举三得，未来可期。

关于土地不足，国家的大湾区战略来得正是时候，深圳建立临深一小时都市圈，让周边城市也能成为在深工作者的住处。

要知道，曾经也只有 622 平方千米的东京，在建立起了比它大 20 倍的都市圈的同时，也创造了经济奇迹。

好在深圳不比香港，向北和向东都有大量的土地资源，临深的房价还不至于扼杀年轻人的梦想。

无论是纽约、香港还是东京，高房价是任何一个经济中心不可避免的经济学规律，深圳会尽力权衡好房价对民生的不利影响和房地产及其相关行业带来的经济增长，绝不会让高房价成为其发展的阻碍。

没有文化，亦是文化

张五常在会上说："人类历史上，我们很少见到一个经济发达而文化尘下的地方。但目前的深圳经济发展，没有歧视的利，高于文化欠缺的害。"

歧视这个东西在社会心理学中已被明确定义为一种刻板的心理现象，尽管这些年我们不断强调包容与接纳，但不可否认在北上广多多少少还是会受到本地人无形中的偏见。

但深圳这个地方，几乎没有本地人。

20世纪70年代那个小渔村的全村人民加上他们的远房亲戚也不过几十万，而今天的深圳却是多达2300多万人口。

他们来自祖国的五湖四海，普通话说得也是天南地北，但心中的执念却极其统一，无非是淘金与逐梦。

新认识的朋友总会问一句："你老家是哪儿的？"

就像几十年前的美国，来自世界各地的移民友好地攀谈着："你来自哪个国家？"

不单是普通市民，政府公职人员、企事业领导干部，都是各地来的。大家抱团取暖，彼此接纳，在希望被包容的同时，也更能包容他人。

在这里，"来了就是深圳人"的口号一点也不虚。其他城市或许也有类似的表达，却难以像深圳这般深入人心、深得人心。

包容与开放，已经融汇到深圳每一个人的骨髓之中。这种"海纳百川，有容乃大"的精神，也许就是其独一无二的精神文化。

当然，历史文化的欠缺可能让市民们少了一些精神上的寄托与归属，也让这座城市少了一些立足的底气。

可是，巴黎的浪漫非一夜所致，纽约的自由也非一日而成，所有的文化都需要时间的积淀，相信随着历史的滚滚向前，深圳也会有其享誉世界的自己的文化。

教育的短板，但只是高等教育

"深圳只有一个深圳大学，高等教育极其薄弱。"

许多人对深圳教育的印象，也只停留在这个层面。

殊不知，在这个注重职业人才培养的地方，中小学教育和职业教育已经达到国际水平。

我曾经去考察过深圳市龙岗区的一所普通高中，他们会在高中一入学，就为每七个学生配备一名职业规划导师，让他们在高中学习与社会实践活动中慢慢找到人生的方向，为自己的未来规划出合适并且喜欢的职业，一来学习更有动力，二来人生少走弯路。

在深圳，有遍地的中小学体育赛事和兴趣活动，小学开设Python课早已不是什么新鲜事，幼儿园便可以说一口流利英语的孩子也比比皆是。难怪这么多家长钟情于这个城市，他们只是想让自己的孩子起点高一点罢了。

试想，等这一批孩子长大了，他们不仅有着黄种人冠绝全球的智慧，也摆脱了中国僵化应试教育的局限，更拥有父母在深圳这个城市积累下的足够资源。他们会对深圳未来经济有一波怎样的刺激，现在根本无法想象。

其实，就算是高等教育，深圳也丝毫不落下风。

香港中文大学深圳校区、中山大学深圳校区、北理莫斯科等各种合办大学正在慢慢兴起，南方科技大学也可谓自立门户小而精美，高校资源的一步步发展，不断填补高校资源的空缺。

即便是曾经的"独子"深圳大学，不仅依靠着资本的力量不断高薪聘请海内外知名学者留校任教，也一改国内高校"严进宽出"风格，不断加强毕业审查。

深圳大学短短几年便从中国百名开外跃升到今天的60多名。

这放在中国的任何一所高校，都是不可思议的现象。

深圳的科技，世界的科技

托马斯·弗雷曾在《终极感知：跑赢未来的八大预见》中预测：用不了多久，城市中便随处可见一些基础设施，包括无人驾驶汽车、无人快递网络、无人交通服务。

而深圳，已经实现了不少预言。

西丽大学城的快递机器人，早已在去年投入使用；华为的5G专利，在世界的占有率也高居榜首。

大疆无人机在全球的市场份额已经超过了70%；比亚迪也在2018年实现了电动公交车和电动出租车的全深圳覆盖。

无人驾驶地铁深圳14号线，开工了一年有余；天虹的深圳湾无人便利店，已运营快两年。

腾讯的无人编辑，短短10秒钟就可以写好一篇新闻。你在昨晚第一时间看到对刘强东再曝视频的报道，可能就出自机器人之手。

翻开深圳的招聘网站，AI已经和各种产业相结合，无数新兴的科技公司正在招贤纳士，无数学成归国的技术人士，也在深圳为祖国输出着自己的知识。

我只问一句话，150万元人民币的孔雀计划补贴，哪一位海归会不心动呢？哪一项技术会不流向这里呢？

的确，张五常也承认，对比美国，中国的科技知识的确弱了点，但我们一直在追赶，从未停歇。

产业，就是未来

落后的产业让很多中国城市不再辉煌。

甘肃玉门，湖北黄石，还有最近的白菜房价城黑龙江鹤岗，石油和矿产资源的枯竭，加上没有新的产业发展，使得它们渐渐脱离了经济前行的梯队。

而新兴产业却让中国另一批城市强势崛起。

互联网产业带动了整个杭州，光谷高新带动了整个武汉，而对于深圳来说，产业的结构性从来不是问题。

信息技术、高端装备制造、绿色低碳、生物医药、数字经济、新材料、海洋经济，深圳这七大新兴战略产业，产值增长值高于年 GDP 增速，完美响应了中国供给侧改革的号召。

在深圳，遍地可见风投公司和天使投资人。我和一位做 PE 的朋友简单地聊过，他说他们投资讲求两个逻辑：要不投团队，要不投赛道。团队是这个团队厉不厉害，而赛道便是这个产业有没有足够的发展潜力。

经济的强弱，归根结底还是人的强弱

在深南大道的两旁，你经常可以看到这样的标语：

"深爱人才，圳等你来。"

深圳对人才的怀抱，始终是保持敞开的。

在北京和上海都关上户口大门的时候，就注定把人才让给深圳了。直到今天，深圳只需大专以上即可落户买房，而本科、硕士更是享有租房补贴等一系列利好。

人才的不断流入，是经济增长的直接催化剂。

深圳对人的吸引，也一直是个谜。

2018 年 1—9 月，深圳新登记商事主体 373809 户，以 182 个工作日计，日均新设 2053.9 户，延续高速增长态势。明明已经无数创业公司惨死在深圳的各种孵化器内，却还是打不消新一批猛士向死而生的决心。

创业人才们，依然选择这座城市。

深圳湾新开盘一处华润的商务公寓，一大批富豪竟愿意用 1 个亿来换取一套小几百平方米的住宅。

老板们，也依然选择这座城市。

甚至，有的年轻人说自己来深圳的原因，只是因为喜欢天桥底下那些涂鸦。

2018 年，在北京、上海人口均出现负增长的情况下，深圳逆势增加 21.2 万常住人口。

我不知道这些人因何而来，我只知道这座城市，未来可期。

小结

30 年前，张五常先生站在黄浦江边上，推断上海的经济将会超过香港。

回想一下 20 世纪 80 年代如日中天的香港，恐怕很少有人会信他的话。

30 年后，张先生于深圳湾畔，又做出了一个有点狂妄的预测。

历史，会惊人地相似吗？

问题：运用交易理论分析深圳如何成地球经济中心，知识型人才将在未来深圳发展过程中的作用。

参考文献

［1］朱名宏. 人力资源与知识经济增长［EB/OL］. http://www. swpi. edu. cn/rwsky/zsjj/7. htm,2005 – 04 – 27.

［2］Barney J. Firm Resource and Sustained Competitive Advantage［J］. Journal of Management,1991(17).

［3］Barney J B. Looking in Side for Competitive Advantage［A］. A Campbell,K L S Luchs. Core Competency – based Strategy［C］. International Thomoson Business Press,1997:13—29.

［4］A S A du Toit. Competitive Intelligence in the Knowledge Economy:What is in it for South African Manufacturing Enterprises［J］. International Journal of Information Management,2003(23):111—120.

［5］丁晓琴. 杭州拟实施政府雇员制员工年薪不菲无行政职务［N］. 今日早报,2004 – 02 – 20(1).

［6］席酉民,尚玉钒. 和谐管理理论［M］. 北京:中国人民大学出版社,2003.

［7］彼得·德鲁克,等. 知识管理［M］. 北京:中国人民大学出版社,2004.

［8］张望军,彭剑锋. 中国企业知识型员工激励机制实证分析［J］. 科研管理,2001(6):90—96.

［9］Teece D J. Capturing Value From Knowledge Assets:The New Economy,Markets For Knowhow and In Tangible Assets［J］. California Management Review,1998(40):55—79.

［10］Dubinsky A J,Kot abe M,Lim C,Michaels R E. Differences in Motivational Perceptions Among U. S. ,Japanese,and Korean Sales Personnel［J］. Journal of Business Research. 1994(30).

［11］Davenport T,Prusak L. Working Knowledge:How Organizations Manage What They Know［M］. Boston:Harvoard Business Press,1998.

［12］朱晓峰,肖刚. 知识管理基本概念探讨［J］. 情报科学,2000(2):129—131.

［13］张向前,黄种杰,蒙少东. 信息经济时代知识型员工管理［J］. 经济管理,2002(2):60—64.

［14］何亚东,胡涛. 委托代理理论述评［J］. 山西财经大学学报,2002(3):47—49.

［15］Ross S. The Economic Theory of Agent:the Principal's Problem［J］. American Economic Review,1973(63).

［16］谢德仁. 企业剩余索取权. 分享安排与剩余计量［M］. 上海:上海三联书店,2001.

［17］张向前. 人性假设的 H 理论与和谐管理系统［J］. 江淮论坛,2005(1):30—35.

［18］刘东.交易费用概念的内涵与外延［J］.南京社会科学,2001(3):1—4.

［19］张五常.关于新制度经济学［M］.北京:经济科学出版社,1999:67.

［20］普里高津,斯唐热.从混沌到有序［M］.上海:上海译文出版社,1987:223.

［21］普里高津,等.探索复杂性［M］.成都:四川教育出版社,1986:3—4.

［22］C E Shannon.信息论理论基础［M］.上海:上海科学技术编译馆,1965.

［23］肯尼思·阿罗.信息经济学［M］.北京:北京经济学院出版社,1989.

［24］乌家培.信息经济学与信息管理［M］.北京:方志出版社,2004.

［25］张向前.试析《道德经》与现代企业人力资源管理［J］.中国软科学,2004(8):85—91.

第十三章　知识型人才流动研究

【学习目标】

(1) 了解知识型人才流动的行为特征

(2) 了解影响知识型人才流动的因素

(3) 了解知识型人才流动产生的效应

(4) 掌握知识型人才流动管理建议

1　引言

知识型人才作为先进的知识、技能和经验的拥有者，不但具备较高的个人素质、较强的自主性以及较强的创新性，还具有较显著的流动性。在我国企业中，知识型人才流动率过高的情况时有发生，探寻知识型人才流动的内在规律，建立合理有效的知识型人才保持策略已经成为企业管理者的当务之急。当前对于知识型人才流动问题的研究大部分是建立在西方学者的研究理论和研究模型之上，然而管理理论具有很强的环境依赖性，尤其是中国的社会文化、经济制度与西方国家迥然不同，西方学者的研究理论与研究模型是否能够解释中国人才的流动有待进一步研究证实[1]。此外，知识型人才在企业中扮演着重要而特殊的角色，其特性有别于普通人才也早已被广大企业管理者所认可，因此，知识型人才与普通人才在流动行为及流动原因上必然存在诸多截然不同之处，而传统流动性研究通常是针对普通人才进行的，因此，专门建立一套以知识型人才为研究对象的流动模型，对知识型人才进行深入细致的探讨将成为本书的核心内容。目前，国内学者对人才流动的研究大部分是总结与归纳流动的影响因素，而对流动因素的影响程度和作用机理则缺乏系统深入的剖析，因此，考虑到现有文献对知识型人才流动影响因素和作用机理的研究尚有不足，本章将在吸收前人研究成果的基础上，深入挖掘影响知识型人才流动的影响因素及作用机理，以福建企业作为实证研究对象，从而为知识型人才的理论研究与企业管理实践提供参考与借鉴。

2 知识型人才流动的行为特征

2.1 人力资本投资性

从人力资本的角度而言，知识型人才有三个显著的特征。首先，知识型人才的人力资本含量较高。知识型人才大部分受过专业和系统的教育，并掌握特定的专业技能和知识，因此其人力资本含量较高。其次，知识型人才的人力资本具有独特性。知识型人才掌握的知识技能和拥有的经验阅历具有独特性，一般人才难以模仿和取代，可见知识型人才的人力资本对企业具重要而特殊的意义和价值。最后，知识型人才具有较高的流动性。知识型人才的成功欲望较强，通常会选择适当的时机离开企业，以突破其发展瓶颈并实现个人价值最大化，因此，知识型人才的流动性较高。

知识型人才人力资本的特性决定了知识型人才流动的投资性。西奥多·舒尔茨（Theodore W. Schults）认为，个人和家庭不断迁移以适应变化的就业机会是人力资本投资的一个重要方面，而知识型人才从原来的企业流出进入新的企业这一行为可以看成拥有先进知识和技能的特殊人才将人力资本转移的成本与收益进行理性比较的结果。人才流动的成本包括迁移的费用、原有社会关系的损失等。人才流动的收益包括货币收益和技能收益等。当人力投资的收益高于成本时，知识型人才就会将人力资本从原来的地方转移到能够产生最大收益的环境中去，由此产生"知识型人才的流动"。因此，知识型人才的流动具有资本投资性。

2.2 需求满足性

弗洛伊德（Sigmund Freud）认为，支配人行为的心理动力是本能的需要，马斯洛（Abraham H. Maslow）认为是未获满足的需要。近年来，通过国内学者的分析比较，认为知识型人才的人格由本我、自我和超我三部分组成，支配知识型人才行为的心理动力由"自我动力"和"超我动力"两大部分构成。高贤峰研究指出[2]，"受教育程度与'自我''超我'强度呈正相关性，即受教育程度越高，自我与超我强度就越大"。因此，知识型人才较高的受教育程度表现出明显的"自我动力"与"超我动力"。

（1）知识型人才的"自我动力"

自我动力来源于个体对自我需要满足的期望，根据行为科学理论，知识型人才自我需要的满足主要有两种途径：第一，外在满足。知识型人才的外在满足，主要是外在行为刺激而产生的满足，比如工资、奖金、福利及晋升等。这些外在刺激构成了强有力的激励——报酬激励。知识型人才大部分受过专业和系统的教育，在知识积累与能力获得的过程中付出了较高成本，对报酬的要求也比一般人才更高，因此，知识型人才"外在满足"的最大需求是较高的报酬激励，并且希望物质激励公平合理。第二，内在满足。知识型人才的内在满足是通过自身努力，而非外力获得的满足。主要表现为知识型人才通过自身的努力完成工作的挑战，体会到完成任务带来的成就感和满足感，以及将某项工作挑战视作迈向事业成功和实现理想的机会期望。知识型人才受过系统的教育，对自身的能力认识清晰，事业心强，自主性高，比一般人才更加向往拥有能够实现自身价值的成功事业，因此，知识型人才的内在满足中蕴含着更高的成就期望和机会期望。

（2）知识型人才的"超我动力"

"超我动力"是基于"超个人取向"或"超自我"的、完全社会化的动力系统，是知识型人才为满足社会或企业的利益和需要而产生的动力。超我的部分是人才在后天发展中逐渐形成的。正向强化产生人才对理想和信仰的追求，负向强化形成人才对责任和道德的认识，由此制约和规范人才的个人行为。受教育的程度越高，人才受环境直接或间接影响的效果就越明显，超我强度就越大。知识型人才由于受过更系统的教育，因此比一般人才拥有更高的理想和信念，更强的责任感和道德观。企业的文化和崇高的愿景对知识型人才具有更为重要的意义。知识型人才一旦确立了更高的追求和企业无法满足其需求时，他们就会选择另一个能够满足其自我满足和超我满足的企业。可见，知识型人才的流动具有需求满足性。

2.3 知识型人才流动的因素分析

根据上文对知识型人才相关研究文献的总结以及知识型人才流动行为特征的分析，本书将影响知识型人才流动的因素归纳为以下几个方面：

（1）薪酬状况

薪酬是指人才作为雇佣关系的一方从雇主处获得的货币收入和物质收益的总和[3]。由于薪酬是影响人才努力程度与工作绩效的重要因素，因此，管理学家一直强调薪酬对人才流动的重要性。薪酬对人才的影响包括人才出勤率、人才流动率等。薪酬满意度是指人才对企业的薪酬管理制度的理解与反映，薪酬满意度的高低取决于人才实际获得收益与薪酬期望之间的差距。大量的研究结果显示，薪酬是人才衡量一份工作满意与否的重要指标。因此，本章将薪酬状况视为影响知识型人才流动的因素之一。

（2）企业公平性

亚当斯（John Stacey Adams）认为，人才是否受到激励，不但取决于他们得到了什么，还由他们所得与他人相比是否公平而定。当人才获得的激励与他人大致相当时，就会消除心中的顾虑，认为企业公平合理而安心工作，但反之会造成人才心里不安，消极怠工甚至离职。知识型人才受教育程度较高，对于公平的理解相对于一般人才更为敏感和深刻，公平的薪酬制度、公平的晋升机会、公平的工作资源以及公平的上级关怀都在知识型人才的需求之列。可见，公平的企业氛围和管理制度是知识型人才获得激励效果的先决条件，也是知识型人才在企业中长久发展的重要前提。

（3）工作自主性

知识型人才不仅具有强烈的成就需求，而且成就的满足度还与知识型人才在工作成果中的贡献程度密切相关，因此，企业管理者必须给予知识型人才更大的工作自主权。由于知识型人才在工作自主性方面的需求，企业应该更加重视对知识型人才在工作中自主创新方面的授权，并且时刻确保知识型人才工作的自愿性，否则知识型人才在非自愿的环境下不仅会延误工作，更会对团队的工作氛围造成负面冲击[4]。

（4）工作条件

知识型人才在企业价值创造中有着特殊而重要的影响，企业应该营造良好的工作条件保障知识型人才的工作顺利、高效地完成。具体地说，企业必须为知识型人才提供安全舒适的工作环境，工作所需充足资源，以及和谐友好的工作氛围[5]。只有具备了优良宽松的工作条件，才能激发和促进知识型人才的创造性和自主性，才能取得知识型人才对企业的认同，才能实现企业人才队伍的稳定和事业的发展。

（5）工作单调性

知识型人才掌握着先进的知识和技能，向往在不确定的环境中发挥才智和灵感，以创造性思维进行分析、判断以应对工作挑战，推动企业技术的进步和产品设备的更新。如果让知识型人才长期从事单调的重复性工作，不仅低估知识型人才的价值创造力，抑制知识型人才的创新思维，还会扼杀知识型人才的工作激情[6]。

（6）同事融洽度

知识型人才能够在企业中担当重要的管理或研发角色，充分发挥其积极性、主动性和创造性，离不开同事的支持与配合。制定决策时同事的信任、遇到困难时同事的帮助、犯下错误时同事的谅解、取得成就时同事的赞赏等都是知识型人才迈向成功的关键因素。然而，水可载舟，亦可覆舟。如果知识型人才在取得成就之后忘记保持谦虚谨慎，反而表现出志得意满、居功自傲的心态，就会失去同事的信任与支持，甚至被团队所遗弃[7]。

(7) 领导适应度

与同事融洽度类似，知识型人才要求获得人才尊重与企业重视的需求十分强烈。因此，上级领导的关怀、信任与支持是知识型人才重要的情感慰藉和精神支柱。企业管理者应经常与下属进行平等交流、自由沟通，如此不但能使知识型人才感受到企业和领导的重视而备受激励和鼓舞，而且还能增强知识型人才对企业的责任感与归属感[8]。

(8) 晋升空间

知识型人才有着扎实的理论基础和熟练的专业技能，工作对于知识型人才而言，更多是为了获得成就感和提升自我价值。从职业发展的角度分析，知识型人才十分重视自身的发展机会，有着强烈的成长需要和成就欲望。因此，企业必须重视和落实知识型人才的职业生涯设计，帮助知识型人才制订既符合其兴趣特长，又满足企业需要的个人职业规划，将知识型人才职业的发展与企业未来的发展密切联系起来。在企业日常的经营管理中，为知识型人才提供富有挑战的工作或者创造新事业的机会，并提供公平适当的职位晋升，使知识型人才的个人成长能与企业发展紧密融合。当知识型人才感觉到企业能提供良好的成长环境与发展空间时，就会竭尽全力地为企业创造价值[9]。

(9) 就业机会

March 和 Simon 从就业市场的角度出发，分析就业机会与人才流动之间的关系，得到的结论与当代经济学观点一致，即"当劳动力供给紧缩时，人才流动率要比劳动力需求短缺时的流动率高"[10]。由此可见，当就业市场的需求量增加，就业机会相对丰富时，知识型人才的流动倾向和流动行为增强；当就业市场的需求量下降，即就业机会相对稀缺时，知识型人才的流动倾向和流动行为减少。因此，本书将就业机会纳入知识型人才流动影响因素的范畴。

(10) 流动成本

人才在工作期间将时间、情感、精力等以类似投资的形式投入企业的发展中。当人才与企业维持雇佣关系时，投资将继续发生效用，而当人才与企业中断雇佣关系时，投资就会失去效用和价值。因此，知识型人才在流动时将产生心理和经济两方面的成本，包括失去已形成的人际关系、失去原有的福利待遇、继续供职可能的晋升以及寻找新工作要付出的代价等。此外，在不熟悉新企业的情况下，贸然地转换工作也将使知识型人才面临极大的风险和不确定性。知识型人才考虑到流动产生的巨大成本以及信息的不确定性之后，往往会选择继续供职于原来的企业。因此，本书将流动成本视作影响知识型人才流动因素之列，将继续予以研究。

2.4　知识型人才流动产生的效应

知识型人才的流动能够在社会范围内优化人力资源配置，因此无论对社会或者企业来说都是正常且必需的，但当其流动程度超出了社会或企业的控制或预见范围，那么这种流动就是反常和有害的。下面重点讨论知识型人才流动对企业造成的影响。

2.4.1　知识型人才流动对企业的正面效应

虽然知识型人才对企业发展有着举足轻重的作用，但有时留住工作表现不佳的人才不但不会提高企业的运营效率，反而会增加企业的负担。企业知识型人才合理流动产生的正面效应包括：

（1）促进企业人才的新陈代谢，活跃企业的创新思维。知识型人才具有很强的学习能力，在进入企业之初往往会学习大量的工作技能以适应企业需求，在完全掌握工作业务和流程之后就有可能逐渐产生倦怠情绪，还会影响身边同事的工作热情。让工作表现不佳的人才流出，引进新鲜的知识型人才，不但能活跃企业氛围和创新思维，优化企业人才结构和人才质量，还能通过人才之间的不断磨合逐渐形成一个相对和谐稳定的工作团队，从而为企业的长远发展奠定坚实的人才基础。

（2）培养知识型人才竞争意识，激发知识型人才工作潜力。知识型人才在企业中通常都享有较为丰厚的薪酬与福利，较低的人才流动率会导致知识型人才安于现状，丧失事业心和进取心。通常表现为市场部管理人才对市场需求反应迟钝，研发部门人才的产品研发周期较长等，并由此导致企业整体运营效率低下。在此种情况下，保持一定程度的人才流动率可以引发知识型人才的危机感，充分激发知识型人才的工作潜能，使知识型人才凭借竞争意识以及创新意识获取相应的工作岗位，通过不懈的努力进取以避免被企业所淘汰，进而提升企业人才的整体竞争力和创新水平。

（3）优化企业人力资源配置，促进知识和技能在行业中传播。随着企业升级转型或者经营项目的转变，一些曾经伴随企业成长的知识型人才由于特有的知识与技能无法匹配企业的新项目、新发展，不得不选择新的发展空间。但这并不代表他们的知识与能力已经被社会淘汰，而是因为企业的发展方向与个人能力的发展方向出现了偏差。在此情况下，从事企业原先业务的知识型人才流出，将成熟的知识与技能带到同行业的其他企业中，促进行业技术水平和生产率的提升；同时，引进企业新业务所需的知识型人才，重新优化和配置企业人力资源组合，以适应新业务、新形势的发展。

因此，建立合理的人才流动管理机制，保持适当的人才流动率能够显著提高企业的人力资源质量，保证并提升企业的运营效率。

2.4.2 知识型人才流动对企业的负面效应

虽然知识型人才的合理流动能够促进企业发展，但是当流动率超出企业的承受范围或管理能力时，就会给企业带来许多显性或隐性的损失：

（1）企业人事成本增加，企业发展受挫。知识型人才的过度流失会产生一般性的职位空缺或者关键性的职位空缺，从而迫使企业进行人事调整。一般性的职位空缺可以从企业内部填补或者从企业外部引进，其中，前者有可能引发一连串的人事波动，而后者又必须重新培养熟悉工作业务和办事流程的人才，都会造成企业人事成本的上升。关键性的职位空缺，如核心管理人才或技术人才的离职将导致企业生产运营受阻甚至陷入停滞瘫痪状态，对企业的生存发展影响极为不利。

（2）企业丧失凝聚力，士气不振。知识型人才的离职一方面会使工作团队群龙无首，失去凝聚力和向心力；另一方面会使企业人心动荡，士气低迷，甚至动摇对企业发展的信心，这些损失都是难以估量和难以弥补的。

（3）企业客户流失，商业机密外泄。知识型人才在企业中掌握丰富的工作资源，如维系企业的重要客户，或者负责企业的重要项目等，这些信息和资源在日复一日的工作中逐渐融入个人色彩，慢慢演变成知识型人才独有的人际关系或工作经历；一旦知识型人才流失，这些机密信息和重要资源也将随之而去。而知识型人才加入其他企业，其掌握的资源将很快成为新企业的竞争优势，从而对原企业造成致命的打击。

（4）企业声誉下降，形象受损。从企业内部看，知识型人才频繁流失将会使企业人心涣散，从而导致更多人趋从式地产生流动；从企业外部看，人才的大量流失会给人树立企业经营不善，无法招才留才的印象，造成企业声誉受损和社会认可度下降，为企业今后的发展埋下隐忧[11]。

综上，知识型人才流动对企业造成的影响重要且深远，并随着时间的推移将产生许多新现象、新问题，本书限于篇幅无法一一列举和讨论，仅仅选取其中某些方面试做分析，希望能为理论和实践工作者提供些许思路。

3 知识型人才流动模型分析

本章将知识型人才流动的影响因素归结为薪酬状况、企业公平性、工作自主性、工作条件、工作单调性、同事融洽度、领导适应度、晋升空间、就业机会和流动成本十个因素，各因素之间相互影响，共同作用于知识型人才的流动行为。本章将基于上文对知识型人才流动行为特征和影响因素的分析，提出研究假设并构建知识型人才流动模型。

3.1　知识型人才流动的理论假设

3.1.1　薪酬状况与知识型人才流动

薪酬是人才通过为企业提供劳动和服务所获得的报酬，包括狭义和广义两个方面：狭义的薪酬是指货币方面的报酬，而广义的薪酬除了狭义的薪酬部分，还包含其他非货币形式的回报，如荣誉感、成就感、责任感以及赢得尊重等。以赫兹伯格（Fredrick Herzberg）的双因素理论（Two Factors Theory）分析广义薪酬的概念，可以将其分为保健因素（如工资、津贴、企业福利等）和激励因素（奖金、股份、培训等）。保健因素是造成人才不满的直接因素。如果保健因素无法获得改善，人才会产生情绪低落、消极怠工以及离职意愿。当保健因素获得满足后，将会消除人才的不满情绪，但无法对人才产生激励效果，此时必须通过激励因素调动人才的工作激情。激励因素是使人才感到满意的因素。激励因素的改善而使人才获得满意的体验，从而激发人才的工作热情，提高工作效率。知识型人才具备较高的知识、技能和经验，是企业发展重要的支柱和保障。相比于一般人才，薪酬对于知识型人才而言不仅是物质生活的保障，更成为衡量知识型人才企业贡献程度和社会地位的标准[12]。企业为了能够吸引和留住知识型人才，必须从保健因素和激励因素两个方面入手：一方面满足知识型人才的工资、福利等基本需求，将知识型人才的不满情绪和流动意愿抑制在较低水平或可控范围内；另一方面灵活运用奖金、培训等其他薪酬形式，充分认可知识型人才的工作业绩、工作价值，有效调动知识型人才的工作积极性。

综上，本书认为薪酬较高的工作对知识型人才更具吸引力和激励性，更能提高知识型人才的努力与绩效；而薪酬较低的工作则可能导致知识型人才出现工作散漫、工作效率低下等状况。一旦他们发现其他企业的薪酬更具诱惑力，就会选择离开当前企业以谋取更高的薪酬。因此，薪酬状况和知识型人才的流动倾向之间具有显著的负相关关系，即合理的薪酬制度能减少知识型人才对工作的不满，降低其流动的倾向。结合上文对薪酬状况的分析，提出研究假设 1：薪酬状况对知识型人才的流动倾向具有显著的负向影响。

3.1.2　企业公平性与知识型人才流动

大量的研究发现，知识型人才往往把激励的"公平公正"放在很重要的位置，甚至产生"不患贫而患不均"的想法[13]。亚当斯（John Stacey Adams）的公平理论认为，人才工作的积极性不仅取决于实际获得激励的多少，而且还与激励施加的公平程度密切相关。人才常常将自己获得的回报与付出的代价同他人进行比较，并对比较结果进行公平程度的判断。公平感直接影响着人才的工作行为和工作动机，知识型人才尤为如此。

通常而言，影响知识型人才积极性的公平感源自"社会比较"和"历史比较"。"社会比较"指的是知识型人才对获得的薪酬、福利、晋升机会、受关怀、受重视程度等与自身付出的教育成本、工作时间、工作精力等的比值，与他人的回报与付出的比值进行比较。"历史比较"指的是知识型人才将自己在历史中某两个时点的回报与付出的比值进行比较。知识型人才总会有意识或无意识地进行这两种比较。当他们经过比较后认为收支比率基本相等时，就会产生心理平衡感，心情畅快，工作积极努力；然而经过比较一旦发现收支比率不等时，他们会失去公平感，消极怠工，影响正常的工作节奏。当收支比率明显过低时，可能会产生严重的挫折感和怨恨感。当收支比率较高时，知识型人才可能会产生感激心理或不安心理等。

当知识型人才感到不公平时，他们可能会通过自我安慰以造成一种公平的假象，或者以另一种基准进行比较来获得主观上的公平感；也有可能通过要求降低他人劳动报酬、增加他人的劳动投入或要求增加自己的劳动报酬、减少劳动投入等方式改变收支比率以减少心理失衡；还有可能导致消极怠工或离职行为的产生。因此，为避免知识型人才产生不公平的感觉，企业必须采取各种手段，包括建立公平的薪酬制度、创造公平的晋升机会、提供公平的工作资源以及施加公平的关怀和重视等，通过在企业中形成并保持公平合理的氛围，使知识型人才获得主观上的公平感，以减少负面情绪和离职现象的发生。结合上文对企业公平性的分析，提出研究假设2：企业公平性对知识型人才的流动倾向具有显著的负向影响。

3.1.3　工作自主性与知识型人才流动

哲学家康德认为，理性的个人，想要成为一个道德的存在，就必须具有一种有意识的选择自由。现代社会是一个自主性的社会，知识型人才作为活跃其中的个体，其崇尚自由、追求自由、享受自由的价值观深刻影响着工作生活中的行为方式和行为准则。

与一般人才被动地适应环境不同，知识型人才拥有很强的自主性。所谓自主性，就是不依赖他人、不受干涉地进行独立判断和自我行动。知识型人才的自主性主要体现在工作的主动性、上进心、创造性等方面，以及较强的自我控制能力和责任感。

具体来说，知识型人才在企业中善于按照自己的意愿安排工作内容和工作时间、选择工作方法和工作地点、计划工作进度以及付出多少努力等。知识型人才在工作中不愿受制于人，不喜欢上级把工作的计划安排、细节措施等安排得清楚明确，不愿听凭上级在工作中指手画脚，甚至从头到脚完全不受摆布。知识型人才不愿受制于物，不希望被企业的办公条件或陈旧的管理制度所束缚，向往自由自在的工作环境、灵活弹性的工作时间以及和谐宽松的组织氛围。知识型人才在工作中强调自我管理，热衷尝试各种新事物与新方法，希望在创新过程中能够得到企业管理者的支持以赋予工作中更大的自主权和决定权。

如果知识型人才可以自主决定工作开展的方式，这在很大程度上体现出企业对知识型人才的信任和肯定，进而促进和改善知识型人才对企业的认同感、归属感以及对工作的努力和投入程度；反之，若企业无法满足这些要求，他们便会考虑另谋出路，寻找更广阔的发展空间。因此，本书认为提高工作自主性符合知识型人才崇尚自由的理念，能够显著降低知识型人才流动的欲望，结合上文对工作自主性的分析，提出研究假设3：工作自主性对知识型人才的流动倾向具有显著的负向影响。

3.1.4　工作条件与知识型人才流动

大量实践证明，能否留住知识型人才是决定企业成败的关键，而是否具备优良的工作条件则是留住知识型人才的关键。工作条件是指人才在企业工作中的设施条件、工作环境、劳动强度和工作时间的总和。由于知识型人才从事的工作性质多为脑力型劳动或管理型劳动，相对而言，工作条件的内容更为丰富。

知识型人才对工作条件的需求比一般人才更广泛，主要体现在知识型人才不但要求企业提供基本的硬件条件保障正常工作的持续有效地进行，同时还要求企业具备软件条件为创造力的充分发挥提供优越的土壤。

企业在硬件方面提供的工作保障包括安全的工作环境、舒适的办公设施和人性化的休闲场所等。良好的硬件条件是知识型人才安全健康和持续发展的基础，是知识型人才价值创造力稳定输出的必要条件；而硬件条件简陋则会打击知识型人才的工作情绪，导致工作效率低下，甚至损害知识型人才的安全健康，影响正常的工作与生活，一旦出现这类严重的情况，知识型人才极易选择离职以寻求更有力的工作保障。

相对于硬件条件的保障作用,软件条件在促进和提升知识型人才价值创造水平方面具有更显著的作用。软件条件包括尊重知识、尊重人才的企业文化,和谐友好的工作氛围以及完成工作挑战所需的上级支持、同事配合等。营造良好的软件条件能够使知识型人才充分感受到企业的尊重和信任,能够时刻保持清醒的思维、饱满的情绪追求卓越的工作绩效。反之,恶劣的软件条件会使知识型人才得不到应有的重视和信任,优秀的创意无法得到充分支持而无法实现,甚至在工作中处处碰壁,以致心灰意冷,最后不得不离开这样的企业。

因此,本章认为,企业是否具备良好的工作条件是决定知识型人才去留的关键因素。企业如果要使知识型人才认同企业文化、帮助企业实现发展目标,应当且必须从硬件和软件两个方面入手,打造优质的工作条件,如此才能有效吸引知识型人才驻足、发展。结合上文对工作条件的分析,提出研究假设4:工作条件对知识型人才的流动倾向具有显著的负向影响。

3.1.5 工作单调性与知识型人才流动

知识型人才崇尚挑战的性格特点一方面是其从事高难度、高压力工作的优势和动力,另一方面也使其容易对经历过的工作产生疲劳和倦怠。有研究指出,知识型人才已经成为"职业枯竭症"的高发人群。职业枯竭(Job Burnout)又称"工作倦怠",是美国精神分析学家 Freuden berger 于 1974 年首次提出的,用来描述工作者与工作之间由于工作中的各种矛盾冲突导致的身体、情绪、行为的耗竭之感。职业枯竭主要表现为工作者身体疲劳、情绪低落、创造力衰竭、价值感降低,工作上的消极状态进而会影响整个生活状态。

职业枯竭并不是一蹴而就的,是随着工作时间的增加在工作的过程中慢慢累积的。许燕等学者将人才在工作中的状态分成四个阶段[14],即"蜜月期""适应期""挫折期"和"淡漠期"。当处于蜜月期阶段,人才有旺盛充足的精力,工作有很高的热情和期望值,同时对工作的满意度较高;在适应期时,人才开始接受正常的工作内容,慢慢进入角色并逐渐习惯重复单调的工作内容;进入挫折期后,人才开始对稳定的工作方式、乏味单调的工作内容产生倦怠之感,对工作的热情、积极性与主动性逐步消减;当发展到淡漠期时,人才出现严重的心理衰竭状况,对周围的人、事表现出极端的麻木和冷漠,已经无法继续工作。

知识型人才时常感觉工作疲劳,缺乏工作激情,而且总是被动地完成分内的工作。单调重复的劳动甚至使有些人对工作的意义产生怀疑,认为自己的付出对社会和企业无足轻重[15]，这是职业枯竭日趋严重的迹象。相比而言，由于知识型人才具备较高的学习和领悟能力，其职业枯竭的速度和严重程度均高于一般人才。主要表现为知识型人才的工作适应能力很强，工作上手速度很快，在熟悉工作流程之后就是长时间并且反复地从事相同的专业领域和同样的工作程序，导致知识型人才认为工作缺乏挑战感和刺激感，继而引发知识型人才对工作的冷漠和倦怠情绪甚至离职的倾向。针对知识型人才崇尚挑战、厌倦单调、容易产生倦怠的特性，企业可以通过培训系统、开发系统以及职业管理系统相结合的方式，为知识型人才设计和安排跨任务、跨岗位的工作轮换，以满足知识型人才的新鲜感和求知欲而减少单调乏味感，提高知识型人才的工作满意度而减少倦怠和离职倾向[16]。当然，工作轮换要充分考虑知识型人才的心理和生理承受能力，使知识型人才工作之余可以有充分的时间消化工作压力、消除身体的疲劳。

综上，本章认为过分单调的工作容易产生知识型人才职业枯竭，进而诱发离职的意愿。而企业从工作培训、工作轮换等方面满足知识型人才的求知欲和挑战欲，可以从根本上防止职业枯竭症状的产生。因此，结合上文对工作单调性的分析，提出研究假设5：工作单调性对知识型人才的流动倾向具有显著的正向影响。

3.1.6　同事融洽度与知识型人才流动

梅奥（George Elton Mayo）的人际关系理论已经充分证明，人际关系是影响人才工作效率的重要因素。人际关系是人才之间心理上的关系或心理上的距离，其形成和发展一般要经历以下四个阶段：第一，定向阶段。人才初步确定要交往并建立关系的对象，然后利用各种机会和途径去接触和了解对方，通过初步沟通，人才可以明确进一步交往的可能与方向。第二，情感探索阶段。人才探索彼此在哪些方面可以建立真实的情感联系。为了避免触及私密领域，表露出的自我信息比较表面，因此本阶段的交往具有很大的正式性。第三，情感交流阶段。人才之间的人际关系开始出现由正式交往转向非正式交往的实质性变化，彼此形成了相当程度的信任感、安全感和依赖感。第四，稳定交往阶段。这是人际关系发展的最高水平。人才在心理上高度相容，允许对方进入自己绝大部分的私密性的领域，分享各方面的经历。知识型人才作为企业人力资源中最活跃的因素，其人际关系的建立也大致遵循以上过程。

人际交往是知识型人才认识自我和评价自我的基本途径，知识型人才在与他人的交往中不断认识和建立自己的形象。良好的人际关系能够平衡和协调知识型人才与他人之间的互动关系，有助于自身在工作中充分调动资源、取得优秀的业绩。现代社会是一个关系型社会，建立和拥有满意的人际关系是知识型人才的基本需求。而同事关系作为企业人际关系中最广泛和最普遍的资源，无时无刻不影响着知识型人才在企业中的能力发挥。融洽的同事关系能够为知识型人才适应工作环境、完成工作挑战和迈向事业成功提供极大的助力，能够增强知识型人才与同事的羁绊与依赖，从而形成较强的人才归属感和企业凝聚力。当知识型人才无法从企业同事身上获得理解和支持时，人际关系和企业资源就无法顺利构建和有效调动，工作的举步维艰和企业归属感的持续弱化最终将导致知识型人才流动的产生。因此，结合上文对工作条件的分析，提出研究假设6：同事融洽度对知识型人才的流动倾向具有显著的负向影响。

3.1.7　领导适应度与知识型人才流动

根据赫塞（Paul Hersey）和布兰查德（Ken Blanchard）的领导生命周期理论，下属的成熟度对领导者的领导方式起重要作用。成熟度是人才对自己的行为承担责任的能力和愿望的大小，主要决于工作成熟度和心理成熟度。工作成熟度包括人才的知识和技能，工作成熟度高即拥有足够的知识、能力和经验完成他们的工作任务而不需要他人的指导。心理成熟度是人才做事的意愿和动机，心理成熟度高则拥有较强的面对挑战的欲望和完成挑战的信心。根据员工的成熟度不同，将领导方式分为四种：命令式、说服式、参与式和授权式（见图1）。

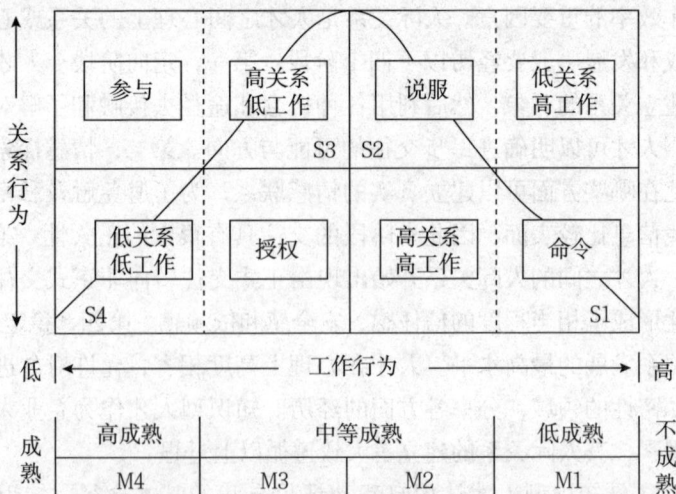

图1　权变领导理论

相比于一般人才，上级的领导方式对知识型人才的工作具有更重要影响。

知识型人才具有丰富的知识、能力和经验，拥有很强的工作挑战欲，可见知识型人才的工作成熟度和心理成熟度都很高，希望上级领导者能够提供必需的工作资源而尽量减少工作的干预，独立地进行工作，因此，知识型人才在领导方式上更加倾向于获得授权式的管理，在这种领导方式下，知识型人才的潜能可以得到最大限度的发挥。

然而，在企业的实际工作中，资源的分配权牢固地掌握在企业领导者手中，而知识型人才要完成工作很难从领导手中获取资源，不但妨碍知识型人才对领导适应度的提高，而且严重打击知识型人才的工作积极性，也难以实现真正意义上的授权式领导。因此，企业必须构建顺畅的信息交流平台，使企业领导者能够倾听和了解知识型人才的工作需求和工作期望，针对知识型人才的需求特点逐渐转变领导方式。企业领导者应该通过必要的工作资源和支持指导，为知识型人才的工作扫清障碍，帮助其完成工作挑战并实现能力的提升。

如上所述，领导适应度是知识型人才对企业领导方式的直观体验，通过交流沟通了解知识型人才的需求，进而逐步转变领导方式是提高知识型人才领导适应度的重要基础。可想而知，如果知识型人才长期工作于压抑的领导方式之下，无法受到领导足够的重视和授权，无法取得足够的工作资源与企业信息，其工作能力将受到抑制，工作信心也将受到挫折。当压抑感与挫折感积累到一定程度时，离职将成为其宣泄不满的最终选择。结合上文对领导适应度的分析，提出研究假设7：领导适应度对知识型人才的流动倾向具有显著的负向影响。

3.1.8　晋升空间与知识型人才流动

西方学者对于人才的职业发展与规划投注了相当多的研究精力，产生了一系列研究理论，如施恩的职业生涯发展理论、霍兰德的人业互择理论、金斯伯格的职业生涯发展理论、帕金森的职业—人匹配理论等，虽然理论内容丰富、形式多样，但其研究的核心都是围绕着人才与组织发展的相互关系进行论述的。

职业晋升（或称"职业发展"）是帮助人才获取目前及将来工作所需的技能、知识的重要途径，也是企业通过人才进步实现企业长足发展的重要方法。因为现代企业的发展更多地建立在人才发展的基础上，而知识型人才对企业的发展起着至关重要的作用，因此，从企业的角度出发，如何吸引和留住知识型人才，并依靠知识型人才的进步与提高实现企业的长足发展，是企业经营管理者必须考虑的头等大事。从知识型人才的角度而言，企业是否具备足够的吸引力，取决于能否为其提供足够的职业发展空间，能否给予其清晰的职业发展规划，是否提供教育培训机会，是否注重人才的培养和选拔，以及是否能够通过企业的发展带动个人职业的发展。一边是企业的发展需求，另一边是知识型人才的发展顾虑，为解决两者之间的矛盾，有学者提出观点，认为企业应将知识型人才的发展规划作为企业的重要工作，为知识型人才设计和实施职业生涯规划，提供适当合理的晋升空间，使知识型人才与工作岗位合理匹配。

人才职业发展的规划通常包括五个阶段：第一，人才自我评估。主要是针对自身的能力、兴趣以及职业发展要求等进行分析评价。第二，组织评估。主要是利用相关的信息客观评价人才的工作能力及工作潜力。第三，职业信息的传递。主要是指企业为人才提供组织和人才发展的相关信息，包括晋升机会、晋升条件以及职业发展通道的相关信息，帮助人才了解职业发展的机会。第四，职业咨询。主要是帮助人才解决职业晋升中的难题，如职位升迁、智能转换方面的预测，帮助人才做出满意的发展选择。第五，职业道路引导。通过一系列的培训教育帮助人才全面提升工作能力，并指明人才未来可能的发展机会和方向。企业必须帮助人才认真评估自身的能力和发展的潜力，协助人才制订合理的职业发展规划，使人才的能力和工作岗位相匹配，人才的进步和企业的发展相协调。

综上，企业切实有效地落实职业生涯规划的每个环节、实现知识型人才的职位晋升可以对知识型人才产生有效激励，因为他们发现自身的价值得到了企业的重视和认可，相信自己能够伴随企业的发展获得更长久的进步和提升，心甘情愿付出努力为企业创造丰厚的价值，而企业在实现知识型人才的发展之后也收获了巨大的成功[17]。但是，企业在知识型人才晋升过程中必须注意能力与岗位的合理匹配，因为当工作能力达不到岗位要求时会引起失职情况的产生，而当工作能力显著超过岗位要求时会引起知识型人才的不满，若发展需求一直得不到满足则会产生离职的可能。因此，本书通过分析认为，合理的晋升空间可以显著地使知识型人才提高工作满意度，降低其流动倾向。结合上文对晋升空间的分析，提出研究假设8：晋升空间对知识型人才的流动倾向具有显著的负向影响。

3.1.9　就业机会与知识型人才流动

在就业机会与人才流动方面，西方学者 March 和 Simon 通过大量统计资料，对就业机会与人才流动之间的关系进行深入研究，认为人才流动的主观可能性决定于就业市场劳动力供给的变化，即"当劳动力供给紧缩时，人才流动率要比劳动力需求短缺时的流动率高"[18]。

Mobley 等人在 March 和 Simon 的研究基础上进行进一步研究，发现不同行业的人才所处的劳动力市场的不同会影响他们对劳动力市场的判断，从而影响人才流动的倾向。此外，Burgess 和 Nicken 对主动辞职（流动）和被动辞职（解雇）进行了研究，认为主动辞职比被动辞职受到就业市场的影响更为显著，并认为致使人才需求量下降的因素（如薪资的变化、技术的变化等）会使解雇率增加和辞职率降低。Stromback 在此基础上进一步研究指出，就业市场的劳动力供给的增加会引起企业对人才需求的减少，从而造成失业率的增加以及辞职率的降低。

McCormick 等人经过研究发现，人才流动具有周期性规律。学者们以时间为变量对人才流动的状况进行跟踪研究，发现人才的供求状况、就业市场的结构对人才流动具有显著影响，并认为通过就业市场的供求、结构以及人才的就业状况可以预测人才流动的趋势。

此外，2010 年诺贝尔经济学奖得主——克里斯托弗·皮萨里德斯（Christopher A. Pissarides）在 2010 年网易经济学家年会（NAEC）上表示，具有良好的教育、学习背景和先进工作技能的人才在就业市场很容易进行流动，而教育背景不足则可能导致流动困难。他的观点说明了在当今的经济发展形势下，相比于一般人才，知识型人才在就业市场中更容易流动。

因此，结合以上学者的观点，本章认为就业市场的就业机会对知识型人才的流动具有显著的影响：当就业市场人才供给紧俏，企业对人才需求旺盛时，知识型人才拥有大量的职位选择机会，因此流动倾向较强；反之，当就业市场人才供过于求，就业机会稀少时，知识型人才的流动倾向就减弱。结合上文对就业机会的分析，提出研究假设 9：就业机会对知识型人才的流动倾向具有显著的正向影响。

3.1.10 流动成本与知识型人才流动

从人力资本的角度看，人力资本的投资构成了人才流动的成本。劳动经济理论认为，人才流动的成本，包括经济成本（包括薪资、期权、年终奖、年龄工资和福利损失等）和心理成本（包括失去晋升机会、失去原有的人际关系以及放弃熟悉的工作环境等）。在人才流动的成本中，一部分是由自身承担的（如受教育的费用等），一部分是由新企业承担的（如薪资、福利等），有的是双方共同承担的（如培训等）。因此，人才在流动过程中，人才与新企业都十分重视成本的考量并形成特定的利益关系。

无论对于人才还是新企业而言,付出的成本都希望得到补偿。对于双方在流动过程中所承担的成本以及预期得到的收益,基于不同的价值取向将产生不同的判断和选择结果。对于人才而言,其不仅希望流动的成本能得到补偿,并且希望能够得到更高的补偿,即当流动获得补偿高于流动产生的成本时,人才才会考虑流动。对于新企业而言,考虑的主要内容是获得人才将要付出的成本(比如薪酬、福利、培训等)能否在未来得到补偿(人才为新企业创造价值)。流动产生的成本高低不是绝对的,都是相对预期获得的补偿而言的。如果新企业预期获得人才得到的补偿将高于付出的成本时,就会积极引进人才,反之引进的积极性便会降低。

虽然以上是对一般人才的流动成本进行分析,但也同样适用于知识型人才,而且知识型人才在流动的成本和获得补偿方面较一般人才更为明显,如受教育的时间和费用成本更高等。具体而言,知识型人才产生流动意愿后,会全面衡量流动可能付出的经济成本和心理成本,以及转换工作之后的经济补偿和心理补偿,只有当流动成本低于转换工作带来的补偿时,流动行为才会发生。此外,知识型人才还将考虑转换工作面临的不确定性,比如对新企业的文化、管理制度、工作流程不熟悉以及对同事和领导的习性必须重新适应等。因此,知识型人才在转换工作的风险和不确定性面前,通常只会保有流动意愿而不会轻易做出流动决定,只有当对所在企业的不满积累到一定程度才会真正产生流动行为。如上文所述,知识型人才所在的企业通过提高薪酬待遇、改善工作环境的软硬件条件,加强人才培养和任用力度等,能够显著提高知识型人才的流动成本,从而削弱其流动倾向,减少流动意愿向流动行为的转化[19]。但如果所在企业对知识型人才不够重视,任由知识型人才的不满情绪积聚蔓延,那么产生流动行为只是时间问题。综合上文分析,提出研究假设10:流动成本对知识型人才的流动倾向具有显著的负向影响。

为全面清晰地考察文章提出的研究假设,现将其汇总见表1。

表1 论文研究假设

序号	假设
H1	薪酬状况对知识型人才的流动倾向有显著的负向影响
H2	企业公平性对知识型人才的流动倾向有显著的负向影响
H3	工作自主性对知识型人才的流动倾向有显著的负向影响

续表

序号	假设
H4	工作条件对知识型人才的流动倾向有显著的负向影响
H5	工作单调性对知识型人才的流动倾向有显著的正向影响
H6	同事融洽度对知识型人才的流动倾向有显著的负向影响
H7	领导适应度对知识型人才的流动倾向有显著的负向影响
H8	晋升空间对知识型人才的流动倾向有显著的负向影响
H9	就业机会对知识型人才的流动倾向有显著的正向影响
H10	流动成本对知识型人才的流动倾向有显著的负向影响

3.2 知识型人才流动模型构建

通过吸纳新近研究成果，并综合上文对流动影响因素的分析及提出的研究假设，本章建立知识型人才流动圆轮模型，见图2。

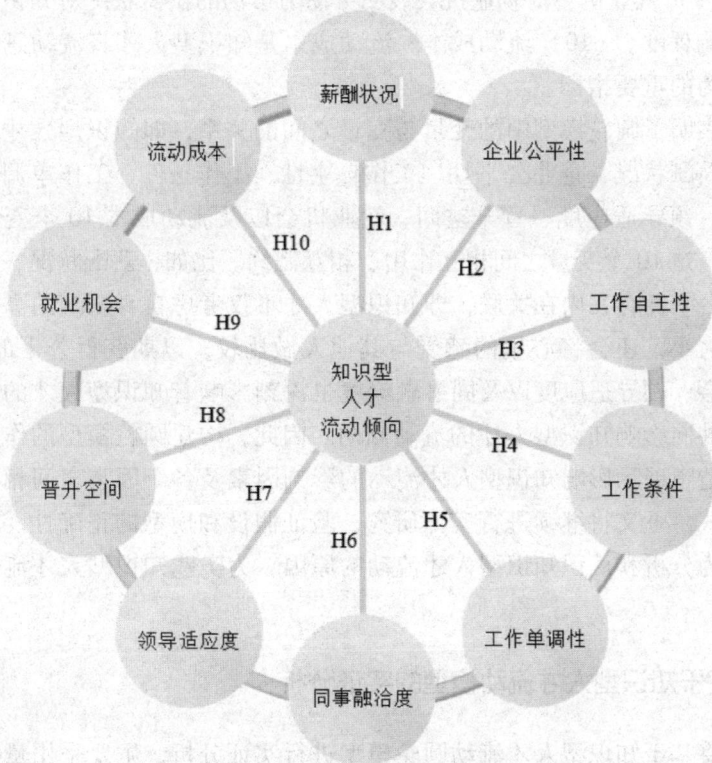

图2 知识型人才流动圆轮模型

圆轮模型由 10 个变量组成，变量之间相互影响，共同影响知识型人才的流动倾向。这 10 个变量包括：（1）薪酬状况。薪酬状况是知识型人才从企业获得的工资、福利等货币收益和物质报酬的认可水平。（2）企业公平性。企业公平性是知识型人才对获得的薪酬、福利、晋升机会、受关怀程度、受重视程度等经过比较后对企业公平性的判断。（3）工作自主性。工作自主性反映出知识型人才在企业中进行自我管理，并得到上级领导支持和授权的自由程度。（4）工作条件。工作条件是知识型人才对工作环境和工作氛围能否保证身心健康和实现能力发展的客观评价。（5）工作单调性。工作单调性体现知识型人才崇尚挑战、厌倦重复单调的特性，也是衡量知识型人才对工作倦怠程度的标准。（6）同事融洽度。同事融洽度是知识型人才获得同事的理解和配合的程度，反映出知识型人才在企业中建立人际关系的可靠水平。（7）领导适应度。领导适应度是知识型人才对企业管理者的领导风格的适应和接受程度。（8）晋升空间。晋升空间是衡量企业对知识型人才培养和提拔的重视程度，也是知识型人才判断一个企业是否具有吸引力和发展前景的指标之一。（9）就业机会。就业机会表明劳动力市场的供需状况对知识型人才流动的影响程度。（10）流动成本。流动成本是知识型人才将流动意愿转化为流动行为的重要指标。

图 2 表明了圆轮模型中的变量与变量之间的关系，即知识型人才的流动倾向受到薪酬状况、企业公平性、工作自主性、工作条件、工作单调性、同事融洽度、领导适应度、晋升空间、就业机会以及流动成本 10 个变量的影响，同时，这 10 个变量之间相互作用、相互制约。比如：薪酬状况、晋升空间与企业公平性存在内在关联，即知识型人才不仅考虑自身薪酬的高低与晋升空间的大小，还会将心里的感受与其他人做比较，以期获得公平的待遇；而就业机会、领导适应度以及同事融洽度也深刻影响着知识型人才的流动成本，从而共同影响知识型人才的流动倾向。因此，构建圆轮模型的作用就在于向我们清晰展示影响知识型人才流动的影响因素及各个因素之间相互制约的关系模式。下文将继续进行实证研究，验证假设和模型的正确性，以期本模型能够为分析和认识知识型人才流动的原因、为实践知识型人才流动管理提供参考。

4 基于知识型人才流动模型的实证分析

本章将基于知识型人才流动圆轮模型进行实证分析，主要采用量化的方式对上文提出的变量进行分析，厘清薪酬状况、企业公平性、工作自主性、工作条件、工作单调性、同事融洽度、领导适应度、晋升空间、就业机会以及流动成本与对知识型人才流动倾向的作用机理与具体关系，检验上文提出的研究假设与圆轮模型的正确性与适用性。通过分析过程对变量进行分析和筛选，最后得出合理有效的研究结论，为企业了解和掌握知识型人才流动特点、有重点地实施管理知识型人才保持策略提供参考借鉴。

下面将对实证对象和问卷的编制和发放进行简要说明，然后描述问卷回收情况以及介绍问卷分析方法，之后对问卷数据进行系统分析，最后检验研究结果。

4.1　实证对象的选择与问卷的编制和发放

本章选择的实证对象为泉州中小企业的在职工作人员，他们中的大多数是企业的管理人员以及业务骨干，拥有较高的学历背景以及较强的业务能力，用先进的智慧和过硬的技术实现自身的进步和企业的发展。因此，本书选择的对象基本符合知识型人才的范畴，具有较高的研究价值。调查问卷的编制在参考前人研究成果的基础上，针对泉州中小企业的实际情况以及企业人才切实关心的问题进行修改，综合考量之后产生一份包含三部分的调查问卷。调查问卷以李克特五点量尺计分，每题有5个选项，分别是"非常同意""同意""一般""不太同意""非常不同意"，并相应记5分至1分。问卷第一部分有6道题，主要用于了解填写问卷的企业人才的基本信息；第二部分有33道题，用于考察企业各项待遇的实施情况以及知识型人才对企业待遇的认可情况；第三部分为3道题，主要反映知识型人才对当前就业市场的了解程度以及知识型人才对自身职业的定位情况。问卷发放方式以现场发放为主和电子邮件发放为辅，每份问卷均写明研究目的和填写说明，统一采取匿名填写的方式保护企业人才的隐私，消除企业人才为防止真实想法泄露而有意隐瞒的顾虑，提高调查问卷的真实性和有效性。

4.2　问卷数据整理与问卷分析方法

4.2.1　问卷数据描述

本次研究共发放问卷400份，收回352份。经过剔除填写不完整以及填写内容明显偏差等不符合研究要求的问卷，实际获得有效问卷为260份，有效问卷回收率为65%。有效样本的基本情况如下图3所示。

男女比例分布情况

42%　58%

■男
■女

年龄分布情况

9%　91%

■30岁以下
■31~40岁

在现单位工作时间分布情况

6%　2%　92%

■0~5年
■6~10年
■11以上

工作类型分布情况

■技术人员　■市场人员　■管理人员

20%　14%　66%

教育状况分布情况

44%　42%　14%

大专及同等学历　本科及同等学历　硕士、博士及同等学历

年收入水平分布情况

9%　9%　82%

■5万元以下
■6万~10万元
■11万元以上

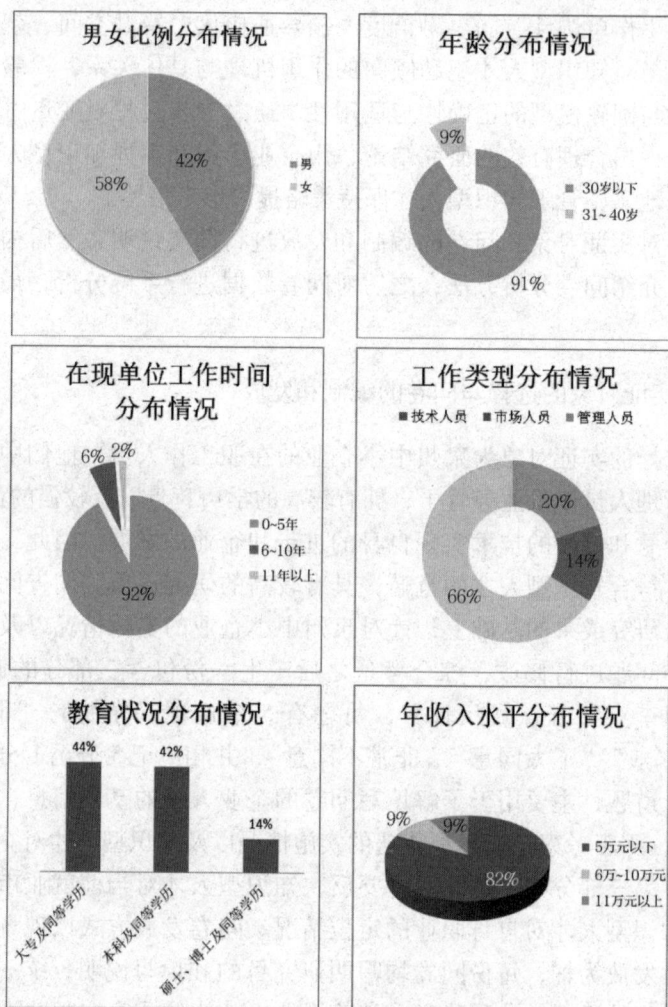

图3　样本基本情况描述

调查样本的基本情况如图 3 所示。就调查者的性别而言，主要为女性，占受调查人数的 58%，男性占 42%，两者比例相差不大；受调查对象年龄在 30 岁以下的占 91%，说明大部分是年轻的企业知识型人才；企业管理人员占调查对象的 66%，其次是技术人员和市场人员，比重分别为 20% 和 14%；在当前企业工作时间为 5 年以下的情况最为普遍，比重达 92%，这与本次调查对象大部分是年轻的知识型人才，毕业之后从事工作的时间普遍较短的情况有关；大专学历与本科学历的知识型人才占比最大，分别为 44% 和 42%，硕士、博士学历的知识型人才占 14%，这样的学历分布与大多数企业人才层次的分布情况基本相符；年收入水平在 5 万元以下的占 82%。以上 6 个角度的

样本调查，基本如实地反映出企业知识型人才年轻、服务期短和学历较高等特性。

4.2.2　问卷分析方法

本次研究中，关于基本信息的变量共有 6 个，分别是性别、年龄、在本单位工作时间、工作类型、教育状况以及年收入水平。其中，性别有男和女；年龄分为 30 岁以下、31 ~ 40 岁和 41 岁以上；在本单位工作时间分为 0 ~ 5 年、6 ~ 10 年以及 11 年以上；工作类型分别为技术人员、市场人员、管理人员；教育状况包括大专及同等学历，本科及同等学历，硕士、博士及同等学历；年收入水平分为 5 万元以下、6 万 ~ 10 万元和 11 万元以上。

调查问卷中除基本信息类的题目采取与答案序号相应的记分方式外，其余问题的备选答案都是从"非常重要""重要""一般""不重要"和"很不重要"之中五选一作答，以李克特五点量尺记分，分别对应 5 分、4 分、3 分、2 分、1 分。

数据统计和分析方法主要是描述性统计、信度分析、相关性分析以及方差分析。数据分析主要通过软件 SPSS17.0 执行。SPSS17.0 作为功能全面的统计软件，包含丰富的计算模块，并且可以灵活地导入 Excel 表格数据，使用较为方便。

4.3　问卷数据分析

4.3.1　问卷变量信度分析

本章使用的调查问卷测试题，在以往的研究中都获得过较好的支持，因此本次调查问卷的效度理论上是可信的。但是本书实证研究的对象主要是泉州中小企业的知识型人才，他们可能表现出与以往研究对象不同的特性，因此有必要对问卷的变量再做一次信度分析，并对信度不同的数据进行不同方式的处理。

尺度分析是研究事物间的相似性的工具。本章采用尺度分析的统计方法，对问卷进行信度分析，使用 SPSS17.0 软件中的可靠性分析模块对各个变量的内在信度进行测量，检验调查问卷中各个问题是否指向的是同一个概念，也就是这些问题之间的内在一致性如何。最常用的内在信度系数为克朗巴哈系数（Cronbach's α），克朗巴哈系数在 0.5 以上可以接受，在 0.7 以上表示信度较好，若低于 0.35 则认为信度不理想，应予以拒绝。

表 2　变量信度分析

序号	变量名称	项目数量	项目均值	标准差	Cronbach's α
1	薪酬状况	2	3.146	0.207	0.569
2	企业公平性	2	3.262	0.110	0.589
3	工作自主性	2	3.285	0.055	0.593
4	工作条件	5	3.320	0.118	0.655
5	工作单调性	2	3.277	0.063	0.658
6	同事融洽度	2	3.892	0.089	0.696
7	领导适应度	4	3.446	0.255	0.839
8	晋升空间	4	3.523	0.187	0.780
9	就业机会	3	3.523	0.190	0.707
10	流动成本	2	2.846	0.000	0.748
11	流动倾向	3	3.379	0.179	0.511

从表 2 可以看出，文本所有研究变量的信度系数 α 均高于 0.5，表示信度可以被接受，其中 4 个变量信度系数 α 高于 0.7，表示变量的内部一致性较高，以下继续进行相关性分析。

相比于其他学者的信度分析结果，徐茜将影响人才流动的因素划分为薪酬状况、组织匹配水平、工作满意度、组织承诺、流动成本、就业机会、就业经验、相关利益、流动从众性、心理账户效应等模块，分别进行信度分析，但笔者认为上述各模块之间概念界定不清晰，如薪酬状况、组织匹配水平与工作满意度之间存在明显的概念交集，就业机会和就业经验之间也存在明显的概念重合；李伶[20]将影响人才流动的因素划分为社会因素、组织因素和个体因素 3 个方面进行信度分析，其中部分影响因素概念重叠严重，比如组织提供的发展空间和个人希望得到的提升机会，讨论的都是晋升机会的问题，再比如组织员工之间的融洽性和个人的人际关系网，其实讨论的都是同事融洽度的概念；刘晓洁[21]将影响人才流动的因素归纳为工作参与、分配公平性、工作满意度、留职意愿和薪酬等 13 个方面，分别进行信度分析，存在的问题也与前两位学者类似，都是变量之间概念交叠严重，可能导致对同一变量重复研究，影响分析结果的准确性。

笔者认为，对知识型人才流动因素进行类型划分不当会在很大程度上导致研究变量归属混乱，严重影响数据分析的逻辑性以及分析结果的严密性，因此，本书对研究变量以及问卷测量题进行反复筛选与核对，尽量减少概念的重复，提高研究变量的有效性与唯一性，最后进行信度分析的变量分别为薪酬状况、企业公平性、工作自主性、工作条件、工作单调性、同事融洽度、领导适应度、晋升空间、就业机会、流动成本和流动倾向，分析获得的信度水平均符合研究要求（α≥0.5）。然而，相比于其他学者进行信度分析录得的α系数都达到理想的水平（α达到0.8甚至0.9以上），而本章的α系数大多数都介于0.5～0.7之间，样本数据还存在显著的改善空间，相信在今后的研究中通过改善问卷测量题、更细心地指导问卷填写等方法，可以获得更真实、更严密、更高质量的研究数据。

4.3.2　问卷变量相关性分析

通过SPSS17.0进行相关性分析，得到表3的相关系数矩阵。从该表中可以看出，流动倾向与薪酬状况、企业公平性、工作自主性、工作条件、同事融洽度、领导适应度、晋升空间以及流动成本呈显著负相关；流动倾向与工作单调性呈显著正相关。此外，就业机会与流动倾向之间呈弱相关关系。

表3　各变量间的相关性矩阵分析表

	流动倾向（反向）	薪酬状况	企业公平性	工作自主性	工作条件	工作单调性	同事融洽度	领导适应度	晋升空间	就业机会	流动成本
流动倾向（反向）	1.000										
薪酬状况	.285**	1.000									
企业公平性	.463**	.538**	1.000								
工作自主性	.352**	.444**	.377**	1.000							
工作条件	.447**	.536**	.648**	.684**	1.000						
工作单调性	-.210**	.443**	.388**	.584**	.577**	1.000					
同事融洽度	.236**	.253**	.521**	.273**	.510**	.362**	1.000				
领导适应度	.571**	.428**	.737**	.465**	.637**	.354**	.539**	1.000			
晋升空间	.228**	.438**	.372**	.545**	.658**	.559**	.439**	.389**	1.000		
就业机会	-.019	-.150*	.016	-.133*	-.122*	-.254**	.102	0.000	-.140*	1.000	
流动成本	.486**	.374**	.325**	.229**	.404**	.301**	.247**	.383**	.216**	.109	1.000

**. 在0.01水平（双侧）上显著相关。　*. 在0.05水平（双侧）上显著相关。

相比于其他学者的研究成果，刘晓洁进行相关分析主要是为了检验变量之间的集中程度，选择13个变量中集中度较高的5个变量，即分配公平性、工作满意度、组织承诺、企业发展前景和个人职业发展进行之后的方差分析，与本书的分析思路较为一致，本书进行相关性分析的目的并不在于得出研究结论，而是为了了解变量间的相关关系与显著程度，为下文进一步分析变量对流动倾向的解释力和预测水平做研究铺垫；徐茜的相关分析认为，流动倾向与薪酬状况、组织匹配水平、流动成本、工作满意度和组织承诺显著负相关，与劳动力市场的就业机会显著正相关，而本书得到的分析结果认为，就业机会与流动倾向之间呈弱相关关系，分析两者研究结果之间的不同，可能是由于地域之间以及劳动力市场之间存在的差异所导致。徐茜所选择的实证对象是济南地区电信企业中的中高层管理人员、技术人员和客户经理，他们可能有较多的机会接触就业市场的信息因而能对就业市场的相关测量题做出准确的回答；而本书所考察的对象主要是泉州中小企业的知识型人才，他们可能终日置身于充满压力的工作环境中，较少有机会获取就业市场的相关信息，无法对自身在就业市场中的定位做出准确判断，因此本书假设9：就业机会对知识型人才流动具有显著的正向影响没有获得实证支持。由于本书"就业市场"变量无法获得数据支持，之后的研究中将剔除该变量。

4.3.3 问卷变量方差分析

本部分主要采用单因素方差分析法讨论基本信息变量，将性别、年龄、在本单位工作时间、工作类别、教育状况以及年收入水平分别与流动倾向进行比较，分析变量对知识型人才的流动倾向是否存在统计意义上的差异。

（1）知识型人才的性别与流动倾向

分析结果如表4所示，$p = 0.216 > 0.05$，说明性别的不同不会对流动倾向产生显著差异。

表4　性别与流动倾向方差分析表

	平方和	df	均方	F	显著性
组间	0.511	1	0.511	1.541	0.216
组内	85.601	258	0.332		
总数	86.113	259			

（2）知识型人才的年龄与流动倾向

结果如表5所示，$p = 0.283 > 0.05$，说明年龄的不同不会对流动倾向产生显著差异。

表5　年龄与流动倾向方差分析表

	平方和	df	均方	F	显著性
组间	0.384	1	0.384	1.156	0.283
组内	85.729	258	0.332		
总数	86.113	259			

（3）知识型人才在本单位的工作时间与流动倾向

分析结果如表6所示，$p = 0.013 < 0.05$，说明知识型人才在单位的工作

时间会对流动倾向产生显著差异。通过进一步计算，在本单位工作时间5年以下的知识型人才流动倾向平均得分为3.361，工作时间6~10年的流动倾向平均得分为3.750，工作时间11年以上的流动倾向平均得分为3.000。因此可以认为，此次研究的工作时间在6~10年的知识型人才流动倾向最为明显，其次是工作时间在5年以下的知识型人才，而工作时间在11年以上的知识型人才的流动倾向最弱。

表6　在本单位工作时间与流动倾向方差分析表

	平方和	df	均方	F	显著性
组间	2.854	2	1.427	4.404	0.013
组内	83.259	257	0.324		
总数	86.113	259			

（4）工作类别与流动倾向

结果如表7所示，p=0.071>0.05，故知识型人才的工作类别不会对流动倾向产生显著差异。

表7　工作类别与流动倾向方差分析表

	平方和	df	均方	F	显著性
组间	1.752	2	0.876	2.669	0.071
组内	84.360	257	0.328		
总数	86.113	259			

（5）教育状况与流动倾向

分析结果如表8所示，p=0.000<0.05，因此，知识型人才的教育状况会对流动倾向产生显著差异。经计算，大专学历的知识型人才的流动倾向平均得分是3.210；而本科学历和硕博学历者的流动倾向平均得分为3.467和3.438。可见，本科学历的知识型人才流动倾向最高，其次是硕博学历者，而大专学历的知识型人才流动倾向最弱。

表8　教育状况与流动倾向方差分析表

	平方和	df	均方	F	显著性
组间	5.907	3	1.969	6.285	0.000
组内	80.206	256	0.313		
总数	86.113	259			

与其他学者的分析相比，刘晓洁认为人才的性别对流动性具有显著影响，具体表现为：女性人才比男性更加认可组织分配的公平性，更加满意自身职

业的发展；女性人才更倾向于在一个组织内稳定长久地发展，对收入的要求相对较低，也较少考虑企业的发展前景。而男性人才更为关注企业的发展前景，即便在当下工作满意的情况下也会谋求更具竞争力的企业和更好的个人发展。但本书的分析结果显示，性别的不同并不会对知识型人才的流动倾向产生显著差异。笔者认为，随着时代的演进，女性人才在社会经济发展中的地位和重要性日益提升，在许多领域扮演着不亚于男性的重要角色。前文分析总结得出的知识型人才的内涵、特点普遍涵盖男、女知识型人才，其流动倾向并不受到性别的显著影响。刘晓洁还认为人才职业类型的不同会对流动性产生影响，本章的分析得到不同的结果。笔者认为，知识型人才无论从事何种职业，如技术人才、管理人才，他们对工作中的薪酬、企业公平性、工作自主性等方面的需求大体是一致的，并不因职业的不同而发生明显改变。此外，徐茜的研究认为年龄对知识型人才的流动具有显著影响，但本书的研究结果并未证实这一观点；其原因可能是本章的样本数量还不够广泛和全面，调查的知识型人才的年龄段相对集中，故无法进一步厘清知识型人才年龄与流动性之间的关系，相信在今后的研究中通过进一步扩大样本的覆盖面能够获得更加准确的分析结果。

4.3.4 问卷变量回归分析

为了明确各变量究竟怎样影响知识型人才流动，需要进一步采取回归分析。结果如表9所示。

表9 知识型人才流动因素回归分析表

因变量	自变量	β	t	调整 R^2	Durbin–Watson	F	显著性
流动倾向（反向）	薪酬状况	0.285	4.777	0.278	1.750	88.823	0.000
	企业公平性	0.212	8.397	0.212	1.823	70.511	0.000
	工作自主性	0.352	6.050	0.121	1.690	36.606	0.000
	工作条件	0.447	8.021	0.196	1.767	64.336	0.000
	工作单调性	−0.210	−3.446	0.140	1.646	41.875	0.000
	同事融洽度	0.236	3.894	0.152	1.622	55.166	0.000
	领导适应度	0.571	11.163	0.323	1.636	124.608	0.000
	晋升空间	0.228	3.765	0.248	1.776	84.175	0.000
	流动成本	0.486	8.933	0.233	1.740	79.803	0.000

（1）薪酬状况

本书通过 SPSS 软件进行线性回归分析，判断薪酬状况对知识型人才流动倾向的预测力以及显著水平，得到结果见表9。从表中数据可知，在线性回归分析中，$D-W$ 值为1.750，接近于2，说明自变量与残差相互独立，不存在序列相关。F 值为88.823，显著性 $p<0.001$，表明此回归模式效果是显著的。调整后的 R^2 为0.278，表明薪酬状况对知识型人才流动具有较好的解释能力。因此得到结论：薪酬状况对流动倾向有显著的负向影响，即薪酬状况越理想，知识型人才流动的倾向则越低。该结果符合本书假设1。

（2）企业公平性

通过表9可知，在企业公平性与知识型人才流动倾向之间做线性回归分析，得到的 $D-W$ 值为1.823，接近于2，说明自变量与残差相互独立，不存在序列相关。F 值为70.511，显著性 $p<0.001$，表明此回归模式效果是显著的。调整后的 R^2 为0.212，表明企业公平性对知识型人才流动具有较好的解释能力。因此得到结论：企业公平性对流动倾向有显著的负向影响，即企业公平性越高，知识型人才的流动倾向越低。该结果符合本章假设2。

（3）工作自主性

将工作自主性与知识型人才流动倾向进行线性回归分析，得到分析结果如表9，$D-W$ 值为1.690，接近于2，说明自变量与残差相互独立，不存在序列相关。F 值为36.606，显著性 $p<0.001$，表明此回归模式效果是显著的。调整后的 R^2 为0.121，表明工作自主性对知识型人才流动具有一定的解释能力。因此得到结论：工作自主性对流动倾向有显著的负向影响，即工作自主性越高，知识型人才的流动倾向越低。该结果符合本章假设3。

（4）工作条件

通过表9可知，在工作条件与知识型人才流动倾向的线性回归分析中，$D-W$ 值为1.767，接近于2，说明自变量与残差相互独立，不存在序列相关。F 值为64.336，显著性 $p<0.001$，表明此回归模式效果是显著的。调整后的 R^2 为0.196，表明工作条件对知识型人才流动具有一定的解释能力。因此得到结论：工作条件对流动倾向有显著的负向影响，即工作条件越高，知识型人才的流动倾向越低。该结果符合本章假设4。

（5）工作单调性

通过表9可知，在工作单调性与知识型人才流动倾向的线性回归分析中，$D-W$ 值为1.646，接近于2，说明自变量与残差相互独立，不存在序列相关。F 值为41.875，显著性 $p<0.001$，表明此回归模式效果是显著的。调整后的 R^2 为0.140，表明工作单调性对知识型人才流动具有一定的解释能力。因此得到结论：工作单调性对流动倾向有显著的正向影响，即工作内容越单调，知识型人才的流动倾向越明显。该结果符合本章假设5。

（6）同事融洽度

对同事融洽度与知识型人才流动倾向进行线性回归分析，得到分析结果见表9，$D-W$值为1.622，接近于2，说明自变量与残差相互独立，不存在序列相关。F值为55.166，显著性$p<0.001$，表明此回归模式效果是显著的。调整后的R^2为0.152，表明同事融洽度对知识型人才流动具有一定的解释能力。因此得到结论：同事融洽度对流动倾向有显著的负向影响，即与同事之间的关系越融洽，知识型人才的流动倾向越低。该结果符合本章假设6。

（7）领导适应度

通过表9可知，在领导适应度与知识型人才流动倾向的线性回归分析中，得到的$D-W$值为1.636，接近于2，说明自变量与残差相互独立，不存在序列相关。F值为124.608，显著性$p<0.001$，表明此回归模式效果是显著的。调整后的R^2为0.323，表明领导适应度对知识型人才流动具有较好的解释能力。因此得到结论：领导适应度对流动倾向有显著的负向影响，即领导适应度越高，知识型人才的流动倾向越低。该结果符合本章假设7。

（8）晋升空间

通过表9可知，在晋升空间与知识型人才流动倾向的线性回归分析中，$D-W$值为1.776，接近于2，说明自变量与残差相互独立，不存在序列相关。F值为84.175，显著性$p<0.001$，表明此回归模式效果是显著的。调整后的R^2为0.248，表明晋升空间对知识型人才流动具有较好的解释能力。因此得到结论：晋升空间对流动倾向有显著的负向影响，即晋升空间越大，知识型人才的流动倾向越低。该结果符合本章假设8。

（9）流动成本

如表9数据，通过流动成本与知识型人才流动倾向的线性回归分析可知，$D-W$值为1.740，接近于2，说明自变量与残差相互独立，不存在序列相关。F值为79.803，显著性$p<0.001$，表明此回归模式效果是显著的。调整后的R^2为0.233，表明流动成本对知识型人才流动具有较好的解释能力。因此得到结论：流动成本对流动倾向有显著的负向影响，即流动成本越高，知识型人才的流动倾向越低。该结果符合本章假设10。

相比于其他学者的分析，康珂[22]认为薪酬分配公平满意度、薪酬程序公平满意度和薪酬互动公平满意度与流动倾向都呈显著负相关；徐茜认为薪酬状况、组织匹配水平、流动成本、工作满意度、组织承诺对人才流动倾向具有负向影响，劳动力市场的就业机会对人才流动倾向具有正向影响。本章获得的回归分析结果与其他学者的基本类似，分析总体取得了较好的效果，验证和支持了前文提出的研究假设和研究模型，即除了在相关性分析中剔除的变量"就业机会"之外，其余9个变量都能比较有效地解释和预测知识型人才流动的倾向，其中，薪酬状况、企业公平性、工作自主性、工作条件、同事融洽度、领导适应度、晋升空间以及流动成本对知识型人才流动具有显著的负向影响，工作单调性对知识型人才流动具有显著的正向影响。

下表整理和罗列前文提出的10个研究假设及验证结果（表10），并提出经过实证分析修正后的圆轮模型（图4）。

表10　论文研究假设

序号	假设	实证结果
H1	薪酬状况对知识型人才的流动倾向有显著的负向影响	支持
H2	企业公平性对知识型人才的流动倾向有显著的负向影响	支持
H3	工作自主性对知识型人才的流动倾向有显著的负向影响	支持
H4	工作条件对知识型人才的流动倾向有显著的负向影响	支持
H5	工作单调性对知识型人才的流动倾向有显著的正向影响	支持
H6	同事融洽度对知识型人才的流动倾向有显著的负向影响	支持
H7	领导适应度对知识型人才的流动倾向有显著的负向影响	支持
H8	晋升空间对知识型人才的流动倾向有显著的负向影响	支持
H9	就业机会对知识型人才的流动倾向有显著的正向影响	未获支持
H10	流动成本对知识型人才的流动倾向有显著的负向影响	支持

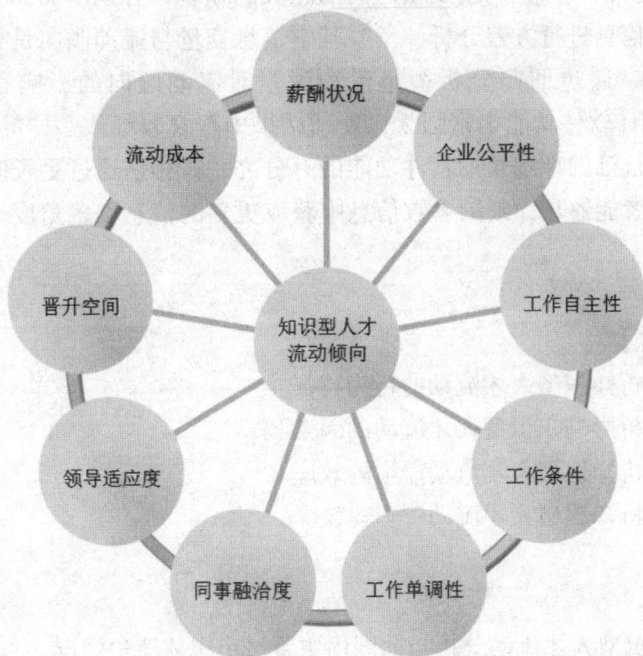

图4　修正后的圆轮模型

5　本章小结

　　本章以泉州市中小企业的知识型人才为研究对象，对知识型人才流动圆轮模型进行了实证检验。实证研究首先介绍了问卷的编制、发放和回收情况，然后应用 SPSS17.0 统计软件对问卷数据进行分析处理，分析的模块包括数据统计性描述、数据信度分析、数据相关性分析、数据方差分析以及数据回归分析五部分。研究结果表明，在提出的 10 条假设中，有 9 条得到实证性支持，只有"就业机会对知识型人才流动具有正向影响"这一假设没有得到实证数据的支持。除此之外，知识型人才对企业的具体情况和自身的需求拥有清晰的了解，因此问卷中的其他命题都获得了真实有效的回答，得到的实证结果也很好地符合本章所作的假设。由此可知，本章提出的研究假设与流动模型通过实证检验基本正确有效，实证结果与本章的研究预期基本一致，应该能为理论研究和管理实践提供一定的参考价值。

　　相比于其他学者的实证研究，本书的分析方法由浅入深、由易到难，分析条理和分析思路更为清晰流畅。首先，进行数据统计性分析，整理和描述搜集的问卷信息；其次，分析问卷信度，筛选符合信度要求的研究变量；再次，分析数据相关性，判断变量之间的相关的显著性并剔除弱相关变量；又次，对基本信息进行方差分析，考察基本信息变量与流动倾向是否具有显著影响；最后，通过回归分析衡量流动因素对流动倾向的影响程度。然而 SPSS17.0 统计软件功能丰富强大，处理结果中蕴含着细致多样的参数信息，笔者只能尽自己的理解发挥软件功能的万分之一。相信通过更长时间的使用与掌握，笔者能够从详细的参数信息中获取更多的信息以多角度地支持本书的实证结论。

【复习题】

（1）试析知识型人才流动的行为特征。

（2）试析影响知识型人才流动的因素。

（3）试析知识型人才流动产生的效应。

（4）试析知识型人才流动管理建议。

【思考题】

根据知识型人才流动分析当前国内主要城市引才竞争情况。

【案件分析】

全球最"腐败"的 Google 吸引知识型员工有一套*

尤红梅

近段时间,"微软""Google""李开复"这 3 个词语高度曝光,连接这 3 个词语的关键词是"官司"。其实早在微软与昔日爱将李开复对簿公堂之前,Google 就从微软成功挖掘了上百名技术人员,CEO 斯蒂夫·鲍尔默的情绪随之失控。一名离开微软前往 Google 的工程师甚至"揭发"说:"鲍尔默用恶毒的语言对 Google 首席执行官艾里克·施密特进行了攻击,他说:'我要活埋了这个家伙,我将击毙 Google。'"也许,当微软、Google 这两家极富吸引力的公司发生如此显著的变化时,我们得以思考频繁跳槽背后的东西:对知识型员工而言,什么是企业吸引和留住他们的关键所在?

阻止不了的跳槽

Google、微软事件的一大关注点是:为什么他们都不再忠诚于微软了?是什么吸引了这些高智商的技术精英呢?

优厚的报酬?

Google 的市值让人"高山仰止",300 美元上下浮动的股票价格,让外界广泛流传着 Google 员工发家致富的传说,Google 的新贵们源源不断地在公司附近的加州阿瑟顿小城购房买地,实力强劲,令人瞩目。

被华尔街看好的职业前景?

华尔街的投资家和分析人士们乐观地看待 Google 的市场前景,甚至估计 Google 股票的涨幅可以达到每股 500 美元。

追求互联网精神的企业精神?

互联网的自由精神似乎在这里得到了最大限度的发挥,"一个想法有人支持就可以去做"。甚至这里还保存替办公大楼或会议室取些怪名称的习俗,比如无理数"e"2.71828 是第二大楼的名称;第三大楼则叫作圆周率"π"3.14;第四大楼则命名为黄金比率"phi"1.61803。"我们没有正式的公司文化,"一位公司代表说,"这样比较能激发创意。"

富有创造性的工作环境?

---

* 引自 http://biz.163.com/05/0919/09/1U0JHBL400020QDS.html。

Google 员工可以在名为 GoogleEplex 的公司总部玩轮滑曲棍球；办公室里可以安置小狗的位子；若要往来于办公室之间，员工可骑乘 Segway 电动滑板车，或者 Green Machine 车（一种适合 11 岁儿童的玩具车）……

像高级托儿所一样的福利体制？

Google 内部甚至还享有 .com 年代的奢华待遇，公司提供员工免费餐点，早中晚餐全包。甚至在前段时间，这家全球最"腐败"的 IT 公司又开出招聘启事，招聘两名"首席烹饪官"，为数千名员工提供更多美味。Google 创始人之一的布林说："这两名烹饪骨干将在管理员工伙食方面起到重要的作用。"

相比之下，微软体面而"正经"的员工着装、庞大而严密的组织架构确实有些"老态龙钟"。微软现在和以前的一些雇员抱怨说，微软充斥着 14 个小时的战略会议和无休止的商务评估，专注于 PowerPoint 幻灯片、劳神的工作评估、成天数以百计的邮件和部门间的激烈冲突，这一切造成的结果是掣肘了产品的设计和延迟了它们产品的发布。很多情况下，微软的雇员不是去向顾客推广产品，而是泡在办公室中编写每月的产品评估报告。一份"评估"常常是包含 15 页 PowerPoint 幻灯片的进度报告。而且几乎每个行动都要得到律师的签字，甚至例行的签字也可能花费数周的时间。有些计划因为批复的不及时而最终夭折。一句话，这些在 20 世纪 80 年代困扰另外一个科技巨头 IBM 的众多行为正在微软上演。

精英之争的本质

一位 Google 员工的话，也许更能说明问题，这位来自中国山西、毕业于美国杜克大学的计算机博士说，很多人来 Google 工作，薪水都比以前低，但就是冲着 Google 富有创造性的工作环境和带来无限希望的股票。

企业战略研究专家孙树杰认为，微软员工的跳槽是必然的。许多企业在创业期，企业文化很开放，属于分权式发展方式，员工被鼓励要有更多的积极性和创造性；但企业到了成熟阶段，组织架构日渐成熟，流程也固定和稳定，企业文化日益强势，所以人的个性会有所束缚。

派力营销的毛圆媛认为，从组织建设的角度来说，这里有一个生命周期的问题，但是不能光凭此来解释这件事；可口可乐几百年的历史，也没有发现它的员工流失率有多高，而往往是很多创业期的企业员工流失率是很高的。

那么在众多的"利好"中，到底什么是最终的决定因素呢？什么是对手不能提供的呢？今天的 Google 像当年的微软，今天的微软是否一定是明天的

Google，一个企业在成熟后是否就一定要被新进入者挖角？

微软亚洲研究院的一位研究人员谈道，从事这么多年的研究，已经有一定的积累，所以不大可能跨度很大地选择非自己专业方向上的工作；报酬和薪水以及企业文化是一个诱因，但决定自己选择的还是业务方向。表面上看起来是两个公司两种制度对于精英的竞争，其实不是。

对比 Google 和微软的业务可以很清楚地看到，微软的业务是多元的，搜索引擎不过是微软众多业务之一，而在 Google 这却是核心。由此看来，表面上的人才竞争事实上是两家公司对各自业务战略的竞争，本质上是对未来技术判断的竞争，最终体现在了工作方式上。

当年微软的"盖茨们"不惮失败、不屑学位、不拘小节，着实颠覆了全球很大一部分人的精英意识。如今 Google 的极简运用和 Google 们的简洁风格，也在不断刷新我们的精英记忆。鲍尔默暴跳如雷的反应，看起来是两家公司两种利益的竞争，其实是精英的本能反应。

能够引导并改变人们生活的前沿精英技术，应该具备化繁为简的能力；适合精英人才释放自己能量的组织结构，也应该具备化繁为简的效能；微软员工的跳槽体现了一个精英组织的吸引力，是一种精英式的集合，盖茨曾经留给哈佛的背影也是如此；只是现在盖茨自己也开始迷茫了，而 Google 是否代表了未来的精英趋势，也还没有定论；只是相比微软，Google 的驾驭者似乎更加笃定。

问题：结合本案分析 Google 吸引员工的办法及其启示。

参考文献

[1]徐茜.知识型人才流动影响因素及作用机制研究[D].济南:山东大学,2009.

[2]高贤峰.知识型人才的行为动力结构与激励策略[J].中国人力资源开发,2001(7):15—17.

[3]陈思明.论现代薪酬管理的理念及其特点[J].同济大学学报(社会科学版),2004(2):70—75.

[4]刘燕,范巍.知识型员工团队工作自主性与效能的关系研究[J].应用心理学,2005,11(4):313—317.

[5]欧阳期林.知识型人才流失的冲击及对策分析[J].陕西行政学院学报,2007,21(1):91—93.

[6]王晓朋.高新技术企业知识型人才的特征与管理[J].现代商贸工业,2007,19(9):

97—98.

[7]张向前.刍议任用知识型人才[J].中国工商管理研究,2002(6):70.

[8]郭贤兵.善待知识型人才[J].经营管理者,2007(6):90—91.

[9]涂礼雄.知识型人才激励策略浅析[J].经济师,2010(6):186—187.

[10]March J G,Simon H A. Organizitions[M]. New York:Wiley,1958.

[11]张向前.知识型人才流动研究[J].经济管理,2007(6):23—29.

[12]涂礼雄.知识型人才激励策略浅析[J].经济师,2010(6):186—187.

[13]张向前.知识型人才及其激励研究[J].预测,2005,24(6):9—13.

[14]许燕,王芳.警惕教师心理枯竭[N].中国教育报,2005 – 07 – 05.

[15]汪时锋.知识型人才"工作倦怠"更需关怀[EB/OL]. http://www. chinahrd. net/ knowledge/info/84754,2007 – 09 – 12.

[16]王庆宇.对知识型人才的弹性化管理初探[J].领导科学,2003(16):46—47.

[17]张向前.知识型人才内涵分析[J].科学学研究,2009,27(4):504—510.

[18]March J G,Simon H A. Organizitions[M]. New York:Wiley,1958.

[19]张晓欣.知识型人才的流失机理与控制策略[J].合作经济与科技,2009(2):26—28.

[20]李伶.基于心理契约的知识型人才流动影响因素研究——以中小民营企业为例[D].长沙:中南大学,2007.

[21]刘晓洁.知识型人才心理契约管理[D].武汉:武汉理工大学,2007.

[22]康珂.知识型人才薪酬公平满意度与离职倾向的关系研究——以杭州市企业为例[D].杭州:浙江工商大学,2007.

[23]美国加州旧金山州立大学.21 世纪的人力资源理[M].现代企业与商业的经营管理编译组,译.北京:中央广播电视大学出版社,1998:201—232.

[24]R Brayton Bowen. 激励员工[M].范国艳,译.北京:企业管理出版社,2001:163—185.

[25]尼尔·M.格拉斯.管理宗师——卓越管理的新思想[M].北京:中国标准出版社,2002:64—78.

[26]戈菲.人员管理[M].吴雯芳,译.北京:中国人民大学出版社,2000:133—156.

[27]罗宾斯.组织行为学[M].孙健敏,李原,译.北京:中国人民大学出版社,1997.

[28]Nicholas Woodward. The Economic Causes of Labour Turnover:a Case Study Industrial Relations Journal[J]. 1975(6):4.

[29]Blau Francine D,Kahn Lawrence. Race and Sex Differences in Quits by Young Workers [J]. Industrial & Labor Relations Review,1981(34):4.

[30]Allen C Bluedorn. A Unified Model of Turnover From Organizations[M]. Academy of Management Proceedings,1981:268.

[31]Priee J L,Charles W Mueller. A Causal Model of Turnover for Nusers[J]. Academy of

Management journal,1981(2):3.

[32]Currivan Douglas B. The Causal Order of Job Satisfaction and Organizational Commitment in Models of Employee Turnover[J]. Human Resources Management Review,1999(9):4.

[33]Colquitt Jason A,Donald E Conlon,Michael J Wesson,Christopher O L H Porter,K Yee Ng. Ustice at the Millennium:A Meta analytic Review of 25 Years of Organizational Justice Research[J]. Journal of Applied Psychology,2001:3.

[34]Leventhal G S,Karuza J,Fry W R. Beyond Fairness:A Theory of Allocation Preferences In:G Mikula(ed)[M]. Justice and Social Interaction. NY,1980.

[35]Thibaut J,Walker,Proeedural Justice:A Psychological Analysis[M]. Hillsdale,NJ:Erlbaum,1975.

[36]Pettman B O,Some Factors Influencing Labour Turnover:a Review of Research Literature[J]. Industrial Relations Journal,1973(4):3.

[37]Stefan Gaertne,J. Mack,Robinson,Structural Determinants of Job Satisfaction and Organizational Commitment in Turnover Models[J]. Human Resource Management Review,1999 (9):4.

[38]Lee Thomas. W,Mowday,Richard T,Voluntarily Leaving an Organization:an Empirical Investigation of Steers and Mowday's Model of Turnover[J]. Academy of Management Journal, 1987(30):4.

[39]Alfonso,Sousa–Poza,Fred,Henneberger,Analyzing Job Mobility with Job Turnover Intentions:an International Comparative Study[J]. Joumal of Economic Issues,2004(38):1.

[40]Spencer Daniel G,Steers Richard M,The Influence of Personal Factors and Perceived Work Experiences on Employee Turnover and Absenteeism[J]. Academy of Management Journal, 1980(23):3.

[41]Thomas,Martin,Modelling the Turnover Process[J]. Journal of Management Studies, 1980(17):3.

[42]Hian Chye Koh,Chye Tee Goh,An Analysis of the Factors Affecting the Turnover Intention of Non–managerial Clerical staff:a Singapore Study[J]. International Journal of Human Resource Management,1995(6):1.

[43]Godwin J,Ldo,Tor,Guimaraes,An Investigation of the Antecedents of Turnover Intention for Manufacturing Plant Managers[J]. International Journal of Operations Production Management,1997(17):9—10.

[44]Sabine A,Geurts Wilmar B,Schaufeli,Christel G,Rutte. Absenteeism,Turnover Intention and Inequity in the Employment Relationship[J]. WORK&STRESS,1999(13):3.

[45]Inge Houkes,Peter P M,Janssen,Jan,de Jonge,Frans J. N. ,Ni Jhuis,Secific Relationships Between Work Characteristics and Intrinsic Work Motivation,Burnout and Turnover Intention:a Multi–sample Analysis[J]. European Journal of Work & Organizational Psychology,2001

(10):1.

[46] Wilson N, J Peel, The Impact on Absenteeism and Quits of Profit Sharing and Other Forms of Employee Participation[J]. Industrial and Labor Relations Review, 1991(44):3.

[47] John L C, M T Jeffrey, Employee Turnover: A Meta – Analysis And Review with Implication for Researeh[J]. Academy of Management Review, 1986(11):1.

[48] Lawler E E, Pay and Organization Development, Reading[M]. Addison – Wesley, 1981.

附录：企业人才流动倾向性调查问卷

尊敬的先生/女士：

　　您好！请原谅打搅您的工作和休息时间！本问卷所收集所有信息将用于华侨大学课题研究的撰写过程，您所提供的信息对此次学术研究的过程和结果具有非常重要的意义。本次调查所收集到的任何信息仅仅作为科学研究之用，不作为其他任何用途，并完全尊重您个人的安全和隐私，请您不必有任何的顾虑。本次问卷将占用您大约 5 分钟的时间，请您认真阅读问卷中的每一道题目，并根据自身的实际感受作答，并请在您认为正确答案的相应位置打"√"。

一、个人信息：

1. 性别　　　　　　□男　　　　　　□女
2. 年龄　　　　　　□30 岁以下　　　□31～40 岁　□41 岁以上
3. 在本单位工作时间　□0～5 年　　　□6～10 年　　□11 年以上
4. 工作类别　　　　□技术人员　　　□市场人员　□管理人员
5. 教育状况　　　　□大专及同等学历□本科及同等学历
　　　　　　　　　□硕士、博士及同等学历　□其他
6. 年收入水平　　　□5 万元以下　　□6 万～10 万元　□11 万元以上

二、以下是关于您目前工作的一些描述，请根据真实想法选择：

7. 我所获得的报酬与我的付出基本相符
　　□非常同意　□同意　□一般　□不同意　□很不同意

8. 单位工资、福利对我来讲很有吸引力
　　□非常同意　□同意　□一般　□不同意　□很不同意

9. 我所获得的报酬与付出和其他同事所获得的报酬与付出相比基本公平
　　□非常同意　□同意　□一般　□不同意　□很不同意

10. 我的上司总是公平地对待每个下属
　　□非常同意　□同意　□一般　□不同意　□很不同意

11. 我能够选择自己的工作方式
　　□非常同意　□同意　□一般　□不同意　□很不同意

12. 我能够自主调整我的工作进程和工作目标
   □非常同意　□同意　□一般　□不同意　□很不同意

13. 单位能提供良好的工作条件
   □非常同意　□同意　□一般　□不同意　□很不同意

14. 我经常接受任务，却得不到足够的人力物力去执行
   □非常同意　□同意　□一般　□不同意　□很不同意

15. 单位能为我的工作提供足够的资源支持
   □非常同意　□同意　□一般　□不同意　□很不同意

16. 我的工作条件舒适、安全
   □非常同意　□同意　□一般　□不同意　□很不同意

17. 我单位上上下下都尊重知识、尊重人才
   □非常同意　□同意　□一般　□不同意　□很不同意

18. 我的技能、专长能充分有效发挥
   □非常同意　□同意　□一般　□不同意　□很不同意

19. 我的工作内容丰富
   □非常同意　□同意　□一般　□不同意　□很不同意

20. 我与同事的关系很融洽
   □非常同意　□同意　□一般　□不同意　□很不同意

21. 当我有需要时，同事通常会帮助我
   □非常同意　□同意　□一般　□不同意　□很不同意

22. 我与上司相处十分融洽
   □非常同意　□同意　□一般　□不同意　□很不同意

23. 我的上司会花很多心血对我的工作进行指导
   □非常同意　□同意　□一般　□不同意　□很不同意

24. 当我遇到困难时，我的上司会尽力帮助我
   □非常同意　□同意　□一般　□不同意　□很不同意

25. 我的上司在做出重要决策时，能认真听取下属的不同意见
   □非常同意　□同意　□一般　□不同意　□很不同意

26. 我在单位的发展空间还很大
   □非常同意　□同意　□一般　□不同意　□很不同意

27. 在工作中我能学到更多的知识和技能
   □非常同意　□同意　□一般　□不同意　□很不同意

28. 单位提供了很多学习和培训的机会
   □非常同意　□同意　□一般　□不同意　□很不同意

29. 单位的管理方式及发展趋势对我今后的发展有利
　　□非常同意　□同意　□一般　□不同意　□很不同意

30. 考虑到住房、医疗、养老等待遇的损失，离开现在的单位会有顾虑
　　□非常同意　□同意　□一般　□不同意　□很不同意

31. 如果离开现在的单位，那我很多方面需要从头开始，这对我来讲很
　　困难
　　□非常同意　□同意　□一般　□不同意　□很不同意

32. 我觉得自己的价值观和单位的价值观很相似
　　□非常同意　□同意　□一般　□不同意　□很不同意

33. 我自豪地告诉别人，我是本企业的一员
　　□非常同意　□同意　□一般　□不同意　□很不同意

34. 来这家单位工作是我最佳的选择
　　□非常同意　□同意　□一般　□不同意　□很不同意

35. 虽然别的单位对我更有利，但我觉得有义务继续为本企业服务
　　□非常同意　□同意　□一般　□不同意　□很不同意

36. 离开企业最大的问题是很难找到合适的工作
　　□非常同意　□同意　□一般　□不同意　□很不同意

37. 其他单位提供的发展机会不一定有现在的多
　　□非常同意　□同意　□一般　□不同意　□很不同意

38. 如果没有特殊状况，我会一直在现在的单位中待下去
　　□非常同意　□同意　□一般　□不同意　□很不同意

39. 我很少注意人才市场中其他就业机会
　　□非常同意　□同意　□一般　□不同意　□很不同意

三、以下是关于人才市场状况的描述，请根据您的真实情况选择：

40. 就我的能力而言，可以找到很多其他工作
　　□非常同意　□同意　□一般　□不同意　□很不同意

41. 如果离开本单位，找到和目前一样的工作很容易
　　□非常同意　□同意　□一般　□不同意　□很不同意

42. 如果离开本单位，找到比目前好的工作很容易
　　□非常同意　□同意　□一般　□不同意　□很不同意

再次向您给予我的支持和帮助致以衷心感谢！

第十四章　知识型人才冲突管理研究

【学习目标】

(1) 了解冲突

(2) 了解知识型人才冲突类型

(3) 了解知识型人才冲突原因

(4) 掌握知识型人才冲突管理的对策

1　引言

当个人或群体处于复杂的内外环境时，冲突（conflict）的产生不可避免，知识型人才集中的地方，冲突所面临的复杂性更大，冲突随时可能发生，管理者也需要不停地应对这些冲突。冲突是管理现象中的一种不确定性，和谐管理理论认为应当遵循"和谐不同"的思想，组织存在的条件就是"缓和冲突，把冲突保持在'秩序'的范围以内"[1]；冲突未必一定是坏事，冲突是组织的一项挑战，可促使组织内部产生变革，不致使组织内部的运作机能停滞不前；当然任何冲突的处理都无法保证可以完全解决组织所面临的问题，但有时却可以为组织带来机会，增加组织成员之间的了解。传统观念认为以和为贵，对冲突多持否定的态度，不断地刻意打压；中国传统文化追求和谐与协调，和为贵并不抵触良性冲突，反而正视冲突；并且能将之转化为正面的力量，为组织注入新鲜活力。因此，冲突的本身并没有好与坏之分，好坏在于怎样应对，应对适当有利于促进组织发展，应对不当冲突就可能瓦解组织。管理学家对冲突行为及冲突的理论研究不在少数，专门针对知识型人才冲突管理的研究较少；本章在前人的研究基础之上，针对知识型人才的特性，依据和谐管理思想，提出相应的管理对策。对于知识型人才定义有很多种，本书所称的知识型人才是指在一个企业组织之中用智慧所创造的价值高于其动手所创造的价值的员工。

2　知识型人才冲突类型

并不存在一个被普遍接受的"冲突"定义[2]。Thomas 认为，冲突是

"一方感到另一方损害了或打算损害自己利益时所开始的一个过程"[3]。Fink
认为，冲突是"在任何一个社会环境或过程中两个以上的统一体被至少一种
形式的敌对心理关系或敌对互动所联结的现象"。Torner 将冲突定义为"双方
公开与直接的互动，冲突中每一方的行动都旨在禁止对方达到目标"。Wall
和 Canister 的定义是"冲突是一种过程，在这个过程中一方感知自己的利益
受到另一方的反对或者消极影响"[4]。冲突可定义为行为主体之间因某种因
素而导致的对立的心理状态或行为过程。Tagiuri 定义为"在社会生活中无法
避免"[5]。冲突是两方或多方彼此感觉对立的情况。冲突是人们之间在所要
达到的目标或实现目标的方法上存在分歧，而发生在人际间的过程。冲突的
含义很广，它既包括人们内心的动机斗争，比如要对一件事情进行抉择，也
包括外在的实际斗争，比如争吵、打架、战争等。冲突即任何行为之对立或
敌对不兼容的态度，包括互不两立的目标、不同价值观甚至兴趣的分离。本
章冲突定义为个体内心与个体之间的斗争。

2.1　知识型人才自身冲突

这种冲突主要有角色冲突、动机冲突等。虽然多数角色冲突来自员工的
上级主管或同事向他或她传递的冲突期望，但是，当个体充当的不同角色产
生矛盾时，个体内部也可能出现角色冲突。目标冲突：当员工所希望获得的
终极状态互不相容时，就会产生目标冲突。比如，一位员工希望有一个安定
的工作环境，而最后所获的结果却是另一目标，弄巧成拙，这时就会产生目
标冲突。或者个体在实现原先目标过程中产生了新的目标。目标冲突是最常
见的冲突类型，由于涉及新旧目标冲突，该类型的冲突也是最难处理的。

2.2　知识型人才之间冲突

个体间的冲突对于许多人来说，是一个严重的问题，因为冲突会极大地
影响到个人的情绪。每个人都有必要保护自我形象和自尊免受他人伤害，而
当自我概念受到威胁时，严重的混乱就会出现，良好的关系也会被破坏。认
识冲突：当员工的认识、建议、意见和想法等与他人的认识产生矛盾时，会
产生认识冲突。比如，员工认为公司的工作考评方式不太合理，而管理者认
为这种考评方式是适用的，这就产生了认识冲突。另外一种认识冲突，是价
值观和信仰的冲突。对于这类冲突，通过简单的说服教育是很难处理的，因
为这样更会使当事人坚守自己的观念和信仰。情感冲突：当员工在情感或情
绪上无法与他人或组织相一致时，会产生情感冲突。

2.3　知识型人才与组织之间的冲突

冲突常因为诸如观点不同、组织忠诚、资源竞争之类的原因而产生。资源在任何一个组织中都是有限的，并且随着组织努力增强竞争力而越来越紧张。既然多数个体感到他们所需要的要大于他们所得到的，只要是资源有限的地方，就会萌生个体与组织间冲突的种子。管理者面临的挑战是如何将冲突保持在一个适度的水平上，在这一水平上，最可能激发创造性思维，但又不会妨碍工作绩效。有时，个体会将冲突隐藏起来，当面临一定条件时，就可能升级到破坏性的水平上。

3　知识型人才冲突原因分析

对于冲突产生原因的分析，国内外不同学者从不同角度探讨分析，代表性观点如 Kriedler（1984）提出冲突来源可分为三类：因某种资源引起冲突，因某些个人需求引起冲突，因某些价值观或信念引起冲突[6]。Rahim（1983）提出冲突来源主要是情感冲突、利益冲突、价值冲突、认知冲突、目标冲突以及实体冲突[7]。比斯诺（Bsino，1988）在《管理冲突》书中提出冲突产生的根源有生物社会型根源、个性和交往型根源、结构型根源、文化和观念形态型冲突根源以及复合型根源[8]。Wall（1995）和 Canister（1995）将冲突的原因分为个人因素和个人之间的因素两大类[9]。国内学者陈照明（2002）认为冲突因素主要有：信念、意见与态度的差异；价值观与意识形态的差异；利害的差异；认知差异；地位差异[10]。樊富珉、张翔（2003）认为，人际利益的不同、沟通的障碍、认识的差别、个性的差异，都有可能造成冲突的发生[11]。本书结合知识型人才特征分析知识型人才冲突原因。

3.1　自我冲突的原因分析

知识型人才个体冲突是指自身的冲突，这种冲突一般与其他人员没有直接的关系。知识型人才有较高的流动性，有些知识型人才倾向不断调整自己的工作内外环境，这是自我冲突的表现之一。知识型人才角色冲突，如当知识型人才工作角色与家庭角色发生冲突或没有认清自己的角色定位引起冲突。知识型人才特征决定其同时产生多种欲望可能性增加，比如同时产生两种欲望或先后产生两种欲望，这也会产生冲突。这些都是自我冲突的表现。

3.2　人才间冲突原因

从 H 人假设的影响因素[12]看，知识型人才间的冲突原因主要有几类：第一，个性冲突，包括气质、性格、知觉、态度、价值观等。个性的差异会造成冲突各方对相同问题的不同理解，如果这种理解的差异无法调和，就势必会造成冲突。另外，不同个性的人待人处世方式也不同，也会造成冲突。由于每位员工的生长环境、教育程度、社会阅历等不同，价值观有所差异也是正常的。价值观本身之间不会产生冲突，但价值观经常会体现在员工的工作态度、工作行为中，员工的不同态度和行为有可能会产生冲突。第二，对有限资源或权力占有的冲突，组织资源永远是有限的，冲突各方为了各自的利益，对有限资源的争夺也会导致冲突。追逐权力，有些人权力欲旺盛，特别是某些管理者热衷于追逐权力，不能安分守己地去干好本职工作以内的事情，喜欢越职、越级去处理事情，这样会造成员工多头领导和管理无序。第三，为利益的冲突可以体现为直接利益冲突和间接利益冲突。比如待遇不公等就是直接利益冲突；而培训机会、发展机会等问题的冲突则体现为间接利益的冲突。第四，知识差异导致认识的冲突，对相同事物的不同理解也会产生冲突。如同样一个方案，提出不同解决方法。第五，本位冲突，基于管理者的本位意识，只考虑或过多考虑本部门利益而产生冲突。第六，沟通不善，产生信息的冲突。

3.3　人才与组织之间的冲突原因

第一，目标冲突。知识型人才个人目标与组织目标之间的差异。第二，人才与组织变革冲突。随着技术、政治、社会变革步伐的加快以及市场向全球经济化的快速转变，组织变革必将始终存在。当企业的经营方向、人员结构、管理模式发生变化时，原有的平衡状态就会被打破，就可能引起冲突。人才在组织的未来发展方向上、采取的路线上、成功的把握上、运用的资源上和可能的结果上都持有不同的观点，也会引起冲突。第三，组织风气不佳。企业的价值观混乱，没有严格的管理规章，企业中的管理者和员工都在为各自的利益而忙碌，在这种风气下也容易引起冲突。能够引发部门和员工之间冲突的原因很多，正如以上所述，目标、时间、工作性质、地缘、组织分工背景的差异以及缺乏沟通、争夺资源、团体意识都能导致冲突的发生。

3.4　组织与组织之间的冲突

组织与组织之间的冲突也是知识型人才冲突的一个表现。组织冲突是指企业内部群体与群体之间的冲突。组织冲突的成因主要有岗位职责冲突、职能部门之间的冲突、横向冲突及纵向冲突。岗位职责冲突，部门岗位职责不清容易产生组织冲突。如果企业没有岗位职责，或者没有进行过工作分析，岗位职责沿用其他企业的分析成果，或者企业发生了较大的变化，都会表现为岗位职责本身不清。如果岗位职责本身不清，则不会对员工的工作进行准确的分工，久而久之就会产生冲突。有的企业虽然有明确而适用的岗位职责，但由于岗位职责的贯彻力度不够，使员工没有按照岗位职责的要求进行工作，也会产生冲突。职能部门之间冲突（也可称之为"横向冲突"），生产部、市场部、行政部、人事部、财务部等部门之间，由于部门工作性质和任务也有很大不同产生冲突。纵向冲突是指有隶属关系的群体之间的冲突。如同一部门上下级之间由于利益差异而产生的冲突。

4 知识型人才冲突结果分析

冲突并非都是坏事[13]，结果可分为有益冲突与有害冲突。从上面冲突类型可知可能发生在个体本身、个体之间、个体与组织之间。就冲突的情形及可能出现的结果（好，不好，都好，都不好，以 A、B 表示），对知识型人才个体而言，A 表示目标 1（或其他），B 表示目标 2（或其他）；对知识型人才之间，A 表示人才 1，B 表示人才 2；对于知识型人才与组织之间，A 表示人才，B 表示组织。当双方的利益发生冲突时，其关系就见图 1，成直角相交，因冲突所产生的利益或损失则以正负数表示；输赢结果以收益大或损失小来决定。见图 1。

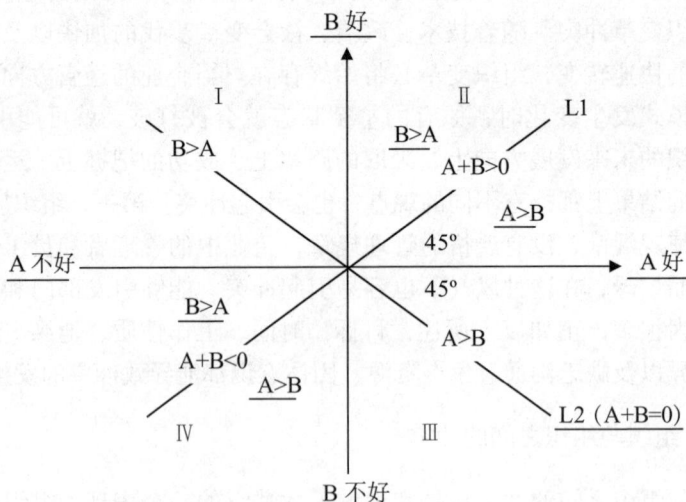

图 1 冲突结果分析图

可能出现的结果：1. 图显示有四种结果，分别是 Ⅰ、Ⅱ、Ⅲ 及 Ⅳ 区。2. Ⅱ区是双赢区，因 A、B 皆为正数。3. Ⅳ区是双输区，因 A、B 皆为负数。4. Ⅰ、Ⅲ区为胜负区，因 A、B 同时各有正负，而"零和"出现于 L2，即线上任何一点的 A + B = 0。5. Ⅱ、Ⅳ区的 L1 任何一点的 A = B，即双方的利益或损失相等。6. Ⅱ、Ⅳ区以 L1 为界再可细分为 4 个小区，各小区中 A 与 B 的大小关系表示双方于冲突中的利益得失，即输赢关系。

结果分析：1. 基于人都是 H 人的假设，双方都会努力将自身优化或减少损失，故双方都有向Ⅱ区方向移动的趋向，这使结果出现在双赢区（Ⅱ区）的机会较其他的大。2. 双方所争取的利益的总量是非定量的，这使得双方的目标经理性分析后，由夺取对方的利益转移到合作使利益总量增加，即让结果发生在Ⅱ区，并且尽量向上移动，以达到利益最大化。3. 在Ⅱ区中，A、B 两方又会基于自利的动机各自将结果向己方（即两轴）"拉"，如双方力量相等，则利益相等，结果发生在 L1 上，反之则大小有别，结果发生在 2 个小区上。分析结果很有启发性，就是冲突双方可透过合作使利益总量增加，达到双赢，使自己及他人同样得益，也就印证了"和气生财"的科学性[14]。相反，不合作或不理性的冲突可使双方都蒙受损失。冲突模型不足之处，就是缺少了时间因素和环境因素，加入此因素会使模型图像变成立体，具体意思是说 A、B 双方会把时间与环境因素纳入决策处理过程，如果能将这两个因素考虑在内，那么冲突模型分析将更有意义。

5 冲突模型的理论研究

5.1 冲突过程模型

冲突过程论对知识型人才冲突分析也是有益的。冲突的发展要经历五个阶段，著名学者庞地（Louis R. Pondy）[15]首先提出了冲突过程的五阶段模式：潜伏阶段；认识阶段；感觉阶段；处理阶段；结局阶段。潜伏阶段：潜伏阶段是冲突的萌芽期，这时候冲突还属于次要矛盾，员工对冲突的存在还没有觉醒。在这个阶段，冲突产生的温床已经存在，随着环境的变化，潜伏的冲突可能会消失，也可以被激化。认识阶段：在这个阶段，员工已经感觉到了冲突的存在，但是这时员工还没有意识到冲突的重要性，冲突还没有对员工造成实际的危害。如果这时员工及时采取措施，可以将未来可能爆发的冲突缓和下去。感觉阶段：在这个阶段，冲突已经为员工造成了情绪上的影响。员工可能会对不公的待遇感到气愤，也可能对需要进行的选择感到困惑。不同的员工对冲突的感觉是不同的，这与当事人的个性、价值观等因素有关。处理阶段：员工需要对冲突做出处理，处理的方式是多种多样的，比如逃避、妥协、合作，等等。对于不同的冲突有不同的处理方式，即便是同样的冲突，不同的员工采取的措施也不尽相同。对冲突的处理，集中体现了员工的处世方式和处世能力，也体现了员工的价值体系和对自己的认识。结局阶段：冲突的处理总会有结果。不同的处理方式会产生不同的结果。结果有可能是有利于当事人的，也可能不利于当事人。当冲突被彻底解决时，该结果的作用将会持续下去。但很多情况下，冲突并没有被彻底解决，该结果只是阶段性的结果。有时甚至处理了一个冲突，又会带来其他几个冲突。见图2。

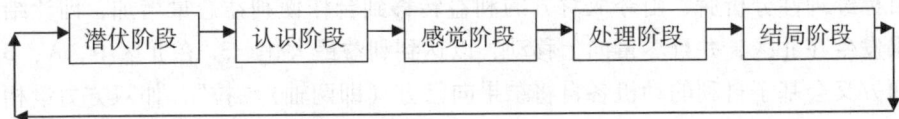

图2　庞地的冲突过程五阶段模式

对冲突阶段论的研究还有托马斯（Thomas，1976）提出四阶段理论，罗宾斯（Robbins，1996）提出五阶段论[16]等。

5.2　冲突处理模型

众多冲突处理策略模型中，学者们把这些不同的管理方式放入一类"二维模型"加以考察。最早引入二维模型的学者是 Blake 和 Mouton[17]，他们把横坐标定义为"关心人"，纵坐标定义为"关心生产"，从而区分了五种冲突管理方式：竞争（competing）、合作（collaborating）、妥协（compromising）、逃避（avoiding）和宽容（accommodating）。在对知识型人才实际管理过程中，人才需要合作型管理方式，但随着知识型人才对组织的适应，更希望逃避型管理方式，也就是充分授权式的管理方式，希望自己的领导者能实现"无为而治"。后来，Thomas[18]、Rahim、Wall 和 Canister 对这个二维模型进行了不同程度的修改，重新定义了横坐标、纵坐标，五种管理方式的名称也有所改变，其中以托马斯（Thomas K. W.，1976）提出的五因素模型影响最为广泛。托马斯在满足自身利益和满足他人利益两个维度上，来确定个体究竟是哪一种处理冲突策略。其中，要满足自己利益的愿望依赖于追求个人目标的武断或不武断的程度，想满足其他人利益的愿望取决于合作不合作的程度。在此基础上托马斯提出解决冲突的五种策略分别是：回避方式（avoiding），试图不做处理，置身事外；强迫方式（competing），就是只考虑自身利益；迁就方式（accommodating），就是只考虑对方利益而牺牲自身利益；合作方式（collaborating），寻求双赢局面；折中方式（compromising），就是双方都有所让步。五种人际冲突处理策略则分别代表了武断型和合作型的不同组合，见图3。

```
            ↑
      强迫              合作
关  武
注  断
自
己        折中
的  不
利  武
益  断
      回避              迁就
            └─────────────────→
      不合作          合作
         关注他人的利益
```

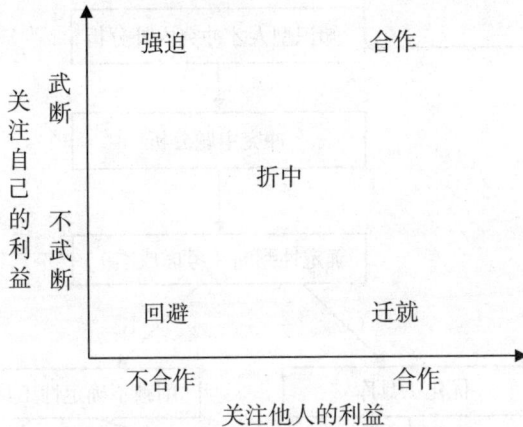

图 3　托氏冲突二维模型

托马斯认为，处理冲突的模式是两维的。一维是武断程度，另一维是合作程度。这两维相互作用共同产生上述五种处理方式。托氏对冲突的处理方式也可用于知识型人才间及知识型人才与组织之间的冲突处理，对于知识型人才个体自身冲突处理方式，显然不是很适用，主要是由于个体的资源有限情况下，要想实现合作方式是较难的，况且个体冲突有时是个性问题产生的一种纯粹心理问题，无法解决。

6　知识型人才冲突管理的对策

对于知识型人才冲突管理研究，积极借鉴和谐管理思想能提供应对思路[19]。知识型人才冲突和谐管理是知识型人才为了达到个体或组织目标，主动分析冲突内外环境，寻找知识型人才冲突和谐主题，以优化和不确定性消减两个途径处理知识型人才冲突；其中优化可借鉴现代的确定性的技术、工具、方法来处理，不确定性可借鉴主观分析方法加以调整应对。具体思路见图 4。

6.1　应用现代优化工具

冲突解决技术方法比较多，基于优化的冲突解决方法是首先建立冲突模型，设计反映冲突严重程度的指标，并针对该指标产生原因进行分析，利用基因算法等现代工具库进行优化求解。主要是基于确定性的问题容易寻找解决问题的工具或更优的工具。

```
            知识型人才冲突内外分析

                冲突主题分析

            确定性判断（考虑成本）
   评           Y           N
   价
   与      优化工具库      削减不确定性工具库
   反
   馈     优化或更优化   主体应对能力提高  变确定性

            个体与组织效益提高
```

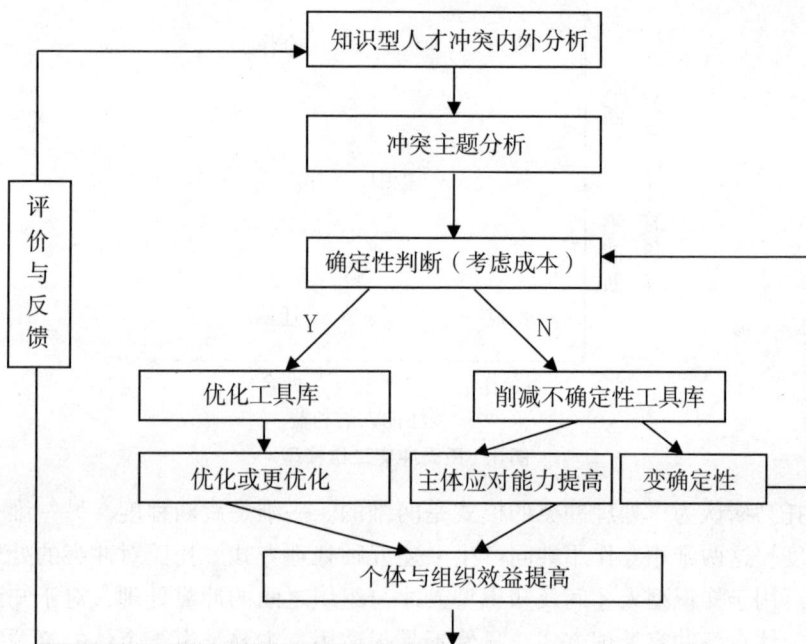

图4　知识型人才冲突和谐管理模型

6.2　削减员工冲突不确定性方法

随着主体对自身和环境认识不断深化，原来对于管理而言可能是不确定性的事项，逐渐可以常规化，即将部分不确定性通过认识转变为确定性，就可以实现优化管理。同时主体通过不断应对不确定性，提高了对不确定性的认识，应对不确定性的能力会不断进步，对于现实条件下无法转变确定性的问题，主体直接处理，争取好的结果，减少或避免恶的结果的发生及发生程度[19]，如解决知识型人才间及与组织间冲突可以采用：协商法、仲裁法、拖延法、和平共处法、转移目标法、教育法等。当然实施和谐管理对于不确定性的判断和优化工具库的应用，必须考虑成本效益原则，即虽然通过现代的优化工具可以实施优化管理，但成本投入非常大，这时可直接让主体根据自身应对不确定性的能力，进行直接处理，以确保组织的最佳效益。

7　本章小结

总之，冲突是不可避免的，冲突对于知识型人才个人或组织而言都是重要的，冲突可以激发人们去思考、去寻找改变，有时甚至可以引导人们发展创造力。冲突有良性冲突与恶性冲突，对组织会产生正面或负面的功能，主要是如何应对冲突。恶性冲突是个体自身、个体与个体、个体与组织不平衡的来源，间接增加成本消耗，削弱个体与组织效能；反之良性冲突却能促进个体与组织绩效。无论是良性与恶性冲突，都应当有效进行管理。可以应用和谐管理思想提出有效解决问题的思路，通过有效分析知识型人才内外环境，辨别冲突主题，借鉴各种有益的工具与方法，发挥个体与组织整体的效率与效能，最终解决冲突问题，提高组织与个体的效益。

【复习题】
（1）试析知识型人才冲突类型。
（2）试析知识型人才冲突原因。
（3）试析知识型人才冲突的结果。
（4）试析知识型人才冲突管理的对策。

【思考题】
试析知识型人才冲突与一般人力资源冲突异同。

【案例分析】

刘备托孤*

刘备病危时，孔明等泣拜于地下说："愿陛下息龙体！臣等尽施犬马之劳，以报陛下知遇之恩也。"

刘备令内侍扶起孔明，一手掩泪，一手扶其手，说："朕今死矣，有心腹之言相告！"

孔明说："有何圣谕？"

刘备泣说："君才十倍曹丕，必能安邦定国，终定大事。嗣子可辅则辅之，如其不才，君可自为成都之主。"

孔明听毕，汗流遍体，手足无措，泣说："臣安敢不竭股肱之力，尽忠贞之节，继之以死乎！"

问题1：你认为刘备泣说"君可自为成都之主"是不是真心话？为什么？

---

* 引自 http：//mip. kaoshi6. com/wap – action – 255709. htm。

试分析刘备的驭下之术，你认为刘备领导行为对现代企业董事长有何启示？

问题2：你认为孔明的行为表现是不是真实的表现，为什么？试分析孔明的御上之术，你认为诸葛亮行为对现代企业职业经理人有何启示？

参考文献

[1]席酉民,唐方成.和谐管理理论的数理表述及主要科学问题[J].管理学报,2005(3):270.

[2]Rahim M A. A Measure of Handling Interpersonal Conflict[J]. Academy of Management Journal,1983:168—176,368—376.

[3]Thomas K W. Conflict and Conflict Management[A]. In Dunnette M D, Hough L M, eds. Handbook of Industrial and Organizational Psychology[C]. Palo Alto: Consulting Psychologists Press,1976. 889—935.

[4]Wall J A J r, Canister R R. Conflict and its Management[J]. Journal of Management, 1995,21(3):515—558.

[5]Tagiuri R. The Concept of Organizational Climate. In: Tagiuri R, Litwin G H ed. Organizational Climate: Exploration of a Concept[M]. Boston: Harvard University Press,1968:11—32.

[6]Palmer, Jesse. Conflict Resolution: Strategies for the Elementary Classroom[J]. Social Studies,2001, Vo l. 1992(Issue2),65—67.

[7]Rahim M A. A Measure of Handling Interpersonal Conflict[J]. A Cademy of Management Journal,1983,168–176,368—376.

[8]Bsino H. Managing Conflict[M]. Beverly Hills: Sage Publications,1988:234—239.

[9]Wall J A J r, Canister R R. Conflict and its Management[J]. Journal of Management, 1995,21(3):515—558.

[10]陈照明.实用管理心理学[M].厦门:厦门大学出版社,2002:183—184.

[11]樊富珉,张翔.人际冲突与冲突管理研究综述[J].中国矿业大学学报(社会科学版),2003(3):82—91.

[12]张向前.人性假设H理论与和谐管理系统[J].江淮论坛,2005(1):9–15.中国人民大学书报资料中心《管理科学》2005年第5期全文转载.

[13]张向前.领导必须正确对待逆反意见——从诸葛亮"拒谏"说起[J].信息导刊,2005(5):17—18.

[14]谢顺利."和气生财"的科学解释[EB/OL]. http://www. acemacau. org/book/18/p9. doc,2005–02–11.

[15]Pondy L R. Organizational Conflict: Concepts and Models[J]. Administrative Science Quarterly,1967,12:296—320.

[16]Robbins S P. Essentials of Organizational Behavior[M]. Upper Saddle River, N. J.: Prentice Hall,1996:191—257.

[17]王琦,杜永怡,席酉民.组织冲突研究回顾与展望[J].预测,2004(3):74—80.

[18]Thomas K W. Pondy L R. Toward an "Intent" Model of Conflict Management Among Principal Parties[J]. Human Relations,1977,Vo l. 30,1089—1102.

[19]席酉民,尚玉钒.和谐管理理论[M].北京:中国人民大学出版社,2002:58—135.

第十五章　知识型人才创新研究

【学习目标】
(1) 了解知识型人才创新系统
(2) 了解知识型人才创新环境
(3) 掌握知识型人才创新性评价

1　引言

在知识经济时代，知识的开发、利用和创新成为企业创造价值、获取高额财富的捷径之一。作为市场主体的企业，尤其是知识型企业，能否使自己的核心能力具有可持续性，很大程度上取决于其知识型人才创新能力提升的速度与水平。创新是人类的一种高级心理活动，人们在创新过程中的心理活动规律具有一定相似之处，这使得探索研究创新规律具有可能性。企业知识型人才创新性的培育与发挥是其个体内部因素与企业环境的共同作用，因此，要探究企业知识型人才创新性产生与发挥的过程，首先，要找出影响其创新的因素，探索其作用机理。其次，基于创新的脑生理基础，以及相关的创新心理学理论，创新技法基础，结合知识型人才特质，描述知识型人才创新行为的产生过程，构建知识型人才创新机制。要促进企业知识型人才创新性的发挥，必须做好对其创新性的评价，只有具备科学性、公正性的创新性评价系统才能准确找出知识型人才个体创新性的短板，对之加以改进，提高知识型人才的创新性。因此，本章除了探索知识型人才创新的机理外，还致力于开展知识型人才创新性的测评研究，通过分解创新性结构、筛选评价指标、对指标赋权，构建知识型人才创新性评价体系，开发适合企业操作的评价方法。最后，通过调查问卷的形式获得实证数据，进行判别分析，找出当前知识型人才创新性培育与发挥过程中的问题，结合前述理论，从知识型人才个体心理层面，到企业内外部环境，提出多角度的旨在提高知识型人才创新性水平、促进其创新能力施展及其创新潜能发挥，从而为企业创造价值的策略。

2　知识型人才创新机理

2.1　知识型人才创新系统

在知识经济的时代背景下，创新已成为推动经济社会发展的关键动力。作为市场主体的企业，尤其是知识型企业，可持续核心竞争力的形成，很大程度上取决于知识型人才创新能力提升的速度与水平。个体创新领域的研究表明，来自个体外部的因素与来自个体内部的因素，均会对个体的创新性产生影响。外部因素通常为个体创新提供支撑条件，而内部因素是个体创新的力量之源。因此，从内外两个维度入手，找出影响其创新性的各种因素，以及作用方式，对研究组织知识型人才创新机理不可或缺。本章根据图1所示，进行组织环境和个体内在因素对知识型人才创新性的作用机理分析，探索创新思维和创新技法对知识型人才创新性的培育和发挥的影响方式，从而构建由内而外的有利于组织知识型人才创新性培育和发挥的系统模型。

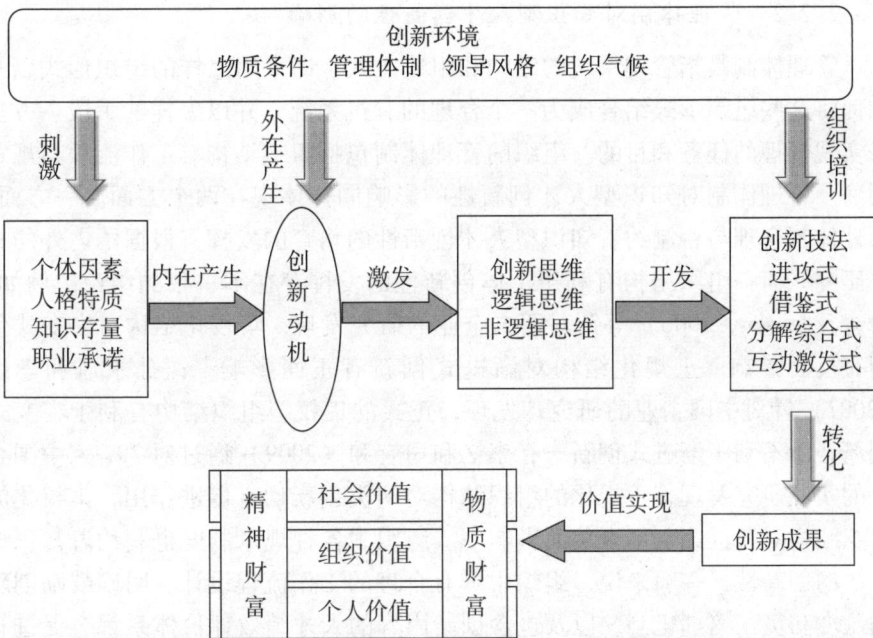

图1　组织知识型人才创新机理系统模型

2.2　知识型人才创新环境

图 1 的外围框架为知识型人才所在的组织为其提供的创新环境，具体可分为物质条件、管理体制、领导风格、组织气候几个方面。

2.2.1　物质条件对知识型人才创新性的影响

组织中的物质条件包括工作地环境、仪器设备、经费、报酬等，物质条件对知识型人才创新性的作用体现在两个方面。一方面，物质条件为知识型人才创新提供一定程度的资源支持，如许多创新活动的开展需要相应的工作场所、仪器设备和经费投入。而报酬的增加可能会提高知识型人才创新的积极性，激励其创新性的发挥。另一方面，物质条件可以刺激知识型人才的创新动机，如工作场所环境不够舒适、生产设备存在缺陷、经费来源、报酬不合理引起知识型人才的关注，从而刺激其利用专业知识或技能去寻求改善工作地环境、改进生产设备、创新经费筹措渠道、完善报酬结构等具有创新性、改革性的想法与行为的产生。而刺激创新性得以产生的前提条件是知识型人才具有善于发现问题的能力。

2.2.2　管理体制对知识型人才创新性的影响

管理体制是指管理系统的结构和组成方式，即采用怎样的组织形式以及如何将这些组织形式结合成为一个合理的有机系统，并以怎样的手段、方法来实现管理的任务和目的。组织的管理体制包括组织结构、工作流程与规章制度。管理体制对知识型人才创新性的影响同样体现在两个方面。一方面，管理体制合理与否制约着知识型人才创新性的培育的发挥，根据国内外的相关研究，何种组织结构有利于个体创新性的发挥存在不一致的结论，例如，詹森（Jansen，2006）等针对西方企业的研究发现，集权化结构对突变式创新有负面影响，正规化结构对渐进式创新有正面影响[1]；孙永风和李垣（2007）针对中国企业的研究却发现，正式的集权型组织结构有利于突变式创新，而不利于渐进式创新[2]；李忆和司有和（2009）通过对 397 家中国企业的实证研究发现，正规化的组织结构对两类创新均有促进作用，集权化的组织结构对渐进式创新有负面影响[3]。组织中各种规章制度也制约着知识型人才的创新性，一般来说，组织中具有合理的工作流程设计、明确鼓励创新的制度和员工培训机制，以及包含创新内容的人才绩效评价体系都会促进知识型人才创新性的产生。另一方面，管理体制也起着刺激创新的作用，即知识型人才发现当前管理体制存在的问题，提出组织结构变革、流程改进或再造、规章制度更改等管理方面的创新。同样，这也依赖于知识型人才高度的问题敏锐性。

2.2.3　领导风格对知识型人才创新性的影响

领导风格通常是指领导者在自己的个性和经历的基础上，结合工作环境，对下属习惯化地表现出来的种种特点。领导风格多种多样，按照影响力的作用机制不同，大体可将其分为交易型和变革型两种。这两者关键的区别在于，领导与下属之间以何种形式进行互动。变革型领导提倡一个长期的目标，重视下属更高层次的内在需求，希望让下属能够认同领导以及组织的需要和价值观；而相对地，交易型领导注重与下属之间的资源交换，给予下属他们所想要的，从而在下属那得到领导所想要的[4]。已有研究表明变革型领导会激励员工用新的方式思考旧的问题，鼓励他们挑战和质疑自身的价值观、传统思想以及信仰[5]。有学者把变革型领导风格描绘成四个独特而又相互关联的行为组成部分：动机的激励、智力的激励、理想化的影响、个体层面的关怀[6]。相关理论和实证研究表明，表现出上述四种行为的领导者能够改变他们下属的价值观和规范，推动员工个体和组织层面的改变，帮助下属超过他们最初的表现预期[7]。变革型领导风格可以通过组织承诺、创新型文化、员工满意度这个有机整体，促进知识型人才创新性的发挥[8]。根本地说，领导者自身对待创新的态度，影响着组织对待创新的态度和员工从事创新行为的积极性。本书将交易型领导风格和变革型领导风格作为知识型人才创新性的考察变量，进行影响分析。

2.2.4　组织气候对知识型人才创新性的影响

组织气候，也被称为"组织氛围"，是指在某种环境中员工对一些事件、活动和程序以及那些可能会受到奖励、支持和期望的行为的认识[9]。如果组织中员工关于创新的认知是肯定的，崇尚创新思维与创新行为，反对墨守成规，能为员工提供创新的动机，能为员工创新的实施消除障碍因素，即具备关于创新的积极的组织气候，则组织中知识型人才在开展创新时，易被同事或组织接受；同时，在面对创新过程的障碍时，能及时获得组织和同事的支持，增强自信心，自觉地为完成创新目标而努力。若大多数组织成员漠视创新，安于现状，即关于创新的组织气候是消极的，则其中的知识型人才不愿或不敢发挥自身的创新性，久而久之，其创新性会逐渐减弱，甚至消失。

组织环境对知识型人才创新性的影响因素及作用实现见图2。

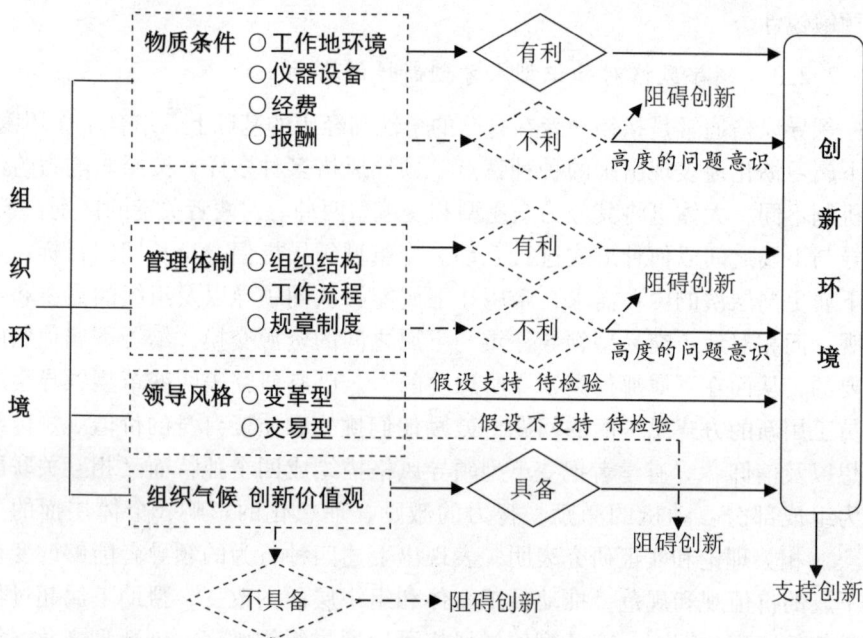

图2　创新环境形成图

2.3　知识型人才创新个体因素

内部因素是个体创新的力量之源,对其创新能力的高低、创新行为的产生具有直接作用。决定知识型人才创新性的个体因素包括人格特征、知识存量、职业承诺三个方面。

2.3.1　人格特征对知识型人才创新性的影响

美国著名心理学家麦克利兰(McClelland, D. C., 1973)在其著名的能力素质冰山模型中指出,人格特征属于素质要素中的潜能部分,比较稳定,难以察觉和感知,难以后天培养,在一定程度上受到遗传因素的影响,同时人格特征对其他某些显性素质如思维特征、知识、社会能力等的发展提供动力和调节效能,因此人格因素与高创新性密切相关[10]。关于哪些人格特征会对个体的创造力产生作用,国内外不少学者通过实验、统计等方法进行了研究,本书基于前人研究成果,拟从九个方面来分析知识型人才的个体特征对创新性的影响。①创新动机来源:创新动机主要是来源于知识型人才对于内心的自我实现的需要(内源型创新动机),还是来源于对组织给予的物质奖励、名声地位的追求(外源型创新动机)。②问题意识:善于发现问题的能力,通常表现为对未知事物的好奇心与敏感性,以及为解决问题而主动学习的欲望，即求知欲。③独立性：面对他人的反对或不同意见时，能遵循自己内心真实的想法，不易被其他人左右自己的思想与行为。④冒险精神：为了实现创新目标而敢于颠覆历史、挑战权威的勇气。⑤乐观：当创新过程遇到障碍、挫折时善于鼓励自己、对创新结果抱有希望。⑥自信：对自己能力的肯定。⑦韧性：能使人从逆境、冲突和失败中，甚至是从积极事件、进步以及与日俱增的责任中快速回弹或恢复过来的能力[11]。⑧兴趣爱好：个人兴趣爱好广泛程度，这有助于个体拓展思维，多角度思考问题。⑨学习能力：为了完成创新目标，从别处模仿或主动探索的能力。人格特质对知识型人才创新观念与行为的产生具有动力、定向、支持、强化等一系列相互联系的作用。

2.3.2　知识存量对知识型人才创新性的影响

知识对与个体的创新思维的形成与创新行为的实施具有密切联系，关于知识存量对于创新的作用，已有研究存在两种不同的看法：基础观认为个体知识存量越高越有利于创新性的发挥，也只有具备一定的知识积累，才有可能实现创新；张力观认为创新性与知识存量呈现倒"U"形关系，并非知识越多越有利于创新，高度的知识存量会束缚个体创新性的产生，中等程度的知识存量才有利于创新性的发挥。知识存量对知识型人才创新思维的形成有何影响，以及与创新问题的解决之间的关系究竟如何，是本书研究的重要内容。在此，首先应解决的是知识存量的判断问题。基础观与张力观关于知识存量的衡量均以个体受正式教育的水平来确定，本书认为，不能仅仅以学历水平作为知识存量的衡量依据，个体在工作过程中所积累的经验，以及业余自学情况，都是构成个体知识的重要内容，因此，应从受教育水平、工作经验和自学情况三个方面，本书分别定义为学历知识、经验知识和增补知识，来共同衡量个体的知识存量。受教育水平易于衡量，而工作经验与自学水平没有统一的标准化测量依据，因此本书拟采时间作为衡量单位，采用工作年限与每周自学小时数分别作为知识型人才工作经验与自学水平的衡量依据。

2.3.3　职业承诺对知识型人才创新性的影响

范登堡和卡斯佩罗（Vandenberg，Scarpello，1991）认为，职业承诺是一个人与其所从事的职业之间的一种心理联系，即"一个人对他所选择的职业或工作价值的信念和接受程度，以及保护成为某一职业成员的意愿"[12]。可从三个维度来衡量知识型人才职业承诺的强度。①持续职业承诺：知识人才对改换职业所导致的损失和代价的认知。②情感职业承诺：知识型人才对其所从事职业的情感依恋、认同和投入度。③规范职业承诺：知识型人才对职业的责任感和义务感，是社会伦理规范的内化作用。一般来说，具有强烈职业承诺的个体，比缺乏职业承诺的个体更容易认同其所从事的事业，也更容易体验到对其职业的积极情感[13]，愿意为所选择的职业有所投入。知识型人才职业承诺强度的高低，决定着知识型人才对其所从事的职业或工作的积极性与热情；当职业或工作面临着创新的需求时，高度的职业承诺会激励知识型人才乐于接受创新带来的挑战，甘愿为自己所热衷的职业或工作投入时间、精力、物质等资源。

个体因素对知识型人才创新性的影响见图3。

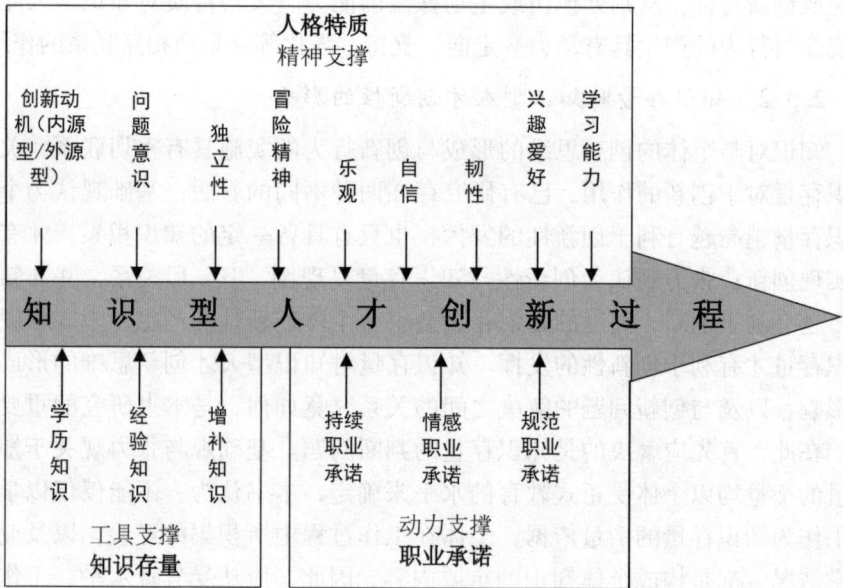

图3 个体因素对创新影响图

2.4 知识型人才创新思维

"思维是人脑对客观事物的本质属性和事物之间内在联系的规律性所做的概括与间接反映"[14]。思维能反映事物本质，能超越具体的时间和空间。人类常用的思维是逻辑思维，即严格遵循逻辑规律，逐步分析与推导，最后得出合乎逻辑的正确答案和结论的思维活动；另外，人类还具有非逻辑思维，即没有完整的分析过程与逻辑程序，依靠灵感和顿悟，快速地做出判断与结论的思维活动。创新思维是指对事物之间的联系进行前所未有的思考，从而产生新观念、新事物的思维方法。以下将分别从逻辑思维与非逻辑思维来探寻知识型人才创新思维的产生。

2.4.1　逻辑思维与创新的关系分析

逻辑思维能借助于语言形式（既可以是口头语言，也可以是负载于文字、符号、图表及其他多种形式的载体所表达的非口头语）来表达[15]，讲究准确性、严密性和条理性，为人类在面对纷繁复杂、千头万绪的事物时，厘清思路，寻找出解决方法。目前，存在一种普遍看法，认为逻辑思维与创新无关，甚至对创新有着阻碍作用。这是一种误解与偏见；其实，阻碍创新的往往不是逻辑思维本身，而是作为逻辑推理前提的某个错误命题和与之相应的错误观念。而逻辑思维正可以帮助人类认识某种错误，提出正确的命题，建立正确的观念。创新必须遵循客观规律和逻辑法则，违反逻辑不可能有任何真正的创新。因此，创新与逻辑思维密切相连，创新建立在现实的基础之上，真正的创新是从逻辑思维开始的[16]。知识型人才在培育创新思维时，不可忽视逻辑思维。逻辑思维可以为知识型人才提出创新性设想提供资料准备，并对提出的设想进行加工、审查和筛选，对取得的创新性成果进行检验和论证[17]。其中最重要的体现应属收敛思维的应用，收敛思维指遵循一定的原则，对已知事物进行聚焦式搜索，力求从中找出正确结论的思维方法。此法要求知识型人才将外界信息引入逻辑序列中，运用已有知识或经验通过一系列方法找出结论。在创新过程中，收敛思维主要应用在利用发散思维形成众多创新方案之后，通过逻辑推理对创新方案进行筛选，以得出最优创新方案，起着优胜劣汰的作用。逻辑思维常用的方式有：①分析与综合：分析要求将思维对象分解为各个部分、侧面、属性，分别加以研究，是准确认识对象的基础阶段；综合则要求把思维对象各部分、侧面、属性按内在联系有机地统一为整体，以掌握事物的本质和规律。②比较与分类：比较法要求将思维对象与其他事物进行对比，找出它们之间的相同点和不同点，在对比中认识对象；分类法则要求按照思维对象的性质、特点等作为区分的标准，将符合同一标准的对象聚类，以加深对同类对象的整体认识。③归纳与演绎：归纳是从个别性知识引出一般性知识的推理，由已知真前提引出可能真的结论；演绎则从普遍性结论或一般性事理推导出个别性结论。④抽象与具体：抽象要求舍去对象非本质的、个别的东西，而抽象出本质的、共同的东西，把复杂的现象转化成精练的描述或简单的模型；具体则要求按照对象的本来面目把对象的具体性复制出来。

2.4.2　非逻辑思维与创新的关系分析

非逻辑思维是规律未被形式化、规范化的思维，讲究流畅性、灵活性和独特性。非逻辑思维长期被人类忽视，但它对于创新来讲是非常重要的。当人类面对难题难以用逻辑思维找出解决方法时，非逻辑思维往往能够带来突破，为问题的解决找到新的途径。非逻辑思维的类型包括：①发散思维：从尽可能多的角度去观察同一事物，具有发散性、多维性、求异性、想象性与灵活性，在知识型人才创新过程中，对突破思维定式、拓宽思维范围具有重要作用。②逆向思维：从相反的方向去考察思维对象，以求得新的认识。逆向思维有助于知识型人才从另一极去认识事物，打破传统正向思维对思路的禁锢，弥补单向思维的不足，实现创新。③形象思维：在认识过程中，对思维对象的表象进行取舍，以反映对象特征，用形象来揭示本质。长期以来人们普遍认为形象思维为艺术家所独有，而科学家使用的是抽象思维（逻辑思维），将不同性质学科所使用的创新思维进行截然分类。事实上，任何学科领域的创新都不可能与形象思维完全绝缘。④直觉思维：对于一些新出现的现象或事物，未经过严密的逻辑程序，直接地认识到其内在本质或规律的一种思维活动，是认识过程的突变、飞跃与升华[18]。许多人认为直觉思维法是一种先天的、只可意会不可言传的体验方法，因此把直觉和理智对立起来，强调人的直觉类似于动物的本能，运用直觉即可直接掌握宇宙的精神实质[19]。现代思维科学方法研究认为，直觉思维法是长期思考以后的突然澄清，或创造性思维的集中表现，是一种重要的创新思维方法[20]。当人脑面对新问题、新现象时，直觉思维迅速调动主体全部知识经验，通过丰富的想象，省去分析推理环节而做出判断[21]。即直觉思维并非完全来自先天性，它的产生需要一定的条件——长期对某一问题坚持不懈的思考。⑤灵感思维：现代心理学及思维学认为灵感思维是在感性思维的直感映象启示下，直接向理性过渡的飞跃思维形式或直接向实性过渡的飞跃思维形式[22]；灵感状态下产生的作品具有高度的独创性，难以模仿[23]。由于灵感通常表现为随机性，使得很多人错误地认为灵感完全来自个体得到上天偶然的恩赐，不属于自己能控制的能力范畴。事实上，灵感思维是主体在强烈的创新意识和某种信息的激发下，将长期储存、凝聚在大脑中的知识进行重新组合、升华，是在长期思维活动过程中偶然显现的最集中、最兴奋、最强烈的智力活动，是由潜意识和显意识多次叠加而成的；而主体通常只感受到灵感思维的结果，难以感受到思维过程。灵感是人们在创造过程中达到高潮阶段以后出现的一种最富有创造性、突破性的思维形式。另外，本书认为梦思维类似于灵感思维，只不过是在思维主体睡眠时以梦的形式迸发出来创新想法；其所需条件也类似于灵感思维，在此不再说明。

创新思维对知识型人才创新性的影响见图4。

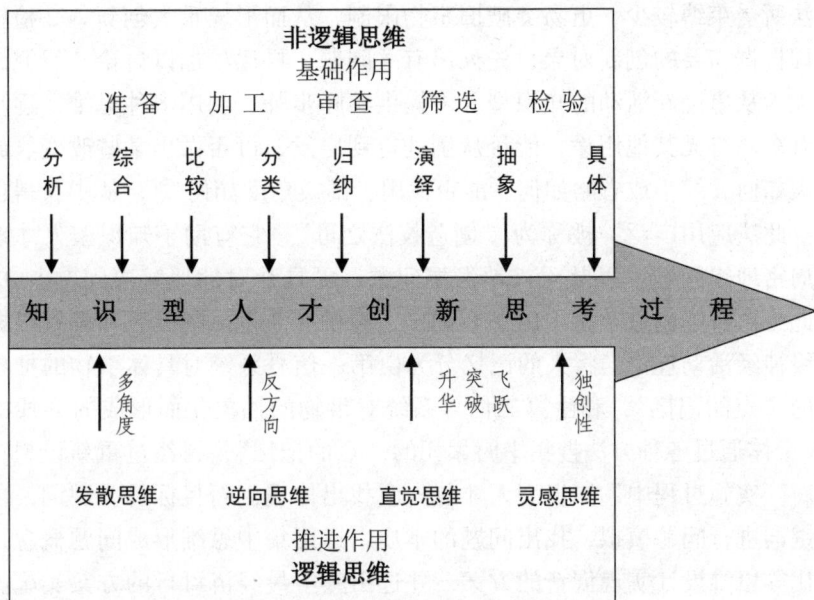

图 4　创新思维作用图

2.5　知识型人才创新技法

对创新技法的掌握是创新能力的重要体现，创新技法是将具有创新性的观念落实到创新成果的途径，是人类智慧最终能带来价值创造的助推器。关于创新技法的开发、普及和发展，自近代以来十分迅速，据统计至今已提出创新技法 340 余种[24]，其中有些技法已能在计算机上运用。目前，既有创新技法研究分散在各个学科领域，涉及科学方法论、思维科学、创造学、决策学、心理学等诸多领域，十分庞大、零散[25]，本书将几种适用于组织知识型人才的重要创新技法进行分类探讨。

2.5.1　进攻式创新技法

所谓进攻式创新技法，指的是知识型人才基于问题本身，直面创新目标，运用自身具备的知识、工具攻克实现创新目标过程中的各种难题的技法。包括：①列举法：通过列举出事物的属性，进行改进式创新或完全创新的技法。概括而言，有两种列举创新技法。一种是缺点列举法，即主动发现事物的缺点，从"有何缺点需改进"的角度出发，创造出新事物的技法。此法重点围绕事物原型存在的缺点进行改进，通常带来改进式创新成果。另一种列举式技法为希望点列举法，即不直接面对具体、特定事物，而是提出事物或问题的希望或理想状态，沿着所提出的希望进行创新的技法。二者相比，希望点列举法所受束缚较少，更易突破旧事物限制，从而形成重大创新。②检核表法：即根据需要的创新对象，先列出有关问题，再逐项加以讨论、研究，有意识地为从事创新活动的知识型人才提供实际步骤，利用多种思维，逐步思考现有东西有无其他用途、能否从别处得到启发、可否做出某些改变、放大或扩大如何、缩小或省略如何、能否代用、调换角度如何[26]，从中获得创新设想。此法应用广泛，被称为"创造技法之母"，它有助于知识型人才系统地、周密地想问题，以及深入地发掘问题，更具针对性地解决问题。③NM法：此法由日本创造学家中山正和提出，高桥浩改进。中山正和教授根据人的高级神经活动理论，将人的记忆分为由第一信号系统对具体事物的抽象化形成的"点的记忆"，和由第二信号系统对事物的抽象化而形成的"线的记忆"。个体通过各种方法搜集平时累积的"点的记忆"，再经过重新设想，做出创新。实施过程中，知识型人才首先应找出体现创新目标的关键词，再围绕关键词进行问题模拟，找出问题的本质，运用集中思维形成问题概念，应用类比等思维设计实现创新的方案，并选出其中最经济可行的方案实施。④TRIZ法：TRIZ是俄语"发明问题解决理论"的首字母英语置换词，它是由苏联里奇阿奇舒勒（G. S Altshuller）领导的研究小组经历了50年的时间，分析了世界上近250万件专利，并综合多学科领域的原理和法则后建立的理论体系。此法经过抽象化将一般问题转化为TIRZ标准问题，这步是此法的难点，再靠工程应用知识库的辅助和设计者的经验，利用TRIZ工具得到标准解，进而通过具体化确定问题的特解，向理想解步步逼近得到创新成果[27]。

2.5.2　借鉴式创新技法

此类创新技法是将其他事物所具备的原理、特性，或已经取得的成果运用到新事物上，实现创新。包括：①类比法：以事物之间的联系为基础，通过比较，由此物及于彼物，触类旁通，从而产生新知识，得到创新成果的技法。运用此法时要求知识型人才要有意识地、强制性地建立需认识事物与已知事物间的联系，核心为异中求同或同中见异。仿生、拟人创新法就是从自然界中的动物以及人的构造、生理运作原理中得到启示，从而设计、制造出新事物。②移植法：指将某个学科领域中的已有原理、技术、方法等移植应用到其他学科领域中，为其他学科领域中的问题提供帮助或启示，取得新进展。此法要求知识型人才展开侧向思维，善于联想。③专利法：此法强调要善于利用专利文献这一重要的创新源泉。通过对专利文献进行调查，找出知识空隙，吸收成功脉络，进一步完善知识，实现创新。此法无疑要求知识型人才要关注国内科学技术外研究历史与前沿，猎取多方知识，累积相当的知识量，思考其存在的不足和缺陷。

2.5.3　分解综合式创新技法

此类创新技法主要是指通过将多种事物或现象进行重新组合而形成创新成果的技法。包括：①组合法：从两种或两种以上的事物中抽取出合适的要素进行重新组合，构成新事物。创造完全崭新的事物是很难的，通过组合的方式往往比较容易带来创新，其所得到创新成果为人类社会创造了巨大的价值，所以知识型人才不能忽视这一创新技法。常见的组合法有在相同或相似的事物间进行的同物组合，以求通过数量的变化来弥补功能不足或得到新功能；以某一特定对象为主，在截然不同的事物间进行的异物组合，使无主次之分的各元素从原理、意义、成分、功能等方面进行相互渗透，使整体发生深刻变化；以某一特定对象为主，通过增添附件，从而增强或改进该事物功能的主体附加组合；为了改变事物各部分之间的关系，在事物的不同层次上改变原有组合形式，用新思想进行重新组合的重组组合。②形态分析法：此法一般用于处理具有很多不同现象、较复杂的事物。该法用图解方式将需处理的事物分为若干个独立要素，并列出每个要素的可能状态，将要素与要素间、要素与状态间进行不同的自由组合，可多可少，从而产生新事物。

2.5.4　互动激发式创新技法

个人的知识有限，思维发散度有限，当与他人进行智慧碰撞，通过集体思维提供知识互补、思维共振时，更易产生新想法。在知识型人才中采用群体形式的创新技法，一则可为组织带来直接创新成果，二则可训练知识型人才的创新思维，为组织创新积蓄力量。包括：①头脑风暴法。将一些具有科研能力和知识修养的专门人才组成小组，以收集创意为目的，进行集体讨论，互相启发与激励，引起创造性设想的连锁反应，产生尽可能多的创意，通过改进、组合找到最适合的方案[28]。实施此法成功的关键在于要遵循的原则，即延迟判断和评价、追求数量、欢迎离奇观点、鼓励利用并改善他人观点。②提喻法。将不同知识背景的人员组织在一起，将未知事物或新事物的诸因素与已知事物或旧事物的诸因素相联系，通过讨论、互相启发和补充，以异质同化或同化异质为指导原则，进行综合分类，形成创意。开展此法时要求与会知识型人才不重身份，敢冒风险，概括力强，愿意补充别人意见，主持人要善于综合所提出的观念和联想，对问题能保持一定心理距离，避免陷入个别问题，以便把握会议方向。③设想选择法（TT – HS：Tree Thinking – Harmonic Selection 法）。将智力激励会议所提出的众多创造性设想按属性分类，绘成如树状的系统图，根据实施难易程度、实施后效果为每个设想打分，从中评出最有实用价值的设想，并使之实现。此法广泛应用于技术革新、企业管理与市场营销等活动中，它在头脑风暴法的基础上提供了更具操作性的协调选择方法，表面上看此法的新颖之处在于提供的决策方法，但其按属性分类评分的做法，有助于发现事物需待改进之处，为创新提供了入手点。④KJ法。以日本东京工大教授川喜多二郎的名字字头命名。此法要求与会者在充分理解议题的基础上自由发表意见，并写在卡片上，主持人将卡片混合后再次发给与会者，让其充分理解。通过宣读卡片的方式将具有相同内容的卡片归类，分别冠以标题。在宣读的过程中，与会者受到启示产生的新想法也应写下宣读。通过此法，可以如实地捕捉琐碎的现象，对这些现象进行组合归纳，有利于找出全貌、假说、新学说等创新成果。⑤ZK法。以日本人片方善治姓名的罗马式拼法命名。此法从集体观察并找出混在大量事物中的目标开始，要求参与者按照自己的性格倾向不断重复观察、思考，统一二者，再将产生的思想进行交流，最后在实践中归纳整理。它能将知识型人才产生思想的心理过程与实现这个思想的手段统一起来，是将东方式冥想与西方式系统思想结合起来的方法。

创新技法对知识型人才创新性的影响见图5。

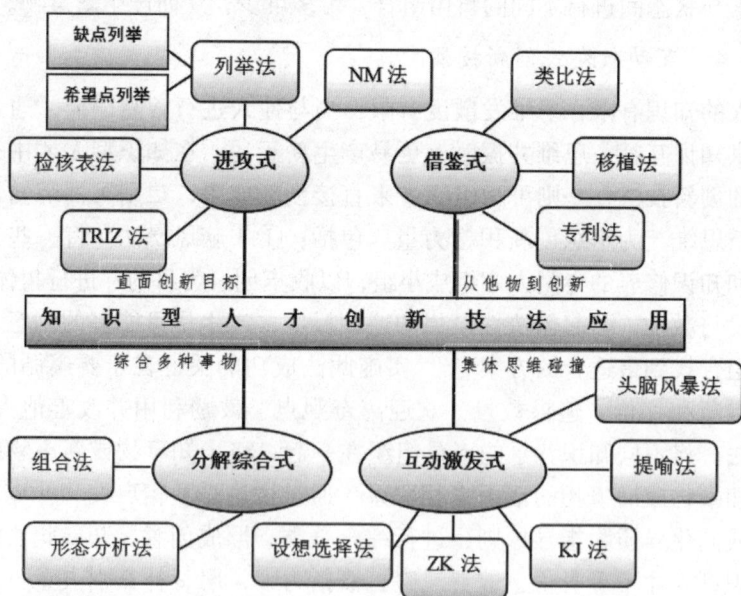

图5 常用创新技法作用图

2.6 知识型人才创新机理

知识型人才创新性的开发受其个体内外多种因素的共同作用。其机理见

图1：通过由图2形成的创新环境的直接刺激，使知识型人才产生创新的外在动机，或创新环境首先作用于知识型人才的个体因素，由个体内在因素再产生创新欲望的内在动机，进而激发各种创新思维的运行。而知识型人才的个体因素，见图3，在整个创新过程中，始终起着支撑的作用。知识型人才个体创新思维的运作，见图4，为知识型人才指明思考路线，再结合创新技法的应用，见图5，通过创新技法这一桥梁，将处于知识型人才头脑中意识状态的创新设想与各种创新成果连接起来，即设想被转化为成果，创新价值得到实现。创新价值在形态上体现为物质财富和精神财富，在层次上体现为个人价值，即知识型人才通过创新成果的实现而获得的物质收入以及精神上的满足；组织价值，即知识型人才的创新成果为组织带来的物质收益和各种无形资产；社会价值，即组织中知识型人才的创新成果出现效益扩散，外溢到组织以外，为社会带来物质财富的增长或精神价值。当然，创新技法的采用，也需要外部环境提供相关的资源支持，为了帮助知识型人才更快更系统地掌握有关创新技法，组织应当主动开展创新技法培训。

总之，知识型人才创新机理是创新环境、个体因素、创新思维与创新技法的函数，可表示为：$Y = F (X_1, X_2, X_3, X_4)$ （公式1）

其中：Y——知识型人才创新性

X_1——创新环境

X_2——知识型人才个体因素

X_3——创新思维

X_4——创新技法

3 知识型人才创新性评价

3.1 知识型人才创新性评价原则

如何提高知识型人才的创新性、促进其创新性的发挥，构成了当今企业人力资源管理崭新且重要的内容。企业在重视建立促进知识型人才创新性培育机制的同时，还应建立相应的评价机制，其目的在于：一则可衡量企业中知识型人才创新性培育机制的运行效果；二则通过对其创新性的评价与考核，反过来对知识型人才创新性的发挥起到鞭策、激励的作用。由于组织知识型人才创新性是在其个体内部因素与创新环境的共同作用下，通过各种创新思维的发挥与创新技法的运用而得到实现的，因此对其创新性的评价是一个复杂的系统，要基于创新性培育机理，遵循一定的原则，设置合理的评价指标，采用合理的评价方法，才能有效实现知识型人才创新性评价的目的。创新性本身具有复杂性，对其评价涉及因素较多，且具有隐蔽性，难以用直观数据加以衡量，因此在评价中，应遵循以下几个原则：

3.1.1 科学性

评价指标体系的科学性是确保评价结果准确合理的基础，因此，设计知识型人才创新性评价指标体系时要考虑到知识型人才创新性产生机理，评价指标具有较好的可靠性和代表性，能从知识型人才的创新精神、创新思维运用、创新问题解决等方面进行合理评价，以期识别出知识型人才创新性中的薄弱环节，从而有利于具有针对性地对其进行改进与提高。

3.1.2 系统性

知识型人才创新性是创新思维、创新技法、创新品质等多个具有特定功能的子系统共同作用而形成的庞大系统，反映其创新性的指标选取应注意各个子系统的协调与结合，结果指标与过程指标的协调与结合，使得评价结果既要体现知识型人才的直接创新结果为企业带来的经济效益；还要体现在其创新过程中，其创新精神为企业带来的无形价值，如对企业创新氛围的提高，对其他员工创新动力的感染等。

3.1.3 可操作性

评价机制一定要具备企业组织实用性，尽管知识型人才创新性的培育与发挥具有复杂性，涉及因素繁多，但选取指标并非越多越好；过多的指标会产生信息过量，势必冲淡核心指标的重要性。因此，评价指标设置不可贪多求全，而应突出重点，避免实施过程复杂。另外，要确保指标具有可理解性，能被企业评价人员与知识型人才一致接受。这样才能确保评价工作的顺利开展，以及评价结果的公平、公正。

3.1.4 可比性

由于个体的创新性是思维意识运作过程与最终表达出来的创新成果的综合反映，尤其在思维运作环节，其创新性难以全部用数量化指标解释，因此，在绝对数量值上，往往存在不可比性，但从相对数角度方面来观察，就可消除这些影响。因此，在对知识型人才进行创新性评价指标设置时，多采取相对指标，使组织知识型人才从个体之间的比较中得出创新性表现水平。因此，设置指标应确保各项指标具有可比性。

3.1.5 过程性

知识型人才创新性的培育与发挥均是一个长期的过程，很多大型创新成果短期内无法完成或有重大突破，因此，在对其进行评价时，应注重长期性。对于创新过程非常长的项目，应实施阶段性评价，评价不能完全以结果为导向，应以过程为导向，不能忽视创新过程中取得的任何进展。这样才能如实地反映知识型人才的创新性，才能及时将有关信息反馈给知识型人才，进一步激励知识型人才创新性的发挥。

3.2 知识型人才创新性结构及指标设置

评价知识型人才的创新性，评价内容要尽可能充分地解释创新性。可基于人才创新过程来展开反映其创新性的指标。爱因斯坦指出："提出一个问题往往比解决一个问题更重要。因为解决一个问题也许仅是一个数学上或实验上的技能而已。而提出新的问题，新的可能性，从新的角度去看旧的问题，却需要创造性的想象力，而且标志着科学的真正进步。"[29]发现问题是创新过程的开端，是创新成果的播种阶段。创新问题发现能力包括对问题的敏感性、探索问题的好奇心、质疑批判意识、提炼出核心问题的能力、提出延展性问题的能力这五项指标。然后，知识型人才通过发挥多种思维，对创新问题进行思考，以意识形态向问题开展进攻，这是创新成果的萌芽阶段。创新思考能力包含推理能力、多向思考能力、抽象化能力、形象化能力、联想能力、想象能力、比较辨别能力、归纳综合能力、假设能力、多种思维整合能力共十项指标。形成一定的观念成果后，知识型人才还需通过各种创新技法的采用，找寻问题解决的实践方法与实现途径，以求将个体抽象的意识形态的创新转化为能表达出来的精神创新成果或物质创新成果，这是创新成果的成熟阶段。创新问题解决能力包含创新规划能力、信息收集能力、信息加工能力、掌握与运用创新技法的能力、知识整合能力、创新成果表达能力、实践和操作能力共七项指标。另外，在整个创新过程中，还需要作为创新主体的知识型人才一定程度的创新人格化能力来支持和维护。创新人格化能力是创新主体的创新个性特质和创新精神因素作用于创新活动而形成的能力[30]，它为知识型人才从事创新活动提供精神动力。创新人格化能力包含创新精神、独立性、毅力、自信心、责任感、兴趣、勇气、团结协作能力、超越自我的追求、自我调控能力共十项指标。最后，知识型人才的创新性要通过在企业组织中的工作体现出来，形成能为企业带来价值的成果，这是对其创新性价值性的检验。企业组织中创新成果体现在管理理念创新、管理制度创新、组织形式创新、经营模式创新、技术创新、服务艺术创新这六项指标上。因此，对知识型人才创新性的评价内容可根据创新机理和过程分解如图6所示的结构图。

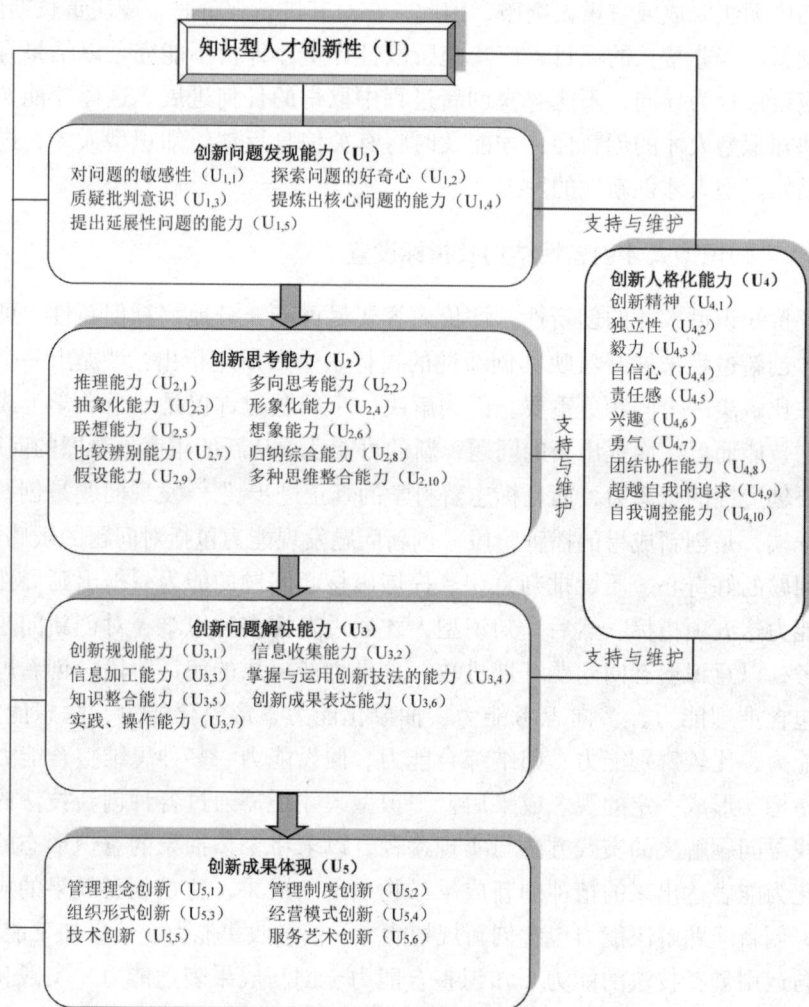

图6　知识型人才创新性评价内容结构图

3.3　知识型人才创新性评价指标权重设定

3.3.1　指标权重赋予主体

创新是一系列复杂活动的综合，并非人人通过努力都能得到预期的创新成果。创新成果固然是衡量知识性人才创新性的最直接的指标，但是，对知识性人才创新性的评价目的，除了构成其绩效考核的内容，为其薪酬与奖励提供依据外，还应达到激励的作用，即对知识型人才所表现出来的任何创新征兆都给予恰当的肯定，这样才能激励暂时没有取得创新成果的个体继续朝着期望成果而努力，也才能引导不重视创新的个体加入创新行列，进而促进整个组织创新氛围的形成。要达到具有激励效果的评价体系，最重要的要使成为评价客体的企业知识型人才认为评价体系与方法的公平性。因此，对评价体系中的指标的权重设立显得非常重要。本书采用层次分析法（AHP：Analytic Hierarchy Process）中的判断矩阵方式为能体现知识性人才创新性的四种能力以及创新结果赋权。通常，层次分析法中建立判断矩阵时，对指标的赋权多采用专家赋权法。本章认为，专家赋权尽管具有一定的权威性，但专家并未具有从事各项工作的知识型人才的实践感知，且专家人数有限，难以用大量调研数据保证指标权重的科学性。权重设置不合理不仅会使得评价结果失真，同时也会打击知识性人才创新的积极性。因此，本章认为通过收集评价客体本身对评级指标重要性的认知情况来设定权重，更能保证评价的公平性。各具体企业在评价体系建立之初，应收集内部知识型人才对构成创新性内容的各部分的看法，再对其加工整理成适合自身的评价权重。

3.3.2 指标权重赋予方法

企业可以采用对知识型人才发放问卷，让其对体现创新性的创新问题发现能力、创新思考能力、创新问题解决能力、创新人格化能力和创新成果体现，即 U_i，进行重要性排序，排序为较低重要、一般重要、重要、很重要与极度重要五个等级，由 M_j 表示，由于采用 AHP 设置指标权重，需用数量化数据，因此本书将问卷调研得来的结果通过表 1 的对应关系转化为数量化数据。

表 1　知识型人才创新性 U_i 级指标度量对应关系表

评价等级（M_j）	等级得分值
较低重要（M_1）	1
一般重要（M_2）	2
重要（M_3）	3
很重要（M_4）	4
极度重要（M_5）	5

即每一个数量值代表其对应的评级等级的得分，用数字 1~5 表示重要程度的升序得分。通过统计有效问卷，采用加权平均法计算各指标的重要性得分，用 Y 表示，得分公式为：$Y(U_i) = \dfrac{1}{N}\sum_{k=1}^{n} M_j N_j$　　　　（公式2）

其中，$Y(U_i)$ ——U_i 项指标得分

M_j——U_i 项指标 j 级重要程度得分值

N_j——有效问卷作答人数中给予 U_i 项指标 j 级重要程度评价人数

N——有效问卷作答人数

i = 1, 2, 3, 4, 5; j = 1, 2, 3, 4, 5

如此, 按 $Y(U_i)$ 值的大小, 重新决定 U_i 的五级重要程度, 即 $Y(U_i)$ 值越大, 其对应的 U_i 的重要程度越高, 设 $Y(U_i)$ 最高者为 5, 其次为 4, 再次为 3, 再次为 2, 最小为 1。本书称此法为统计评分排序法, 用此法所得的分数来表达 U_i 级指标重要程度, 比专家赋权法个体对指标间两两比较的主观估计值更精确, 一方面来源于赋权主体的数量较多, 且又为此评价体系的客体, 更能体现现实性与公平性; 另一方面来源于数字之间的比较比估计值之间的比较更具有逻辑一致性。记 ω_i/ω_j 为指标 U_i 与 U_j 之间的相对重要性, AHP 通常用 1~9 级重要性判断标度, 按照 $Y(U_i)$ 与 $Y(U_j)$ 之间的距离来判断指标 U_i 与 U_j 相对重要性, 见表 2。

表 2 知识型人才创新性 U_i 级指标之间相对重要性对应关系表

$Y(U_i) - Y(U_j)$	0	1	2	3	4
ω_i/ω_j	1	3	5	7	9
ω_j/ω_i	1	1/3	1/5	1/7	1/9

据此建立 5*5 阶 U_i 级指标相对重要性两两比较矩阵:

$$A = \begin{pmatrix} a_{11} & a_{12} & a_{13} & a_{14} & a_{15} \\ a_{21} & a_{22} & a_{23} & a_{24} & a_{25} \\ a_{31} & a_{32} & a_{33} & a_{34} & a_{35} \\ a_{41} & a_{42} & a_{43} & a_{44} & a_{45} \\ a_{51} & a_{52} & a_{53} & a_{54} & a_{55} \end{pmatrix} = \begin{pmatrix} \frac{\omega_1}{\omega_1} & \frac{\omega_2}{\omega_1} & \frac{\omega_3}{\omega_1} & \frac{\omega_4}{\omega_1} & \frac{\omega_5}{\omega_1} \\ \frac{\omega_1}{\omega_2} & \frac{\omega_2}{\omega_2} & \frac{\omega_3}{\omega_2} & \frac{\omega_4}{\omega_2} & \frac{\omega_5}{\omega_2} \\ \frac{\omega_1}{\omega_3} & \frac{\omega_2}{\omega_3} & \frac{\omega_3}{\omega_3} & \frac{\omega_4}{\omega_3} & \frac{\omega_5}{\omega_3} \\ \frac{\omega_1}{\omega_4} & \frac{\omega_2}{\omega_4} & \frac{\omega_3}{\omega_4} & \frac{\omega_4}{\omega_4} & \frac{\omega_5}{\omega_4} \\ \frac{\omega_1}{\omega_5} & \frac{\omega_2}{\omega_5} & \frac{\omega_3}{\omega_5} & \frac{\omega_4}{\omega_5} & \frac{\omega_5}{\omega_5} \end{pmatrix} \quad (公式3)$$

矩阵 A 具有下列性质: (1) $a_{ij} > 0$ (i, j = 1, 2, 3, 4, 5); (2) $a_{ii} = 1$ (i = 1, 2, 3, 4, 5); (3) $a_{ij} = 1/a_{ij}$ (i, j = 1, 2, 3, 4, 5); (4) 任何三个指标 i、j、k 之间, 两两重要程度判断值之比满足 $a_{ij} = a_{ik} \times a_{kj}$ (i, j, k = 1, 2, 3, 4, 5), 即矩阵 A 是一致性矩阵, 具有 5 个简单性质: "①rank$A$ = 1, 若两两比较矩阵的特征根 $\lambda = m$, 则存在唯一的非零特征值 $\lambda max = m$, 其规范化特征向量 $\beta = (\beta_1, \beta_2, \cdots, \beta_n)$ T 叫作权重向量; ②A 可表示为 $A = [\omega_i/\omega_j]_{n \times n}$; ③$A$ 的列向量之和经规范化后的向量, 就是权重向量; ④A 的任

一列向量经规范化后的向量，就是权重向量；⑤对 A 的全部列向量求每一分量的集合平均，再规范化后的向量，就是权重向量[31]。"

通过统计评分排序法可避免专家赋权法在对指标进行两两重要性比较所产生的矛盾性，矛盾主要来自比较时采用的是估计值。例如，有 A、B、C 三个指标，假定 A 比 B 重要 3 倍，B 比 C 重要 3 倍，那么 A 应该比 C 重要 9 倍，但主观估计可能出现 A 比 C 重要 5 倍这样不符合逻辑推理的评价情况[32]，当这种指标之间比较情况不一致时，会影响最终评价结果的正确性，需对判断矩阵进行一致性检验。而本书采用统计评分排序法，按 U_i 重要性得分高低进行排序，保证了 U_i 之间重要程度值符合逻辑，从而得到的判断矩阵是一致的，因此不必再做一致性检验。

求出判断矩阵 A 的最大特征根 λ_{max} 和其对应的特征向量 β，特征向量 β 的 5 个分量就是 U_i（i = 1，2，3，4，5）的相对重要性权重。根据一致性矩阵的性质，有两种简易的求解权重向量的方法。

（1）和法：对判断矩阵 A 每行诸元素求和，有

$$B_i = \sum_{j=1}^{5} a_{ij}$$　　　　　　　　　　　　（公式4）

i = 1，2，3，4，5

再规范化，得权重向量

$$\beta_i = \sum_{j=1}^{5} a_{ij} \Big/ \sum_{k=1}^{5} \sum_{j=1}^{5} a_{ij}$$　　　　　　　　（公式5）

i = 1，2，3，4，5

（2）根法：对判断矩阵 A 每行诸元素求几何平均，有

$$B_i = \left(\Pi_{j=1}^{5} a_{ij} \right)^{\frac{1}{5}}$$　　　　　　　　　　　（公式6）

i = 1，2，3，4，5

再规范化，得权重向量

$$\beta_i = \left(\Pi_{j=1}^{5} a_{ij} \right)^{\frac{1}{5}} \sum_{k=1}^{5} \left(\Pi_{j=1}^{5} a_{kj} \right)^{\frac{1}{5}}$$　　　　（公式7）

i = 1，2，3，4，5

如此，便求得组织知识型人才创新问题发现能力、创新思考能力、创新问题解决能力、创新人格化能力以及创新成果体现在对其创新性评价中各自的权重。

3.4　知识型人才创新性评价模型

求出体现知识型人才创新性的五个指标各自的权重以后，就可构建知识型人才创新性评价得分整体模型。为了力求对知识型人才创新性的具体内容，即 U_{ij} 级指标评价的客观性、公平性和全面性，采用360°评价法，即让被评价

者本人（a）、其直接上司（b）、下属（c）、有密切工作联系的同事（d）以及所服务的客户（e）对各 U_{ij} 级指标打分，分值域为［0，10］，0 分表示无成绩，10 表示成绩为满分，打分值分别用 r_a、r_b、r_c、r_d、r_e 表示，若某类评价主体涉及多人，如下属组、同事组与客户组，则取其简单平均值。为了保证总分的客观与公正，可依据被评价知识性人才的具体工作性质、工作内容与工作方式，给予每类评价主体一权重，分别设为 η_a、η_b、η_c、η_d、η_e，将各类评价主体打分值加和即得一项 U_{ij} 级指标得分，用 Z（U_{ij}）表示，即：

$$Z(U_{ij}) = \eta_a \times r_a + \eta_b \times r_b + \eta_c \times \frac{1}{n_c}\sum_{i=1}^{n_c} c_i + \eta_d \times \frac{1}{n_d}\sum_{i=1}^{n_d} d_i + \eta_e \times \frac{1}{n_e}\sum_{i=1}^{n_e} e_i \qquad （公式 8）$$

其中，n_a、n_b、n_c、n_d、n_e 为各类评分主体人数。

本书认为各 U_{ij} 级指标重要值相等，因此对 U_i 级下属各 U_{ij} 指标得分求和，即为该 U_i 指标得分，但考虑到 U_i 级下属 U_{ij} 指标项数不相等，为了确保得分的比例性，将 Z（U_{ij}）求和后乘以所有 U_i 级指标中包含的 U_{ij} 级指标项目的最多数与该 U_i 级指标所包含的 U_{ij} 级指标的项目数这一比值，对其进行统一化处理。如此，则能保证不论各 U_i 所包含的指标数目多寡，总能使得其得分落在［0，100］的区间内。经观察，所有 U_i 级下属指标中，U_2 与 U_4 所含项数最多，为十项，若用 q_i 表示 U_i 级指标所包含的 U_{ij} 级指标的项目数，Z（U_i）表示 U_i 最终得分，则：Z（U_i）$= \dfrac{10}{q_i} \times \sum_{j=1}^{q_i} Z$（$U_{ij}$） （公式 9）

将 Z（U_i）乘以依据上文方法所得相对应的权重值 β_i，即得对知识型人才创新性评价的总得分，用 R 表示，即：$R = \sum_{i=1}^{5} \beta_i Z$（$U_i$） （公式 10）

据此，企业根据对知识型人才创新性评价得分 R 的高低，来决定相应的奖惩措施。由于创新性的培育与发挥均是一个长期的过程，因此对知识型人才创新性的评价不宜频繁进行，否则得不到较为准确的结果，易打击知识型人才创新的积极性；另外，烦琐的评价工作也造成时间、精力等组织资源的浪费。因此本书建议评价周期设置为一年。

4 知识型人才创新性实证研究

4.1 知识型人才创新性实证研究

4.1.1 方法介绍与资料收集

本章以第三章所分析的影响知识型人才创新性的所有因素为自变量，以知识型人才是否具有创新性为因变量，进行回归分析。然而因变量与自变量难以符合多元线性关系，通过初步分析，本章认为二分类 Logistic 回归分析（Binary logistic）适于描述这一关系。二分类 Logistic 回归属于概率型非线性回归模型，它是研究二分类观察结果与影响因素间关系的一种多变量分析方法，可以筛选出对因变量判断有意义的自变量[33]。与判别分析相比，Logistic回归分析出了具有分类判别的作用外，它对资料分布无前提要求，即自变量可以是连续变量，也可以是离散变量[34]。Logistic 回归常用于病例—对照研究，用回归模型中的回归系数（β_i）和 OR 说明危险因素与疾病的关系，以及预测个体在某些因素存在条件下，发生某事件（发病）的概率。本章借用这一应用原理，通过 Logistic 回归说明企业知识型人才创新性是否与组织物质条件、管理体制、领导风格、组织气候、个体人格特征、知识存量、职业承诺、逻辑思维、非逻辑思维、创新技法有关，如果存在联系，知识型人才创新性与这些因素之间的联系分别有多大，并根据实证分析的结论，提出相应的对策。

本章研究数据资料通过调查问卷的方式获得。笔者向企业发放了 200 份问卷，收回 163 份，其中有效问卷 109 份，有效率为 54.5%，调研涉及企业按性质分有国有企业、民营企业，按行业分涉及制造业、金融业、物流业等，调研对象以企业中技术人员和管理人员为主，以确保隶属于知识型人才的范畴。

4.1.2　资料整理

Logistica 回归模型，自变量 x 可为计量数据、分类数据和等级数据。本书将问卷调研所获取的有关企业知识型人才创新性的信息，按以下规则转化为数量化表示。

（1）因变量为企业知识型人才创新性，为两分类变量，由知识型人才对自身创新性与其同事相比，对其所在组织带来的贡献的感知得来，将其创新性对所在组织所带来的贡献相对其他工作成员而言很大、较大的，定义为该知识型人才具有创新性；将其创新性对所在组织所带来的贡献相对其他工作成员而言一般、低、很低的定义为不具有创新性。赋值为：有 =1，无 =0。

（2）自变量中用于考察影响知识型人才创新性的外部环境因素中，物质条件、管理体制和组织气候为计量数据，分别由知识型人才对所在组织中的一系列细化问题进行等级评分数量综合计算而成，用 1 ~ 5 表示环境由差至优。

（3）自变量中用于考察影响知识型人才创新性的外部环境因素中的领导风格为两分类数据。赋值为：变革型领导风格 =1，交易型领导风格 =0。

（4）自变量中用于考察影响知识型人才创新性的个体内部因素中的人格特征项，难以如外部环境一样进行数量综合，所以采用各自定性。其中创新动机来源为二分类变量，由于本书假设内源型创新动机比外源型创新动机更能促进知识型人才创新性的产生，所以赋值为：内源型创新动机 =1，外源型创新动机 =0，与知识型人才创新性结果保持一致。其他因素为等级变量，用 1~5 表示程度由低至高。

（5）自变量中用于考察影响知识型人才创新性的个体内部因素中的知识存量项，为计量数据，由学历水平、工作经验与自我学习水平数量综合计算而成，用 1~5 表示知识存量由低至高。

（6）自变量中用于考察影响知识型人才创新性的个体内部因素中的职业承诺项为等级变量，分别由持续职业承诺、情感职业承诺和规范职业承诺等级评分得来，用 1~5 表示程度由低至高。

（7）知识性人才逻辑思维能力为计量数据，由被调研知识型人才善于运用的逻辑思维种类占所有逻辑思维种类之比再乘以 5 形成，使其数量值介于 0~5 之间。

（8）知识型人才非逻辑思维能力为计量数据，由各项非逻辑思维种类数量综合计算而成，用 1~5 表示知识存量由低至高。

（9）知识型人才创新技法掌握程度为计量数据，由被调研知识型人才善于运用的创新技法种类占已知创新技法种类和之比再乘以 5 形成，使其数量值介于 0~5 之间，变量设置详情见表3。

表3 知识型人才创新性程度与其影响因素的赋值

因素	变量名	赋值说明
创新性	y	无 =0，有 =1
物质条件	x_1	$1 \leqslant x_1 \leqslant 5$
管理体制	x_2	$1 \leqslant x_1 \leqslant 5$
领导风格	x_3	交易型 =0，变革型 =1
组织气候	x_4	$1 \leqslant x_1 \leqslant 5$
创新动机来源	x_5	外源型 =0，内源性 =1
问题意识	x_6	$1 \leqslant x_1 \leqslant 5$
独立性	x_7	$1 \leqslant x_1 \leqslant 5$
冒险精神	x_8	$1 \leqslant x_1 \leqslant 5$
乐观度	x_9	$1 \leqslant x_1 \leqslant 5$
自信度	x_{10}	$1 \leqslant x_1 \leqslant 5$

续表

因素	变量名	赋值说明
韧性	x_{11}	$1 \leqslant x_1 \leqslant 5$
兴趣广泛度	x_{12}	$1 \leqslant x_1 \leqslant 5$
学习能力	x_{13}	$1 \leqslant x_1 \leqslant 5$
知识存量	x_{14}	$1 \leqslant x_1 \leqslant 5$
持续职业承诺	x_{15}	$1 \leqslant x_1 \leqslant 5$
情感职业承诺	x_{16}	$1 \leqslant x_1 \leqslant 5$
规范职业承诺	x_{17}	$1 \leqslant x_1 \leqslant 5$
逻辑思维能力	x_{18}	$0 \leqslant x_1 \leqslant 5$
非逻辑思维能力	x_{19}	$1 \leqslant x_1 \leqslant 5$
创新技法	x_{20}	$0 \leqslant x_1 \leqslant 5$

4.1.3　数据运算

本章采用 SPSS13.0 软件进行数据运算，以全变量模型选入方程内变量，以 $p < 0.05$ 为有显著统计学意义，采用偏最大似然估计前进法进行对因变量逐步回归，对模型的拟合优度进行 Hosmer – Lemeshow（HL）检验。

据统计，所收集的 109 份有效问卷中，具有创新性的为 65 份，不具有创新性的为 44 份。

模型检验：见表 4、表 5 和表 6。

表4　模型系数的综合检验

	Sig.		卡方	df
	步骤	85.305	20	0.000
步骤1	块	85.305	20	0.000
	模型	85.305	20	0.000

检验除常数项外所有的总体回归系数是否为 0，本例 $p = 0$，回归方程有显著性意义。

表5　模型汇总

步骤	−2 对数似然值	Cox & Snell R^2	Nagelkerke R^2
1	61.730a	0.543	0.733

61.730 为当前模型的 −2 倍的对数似然比，Cox & Snell 以及 Nagelkerke 的决定系数 R^2 分别为 0.543 和 0.733，表示回归模型对因变量变异贡献的百分比。

表6　Hosmer 和 Lemeshow 检验

步骤	卡方	df	Sig.
1	3.538	8	0.896

对模型的拟合优度进行 HL 检验，自由度为 8，p = 0.896（> 0.05），证明模型拟合得较好，说明当前数据中的信息已经被充分提取。

参数估计及检验：见表7，说明如下。

表7　方程中的变量

	B	S.E	Wals	df	Sig.	Exp（B）	EXP（B）的95% C.I.	
							下限	上限
物质条件	0.382	0.963	0.157	1	0.692	1.465	0.222	9.665
管理体制	0.434	0.946	0.210	1	0.646	1.543	0.242	9.857
领导风格	0.072	0.381	0.036	1	0.849	1.075	0.509	2.269
组织气候	0.378	0.900	0.176	1	0.675	1.459	0.250	8.514
创新动机来源	1.128	0.838	1.813	1	0.178	3.090	0.598	15.964
问题意识	0.775	0.584	1.758	1	0.185	2.170	0.690	6.822
独立性	0.228	0.722	0.099	1	0.753	1.256	0.305	5.172
冒险精神	−1.150	0.794	2.095	1	0.148	0.317	0.067	1.502
乐观度	1.644	0.871	3.567	1	0.059	5.177	0.940	28.522
自信度	−0.120	0.675	0.031	1	0.859	0.887	0.236	3.332
韧性	0.075	0.646	0.013	1	0.908	0.928	0.262	3.294
兴趣广泛度	−0.693	0.597	1.346	1	0.246	0.500	0.155	1.612
学习能力	0.881	0.696	1.601	1	0.206	2.412	0.617	9.438
知识存量	0.536	0.797	0.453	1	0.501	1.709	0.359	8.146
持续职业承诺	0.562	0.498	1.272	1	0.259	1.754	0.661	4.654
情感职业承诺	0.574	0.756	0.576	1	0.448	1.775	0.404	7.805
规范职业承诺	−0.268	0.632	0.180	1	0.671	0.765	0.221	2.640
逻辑思维能力	−0.249	0.473	0.277	1	0.599	0.780	0.309	1.969
非逻辑思维能力	4.672	1.393	11.256	1	0.001	106.954	6.979	1639.185
创新技法	2.922	1.019	8.223	1	0.004	18.583	2.522	136.940
常量	−34.295	7.904	18.826	1	0.000	0.000		

B 为偏回归系数，指一自变量改变一个单位时，因变量指标发生与不发生事件的概率之比的对数变化值。S. E 为偏回归系数的标准差，Wals 统计量用于检验总体偏回归系数与 0 有无显著差异。它服从分布，当自由度为 1 时，Wals 统计量等于偏回归系数与标准差之商的平方，即 $(B/S.E)^2$，当偏回归系数的绝对值较大时，Wals 统计量的检验效果不佳。

一般来说，p 值（表中为 "Sig. 值"）为结果可信程度的一个递减指标，其值越大，就越不能认为样本中变量的关联是总体中各变量关联的可靠指标。它是将观察的结果认为有效即具有总体代表性的犯错概率。本书设 p = 0.05，表示样本中变量关联有 5% 的可能是由于偶然性造成的，为可接受错误的边界水平。对企业知识型人才具有显著影响的变量（p < 0.05，）有 "非逻辑思维能力" 和 "创新技法"。

Exp（B）为优势比，或比数比（odds ratio，偏回归系数的反自然对数），若值 >1，则支持因变量 = 1。本案以优势比的 95% 可信区间，由上表可知，支持企业知识型人才创新性的变量有：物质条件、管理体制、领导风格、组织气候、创新动机来源、问题意识、独立性、乐观度、学习能力、知识存量、持续职业承诺、情感职业承诺、非逻辑思维能力和创新技法。而冒险精神、自信度、韧性、兴趣广泛度、规范执业承诺、逻辑思维能力对知识型人才创新性支持度不大。

判别效果：见表 8，说明如下。

表 8　分类表 a

已观测			已预测		
			创新性		
			0.00	1.00	百分比校正
步骤 1	创新性	0.00	37	7	84.1
		1.00	6	59	90.8
	总计百分比				88.1

a. 切割值为 0.500

对企业知识型人才是否具有创新性进行判别分类，以预测概率 0.5 为判别分界点，总判对率为 88.1%，即（37 + 59）/109 = 0.881，预测性较高。

4.1.4　方法比较

在对个体创新机理的研究中，多为定性层面的研究，定量研究较少，有学者用因子分析法对基于企业实体的创新能力进行了研究，通过提炼影响创新能力的关键因子来指导创新能力的培育。此法仅提炼出较深刻影响创新能力的因子，且创新主体是组织而不是个人，因此影响因素有差异。对个体创新性的研究，有学者针对创新特质进行了研究，而这仅是个体创新机理中的一部分，相比而言，本章设计的机理模型更全面、更系统。个体创新性的产生是一复杂过程，通常线性函数难以准确解释。本章采用的二元 Logistic 判别回归分析法，不仅在众多影响创新性的因素中提炼出主要的作用因素，而且不拘泥于创新性的具体程度，事实上，个体的创新性也无法精确量化，而将"是否具有创新性"作为目标函数，从而绕开如何将创新性用精确数量值来表达带入函数的棘手问题。此法不用找出具体的函数表达式，也可以对知识型人才的创新性进行预测。

4.2 知识型人才创新性评价实证研究

4.2.1 评价指标权重值

在本书第五章中，对企业知识型人才创新性的评价方法采用的是层次分析法，在指标赋权方法上，摈弃了常用的专家赋权法，而是用被测评知识型人才对反映创新性的几个大类指标的重要程度认知打分得来，更能增加指标权重应用时被评价主体的可接受性。根据第五章所陈述的统计评分排序法，通过对知识型人才调研的有效问卷的整理，由公式 2 计算出各 U_i 级指标得分：创新问题发现能力（U_1）为 3.38；创新思考能力（U_2）为 3.60；创新问题解决能力（U_3）为 3.32；创新人格化能力（U_4）为 3.06；创新成果体现（U_5）为 1.60。由此，得知重要性程度为：最重要的首先是创新思考能力，其次是创新问题发现能力，再次为创新问题解决能力，再次为创新人格化能力，最低为创新成果体现。根据如表 9 所示重要程度建立 1~9 级判断矩阵。

表 9　U_i 级指标重要程度对照表

	U_1	U_2	U_3	U_4	U_5
U_1	1	1/3	3	5	7
U_2	3	1	5	7	9
U_3	1/3	1/5	1	3	5
U_4	1/5	1/7	1/3	1	3
U_5	1/7	1/9	1/5	1/3	1

根据公式 3 建立 5 * 5 阶判断矩阵：

$$A = \begin{pmatrix} 1 & 1/3 & 3 & 5 & 7 \\ 3 & 1 & 5 & 7 & 9 \\ 1/3 & 1/5 & 1 & 3 & 5 \\ 1/5 & 1/7 & 1/3 & 1 & 3 \\ 1/7 & 1/9 & 1/5 & 1/3 & 1 \end{pmatrix}$$

在 AHP 软件中用方根法计算得出五个指标权重如表 10 所示（保留小数点后四位）。

表 10 U_i 级指标权重值

指标（U_i）	创新问题发现能力	创新思考能力	创新问题解决能力	创新人格化能力	创新成果体现
权重（βi）	0.2638	0.5100	0.1296	0.0636	0.0329

经过软件一致性检验，CR = 0.0529，λmax = 5.2372，CI = 0.0593，RI = 1.12。

若判断矩阵 A 具有完全一致性，则 A 的最大特征值 λmax 应为矩阵阶数，而本案例中 λmax = 5.2372，稍微大于判断矩阵阶数 5，因此，再考察其他检验指标。

计算一致性指标 CI： $CT = \dfrac{\lambda max}{n-1}$ （公式 11）

$= 0.0593$ （n 为判断矩阵阶数）

查找相应的平均随机一致性指标 RI。对 n = 1，…，9，Saaty 给出了 RI 的值，如表 11 所示。

表 11 RI 与判断矩阵阶数对应值

n	1	2	3	4	5	6	7	8	9
RI	0	0	0.58	0.90	1.12	1.24	1.32	1.41	1.45

可见，本案例中判断矩阵为 5，所对应的 RI 为 1.12。

计算一致性比例 CR： $CR = \dfrac{CI}{RI} = 0.0529$ （公式 12）

一般认为，CR < 0.1 时，认为判断矩阵的一致性是可以接受的。而本书 CR = 0.0529 < 0.1，因此，本案例判断矩阵一致性可接受。从表 10 中可见企业在建立知识型人才创新性评价时，应重点关注其创新思考能力、创新问题

发现能力，要避免仅以创新成果作为评价指标，从而出现打击知识型人才的创新积极性的现象。

本书通过 AHP 法的判断矩阵对调研所得来的资料进行了 U_i 级指的赋权，所得出的指标权重来源于多个企业知识型人才对创新性衡量指标的综合认知，可供企业参考。当然，企业也可根据对本企业知识型人才的专门调研，再根据此法进行指标赋权，以使测评指标权重具有针对性和适应性。

4.2.2 方法比较

学术界对创新性、创新能力的评价方法大致采用层次分析法和模糊综合评价法，层次分析法在建立评价指标层次系统后，在指标赋权建立判断矩阵时多采用专家打分。另有学者采用基于遗传算法的模综合评价法来评价科技人才的创新能力。通过构造模糊评价矩阵、构造判断矩阵、用标准遗传算法检验对判断矩阵的一致性检验和修正这三个步骤得出评价结果。此法同样在指标赋权上采用专家打分法。本章虽建立了 AHP 法的判断矩阵，但不采用专家打分，而是综合广大被调研知识型人才对各个评价指标的重要程度认知，此法更能体现评价结果的公平性和激励性，且在指标赋权过程中用统计评分排序法，可以避免专家打分时出现的逻辑矛盾，从而可以省略判断矩阵归一化处理这一步骤，使得操作更简便。

4.3 知识型人才创新性培育

4.3.1 培育原则

知识型人才创新性的培育虽然是一项复杂的活动，但也是一项科学的活动，在实施这一活动时，必须遵循以下原则：

（1）战略性

要培育知识型人才的创新性，组织首先必须深刻意识到创新的重要性。尤其是企业组织，必须使创新与自身在激烈的市场竞争环境中得以生存和发展结合起来，将创新纳入组织战略中。只有具备对创新的高度重视，尤其是企业高层管理者对创新的肯定，将之视为组织生死存亡的关键，才能有利于组织中创新环境的形成，才能有力地推动组织中创新活动的开展，进而激励从事创新活动的主体——知识型人才，充分发挥其创新潜力。

（2）系统性

知识型人才创新性的培育和发挥并非个体的独立活动，而是包括个体因素与组织环境的庞大系统，因此，在培育知识型人才创新性时，要综合考虑组织创新环境与知识型人才个体内在因素，要统筹把握，双管齐下，不能偏废其一。单独创造组织创新环境，而不注重完善个体内在因素，则不仅难以实现创新，还会对组织资源造成巨大浪费；单独完善个体内在因素，而缺乏必要的外部条件支持，创新也如空中楼阁，同时，知识型人才也会深有在此组织中心有余而力不足之感，其创新积极性难以持续。

（3）针对性

尽管知识型人才创新性的培育是一个包含诸多因素的复杂系统，但并非意味着所有组织在培育知识型人才创新性时，都必须要在每一道环节、每一个部分上都灌注同样的力量。每一个组织都有自身的特殊性，而其中的知识型人才个体之间也不尽相同，因此，组织应在创新机理模型的指导下，结合自身实情，进行有针对性的培育。组织应在培育之前对自身环境、所拥有的知识型人才创新性进行现状分析，了解薄弱环节，如此才能卓有成效地开展创新培育活动。组织应将重点放在那些急需改进的关键部分，对知识型人才也要进行针对性分析，从而采取具有个性指导的方法。针对性原则是知识型人才创新性培育的效率要求。

（4）反馈性

如上所述，卓有成效的创新性培育是建立在对自身的清晰认识基础之上的。除了对组织环境的调研分析外，对知识型人才个体创新性的准确认识也是培育活动开展的前提。创新性培育是一个不断循环、螺旋上升的过程，组织要将上一阶段的知识型人才创新性评价结果作为新一轮创新性培育的前提和依据，以此指导新的创新性培育工作。遵循反馈性原则，可以及时避免和纠正创新培育过程中出现的问题，维护创新培育的科学性，同时，若将培育过程中所取得的有形、无形成果进行及时反馈，能激发知识型人才更高的创新积极性和创新热情，有利于在整个组织形成创新培育的良性循环。

4.3.2 培育步骤与策略

组织进行知识型人才创新性培育，可基于创新机理模型分步骤、分模块地进行。根据本书实证分析结果，综合当前知识型人才创新机理各个模块中的薄弱环节，企业可根据图 7 所表示的培育系统，选择培训工具，实施知识型人才创新性培育策略。

建立良好的创新环境	完善个体因素	

建立良好的创新环境
◆优化创新支持条件
◇弹性工作制
◇工作自主制
◇创新基金
◆完善创新制度
◇便于知识共享、信息传播的组织结构
◇创新导向的绩效考核体系、薪酬结构
◇创新奖励制度
◆转变领导风格
◇建立情感联系
◇塑造"创新角色"
◆构建创新性组织气候
◇价值管理
◇远景管理

完善个体因素

塑造创新型人格特质
◆激发创新动机
◇根据需求层次，针对性诱导
◆培养问题意识
◇倾听
◇沟通
◇设立"问题库"
◆保障独立性环境
◇排除干扰
◆保持乐观情绪
◇宽容失败
◇给予关怀、支持
◆提升学习能力
◇尊重个体学习风格
◇互动学习计划

提高知识存量
◆提升学历知识
◇再教育工程
◆提升经验知识
◇导师制
◆提升增补知识
◇培训经费
◇拓宽学习途径

提高职业承诺
◆提高持续职业承诺
◇提高代价承诺
◆提高情感职业承诺
◇培养职业兴趣

企业知识型人才创新性培育工具及策略

锻炼创新思维能力
◆培养发散思维
◇组合发散　　◇侧向发散
◇立体发散　　◇信息交合发散
◆培养逆向思维
◇换位思考练习
◆培养形象思维
◇积累表象　　◇"动手课堂"
◆培养直觉思维
◇"直觉的判断—直觉的想象—直觉的启发"三位一体
◆培养灵感思维
◇积累素材　　◇及时把握

培训创新技法
◆学习进攻式创新技法
◇列举创新目标
◇勤于思考
◆学习借鉴式创新技法
◇模仿
◇联想
◆学习分解综合式创新技法
◇分解
◇想象
◇组合
◆学习互动激发式创新技法
◇集体智慧碰撞

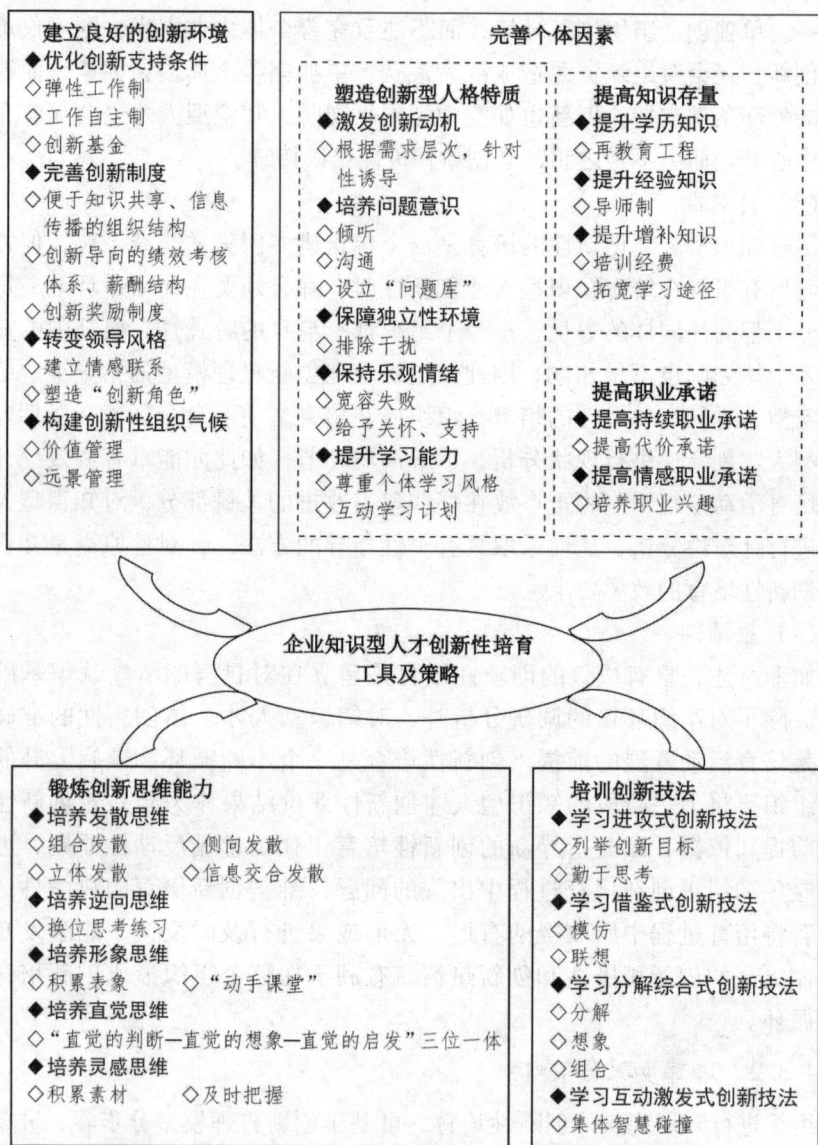

图7　当前企业知识型人才创新性培育工具、策略选择图

4.3.2.1　建立良好的创新环境

良好的组织环境是企业知识型人才创新性培育和发挥的硬件保障。数据分析发现本书所列出的四种构成组织环境的因素均对知识型人才创新性的产生起作用，故分别对其进行改进。

（1）优化创新支持条件。有志于追求创新的企业，要创造有利于员工开展创新工作的工作地环境，例如创新通常需要较为轻松、自由的工作方式，企业可以为知识型人才设置弹性工作制和工作自主制，以任务完成为前提和目标，让知识型人才结合自身习惯和身心特点，灵活决定工作地点、工作时间、工作方法、工作伙伴，从而实现工作效率的最大化。另外，从调研资料中发现，大多数企业对创新的投入较低，这制约着知识型人才创新活动的开展。企业应该根据自身发展目标和实力，增加创新投入，更新技术设备。企业可设立"创新基金"，将每年一定比例的收益转入此基金，实行专款专用，用于支持知识型人才创新项目、活动的开展，以及奖励知识型人才的创新作为，以此催生创新成果，提高知识型人才的创新积极性。

（2）完善创新制度。企业在构建组织结构的时候，除了考虑业务经营需要和管理的有效性外，还需考虑其是否有利于组织中创新成果的产生。创新需要多部门的合作，多学科知识的应用，因此，企业应增强组织内各部门的开放性，使得组织结构有利于知识在各部门之间、人员之间的流动，形成高效、便捷的知识、人员交互系统。企业要将创新性纳入知识型人才绩效考核中，作为评价其是否具有潜力和更大作为的重要依据，并以此来指导薪酬升降和职位升降，以此鞭策知识型人才追求创新；企业要设计创新奖励制度，为对企业做出创新贡献的知识型人才提供及时奖励，在奖金设置上能打动人心，并将其创新精神在整个企业内进行公开表扬，物质奖励与精神奖励双管齐下，以此激励知识型人才不断创新。

（3）转变领导风格。领导者作为创新活动的决策者，对创新活动具有直接而重大的影响，其领导风格与行为对企业的氛围及员工的态度、行为将产生深刻的作用。本书调研数据分析得出变革型领导风格比交易型领导风格更能支持知识型人才的创新性。领导风格并非一成不变，是可以根据管理需要而转变的。领导对知识型人才的领导方式应向变革型倾斜，感召力、智力激励和个人关心这三个变革型领导的构成因素都必须通过加强与下属的联系方能得以体现[35]。变革型领导需积极主动地与下属知识型人才联系，建立朋友式的互助、信任关系，积极地提出自己的想法，及时地传达组织或团队的目标愿景，认真倾听下属知识型人才的想法，引导促进与下属之间，以及整个团队之间的交流，迸发创造性的火花[36]。领导要为下属知识型人才揭示创新的价值性，帮助下属知识型人才明确在组织创新系统中"创新角色"的定位，尊重"创新角色"，要具备实施创新战略的信心和决心，让知识型人才在组织公平、组织信任、组织支持的氛围下，勇于创新、善于创新、乐于创新。

（4）构建创新型组织气候。崇尚创新的组织气候有利于知识型人才创新性的培育和发挥。价值管理与愿景管理可以成为建立具有浓厚的创新导向组织气候的途径。首先，组织应该肯定创新的重要性，塑造以创新为核心的组织价值观；其次，为组织以及成员树立以创新导向的共同愿景，激发员工的创新激情。在行动上，邀请知识型人才参与制定各自的创新目标，为知识型人才的创新提供规划。知识经济时代的创新更需要将不断学习作为组织与个人能够实现创新的必要条件。因此，企业构建学习型文化是必要之举。学习型文化是组织中客观存在着的支持员工学习、合作与知识共享的软环境，它不仅影响着企业中各个成员的思维模式与行为方式，也决定着企业中学习活动的开展情况与实际效果[37]。企业可根据组织文化的三个维度进行建设，在核心层要逐渐建立创新价值观；在制度层要设置和落实激励知识型人才创新的规章制度、宣传口号；在外显层要用实际投入支持创新。如此，在整个企业内塑造其浓厚的创新型组织气候。

4.3.2.2　促进知识型人才塑造创新性人格特质

人格特质虽主要依赖于知识型人才的本能或个性，但组织可以在外部起到促进和补充的作用。

（1）激发创新动机。创新动机是企业知识型人才发动和维持创新行为的源泉。本书研究结果显示内源型动机如兴趣、自我成就感，比外源型动机如经济收益、名声、地位更能鼓舞知识型人才去从事创新活动。因此，企业要以激发知识型人才自我成就感和职业兴趣为主要的创新诱导方式，要通过在工作上的授权等方式使其对该职业具有热爱感和归属感，设置创新导向的目标，使之不断挑战已有成就，以创新性开辟职业上新的成就。据调研资料显示，部分年轻的知识型人才更容易被经济利益驱动从事创新性活动，可能系其刚走上工作岗位对经济安全依赖更高所导致；如果企业中具有这样的知识型人才，则需要以外源型动机激励为主；以奖金、升值等方式引导知识型人才的创新行为。总之，企业在帮助知识型人才形成创新动机时，要结合知识型人才的需求层次；可先按照马斯洛需求层次对知识型人才当前或未来一段时间的需求进行考察，据此制定能起到激励其创新的策略。

（2）培养问题意识。问题是人们在认识和改造客观世界过程中所遇到的矛盾和疑难，这些矛盾和疑难反映到人们头脑中来所形成的观念意识，就是"问题意识"。人类社会创新史，就是不断发现问题解决问题的过程，可以说发现问题是一切创新的开始。因此企业要鼓励知识型人才敢于怀疑、善于怀疑，重视其所提出的所有问题；杜绝对其所产生的疑问表现出不耐烦、打压。要鼓励知识型人才之间观点的互相沟通和交流，企业可常举行头脑风暴会议，激发知识型人才发现问题、思考问题的积极性，而且还可借助别人的观点得到启发。鼓励知识型人才在工作中尝试新方法、新技术，另辟蹊径。建议企业建立问题库，将知识型人才随时随地想到的问题进行收集，定期拿出来供所有员工讨论，运用集体智慧对问题进行消化，为问题的提出者和解决者均给予奖励和表扬。以此在企业内形成员工敢于善于发现问题、寻找问题、解决问题的氛围和行动。

（3）保障独立性环境。创新的道路总是曲折艰难的，人类历史上许多看似根本实现不了的问题，通过努力最终都得以实现，战胜了起初的不可能论。企业知识型人才进行创新难免也会遇到困难，而创新问题最终能否得以解决，能否产生创新成果，依赖于创新主体坚持不懈的努力。个体在遇到困难时能够抵御外来干扰的能力叫作独立性，创新受阻时知识型人才关键需要的是坚韧不拔的毅力，而外来的嘲讽、打击和否定无疑会阻碍创新进程。因此，除了依靠知识型人才本身的毅力外，企业还需要为知识型人才的创新行为给予鼓励、支持，帮助其排除外来干扰，为其独立性造就一个良好的环境。

（4）保持乐观情绪。如上文所说，知识型人才创新遇阻时需要高度的独立性，而高度独立性不可忽视乐观情绪的支持，即对自己从事这项活动的意义具有积极的认知，对行为结果具有充分的自信，面临失败能够客观、坦然对之。企业的鼓励、支持和关怀，会提高知识型人才创新的乐观度。当前我国很多企业虽然已经意识到创新的重要性，能够欣然接受创新带来的果实，但对待创新失败却不能容忍，这严重制约知识型人才创新的勇气。然而失败是创新过程中难以避免的，一旦企业对待创新不够宽容，会严重影响知识型人才创新的情绪和积极性。因此，再次强调企业需要鼓励、支持创新，给予创新主体适当的关怀和帮助。

（5）提升学习能力。知识型人才通过不断学习，获取更多知识、更新旧知识是其保持源源不断的创新性的重要因素。然而在工作节奏、生活节奏日益加快，新知识层出不穷的今天，如何更高效地学习才是真正的学习。因此，企业应关注指导知识型人才的学习方法。一般来说高层次的知识型人才本身的学习能力较强，已经形成了自己的一套学习风格；对此，企业要做的就是该尊重知识型人才的学习风格，尽量为其提供方便。而对于学习能力需进一步提高、学习方法需进一步改善的知识型人才，企业在有能力的情况下可以引进专家，对该类知识型人才进行指导；或者可组织能力高的知识型人才与能力低的知识型人才的学习方法、心得交流会，以高学习能力者指导、帮助低学习能力者，使企业内知识型人才善于学习，得到共同提高。

4.3.2.3　提高知识型人才知识存量

提高知识型人才学习能力的目的在于提高其知识存量。知识是知识型人才从事创新工作的重要素材，当今社会，没有知识，创新就如无源之水、无本之木。本章将知识定义为学历知识、经验知识和自我学习所形成的增补知识三部分，因此可以从这三部分对知识型人才知识存量进行提升。

（1）提升学历知识。由于我国制度原因或其他原因，在组织中工作较长时间的人才，经验知识丰富，其中部分可能学历知识量较低。当今世界，知识的更新速度空前加快，新知识不断涌现，企业组织中原来的长辈级知识型人才的知识可能难以跟上时代步伐；因此企业要从观念上和政策上鼓励其接受再教育，再返高校进行技术知识、管理知识的新教育。

（2）提升经验知识。经验知识主要来自个体在同一类型岗位上的不断积累，尽管它是同类型工龄的函数，但工龄绝非其唯一自变量。对于刚进入组织的年轻知识型人才，他们才华横溢，精力充沛，充满热情和斗志。但他们通常都需要一段时间来实现自我与岗位的磨合。组织可建立具有激励性的导师制来尽快完成这一磨合。即通过组织中富有经验的老员工的带动和引导，将老员工长年累月所积累的经验传授予新员工，使得新员工在短期内快速获取较多的经验知识，尽快将经验与理论结合。

（3）提升增补知识。企业要按照知识经济的内涵紧密结合企业实际情况，确定近期和远期教育目标；要与企业改革和形势教育相结合，促进知识型人才转变观念；谨防盲目自大心态，跟上时代步伐[38]。当今严酷的竞争环境，使得组织的生存和发展压力空前加大，组织中每一个成员也要承受来自组织内外的竞争，这使得不断充电成为不断适应环境的必要手段。如今，学习型组织早已成为一个响亮全球的口号。因此，组织要鼓励员工，尤其是知识型人才不断学习，善于学习，进行自我充电。企业可设置员工教育培训经费，鼓励其参加脱产或在职学习。另外，企业还应拓宽组织学习的途径，将知识的内部获取与外部获取相结合；充分利用网络、书本、高校、培训机构等学习途径，从而帮助知识型人才增加知识量；吸收更多、更新的知识，避免在竞争中被淘汰。

4.3.2.4　提高知识型人才职业承诺

一般来讲，职业承诺越高的人越愿意在自己的职业上倾洒热情，追求卓越，不断创新。因此企业对知识型人才的管理不能忽视提高其职业承诺。本书将职业承诺分为持续职业承诺、情感职业承诺和规范职业承诺三个维度进行二分类回归分析，得出对知识型人才创新性有支持性的是前两项，故对此二者进行策略分析。

（1）提高持续职业承诺。持续承诺是指员工考虑到离开现在的职业会导致的利益损失或难于找到其他的理想职业而不愿离开现在的职业的心理和行为。企业须改善对知识型人才代价承诺的管理。代价承诺是指由于对于职业长期的各方面的投入而不愿意离开现在的职业，这种承诺与个人在职业上投入的多少、更换职业的损失有直接关系。企业一方面需将知识型人才为其职业所做出的投入和贡献记录存档；另一方面通过设置良好的、合理的岗位待遇制度，提供有竞争力的薪酬，为其提供适合的发展道路和发展空间，以此来提高知识型人才的代价承诺。当知识型人才在考虑是否需要更换职业时，会仔细衡量随之而来的损失和不甘，谨慎做出决策。从而吸引知识型人才继续为所在工作寻求突破。

（2）提高情感职业承诺。情感承诺是员工由于喜欢现在的职业而不愿离开现有职业的心理和行为。某一职业能够使员工对其产生情感承诺，它通常符合员工的职业理想、志趣。情感承诺属心理层面，是一种主动、自愿的承诺。员工是否具有情感承诺涉及两个方面：一是职业要求与个人的心理特点是否相符；二是个人的价值观念与职业的环境是否相符，如工作的物质环境、心理环境和社会环境。针对个体，企业可以通过工作分析，确定各个岗位应该具有的心理特征，在招聘时就选择符合要求的知识型人才。对于在职的知识型人才，要了解其职业兴趣、能力和个性，找出职业理想和职业现实的差距；根据企业的实际情况，对于差距小的，尽可能满足其职业发展愿望，提供继续教育和培训学习的机会，增加其对职业的积极情感；对于差距大的，加以引导，使其重新认识自我，进行职业探索。针对环境，使员工对职业环境产生积极的感受；上司的支持、同事的合作、民主式管理、授权、群策群力等良好的职业环境，对提高知识型人才情感承诺具有重要作用。

4.3.2.5　锻炼知识型人才创新思维能力

本章研究中，非逻辑思维是构成创新思维的主要部分，尽管如此，我们也不能否定和忽视逻辑思维对创新性的影响。心理学家研究认为，非逻辑思维只是在创造的关键阶段比起逻辑思维来，起着更有决定性的作用。要提高知识型人才的创新思维能力，企业首先应为知识型人才做一个创新思维的全面介绍，让其了解创新思维的种类，再将创新思维锻炼活动落实到位。企业可以通过冥想与自我交谈的训练方法，激发知识型人才潜在的创造性思维。长期坚持冥想和自我交谈，会使知识型人才思维活跃、思路开阔、判断力强，洞察力敏锐；能促进知识型人才对思维客体做出闪电式的反应，迅速在头脑中进行信息处理。在培育非逻辑思维方面，组织要进行方向性指导。

（1）培育发散思维。具体方法有组合发散法——将多种事物组合而实现更全更新的功能或效果；侧向发散法——不从问题正面入手，而从侧面寻找突破口，以求化难为易，变被动为主动；立体发散法——从多角度、多方位、多层次、多学科、多手段去研究思维对象，力求真实地反映对象的整体以及此整体与其他事物构成的立体画面；信息交合发散法——将思维对象的所有信息进行要素分解，形成横轴，将人类活动要素构成纵轴，横纵两轴要素交合形成组合创新，此法有助于知识型人才创新思维进入有序状态。

（2）培育逆向思维。由于事物之间的相互联系及相互作用在一定条件下可以相互转化，所以企业组织要鼓励知识型人才扩展思维视角，突破思维枷锁，用不寻常的视角去观察寻常的事物；善于转换视角，学会换位思考。对思维对象的作用原理、作用方向、作用位置、优缺点等进行逆向思考，在思考过程中勤于颠倒因果，从而得到新发现。

（3）培育形象思维。形象思维操作手段主要是想象，有较强的直观性、横向延展性和不确定性，兼有感性认识和理性认识的功能。工作在不同领域的知识型人才，在运用各种抽象思维的同时，需要注重观察事物形象，积累表象材料，丰富表象储备[38]，企业可开设"动手课堂"来训练形象思维，即号召参与训练的学员利用大脑中所累积的表象储备，进行动手设计和制作，"动手课堂"不在于创造出伟大的、成功的作品，而在于对思维能力的锻炼。此法特别适用于从事产品设计的知识型人才。

（4）培育直觉思维。科学研究证明尽管创造性思维是高级的复杂的思维活动，但绝不是神秘莫测和高不可攀的；只要当人脑处于积极的思维状态下，养成随时随地对万事万物做出应有的反应的习惯，思维潜能就能得到充分发挥[39]。培养直觉思维，可以依照"直觉的判断"——"直觉的想象"——"直觉的启发"三位一体的方式进行。"直觉的判断"是"人脑对客观存在的实体、现象、词语符号及其相互关系的一种迅速的识别，直接的理解，综合的判断"[40]，这种能力与主体的知识经验密切相关；"直觉的想象"，即通过想象力可以把零散的"思维元素"充分调动起来，并加以新的组合；"直觉的启发"通常指的是思维的主体在他所思考的问题领域之外所传来的信息，起到了巨大的启发作用，它依赖于某种新的外部信息刺激[41]。概括而言，知识型人才应注重知识与经验的积累，为直觉的产生打下基础，并同时培养想象能力，组织应尽量提供丰富的信息，辅助知识型人才直觉思维的培养。

（5）培育灵感思维。知识型人才应知灵感并非完全是上天的眷顾，自身需努力创造灵感诞生的条件。要围绕需解决的问题进行坚持不懈的、超限量的思考，积累丰富的知识和经验，长期、过量思考后进行必要放松，等待思维的迸发。由于灵感的偶发性，因此并不能保证上述做法就一定能够创造灵感，但却是培养灵感思维的重要方法。灵感的瞬时性，又要求当它降临时，知识型人才必须及时把握，否则一去难再有。

4.3.2.6 开展知识型人才创新技法学习

本书调研得出创新技法对知识型人才创新性至关重要，但是当前知识型人才对创新技法缺乏足够的了解。很多企业和员工存在一个认识误区，认为创新技法只是技术、科技人员应该掌握的，所以懒于主动学习；或者能够正确看待创新技法，但由于其可普及性、可培育性和可操作差，创新的"产出"具有很大的随机性和偶然性，难以在实践中得到广泛应用[42]。事实上，创新技法可以应用到多项工作中，可以通过学习得以掌握。针对我国大多数企业的创新现状，为员工开展正式的创新技法学习课程，将创新技法的种类、原理介绍给知识型人才，显得非常必要。企业可选择对自身经营最有利的创新技法作为学习的主要内容。学习的关键在于能否学以致用，因此，企业在开展学习后，应鼓励知识型人才选择适合自己特点与职业特性的创新技法应用到实践中；并做好跟踪反馈工作，对善于利用创新技法取得成就的知识型人才进行奖励；并在所有知识型人才中开展学习交流，实现宝贵学习经验迅速扩散和共享，提高组织创新技法学习效益。基于本书对知识型人才常用创新技法的分类，提出学习策略。

（1）学习进攻式创新技法。此法要求知识型人才基于问题本身，直面创新目标，运用自身具备的知识、工具攻克创新过程中的各种难题。这是最直接也最难的一类创新技法，它要求知识型人才具有较高的、全面的素质。尽管难度大，但可以依据常用的进攻式创新技法作用原理，引导知识型人才。此类课程的重点是鼓励从事不同工作的知识型人才，对组织中的任何有待改进的事物进行思考，列举出当前的不足和期望状态，找到创新目标。将已有事物进行延伸性思考，获得新设想。教导知识型人才养成多观察、多思考、多积累的习惯，从生活工作中找寻创新的源泉。

（2）学习借鉴式创新技法。直接进攻式的创新技法难度大、要求高，而借鉴式是常用的、有效的创新技法。此类创新技法是将其他事物所具备的原理、特性，或已经取得的成果运用到新事物上，实现间接的创新。此类课程的教学重点是引导知识型人才将事物之间进行联系，可通过强制联系来训练其联想能力。同时要注重对新知识的获取，基于他人的研究成果，进行再次加工与完善，形成创新成果。借鉴式创新技法的核心在于培养创新主体的联想能力和模仿能力。

（3）学习分解综合式创新技法。此类创新技法要求将多种事物或现象进行重新组合，从而形成新事物。此课程重点是对知识型人才的分解能力、想象能力和组合能力的训练。可以分步骤实施，首先要求知识型人才对给出的事物进行剖解、细化为具有独立功能的要素。其次从一个或多个已有事物的众多要素中，任意挑选出若干个要素进行组合，加以想象，通过对旧要素的新组合实现创新。

（4）学习互动激发式创新技法。此法要求与他人进行智慧碰撞，通过集体思维得到知识互补、思维共振，突破个人知识和思维的局限性。因此此课程要将集体讨论作为主要的授课形式，鼓励学习者大胆提出不同想法，将他人的想法用自己的思维进行加工，再拿出来共同探讨，争取他人的进一步加工，形成创新成果。此课程要注意的是，激发群体互动是关键，同时要避免因为观念的差异而导致的人际矛盾，因此课外强化对授课群体的情感联系是必要的辅助手段。

5 本章小结

本章通过对多家不同性质、不同行业的不同职业的知识型人才的问卷调研资料进行整理和数理分析，通过 SPSS13.0 软件进行二分类 Logistic 回归分析，找出对企业知识型人才创新性具有支持作用的因素，以及作用力度。并针对当前知识型人才创新性培育和发挥受到的阻碍，从企业角度进行了策略分析，提出知识型人才创新性培育的原则和步骤，以及具体方法。另外，通过 AHP 法初步获取了知识型人才一级创新评价指标的权重，从中得出创新思考能力、创新问题发现能力等，比传统评价指标——创新成果，在对当前企业对知识型人才创新性的评价时更重要。

【复习题】
（1）试析知识型人才创新系统。
（2）试析知识型人才创新环境。
（3）试析知识型人才创新个体因素。
（4）试析知识型人才创新技法。
（5）试析知识型人才创新性评价。

【思考题】
试析双创时代如何鼓励大学生创新。

【案例分析】

未来30年的五大行业机会，警惕落后产能，
关注智能和制度创新*

马云

刚才有经济学家（朱民）在说人工智能，我们国家只要有经济学家在聊这个问题，我觉得就有戏了。

过去9年，深圳IT领袖峰会给予了业界很多思考。我是老师，可能平时演讲的时间会多一些，因为职责是利用过去所有的思考和精力，把所有的问题和大家分享，希望给大家思考。

2000年以来，17年间我在广东地区做过200场的交流会，很多是面对中小企业的。

那时候去讲电子商务对于零售业的冲击，选择相信我们的人不多，这也很正常。几乎所有的零售行业都笑话我们，说电子商务没戏。但是，我15年前就相信这是趋势，如今也证明了。

今天其实面临一样的现状。

人工智能，云计算，不管我们怎么畅想，人的想象力都有限，未来会超出所有人的想象。过去的20年是互联网技术的年代，而未来的30年将是互联网的时代。

互联网会继续加速的5个行业

很多人说，现在的实体经济不好。其实你们仔细想想，实体经济就没好过，大家做过的都懂。只是那些活下来的企业家说实业好做，但是死掉都不说话。

绝大部分的零售都在骂阿里，但其实他们应该问问自己：到底有没有想过去拥抱互联网？互联网不应该成为替罪羊，更应该思考的是如何利用互联网做得更好。

讨论线上和线下是否公平竞争，本质上是大企业和中小服务商的博弈。因为从来就没有说，线上的企业不需要交税。

所以具体来看，我认为未来的5年，互联网会加速这5个行业。

---

* 引自 http://www.sohu.com/a/131753285_463926。

第一，新零售

零售会变成新零售，主要是线上线下的结合。纯电子商务还是会保持5年左右的高增长，但是我要思考的周期是10年。

我创业时就在想，我的爸爸没有背景，也没有资源，也没在银行工作的舅舅。既没有积累，也没有资源。

既然什么也没有，那么就需要比拼对于未来的判断。谁对于未来的判断准确了，谁就会赢。

我们思考的是：10年之内，纯电商会很艰难，纯零售也很艰难。而新零售是把两者整合起来一起思考。以后的零售不是卖东西，而是要服务好客户。

我们看美国的传统零售，他们做得不错的，因为他们都学会了服务，而不是简单地卖东西。

第二，新制造

未来的制造业，关键是定制化和智能化。

我判断，广东地区的制造业将会受到长三角新制造业的冲击。因为这里太多的企业都是在进行标准化、流水线的装配。

之前，我在上海也讲过，淮海路、南京路的传统零售一定会面临电子商务的挑战。同样的问题也适用于今天的广东。

定制化的特征在于，如今手机打电话的功能只占到20%。如果未来汽车业装进智能系统，那么驾驶的比例也会不到20%。

第三，新金融

传统金融解决了"二八问题"：只要服务好20%的大企业就能赚钱，所以80%的消费者和小企业都借不到钱。

而新金融要解决那80%的问题，帮助小企业拿到钱。

比如说，我们蚂蚁金服在印度的业务，手机可以直接开通网络服务。中国也一样，支付宝对于支付体系的冲击力非常大。

第四，新技术

未来的核心技术不会再围绕PC为主了，数据库会被重新颠覆。

我不相信弯道超车，基本上是十超九翻。我们应该换道超车。具体来说，移动的芯片上还有很多新的机会，但是在PC领域很有难度了。

第五，新能源

之前的三次工业革命，第一次是煤炭，第二次是石油，第三次则是数据。每一次的技术变革都是就业机会的变革。

前两天我看新闻，说是杭州有一个抢劫案。抢匪抢劫了三个超市，最终被抓获时，身上只有1800元。还有一个天桥上，有个叫花子用二维码让大家给他打钱。

你看，连乞丐都拥抱互联网来改造就业了。所以说，不是互联网抢去了就业，而是很多对于新技术的漠视，导致自己的饭碗被抢走了。

当我们都认为技术抢走了很多的就业时，其实技术也创造了无数的就业机会。

之前很多人担心，一线城市里有成千上万的农民工，如果房地产不景气了，他们该怎么办？

——现在不用担心了，他们都去送快递了。

未来 30 年的世界是什么样的

大家都在讲大数据，云计算，但我想的是，10 年后或许就没有数据分析师的职业了。未来的机器人会越来越聪明。或许 30 年后，《时代杂志》的封面会是一个机器人。

王健林之前和我打过一个赌，到底是电子商务好，还是实体经济好。我现在觉得这个赌已经没有意义了。因为未来所有的人和生意都与互联网有关，大家都是互联网上的企业家。

现在已经没有人说电是高科技了，将来互联网也不再是高科技。

BAT 们，如果我们不能把技术、人才、资源都普惠化，公司会越来越小。只有普惠，才会继续延续下去。

有一个领导曾经说，自己从来不上网，从来不购物。我回答说，这好像不是什么时髦的事情，不值得骄傲。再过 20 年，我们所有的客户都是伴随互联网出生的。不学习就没有机会了。

我经常在公司内部说两句话：

第一，一切业务数据化；第二，一切数据业务化。也就是说，如果不是业务的数据就别做了，因为只有这样才能走到别人前面。

所以，未来的 30 年是用好互联网技术的 30 年，这不是社会形态的改变，而是思想的升华。

希望大家能够高度关注未来 30 年，高度关注 30 人以下的公司，高度关注 30 岁以下的人。

21 世纪，最大能力是服务能力。只考虑自己的战略不是好战略，要去思考别人是怎么看的。

所以说，未来的 30 年，不是肌肉力量的竞争，而是服务之间的竞争，所以我判断，女性会在未来 30 年崛起。

因为男人都是在考虑自己的地位、晋升，但是女人要照顾孩子、丈夫、工作，所以她们更加关注体验。还好，阿里巴巴 46% 以上是女性，如果我们公司都是男人那就完蛋了。

一定要忍痛淘汰落后产能

全世界，现在只有中国还把互联网经济说为虚拟经济，出了事情就骂。同时，中国人又不敢骂金融业和银行，因为那样就没法贷款了。

然而，虚拟经济一直以来是指金融业，而不是互联网。互联网应该是虚实结合的经济，只有这样才会持久地发展

全世界的实体经济都难，该淘汰都要淘汰。我们不能一方面强调转型，一方面又保护落后的产能。

其实互联网的经济也不好，现在除了 BAT，没有太多企业的利润表现良好。那为什么 BAT 利润好？因为这三家有核心的竞争力，这些技术都是真正的红利。

仅仅依靠规模、靠低成本，不管是互联网还是实体经济，都会倒掉。试问，那些倒闭的实体经济，到底有没有真正的实力？缺乏技术含量的企业是不会有利润的，不冒险就没有未来。

机器人不是人，要干人干不了的事

我们再讲讲 AI 和人工智能。关于这个我有些不同的看法。

去年，很多人觉得阿尔法狗下围棋很厉害，世界第一，人工智能可以开始改变世界。我的观点是：So TM What？

机器本来就可以比人跑得快，比人算数快，这都很正常。我们下围棋的乐趣，就是等对方下一步臭棋，然后我借机来搞一把，开心开心。对面要是从来不出错，这样下棋还有什么意思。

围棋上，如果机器打败了人类，只是侮辱了人类。机器真正需要去做的，是那些人做不到的事情，这就是所谓的"机器思维"。

大家都知道，汽车也是机器，但是假如汽车也是长了两条腿，那它永远也跑不过人。

我们现在很多脑科学的专家进入了人工智能领域，我觉得这有些玄乎了。人类都只学习了大脑的3%，凭什么要让机器学会人类的思考？

过去100年，我们把人变成了机器，而未来100年，要把机器变成人，但又不是真正的人。让机器成为和人不一样的合作伙伴，我是这么想的。

一切创新最终都是制度创新

最后我想说，小企业创业靠产品、中型企业靠技术、大型企业靠制度。所以归根结底，任何一次的创新，最后都应该是制度的创新、监管的创新。

1865年，英国出过一个法案，叫"机动车法案"，后来被称为"红旗法案"。怎么回事呢？

那时候机动车刚出来，经常被人砸。后来发现，所有砸车的人都是马车车夫。因为他们在那个时代是白领，工作多，收入多，汽车出来直接就没生意了。

所以，机动车的法案是：汽车不得开得比马车快，限速 6.4 公里每小时。开车时必须有三个人：一个司机，一个副驾驶，还有一个摇红旗的。

结果，那边德国就趁机崛起了，美国也成为车轮上的国家，而英国直到 30 年后的 1895 年才取消了法案。

现在来看，中国还有很多的"红旗法案"正在酝酿中。

对此，我只想说，人算不如天算，天算就是云计算。监管一定要科学，要着眼未来。

这就是我今天的分享。

问题：结合本案分析，影响未来知识型人才创新的主要因素及对策。

参考文献

[1]Jansen JJP,Van Den Bosch FAJ,Volberda HW. Exploratory Innovation,Exploitative Innovation,and Performance:Effects of Organizational Antecedents and Environmental Moderators[J]. Management Science,2006(11):1661—1674.

[2]孙永风,李垣,廖貅武. 基于不同战略导向的创新选择与控制方式研究[J]. 管理工程学报,2007(4):24—30.

[3]李忆,司有和. 组织结构、创新与企业绩效:环境的调节作用[J]. 管理工程学报,2009(4):20—26.

[4]杨凯,马剑虹. 变革型和交易型领导力研究的归纳与评价[J]. 人类工效学,2010(1):57—60.

[5]Hater J J,Bass,B M. Superiors´Evaluations and Subordinates'Perceptions of Transformational and Transactional Leadership[J]. Journal of Applied Psychology,1998(73):695—702.

[6]Bernard M. Bass,Bruce J. Avolio. Lmproving Organizational Effectiveness Through Transformational Leadership[M]. Thousand Oaks:Sage Publications Inc,1994.

[7]Jung,D,Avolio,B. Opening the Black Box:An Experimental Investigation of the Mediating Effects of Trust and Value Congruence on Transformational and Transactional Leadership[J]. Journal of Organizational Behavior,2000(21):949—964.

[8]吴文华,赵行斌. 领导风格对知识型员工创新行为的影响研究[J]. 科技进步与对策,2010(2):153—156.

[9]Schneider B. The Climate for Service:an Application of the Climate Construct[A]. B Schneider. Organizational Climate and Culture[C]. San Francisco:Jossey–Bass,1990,383—412.

[10]McClelland D. C. Testing for Competency Rather Than Intelligence[J]. American Psychologist,1973(1):1—14.

[11]Luthans F,Youssef,C M Human,Social and Now Positive Psychological Capital Management:Investing in Pople for Competitive Advantage[J]. Organizational Dynamics,2004(33):143—160.

[12]Vandenberg R J,Scarpello V. Multitrait—multimethod Validation of the Satisfaction with my Supervisor Scale[J]. Education and Psychologial Measurement,1991(52):203—212.

[13]于真真. 知识型员工职业承诺及其影响因素研究[D]. 济南:山东大学,2008.

[14]王永杰. 创新:方法与技能实务[M]. 西安:西安交通大学出版社,2007:26.

[15]中共中央马克思恩格斯列宁斯大林著作编译局. 马克思恩格斯选集:第2卷[M]. 北京:人民出版社,2004.

[16]邹桦. 论逻辑思维与创新[J]. 天津市财贸管理干部学院学报,2009(1):80—81.

[17]王全忠. 论逻辑思维方法与非逻辑思维方法的关系[D]. 长春:吉林大学,2007.

[18]傅世侠,罗玲玲. 科学创造方法论[M]. 北京:中国经济出版社,2000.

[19]王跃新. 创造性思维——训练与培养[M]. 长春:吉林人民出版社,2004.

[20]王双,张武杰,李亚莉. 直觉思维与创新的逻辑解析[J]. 才智,2009(11):184.

[21]陈叔瑄. 思维工程——人脑的智能活动和思维模型[M]. 福州:福建教育出版社,1994:15.

[22]韩民青. 现代思维方法[M]. 济南:山东人民出版社,1989.

[23]王跃新,赵玲,李海峰,等. 现代科学技术革命与马克思主义[M]. 长春:吉林大学出版社,2004.

[24]邵雅利,朱波. 当代创新技法的发展和研究综述[J]. 河南职业技术师范学院学报(职业教育版),2002(5):67—70.

[25]刘永谋. 创新方法研究的方法论研究[J]. 科技进步与对策,2010(7):145—148.

[26]马种会. 创造力工具箱[M]. 上海远东出版社,2006.

[27]聂惠娟,袁峰. 创新技法与TRIZ的应用研究[J]. 机械设计与制造,2007(10):218—219.

[28]胡诗泽. 头脑风暴法:科技团队创造值得借鉴[J]. 发明与创造,2006(5):14.

[29]爱因斯坦,英费尔德. 物理学的进化[M]. 周肇威,译. 上海:上海科技出版社,1962.

[30]陈若松. 论创新能力的构成要素及其功能[J]. 湖北社会科学,2007(11):96—98.

[31]秦寿康,等. 综合评价原理与应用[M]. 北京:电子工业出版社,2003.

[32]赵光华,等. 管理定量分析方法[M]. 北京:北京大学出版社,2008.

[33]张文彤. SPSS统计分析高级教程[M]. 北京:高等教育出版社,2004:163—184.

[34]陈平雁,黄浙明. SPSS13.0统计软件应用教程[M]. 北京:人民卫生出版社,2005. 北京:196.

[35]丁琳,席酉民,张华. 变革型领导与员工创新:领导—下属关系的中介作用[J]. 科研管理,2010(1):178—184.

[36]马庆喜,方淑芬.试论企业学习型文化特征和基本内容[J].科学学与科学技术管理,2004(10):72—75.

[37]周德金.创新教育与学生"问题意识"的培养[J].科技进步与对策,2001(7):176—177.

[38]吴振中.创建学习型、知识型、创新型职工队伍途径初探[J].中国职工教育,2004(6):8—9.

[39]秦秋,程冷杰.创新思维及其能力培养探析[J].江苏社会科学,2009(6):227—231.

[40]周义澄.科学创造与直觉[M].北京:人民出版社,1986:120.

[41]黄德源.直觉思维与创新[J].探索与争鸣,2008(4):74—76.

[42]王嫒.创新突出重围[J].创新科技,2009(2):56.

附录：知识型人才创新机理及评价研究调查问卷

尊敬的先生/女士：

您好！请原谅打搅您的工作和休息时间填写本问卷！本问卷所收集的信息将用于华侨大学课题研究的撰写过程，您所提供的信息对此次学术研究的过程和结果具有非常重要的意义。本问卷采取不记名方式，所收集到的任何信息仅作为学术研究之用，不作为其他用途，并完全尊重您个人的安全和隐私，请您不必有任何的顾虑。请您认真阅读问卷中的每一道题目，并根据自身的实际感受作答，并请在您认为正确答案的相应位置打"√"，或填写相应数据。

个人基本信息

1. 性别　　　　□男　　　　□女
2. 年龄　　　　□30 岁以下　□31～40 岁　□41～50 岁　□51 岁以上
3. 工作类别　　□技术人员　□市场人员　□管理人员　□其他

请您根据自身实际感受或情况回答以下因素对您工作中创新性的培养或发挥的影响程度（除非题后注明可多选，否则均为单选）

1. 目前您所处的工作地环境
　　□非常有利　□有利　□一般　□不利　□很不利
2. 目前组织提供的仪器设备
　　□非常充足　□充足　□一般　□不充足　□很不充足
3. 目前组织提供的经费投入
　　□非常充足　□充足　□一般　□不充足　□很不充足
4. 目前组织给予的待遇与报酬
　　□非常有利　□有利　□一般　□不利　□很不利
5. 目前组织的结构对人员之间的交流
　　□非常有利　□有利　□一般　□不利　□很不利
6. 目前组织的规章制度
　　□非常有利　□有利　□一般　□不利　□很不利

7. 目前组织的工作流程

　　□非常有利　□有利　□一般　□不利　□很不利

8. 目前组织的绩效评价体系

　　□非常有利　□有利　□一般　□不利　□很不利

9. 目前您的上司对员工的关心范围与程度

　　□多方面均高度关心　　　　□只高度关心员工的工作

　　□关心范围与程度均一般　□关心员工其他方面高于关心员工的工作

　　□对员工各方面均不关心

10. 目前您的上司对待下属的意见

　　□乐于听取且会进一步与之交流　□乐于听取　□态度一般

　　□不喜欢　□坚决杜绝

11. 目前组织或领导对待员工尝试新做法的失败

　　□宽容并指导　□宽容　□不关心　□指责　□解雇

12. 组织氛围体现出来的关于创新的看法

　　□非常有价值　□有价值　□一般　□价值低　□无价值

13. 组织在未来规划中对于创新的态度

　　□非常重视　□重视　□一般　□不重视　□根本未考虑

14. 当您工作中遇到困难时（此题可多选）

　　□领导会帮助　□领导会鼓励　□同事会帮助　□同事会鼓励

　　□只能靠自己

15. 您所在的组织对待知识共享的态度

　　□非常提倡　□提倡　□一般　□不关心　□根本无意识

请您根据实际感受或情况回答下列因素在您身上的体现程度（除非题后有注明多选，否则均为单选）

1. 目前最可能激励您去从事创新活动的是

　　□经济收益　□名声　□地位　□自我成就感　□兴趣

2. 您对未知事物或新事物的好奇心

　　□非常高　□较高　□一般　□低　□很低

3. 当别人不同意您的看法时您坚守自己立场的程度

　　□非常高　□较高　□一般　□低　□很低

4. 为了完成自己认为对的事您挑战权威或历史的勇气

　　□非常高　□较高　□一般　□低　□很低

5. 当遇到挫折时您的乐观程度

　　□非常高　□较高　□一般　□低　□很低

6. 面对工作中从未做过的事时对自己能力的肯定程度
   □非常高　□较高　□一般　□低　□很低

7. 您从极度沮丧或极度高兴尽快恢复到正常情绪的程度
   □非常高　□较高　□一般　□低　□很低

8. 您的兴趣爱好的广泛程度
   □非常高　□较高　□一般　□低　□很低

9. 您认为您的学习能力
   □非常高　□较高　□一般　□低　□很低

10. 您目前的受教育水平为
    □大专及同等学历以下　□大专及同等学历　□本科及同等学历
    □硕士、博士及同等学历

11. 您从事于当前工作或同性质工作的时间
    □0～3年　□4～7年　□8～10年　□10年以上

12. 您平均每周用于自我学习的时间为
    □0～2小时　□3～6小时　□7～10小时　□10小时以上

13. 您因担心损失或付出代价而不愿改换职业的程度
    □非常高　□较高　□一般　□低　□很低

14. 您因热爱而不愿改换职业的程度
    □非常高　□较高　□一般　□低　□很低

15. 您因责任感、义务感而不愿改换职业的程度
    □非常高　□较高　□一般　□低　□很低

16. 您善于运用以下哪些思维方法？（此题可多选）
    □分析　□综合　□比较　□分类　□归纳　□演绎　□抽象

17. 您善于从多个角度来观察思考事物吗？
    □非常善于　□较善于　□不善于　□很不善于

18. 您善于从反方向来观察思考事物吗？
    □非常善于　□较善于　□不善于　□很不善于

19. 您善于通过提炼出事物的特征来反映其本质吗？
    □非常善于　□较善于　□不善于　□很不善于

20. 当您出现直觉时您对其的态度如何？
    □非常相信　□较相信　□会在意　□根本不在意

21. 当您出现灵感时您的做法如何？
    □及时记下并思考　　□及时记下过后思考
    □当时随便想想过后不再思考　　□忽视

22. 您了解或熟悉以下哪些创新技法？（此题可多选）

　　□列举法　　□检核表法　　□NM法　　□TRIZ法　　□类比法

　　□移植法　　□专利法　　□组合法　　□形态分析法　　□头脑风暴法

　　□提喻法　　□设想选择（TT－HS）法　　□KJ法　　□ZK法　　□无

23. 您所在的组织对学习、培训的态度为

　　□一直崇尚不断学习且为员工开展培训计划　　□偶尔开展培训活动

　　□计划不久开始安排员工培训计划　　□仅仅鼓励员工自我学习

　　□从未意识到

24. 您所在的组织对创新技法的态度为

　　□一直重视且开展员工学习　　□打算在不久后开展员工学习

　　□明确提出让员工自己学习　　□从未意识到

25. 请您为以下个体创新性的体现进行重要程度排序（1代表最重要，从1~5重要程度依次降低，若认为有同等重要的可并列）

　　□创新问题发现能力　　□创新思考能力　　□创新问题解决能力

　　□支持创新的人格化能力（如创新精神、毅力、责任感、自信、勇气等）　　□创新成果的最终体现

26. 与同事相比，您的创新性为单位带来的贡献

　　□非常大　　□较大　　□差不多　　□低　　□很低

再次向阁下给予我的支持、帮助致以衷心感谢！

第十六章　知识型人才激励研究

【学习目标】

（1）了解组织承诺内涵

（2）了解知识型人才激励因素

（3）掌握基于组织承诺的知识型人才激励建议

1　引言

知识经济时代，传统的以货币和物质资本为主导资源已经退居次要地位，人的创造力成为推动社会发展进步的主要力量。创造力的形成与使用，归根结底离不开它们的核心载体——知识型人才。占员工总数20%的知识型人才创造了80%左右的价值，因此，知识型人才是形成组织核心能力和获得竞争优势的关键所在。组织要获得持久的竞争优势，就必须构建有效的激励机制，激发知识型人才的主动性、积极性和创造力。因此，管宝云和赵全超[1]认为，系统和科学地研究知识型人才的需求特征，并设计与适合其发展的激励机制，使知识型人才不断成长和发展，已成为人力资源管理的焦点问题。Meyer和Becker[2]提出，组织承诺和员工的激励有紧密的关系，组织承诺能显著提高员工激励的效果，员工激励又转而增强员工的组织承诺。Kanter[3]认为，具有组织承诺的员工深信组织的目标和价值观，自觉遵守组织的规则，尽力使自己的成绩超出组织的最佳预期。Mowday[4]等认为，组织承诺强的员工有强烈的愿望和组织保持良好的关系。Deci和Ryan[5]认为，组织承诺能使员工自愿作为，它的这一特性使其和内在激励紧紧相关，对组织承诺较高的员工而言，工作本身和工作的成果都能对他们产生强烈的激励效果。研究者不断发现，组织承诺是员工激励的基础和根源，对知识型人才的激励尤为重要。知识型人才流动性较强的特性表明其组织承诺度较低，而他们掌握着组织所需的核心技术和核心资源，所以知识型人才的高组织忠诚度就成为组织激励他们的重要目标。本章之所以从组织承诺的角度研究知识型人才激励，是因为虽然目前国内对知识型人才的激励研究较多，但从组织承诺的视角进行分析较为少见，同时传统的对知识型人才激励的研究大多忽略了它们特有的需求特征。本章致力于结合知识型人才的组织承诺理论构建基于组织承诺的知识型人才激励模型，提出提高其组织承诺的相关激励措施，以期对组织和组织的管理者有所裨益。

2　组织承诺与知识型人才激励分析

2.1　组织承诺内涵

自从 Becker[6] 于 1960 年提出组织承诺（Organizational Commitment）这一概念，人力资源管理领域、组织行为学领域及心理学领域等众多学者对其进行了各方面的研究。一直被研究者广泛认可的是 Allen 和 Meyer[7] 提出的组织承诺三因素理论，他们在 Becker 和 Wiener[8] 研究的基础上提出组织承诺包括感情承诺（Affective Commitment）、继续承诺（Continuance Commitment）和规范承诺（Normative Commitment）。"感情承诺"指员工认同和参与组织、接受组织的目标和价值观的程度，是个体对特定组织的情感，主要包括组织目标认同、员工自豪感以及为了组织的发展自愿对组织做出奉献，员工对组织所表现的种种付出主要是因为对组织有深厚的感情而非其他，具有此类承诺的员工愿意留在组织（Want to do）。"继续承诺"是指员工意识到离开组织所损失的福利待遇而不得不继续留在原组织的一种承诺，以经济交换为基础，具有此类承诺的员工认为不得不留在组织（Need to do）。"规范承诺"是指因长期受社会影响形成的对组织负责而留在组织内的承诺，个体在成长的过程中经常被灌输忠诚于组织会得到赞赏和鼓励的思想，逐渐在个体内心中产生顺从这种规范的意识，具有此类承诺的员工觉得应该留在组织（Ought to do）。其他学者关于组织承诺内涵的研究从不同的视角着手，陈霞和段兴民[9] 认为基本上可以分为两类：一类是态度说，认为组织承诺是个体对特定组织持肯定性的态度，对其产生感情依赖并对其保持一定的参与度，主要包含认同组织目标和价值观、积极参与组织的各项工作和以组织为荣；另一类是行为说，认为组织承诺是个体为了不失去在特定组织的既得利益而不得不留在该组织的一种承诺，主要包括个体在特定组织中的职位、福利待遇和人际关系等。总之，组织承诺是个体对组织的一种态度，它可以解释个体留在组织的原因，也是检验个体对组织忠诚度的一种指标，对组织有重要意义[10]。

2.2　知识型人才激励分析

国内外的学者对知识型人才的称谓和认识不一。美国学者 Peter Drucker 最早提出"知识型员工"这一概念，指"那些掌握和运用符号和概念，利用知识或信息工作的人"[11]。之后有学者提出"知识型工人""知识型工作者"

等概念，本书一致采用"知识型人才"这一表述，并把"知识型人才"定义为"一个组织中脑力劳动贡献高于其体力劳动贡献劳动者"[12]。知识型人才的激励研究主要集中在三个方面：激励理论、激励因素和激励对策。第一，激励理论。激励理论主要包括马斯洛的需要层次理论、弗鲁姆的期望理论、赫茨伯格的双因素理论、斯金纳的强化理论、德鲁克的目标理论、亚当斯的公平理论、班杜拉的社会认知理论以及众多学者以这些理论为基础和核心提出的各种理论阐释和发展。第二，激励因素。中外学者基于不同国家和地区、不同性质的组织、不同行业以及不同年龄段等角度对知识型人才激励因素进行研究，国外比较有代表性的是 Tampoe 提出知识型人才最看重的四项因素——个体成长、工作自主、业务成就和金钱财富[13]；国内比较有代表性的是张望军和彭剑锋提出的对中国知识型人才最具激励性的因素——工资报酬和奖励、个人成长和发展、有挑战性的工作、公司的前途以及有保障和稳定的工作[14]。本书归纳如表1。第三，激励对策。纵观知识型人才激励的对策，均可归属为物质激励、精神激励和环境激励。物质激励是指满足知识型人才的物质需求，调节相关利益关系，激发其工作激情并控制其行为的趋向。精神激励是指为满足知识型人才的精神需求，对其施加心理影响，调动其积极性和主动性，影响其行为。环境激励是指针对知识型人才工作自主性比较强的特性，避免其因受僵硬的规章制度的束缚而丧失创造性，营造轻松、和谐、自主的环境就是对知识型人才无形的激励。

表1　知识型人才激励因素表

研究者	激励因素
坦姆仆（Tampoe）	个体成长、工作自由、业务成就、金钱财富
罗南（Ronen）[15]	法国：培训、技能、挑战；德国：进步、认同、培训
肯德尔（Kendall）、鲁滨逊（Robinson）[16]	成就、认同感
泉谷波（Izumi Kubo）[17]	自主性、个人自由、灵活的领导、成就需要、个人成长
赫茨伯格（Herzberg）[18]	成就、认可、资质、个人成长机会、工作挑战
张望军、彭剑锋[14]	工资报酬与奖励、个人成长与发展、有挑战性的工作、公司前途
杨春华[19]	个人成长与发展、报酬、有挑战性和成就感的工作、公平
陈井安、景光仪[20]	业务成就、工作环境、薪酬福利、个人成长
杨从杰等[21]	公司前景、企业文化、工作挑战、能力发挥、工作成就
程文、张国梁[22]	独立自主、自我价值、成就渴望与能力提升
管宝云、赵全超	工资报酬与奖励、晋升机会、个人成长机会、工作的挑战与价值
张术霞等[23]	薪酬福利、能力发挥、公司前景、工作保障、领导素质

3　基于组织承诺的知识型人才激励因素

波特和劳勒在弗鲁姆期望理论的基础上构建了内在动机和外在动机结合的激励模型，认为内在动机的激励作用主要来自个体发现工作本身具有趣味性而且能从工作本身获得满足感，外在动机的激励作用主要来自个体对工作完成的预期收益充满兴趣。Gagne 和 Deci 认为，无论是内在动机还是外在动机都具有明显的激励作用，建议组织通过同时增强内、外在动机提高激励效果[24]。

3.1　内在动机因素

3.1.1　工作本身

知识型人才喜欢有挑战性的工作，在各种复杂的环境中凭借自己的知识和智慧攻克技术难题或完成一定的创新进而推动技术革新和产品更新对他们来说具有无穷的魅力和乐趣，使他们忽略很多外在的因素，专注于工作。越是复杂的工作，对知识型人才的知识和技能要求越高，越能博得他们的青睐，因为复杂的工作使他们的创造性、分析和判断能力得到充分施展，这是他们自我价值实现的体现，他们能从工作中获得极大满足，组织承诺随之提升。

3.1.2　个人成长

在知识经济时代，日新月异的科技发展缩短了知识陈旧的周期，而知识的老化会加速知识型人才贬值。知识型人才与一般人才的区别就是他们拥有更先进的知识，一旦知识老化又不能及时更新、补充新的知识，就沦为一般人才从而失去竞争力[25]。为了不被社会淘汰和自身的保值增值，知识型人才需要不断更新知识，促使个人加速成长。另外，知识型人才有较高的追求，不甘平庸，只有迫使个人不断成长才能争做行业领军人物。

3.1.3　成就需要

成就需要是指个体争取成功、追求卓越，努力做到最好的需要，成就需要理论最初由哈佛大学教授 McClelland 提出，他认为高成就需要的人有强烈的事业心，力争成功，具有高度的内在动机[26]。知识型人才具有较高的专业水平，对自己的期望值较高，实现自我价值的愿望强烈，把克服重重困难取得成就视为最大的乐趣。知识型人才通常设定挑战性的目标，不会避难就易，他们注重在解决难题的过程中发挥自己的专业特长，乐于通过自己的知识和努力达成目标，不期待依靠偶然的机遇成功。

3.2 外在动机因素

3.2.1 薪酬因素

张术霞等研究发现，直到目前，薪酬仍然是我国知识型人才重要的激励影响因素。杨春华认为这与我国知识型人才所处的时代背景有关，我国尚处于转型期，经济没有得到充分发展，而且经济环境不稳定，知识型人才倾向于利用高薪酬改善生活条件和规避风险。薪酬是知识型人才物质生活需求、社交需求及精神需求的基本保障，同时，获得一份能够体现自己能力和贡献的薪酬，使自己分享到自己所创造的财富，知识型人才能从中获得极大的满足感。

3.2.2 高度自主

知识型人才大多受过系统的高等教育或者专业培训，有自己独特的价值观，趋向于在自主的环境中工作，不愿受制于规则的条条框框，更不愿任由领导摆布，注重工作中自我导向。知识型人才主要进行思维性、创造性的活动，不愿束缚于固定的工作时间、工作地点、工作流程以及工作等级。德鲁克（Drucker）认为，知识型人才是追求自主性、个性化和创新性的人群[27]，要求严格的规章制度会扼杀其创造性，他们要求被赋予自主权，能够按自己认为最佳的方式工作，需要自由、宽松的环境进行思考和创造。

3.2.3 他人认可

每个人内心深处都希望自己付出的努力被人看到，自己的成绩被他人认可，知识型人才更是如此。他人的认可带给知识型人才自豪感和荣誉感，为了维持在他人心目中的形象或者做得更好，知识型人才往往需要更充足的动力不断提升自己的专业知识和技能水平。他人的认可主要包括上级的认可和同事的认可，有时也包括来自下级的认可。他人认可充分展现出知识型人才的水平和才华以及对他人的影响力，其激励效果有时甚至超越其他一切激励手段。

4 基于组织承诺的知识型人才激励模型

4.1 知识型人才激励的"硬核"理论

拉卡托斯（Lakatos）的科学研究纲领理论认为，任何科学理论都不是孤立的，而是一个内在相互联系的完整的系统，由三部分组成：第一，研究纲领的核心——"硬核";第二,研究纲领的辅助性假设——"保护带";第三,指导研究纲领发展的启发法。"硬核"是研究纲领的核心和本质,是研究纲领的基本理论,是研究纲领的立纲之本,不容反驳。"保护带"就是保护"硬核",尽可能不使其遭到反驳的辅助性理论。"启发法"就是通过禁止把反驳的矛头指向"硬核"的规定(消极启发法)或者通过修改及完善辅助性理论(积极启发法)等措施来发展研究纲领的方法。[28]

在知识型人才激励的"硬核"理论系统中,知识型人才的组织承诺关系的稳定、对组织的忠诚和热情及工作绩效的高低,是系统的"硬核";知识型人才的内在动机和外在动机不同程度地激发其积极性和主动性,推动其组织承诺的提升,保护其组织承诺维持在较高的水平,是系统的"保护带";知识型人才的行为表现如工作绩效和流动意向等是保护带对硬核作用的体现,通过知识型人才的行为表现组织可以了解其组织承诺的高低,一旦发现其组织承诺降低,组织可以通过修改或者完善保护带进行提升(见图1)。

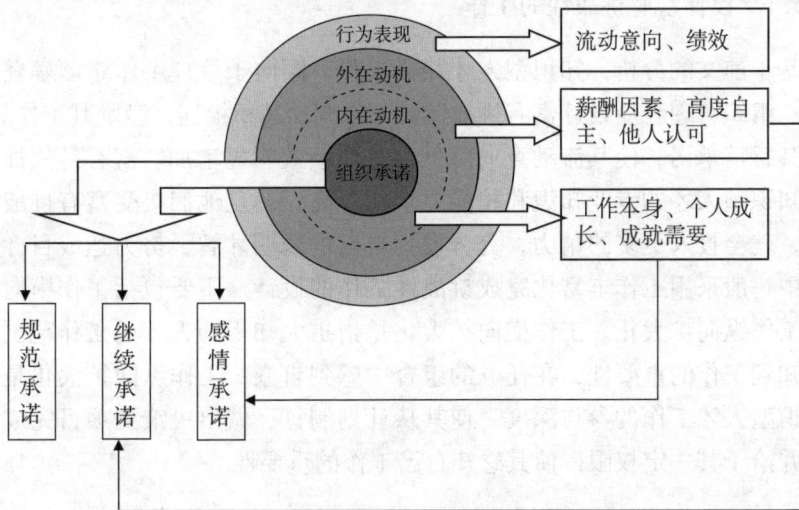

图1　基于组织承诺的知识型人才激励模型

4.2　知识型人才激励模型

基于知识型人才具有主观能动性的特征,寸晓刚认为知识型人才的内在动机比外在动机更具激励作用,能激发更多的潜能,产生更高的工作绩效[29]。外在动机的激励作用主要来自个体对工作完成的预期收益充满兴趣,当预期收益能够满足知识型人才的需要时,具有激励作用;当预期收益不能满足其需要或者预见工作无法顺利完成时就失去了激励作用。内在动机的激励作用主要来自个体发现工作本身具有趣味性而且能从工作本身获得满足感，即使外在条件发生变化对知识型人才的影响也不会太大，因为其关注点在工作本身，专注于工作的圆满完成。因此，外在激励的影响因素如薪酬、高度自主和他人肯定等对知识型人才的激励作用稳定性较低，激励效果会随这些因素的变化而高低起伏，更像是跟组织做交易，与组织承诺中的继续承诺更为接近。内在激励的影响因素如工作本身、个人成长和成就需要等对知识型人才的激励作用较为稳定持久，激励效果受外界的影响较小，对组织和工作产生感情和认同，促使组织承诺中的感情承诺的提升。规范承诺的形成与个体长期社会化过程紧密相关[30]，内、外在动机因素对它均没有明显的直接作用，形成过程较为缓慢，但是规范承诺一经形成，会产生持久、稳定的影响。

5 基于组织承诺的知识型人才激励建议

5.1 设计富有挑战性的工作

基于前文的分析，知识型人才热爱工作，倾向于处理工作难题攀登创新高峰。组织管理者应设计富有挑战性的工作调动其积极性，激励其工作热情，提升其感情承诺，使其流动意向降低，工作绩效明显增加。富有挑战性的工作对知识型人才的专业知识和技能要求比较高，一旦他们接受富有挑战性的任务，就会投入更多的精力，充分发挥自己的聪明才智，努力达成目标。在组织中一般采用工作丰富化完成挑战性工作的设计，主要包括工作横向扩大化和工作纵向扩大化。工作横向扩大化是指扩大知识型人才的工作范围，使其感知到工作的重要性，在任务的组合中感到自豪；工作纵向扩大化是指加深知识型人才工作的参与深度，使其从计划制订、做出决策到项目完成全程参与并给予其一定权限，使其感知自己工作的重要性。

5.2 重视个人职业发展

前文分析表明，知识型人才有强烈的个人成长需要，同时，组织的发展也依赖知识型人才的成长，组织应重视其个人职业发展，为其成长提供机会和支持，激发其内在动机，提升其感情承诺。一方面，组织要充分掌握知识型人才的个人发展需求和方向，为其提供培训、进修的机会，使培训与其个人职业发展相联系，制订个性化和系统化的培训计划，使之在工作中能有不断接受再教育和提升自身技能的机会，具备终身竞争能力。另一方面，组织应了解知识型人才个人职业发展意愿，在组织内部给予其一定的管理权限，为其合理的上升要求提供发展空间，让其职业发展和企业发展相协调，使其清晰地了解自己在组织的前途和组织的发展前景，与组织共同成长；同时，通过组织内轮岗等方法为其职业上升提供支持。

5.3　实施成就激励

前文分析表明，知识型人才对自己的期望比较高，实现自我价值的愿望强烈，凡事努力做到最好。针对知识型人才的高成就动机，组织应提供条件使其成就动机最大可能地得到激发，提高其感情承诺，增加激励效果。成就需要的满足感主要来自知识型人才个人对在项目成果中所做贡献的感受和自己较于他人所拥有的成就优越感，因此，成就激励主要从两个方面进行：第一，工作便利激励。因为知识型人才在项目成果中的突出成绩，组织给予的各种工作便利，如工作专用车、招待费以及通信费等，提供这些工作便利的标准象征知识型人才的身份和级别，是一种重要的激励手段。第二，荣誉激励。组织可以通过表扬、嘉奖以及授予"组织标兵"等荣誉称号对知识型人才荣誉激励。知识型人才素质水平较高，注重职业道德和素质修养的提高，有强烈的社会责任心，很重视荣誉感，成为组织的标杆性、榜样性人物能给予他们莫大的成就感。

5.4　构建合理的全面薪酬激励体系

由于社会经济尚未得到充分发展，薪酬仍是我国知识型人才激励的重要因素。通过薪酬激励，激发知识型人才的外在动机，并提高其继续承诺，进而提升其整体组织承诺水平，所以构建合理的全面薪酬体系对知识型人才激励至关重要。首先，制定能体现知识型人才的能力和贡献的绩效评价指标体系，保证知识型人才的薪酬发放有据可依。薪酬时常被作为知识型人才评估自身价值和能力的指标之一，薪酬体系的构建应当尽可能公平合理，真正起到激励作用。其次，构建全面薪酬体系，包括外在薪酬和内在薪酬。外在薪酬主要指为员工提供的显性货币价值，如工资、奖金、股票期权、股份奖励等薪酬以及其他如住房津贴、俱乐部会员卡等货币性开支；内在薪酬主要是指提供给员工的不以货币表现的、隐性的奖励价值，如令人引以为荣的企业形象和文化、融洽的人际关系、培训的机会以及给予的各种荣誉等，二者互相影响，加强激励效果。

5.5　创建自主宽松的文化环境

前文分析表明，知识型人才极为关注组织是否为其高度自主提供条件和支持，为满足知识型人才这一需要特点，激励其积极性和创造性，组织应创建自主宽松的文化环境，提高其对组织的依赖程度，提升其组织承诺。第一，充分授权。授权是满足知识型人才高度自主性需要最佳的体现，组织领导只需交代任务要求和提供工作所需的资源支持，知识型人才便可根据自己的经验和知识对任务做出判断，制定适合的方式心无旁骛直冲目标，无须遭受过多无谓的约束和干扰，尽情发挥创造性。第二，实施弹性工作制。知识型人才更多从事创造性、思维性工作这一特点决定了他们的工作过程难于监控，固定的工作时间和地点对他们并没有多大的意义，知识型人才本身也更喜欢工作自由，组织应根据其个人意愿和特性安排工作，实行弹性工作制，避免僵硬的规章限制，有利于他们发挥创造性。

5.6 提供他人认可平台

基于前文分析，知识型人才有强烈的他人认可需要，组织应提供满足其需要的途径。第一，战略参与。知识型人才因其专业经验和知识对本行业的问题和发展持有独特的观点，组织领导者应视其为战略合作伙伴，鼓励其参与组织战略的制定。知识型人才感到自己被领导者认可和重视，会增强自己的责任感和主人翁精神，进而把工作看作事业，把组织目标当作自己的目标，组织承诺增加，激励效果增强。第二，团队管理。团队管理是运用团队成员的专长，鼓励成员参与和合作，致力于组织目标的实现，是一种合作式管理。团队的一个突出特点就是组织成员间通过充分讨论做出决策，知识型人才可以在团队沟通中表达自己超群的观点，展示自己的专业水平和才华，对同事产生影响并获得同事的认可和信任，感受到自己在团队中的重要性，继而产生显著的激励效果。

6 本章小结

知识型人才对现代组织的生存和发展至关重要。设计有效的激励机制，充分调动知识型人才的积极性和创造性是知识型人才管理核心工作，本书结合知识型人才的自身特征，从组织承诺的角度分析其激励影响因素，认为其激励因素主要包括工作本身、个人成长、成就需要等内在动机因素和薪酬、高度自主、他人认可等外在动机因素；研究发现内在动机和外在动机对其组织承诺有显著推动作用，由此提出知识型人才激励的"硬核"理论，认为其组织承诺是理论的"硬核"，内、外在动机是硬核的"保护带"，行为表现是理论的"启发法"；研究也认为内在动机因素显著推动知识型人才组织承诺之感情承诺，外在动机因素显著推动其组织承诺之继续承诺，结合其激励"硬核"理论，构建基于组织承诺的知识型人才激励模型，提出通过加强内、外在动机的措施激励知识型人才提高其组织承诺，进而推动组织发展。

【复习题】
（1）试析组织承诺内涵。
（2）试析基于组织承诺的知识型人才激励因素。
（3）试析基于组织承诺的知识型人才激励建议。

【思考题】
以华为为例，分析基于组织承诺的华为知识型人才激励措施，提出优化建议。

【案例分析】

三星、苹果和谷歌，谁是员工的好"父母"?*

在谈到一个企业的时候，我们常常喜欢讨论它的产品、服务和流程，以及它赚了多少钱，比如苹果呈现给世界最具审美性的标签就是 iPhone，各种各样的销售神话和利润神话；又比如 Google，曾几何时，它几乎是搜索和地图的代名词，而在中国，百度则是搜索的代名词。

随着媒体的渗透率越来越高，本来神秘的科技企业被越来越多地呈现在公众面前，在公众的放大镜下，企业像一块块被揉碎的面包，让人反复咀嚼，也得以让世界关注产品之外的企业元素，比如制度、文化以及它们培养出来的员工。

企业是社会非常重要的组成部分，一个需要承担社会责任又有能力承担社会责任的组织，这种责任不仅表现于其优秀的产品和它们给国家交的税，更重要的则是其企业文化带给社会的正能量。有一位哲人说过：我们要花80%的时间来应付工作，倘若工作不快乐，人生也就不快乐了，而工作时间大都要在企业里度过，于是，优秀的企业应该努力营造一个良好的

---

* 引自 http://www.sino-manager.com/? p = 3624。

环境，让员工变得更快乐，这种快乐自然不是肆意妄为，也不单单指高额薪水，而是饱含着激情、奋斗、成长的感觉。世界的企业分很多种，国企好像是中国人最幸福的企业，每天发一份报纸、泡一杯茶水，给员工弄个一蹴而就的人生，醉生梦死；节奏快的科技公司则是另一番景象，他们需要紧跟消费者流行趋势，甚至要主动创造趋势，IC 上的电子元件每 18 个月就要增加一倍，员工又有什么理由不去提高自我呢？更何况，他们生来就要适应优胜劣汰的生存法则。两相对比，我只想对国企的员工，吐出 4 个字：哪投简历？

坦白讲，活在一个科技企业中，真的很累，如果从迎合人性的角度讲，确实不如国企里舒服，但人类伟大之处正在于能不断挑战人性弱点，并催促自己成长，从这个角度讲，我们又要感谢那些严苛的科技企业，敦促员工不断成长，直到百炼成钢。

严苛父亲，三星"揠苗"之道

现在，韩国企业三星正处于低潮期，它们的 Galaxy 在大屏幕的苹果手机面前显得笨重而可笑，像极了一个大脸盘的女生，无人问津。持续糟糕的业绩，以及浓重的官僚作风，让这个企业痛定思痛，正在李健熙躺在病床上的时候，文化改革已经悄然在三星内部展开，他们的目标是打造具有开放性、创新性和创造力的文化，这些变化会危及三星固有的文化资产和传统的组织架构，但没有人敢于停下来，毕竟，公司的账面上一直在亏损，他们必须做点什么。另外，为了破除官僚作风、层级观念，三星特地成立了"创意实验室"，鼓励年轻人向高层直接提供产品创意和小型的改善。目前，尚不知这样的改革能否奏效，也不知道哪种文化会更适合三星，但不可否认的是，三星本次改革关注的是"员工"本身，而不是什么其他专利或者手机 UI 设计等。

传统三星推崇循规蹈矩的文化，推动企业走向了成功，并深深影响了它的员工，教会他们要踏踏实实地完成蜕变，而不是一夜暴富或者总向往鹤立鸡群，事实上，那些自以为鹤立鸡群的人，都提前离开了三星。我们无法评说"创新"vs"循规蹈矩"，谁应该更好，甚至不能说"官僚作风"是个贬义词，我们只能强调企业文化的适应性，但我们能确定的是，三星的企业文化，之于韩国年轻人的影响绝对是正向的。

李健熙是韩国的"经济总统"，他也是一位工作狂，创造了"午餐会议"的制度，也就是在吃午餐时听下属汇报，并讨论工作决策，这个时间看似不起眼，但经年累月下来，三星的工作时间要远远超过了同行企业。为了保证充沛的工作精力，李老汉还以身作则，积极参与体育运动，他热爱骑马、剑术、铁人三项等挑战人类极限的项目，这也是为什么他能以 70 岁高龄支撑到现在，并常常有精力向员工咆哮 9 个小时之上。在他的带动下，三星员工普遍精力旺盛、身体素质极佳，韩国男人本来就要服兵役，如果兵役之后再投身三星，绝对能成为一个真正的男子汉。另外，三星推出了早上 7 点上班的工作制度，8 小时之后，员工可以 4 点下班，从而有大量的时间去学习，这种作息制度会同步要求员工提高效率，而不是在公司里混加班，或者挺尸般等领导下班，做到真正意义上的"一寸光阴一寸金"。事实上，这种作息制度不仅适用于三星员工，韩国真正的总统还要求把这个制度推广到全国，让每一位年轻人都有这种意识，每天少睡一个小时的觉，醒着的时间则会多一个小时。

苹果 vs 谷歌，谁是最美妈咪？

如果说，三星对待员工像一位严厉的父亲，那么，苹果、谷歌这样轻资产的公司，则常常能表现出母性。比如 Google 给员工提供了外人无法想象的办公环境，你可以在工作时间喝咖啡、吃大蒜、玩滑梯，甚至能把孩子和狗狗带来上班，Google 解释说，我们喜欢和天才在一起工作，乐于满足一切人性的要求，但同时需要说明，如果你只是奔着 Google 的办公室来的，相信你也进不了 Google。当然，除了丰厚的薪水和优越的办公条件之外，Google 最吸引人的还是其需要不断创新、充满挑战的工作内容。一位年轻人来到Google 会发现公司里每位员工都独树一帜，这是和制造业完全不同的文化。全世界都知道谷歌向来不遵循企业传统的规则和逻辑，他们常常花重金打造一些陌生的项目，也有能力让一个弱小的项目光耀世界，比如 Android。

于这种环境下生存，Google 员工身体里流淌的血液都有着一股创新的味，夹杂不作恶、不墨守成规，工作中充满着务实精神，每天讨论的是编程语言和基础科学，而不是沉浸在商业手段中无法自拔，更不用每天思考如何讨好主管，他们只需要专注地做出好产品，然后享受对应的成果，总之，有了在Google 的工作经历，连灵魂都会被人洗涤一样。

与谷歌开放、包容的文化不同，苹果的员工要更"古板"一些，特别是变态的保密文化，有可能会让苹果工程师们缺少必要的社交能力，尽管这些天才从来不需要这些。这家全球最拉风的公司，总是乐于把自己反锁在自家封闭的软硬件生态中，大量的条条框框让人抓狂，他们不仅让第三方合作者难以适应，也带给员工巨大的压力，但苹果的魅力在于，产品、服务总能称霸一方，这种巨大的磁性把供应商和员工牢牢地拴在自己身边，并催促其不断跟上世界超一流企业的节奏。

苹果从未想着一夜颠覆，而是踏踏实实地完成蜕变，他们会汇总每一代产品的缺点，会不惜一切代价克服之。比如从 iPhone4 到 4s，天线门没有了，从 iPhone5 到 5s，掉漆、刮伤也没有了，相信有 iPhone6 到 6s，那些可笑的缺点也会消失掉。better and better 的理念正深入每一位员工的骨髓中。事实上，只有组建了 better and better 的团队才能确保产品会越来越好，而且早先几年苹果人均创收就达到 42 万美元，在收获了巨大的荣誉和财富之后，团队凝聚力也变得越来越强。笔者有一些苹果公司的朋友，他们在发朋友圈时，动辄声称"身处最伟大的公司，不能偷看美女"云云，这种凝聚力和自豪感，以及员工所具备的能力，或许才是苹果长盛不衰的主要原因。更可怕的一点，苹果对外向来傲娇，但他们却要求员工能低下头做事。比如为了能和亚洲供应商充分沟通，他们会雇佣一些员工，学习汉语、日语等语种，而不是跟大爷一样，只想听英语；品质要求严苛，苹果工程师也会跑到代工厂的车间内，只是想要搞清楚流水线女工为什么拧不好螺丝，以及如何贴好 iPhone6 的保护膜。是的，巨大的财富没有让这个团队迷失方向，反倒是能更沉下心去完成一些小事。

企业精神应根植于工作点滴，而不仅仅是员工手册上的口号，要努力建立正能量氛围，去影响、感化员工，并催促他们成长。谨记，员工是企业的核心，是最宝贵的资源，企业在尝试推出最优秀的产品时，也要思考如何成为员工的最佳父母。

问题：根据激励理论，分析三星、苹果和谷歌激励人才的主要措施。

参考文献

[1]管宝云,赵全超. 高新技术企业知识型员工成长需求与激励机制设计研究[J]. 科学学与科学技术管理,2006(4):122—126.

[2]Meyer J P,Becker T E. Employee Commitment and Motivation:A Conceptual Analysis and Integrative Model[J]. Journal of Applied Psychology,2004,89(6):991—1007.

[3]Kanter R M. Commitment and Social Organization:A Study of Commitment Mechanisms in Utopian Communities[J]. American Sociological Review,1968(33):499—517.

[4]Mowday R T,Steers R M,Porter L. M. The Measurement of Organizational Commitment[J]. Journal of Organizational Behavior,1979(14):224—247.

[5]Deci E L,Ryan R M. Perspectives in Motivation[M]. Lincoln:University of Nebraska Press,1991:237—288.

[6]Becker H S. Notes on the Concept of Commitment. [J]. American Journal of Sociology,1960(66):132—142.

[7]Allen N J,Meyer J P. The Measurement and Antecedents of Affective,Continuance and

Normative Commitment to the Organization[J]. Journal of Occupational Psychology, 1990(63):1—18.

[8]Wiener Y. Commitment in Organizations:A Normative View[J]. Academy of Management Review, 1982(7):418—428.

[9]陈霞,段兴民. 组织承诺研究评述[J]. 科学学与科学技术管理, 2003(7):23—26.

[10]凌文辁,张治灿,方俐洛. 中国职工组织承诺的结构模型研究[J]. 管理科学学报, 2000(2):76—81.

[11]彼得·德鲁克,等. 变动中的管理界[M]. 上海:上海译文出版社, 1999, 110.

[12]张向前. 知识型人才内涵分析[J]. 科学学研究, 2009(4):504—510.

[13]张望军,彭剑锋. 中国企业知识型员工激励机制实证分析[J]. 科研管理, 2001(6):90—96.

[14]M T. Motivating Knowledge Worker:The Challenge for the1990s[J]. Long Range Planning, 1993, 26(3):49—55.

[15]Ronen S. Comparative and Multinational Management[M]. New York:Wilely, 1986.

[16]Kendall E L, Robinson C C. Motivation and Productivity of the Technical Employee[J]. Industrial Management, 1975(6):1—8.

[17]Izumi K. An Inquiry into the Motivations of Knowledge Workers in the Japanese Financial Industry[J]. Journal of Knowledge Management, 2002(6):262—271.

[18]Herzberg F M B. The Motivation to Worker[M]. New York:Wiley, 1959. 156—157.

[19]杨春华. 中外知识型员工激励因素比较分析[J]. 科技进步与对策, 2004(6):168—170.

[20]陈井安,景光仪. 知识型员工激励因素的实证研究[J]. 科学学与科学技术管理, 2005(8):101—105.

[21]杨从杰,杨廷钫,易贵明. 知识型员工的非经济性激励因素及其激励效果研究[J]. 科技管理研究, 2008(9):191—193.

[22]程文,张国梁. 高级研究人员自我激励因素研究[J]. 科学学与科学技术管理, 2008(6):192—196.

[23]张术霞,范琳洁,王冰. 我国企业知识型员工激励因素的实证研究[J]. 科学学与科学技术管理, 2011(5):144—149.

[24]Gagne M, Deci E L. Self – determination Theory and Work Motivation[J]. Journal of Organizational Behavior, 2005(26):331—362.

[25]刘石兰,吴丽华. 对知识型员工激励的若干思考[J]. 科技管理研究, 2003(5):92—93.

[26]David McClelland. Power Is the Great Motivation[J]. Harvard Business Review, 1976, 54(2):100.

[27]Drucker P. The Coming of the New Organization[J]. Harvard Business Review, 1998, 66(1):45—65.

[28]拉卡托斯.科学研究纲领方法论[M].兰征译,上海:上海译文出版社,1986,154—155.

[29]寸晓刚.知识型员工的工作激励框架探讨[J].科学学与科学技术管理,2010(1):190—194.

[30]张勉,李海.组织承诺的结构、形成和影响研究评述[J].科学学与科学技术管理,2007,28(5):122—127.

第十七章　知识型人才惩罚管理研究

【学习目标】

(1) 了解惩罚

(2) 了解惩罚作用

(3) 了解知识型人才惩罚管理存在的主要问题

(4) 掌握知识型人才惩罚管理的建议

1　引言

彼得·德鲁克（Peter Drucker）认为知识与知识的管理已经变成商品化，而且成为经济系统之中主要的商业活动，而该经济系统的参与者称为"知识工作者"[1]。本书认为知识型人才是指一个企业组织中脑力劳动贡献高于其体力劳动贡献劳动者[2]。知识经济的发展，知识型人才成为组织发展最重要的生产要素。学者从不同角度对知识型人才的激励进行研究，取得了不少有价值的研究成果，为知识型人才激励强化的研究提供了理论上和实践上的依据[3]，但对知识型人才的惩罚管理相关研究相对较少。宋红亮在《管理中惩罚的规律及应用》中，提道："惩罚是一种有效的管理手段，惩罚的目的在于向人们宣传错误行为的危害，从而使人们不再重复那种错误行为[4]。"心理学认为，当具有减弱行为倾向效果时就是惩罚。行为科学认为，在消极行为发生后，给予某些令人不喜欢的对待，或取消某些为人所喜欢的东西，从而减少或消除消极行为，就叫作惩罚[5]。著名管理家哈罗德·孔茨所说："害怕失去职务、失去收入、扣发奖金、降级或其他惩罚——过去式而且继续是有力的激励因素。"[6]惩罚对激励也会起到积极的作用。已有文献表明，对于知识型人才激励管理研究得多，对惩罚管理研究总体偏少。本书试图就相关问题进行一定的分析，以期对理论研究及实践者有所裨益。

2　知识型人才惩罚管理研究意义与综述

2.1　知识型人才惩罚管理在企业管理中的意义

现在企业管理中，企业家和管理者往往重视激励的作用，而忽视惩罚作用，实际上，妥善运用惩罚，在知识型人才管理中可起重要作用。首先，有效约束知识型人才行为。惩罚机制如同组织中法律或道德准线一样，谁违反了或超出了这个标准，就要受到惩罚。知识型人才思想比较活跃，创新性强，容易依据自己的主观意思行动，做出不符合组织目标的行为，有了惩罚机制就能明确知道哪些事自己不能做，这样知识型人才依据这个标准，能在范围内更自由发挥自身才能、创造性。其次，对知识型人才心理影响往往大于激励。知识型人才本身自尊心强，如果将其受惩罚的行为向集体员工公布，知识型人才就会担心员工对他的看法，在心理的影响是显著的，惩罚正是从心理上影响达到对行为的改变，这样的影响是物质影响所不能比拟的。最后，对知识型人才的施压作用。知识型人才拥有自己特有知识，在惩罚机制竞争和压力下，更有利于知识型才能发挥，简单的降级等制度就能很有效激励知识型人才不断奋进。

2.2 惩罚机制相关理论

斯金纳认为，正强化，就是奖励那些符合组织目标的行为，以便使这些行为得以进一步加强、重复出现，从而有利于组织目标的实现；是用某种有吸引力的结果对某一行为进行奖励和肯定，以期在类似条件下重复出现这一行为。惩罚，就是惩罚那些不符合组织目标的行为，以便使这些行为削弱，甚至消失，从而保证组织目标的实现；是预先告知某种不合要求的行为和不良绩效可能引起的后果，从而减少和削弱不希望出现的行为[7]。俞文钊认为，"惩罚作为一种惩罚，也有积极的激励作用，只是所用方式与手段不同而已"[8]。章志光认为，"他们也会以自我惩罚的方式来给自己以惩罚，如做错事或考试失败后主动放弃应该得到的东西或罚自己去做平常不愿意做的辛苦劳动等"[9]。朱智贤在解释强化概念时认为，排除能增强反应频率的刺激物称为惩罚物，如对有机体有伤害性的噪声、强光、电击等[10]。乐国安认为，惩罚的目的也是增加行为出现的可能性，它是通过预先告知员工某些不符合的行为或绩效可能带来的不利后果，来促使其按照要求行事，以便减少或者消除某种不愉快的情境，从而使改变后的行为再现和增加。惩罚是减少不良行为出现的方法[11]。张德认为，"惩罚是一种惩罚、负激励，是对非期望行为的一种惩罚，即剥夺其一部分物质的和精神的利益"[12]。谭融认为，"当工作人员的工作行为不佳，甚至在工作中违反组织规章时，组织系统便应及时采取相应的惩罚措施，以抑制和消除此种行为"[13]。惩罚也可以被解释为解脱，如果一个行为的结果由移走不愉快的事情构成，该行为以后就被增加了，那么就牵涉到惩罚[14]。以上是国内外学者对惩罚机制研究，从不同角度分析的惩罚机制。

3　知识型人才惩罚管理研究思路

3.1　知识型人才惩罚机制研究思路

惩罚机制是组织领导者建立的一个机制，这个机制可以通过增加强化物或减少强化物，使知识型人才不符合组织目标的行为减少或者组织需要的行为增加。员工在社会实践中总会因为主客观的原因，使自己的行为背离或偏差于组织目标。实行惩罚机制，促使员工改弦更张，不重蹈覆辙；心理学家研究表明，一定程度的惧怕和焦虑是人的内驱力的一个源泉，它可以增强人们的反应强度和导致内驱力的提高。惩罚机制还能起到警诫本人，教育其他人，对整个系统成员起到制约的作用。本章对知识型人才惩罚机制的研究见图1。通过对惩罚机制相关理论分析，解读惩罚机制作用原理；在惩罚机制相关理论分析基础上，提出惩罚机制在知识型人才管理中的意义；再提出知识型人才惩罚机制作用原理；分析惩罚机制在知识性员工中运用时存在的主要问题；提出惩罚机制的运用原则。

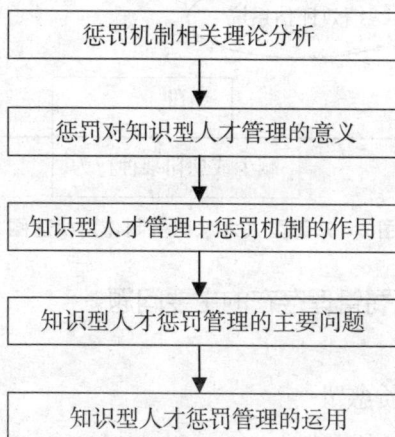

```
┌─────────────────────────┐
│    惩罚机制相关理论分析      │
└─────────────────────────┘
            ↓
┌─────────────────────────┐
│   惩罚对知识型人才管理的意义  │
└─────────────────────────┘
            ↓
┌─────────────────────────┐
│ 知识型人才管理中惩罚机制的作用│
└─────────────────────────┘
            ↓
┌─────────────────────────┐
│ 知识型人才惩罚管理的主要问题  │
└─────────────────────────┘
            ↓
┌─────────────────────────┐
│   知识型人才惩罚管理的运用    │
└─────────────────────────┘
```

图 1　知识型人才惩罚机制研究思路

3.2　知识型人才惩罚机制作用机理

惩罚机制在知识型人才管理中起到不可忽视的作用。惩罚就是惩罚那些不符合组织目标的行为或者组织需要而没有去做的行为，以便这些组织不需要的行为消失，或组织需要的行为加强，从而保证组织目标实现。例如，当员工犯错误时给予惩罚，是属于直接惩罚。发奖金时，不给予奖金或者少给予奖金时，为了让员工努力工作的行为加强，笔者认为也属于间接惩罚。笔者运用下图2解释惩罚机制对知识型人才管理作用的过程。可能由于经验不足或其他方面，导致员工个人不符合组织目标的行为或者组织需要的某种行为出现，被绩效考核系统考核出来，组织在组织管理系统内采取措施进行惩罚等，让知识型人才不符合组织目标的行为减弱或者组织需要某种行为加强，最后达到满足组织整体目标的需要。

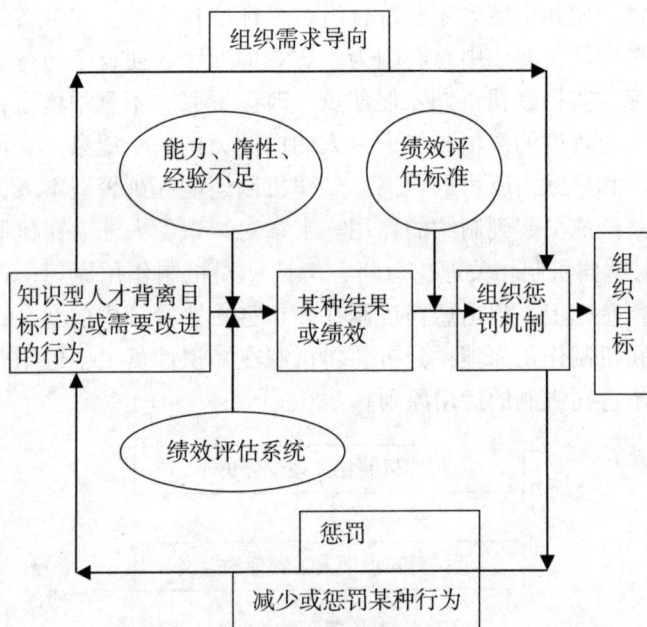

图2　知识型人才惩罚机制作用机理图

4　知识型人才惩罚管理存在的主要问题

4.1　过分重视物质惩罚

知识型人才表现出不合组织目标的行为，组织总是以钱和物等为主的强化惩罚方式，作为对不符合行为的警告、提醒，而忽略使用对知识型人才的精神惩罚。知识型人才自身的特殊性，对物质上惩罚作用可能还不如领导者一句话，如"我对你很失望""太让我失望了"等对知识型人才起到的惩罚作用大；领导对知识型人才肯定时，其激励效果一般也会远远大于对知识型人才的物质等的激励效果；所以笔者提出，针对知识型人才需求特点，惩罚机制应该重视精神上惩罚，减少物质上强化，例如职称升降、职位升降、处分警告等，而不只在罚款、减薪等物质性惩罚。

4.2　过分重视结果

惩罚机制的惩罚不是为了惩罚而惩罚，是为了纠正知识型人才不符合组织目标的行为，起到教育改正作用；如果组织运用惩罚机制只注重结果，最终也可能导致知识型人才短视行为、急功近利、立竿见影、缺少长远打算、为达到目的不择手段等不良后果；惩罚机制只是注重结果，只是简单惩罚措施，很难起到强化作用，只是让员工感受到了消极的情感体验，这样往往不但不能弱化知识型人才不符合组织目标的行为，反而可能增加组织领导者的惩罚行为，形成越惩罚越无效，越无效越惩罚的恶性循环。

4.3　缺乏重点惩罚

惩罚对象泛泛，没抓住重点对象进行惩罚。江立成在《浅析惩罚在管理中的作用》中提到，受到惩罚的也总是少数；对于只是一般实现组织目标的人，则不能予以惩罚，因为"罚不加无罪"；如果对这类人员要进行惩罚，就会产生极严重的后果，"罚妄加则直士恨"的经验教训不可不记[15]。惩罚对象范围要有重点，不能不分情况惩罚为实现组织目标行为。如果惩罚内容范围太过广泛，没有重点，易造成组织制定机制时，往往过于宽泛，生怕什么给漏了，这样却给知识型人才感觉组织中好像什么都不可以做，什么都是禁区，这样将会导致知识型人才束手束脚，不能在组织中很好发挥自己的才能，为组织目标做贡献。组织应该明确惩罚机制的核心思想，制定出机制惩罚重点，让员工明白组织提倡什么、反对什么，设置一个范围，让知识型人才在框架内发挥自己的才能。所以运用惩罚机制应该具体细化，具体分解到每种行为相对应的对策，每种行为都有针对化的惩罚策略，而不是泛泛而罚，没有体现出重点。如果这样不仅起不到相应效果，有时可能是反作用。

4.4　忽视行为惩罚

运用惩罚机制时，强化对象应该对事、对行为，而不是针对个人本身；惩罚的目的是帮助行为的主体端正认识，转变态度，纠正偏离组织目标的行为。所以，在执行强化惩罚时，需要指出的是受罚者的行为错误何在，对社会、组织或其他人的危害是什么；而不是也不应该对行为的主体（知识型人才）进行人身攻击、人格侮辱或剥夺行为主体应该享受的一切权利等。只有当强化惩罚的执行者和受罚者双方都把惩罚看作是对行为的反应、目的统一为了更好改进时，才能让双方的感情想法相互理解，才能真正起到帮助其改正不符合组织目标的行为。

4.5 忽视惩罚程度

组织领导还容易犯的一个错误是，只是简单地把惩罚机制看作一种形式，运用时带着一种做做样子就行的心理，而不是把重点放在惩罚行为上，或者惩罚程度的把握上。这样将让机制效果作用大大减低，长久下来对知识型人才心理形成对惩罚机制的形式化印象，从而鄙视或者不屑惩罚机制。此外，组织领导还容易轻视惩罚程度的把握。组织领导者往往只是在意惩罚方式或者其他。而众所周知，惩罚程度重了会带来不好的负面效果；惩罚轻了又可能减少惩罚机制的作用。所以组织领导者有效把握惩罚机制的程度是很重要的。

4.6 缺乏公正性

惩罚机制自身存在一些不足，致使组织中使用不当，不仅起不到组织需要的效果，而且还会造成不良的后果。如果执行者的行为不仅不能为组织所接受认可，反而可能被组织所推翻，采用惩罚就不仅不会产生好的收益，而且还会影响组织的情绪；会引起员工心理上的不满、反感，情绪上的消极，行为上的抵抗，阻碍组织产生最佳效益。很多组织领导者往往会碍于与下属的关系，减少惩罚或者不惩罚等；这样缺乏公正性的惩罚机制不仅可能没有效果，而且可能将产生很大负面作用。基于知识型员工强烈比较心理，将会让部分受惩罚的知识型人才心理不平衡，导致人员流失或者表现更不佳等。

5 知识型人才惩罚管理的建议

知识型人才拥有其独特性，在组织中有着举足轻重的重要性，对组织发展起着关键性作用，而且惩罚机制运用有一定负面作用；这些特点更要求企业运用时注意相关存在问题；笔者认为运用惩罚机制时，管理者应根据知识型人才特点，采取如下措施。

5.1 适当运用情感惩罚

情感管理，主要针对惩罚机制运用存在误区重物质、轻精神提出的。知识型人才与非知识型人才存在较大的差异，他们可能会更关心精神上的强化作用。所以需要组织运用惩罚机制时，应该更注重精神上的惩罚作用，在领导上讲究艺术性，有效从物质上的惩罚引导到精神层面上，让知识型人才在精神上受到刺激惩罚，来达到有效强化知识型人才的目的。而不只是对不符合组织目标行为的知识型人才进行简单物质惩罚，让他们只关注物质层面上的东西，没有做精神和思想上引导，这样会让惩罚机制效应大大减少。领导者在知识型人才犯错误时，还应学会变惩罚为激励，运用惩罚的手段达到激励和奖励的目的，这样甚至可以达到单纯奖励所不能达到的目的。这就是惩罚的艺术性、情感化管理，让知识型人才在接受惩罚时怀着感激之情，进而达到正强化激励的目的，而不单单是规范和约束。运用好惩罚机制，能有效减轻负面效应，让惩罚能起到正强化等没法起到的激励和强化效果。

5.2　加强惩罚过程管理

惩罚机制不应该只是看重结果，要看重它对知识型人才影响的过程。组织的规章制度，必须发挥管理制度的机制约束作用；通过对知识型人才的约束和制约，让组织共同认可的"法"走在管理活动的前列；不搞特殊化，不做特例，让员工和知识型人才等都学习了解这规章制度；规章制度里含有许多惩罚约束条件，事前教育是必要的，特别是知识型人才，他们思想活跃，创造力、创新力强，对组织各方面要求高，容易越过组织的规章制度，所以提前给予规章制度，组织文化学习教育是必要的；也用组织的基本规章制度对知识型人才给予警示作用；但是在这边必须声明，这里规章制度应该是组织中最基本的规章制度、是底线，因为笔者认为规章制度的制定应遵循制度化、稳定化，起到自我施压作用；这样才能有效起到惩罚作用，不规范化、不稳定、限制条件太多都容易破坏知识型人才积极性、创造性等，不利于组织生存和发展。

5.3　注意惩罚内容的针对性

根据马斯洛需求层次理论，人有五个需求层次，应该根据每个人现阶段不同需求、针对所需求内容进行惩罚，起到惩罚效果才会明显可见。对知识型人才来说，知识型人才自我实现已经成为一个不可忽视的需求，但是不同岗位上、不同级别上的知识型人才需求可能也存在差异，惩罚的执行必须有针对性，有的放矢，有效地让惩罚机制和每个知识型人才结合，达到惩罚有效果、错误能改正、一针见效等。特别指出，惩罚归根到底是为了让知识型人才能有效改进不符合组织目标的行为；让知识型人才能有所成长提高，是一个学习成长的过程；组织中使用惩罚不可偏离这个最根本的目的。为了惩罚而惩罚，没有或者没有及时了解知识型人才改进情况，则会让受惩罚者曲解组织制度，或者认为组织对他存在偏见等，没能很好地改正错误。

5.4　加强惩罚沟通管理

组织运用惩罚机制时，做好有效沟通能减少误解。有效的惩罚沟通可以达到：一方面及时化解矛盾。知识型人才有高自尊、轻权威等特点，对领导者、管理者等权力不畏惧，自尊心又强，受到批评惩罚时更容易奋起反抗，所以及时有效沟通能很好减轻知识型人才内心的不满，使知识型人才明白惩罚是什么原因造成的，它们的依据是什么；假如他的错误是可以理解的原因，但为严肃企业规章制度不得不给予处罚；使知识型人才理解组织，心悦诚服；甚至只要条件恰当，知识型人才不但不会逃避责任，相反会主动承担责任[16]。另一方面讲究方法技巧。要结合每个知识型人才自身特点，选择能让他们接受的惩罚方式，就能有效变惩罚为正强化，让员工怀有感激之情接受强化。

5.5　把握惩罚的合理程度

现代管理理论和实践表明，在员工强化中，惩罚不当可能给员工造成工作不安定感，同时还可能会造成员工与上司关系紧张、同事间关系复杂、有时甚至会破坏企业的凝聚力。机制实施不可过于严厉，也不可过于松懈，应该把握好一定尺度、力度。过于严厉，惩罚措施容易伤害知识型人才的感情，使知识型人才处于不安状态，不敢越雷池半步，禁锢知识型人才思想，这样容易影响知识型人才创新能力和积极性；如果惩罚措施太轻了，易造成知识型人才不放眼里，不担心机制约束，处罚与不处罚差不多，不痛不痒，起不到强化效果，达不到预期目的。因此，惩罚一定要把握程度。

5.6　注意惩罚公平公开

知识型人才更注重比较，所以必须确保惩罚机制实施的公平性；管理者稍有不公平，知识型人才就会觉察到，引起议论和抵触情绪。管理者不能因为个人偏见或者特殊理由给予任何人宽容、特权，才能保证强化机制有力实施，否则之前建立起来的机制就会功亏一篑。公开性对惩罚机制也是必不可少的。许多组织中的管理者认为惩罚公开对被惩罚者是一种不好影响，对知识型人才心理人格等造成不利影响。事实上，惩罚作用不仅仅是对犯错的个人，间接对整个群体和组织所有成员都有连带影响；惩罚没有公开化，将使其失去影响作用，难以起到惩罚作用。未公开惩罚知识型人才，也会使惩罚作用大大减低了。受到惩罚的知识型人才会存侥幸心理，不能受到组织内舆论的压力，改进效果也就降低了。

6 本章小结

本书通过基于知识型人才特殊性基础上，分析惩罚机制原理的基本内容，提出了知识型人才惩罚机制，提出了惩罚机制在知识型人才管理中的意义，提出了惩罚机制在知识型人才管理中的运用原则，提出了惩罚机制在知识型人才管理中的一般性措施，从而实现知识型人才有效管理。在知识型人才管理中，面临着知识型人才流动管理，知识型人才强化管理，知识型人才交易管理，知识型人才冲突管理等问题，本书只是简单解释强化机制中惩罚机制对知识型人才的运用。

【复习题】

（1）比较惩罚与激励的作用。

（2）试析知识型人才惩罚管理存在的主要问题。

（3）试析知识型人才惩罚管理的建议。

【思考题】

试析激励与惩罚在管理知识型人才的作用过程。

【案例分析】

华为重启末位淘汰：不能把员工培养成贪得无厌的群众*

李宁（原《华为人》报主编）

为什么任正非多来年一直坚定不移地强调末位淘汰制度，裁掉那些不努力工作的员工或不胜任工作的员工？就是为了激活整个组织，消除"沉淀层"，让一个大公司始终保持着小公司的活力。

哪些人是属于不努力、不能胜任工作、被淘汰的对象？被淘汰的人会不会与公司发生冲突，他们能心甘情愿地离职吗？

在管理界，一直流传一个"不拉马的士兵"的故事：

一位年轻有为的炮兵军官上任伊始，到下属部队视察其操练情况。他在几个部队发现相同的情况：在部队队伍的操练中，总有一个士兵自始至终站

---

* 引自 http://finance.ifeng.com/a/20171213/15866197_0.shtml。

在大炮的炮管下面，纹丝不动，什么也不做。军官不解，究其原因，得到的答案是：《操练条例》就是这样要求的。军官回去反复查阅军事文献，终于发现，长期以来，炮兵的操练条例仍因循非机械化时代的规则。站在炮管下的士兵任务是负责拉住马的缰绳（在那个时代，大炮是由马车运载到前线的），以便在大炮发射后调整由于后坐力产生的距离偏差，减少再次瞄准所需要的时间。现在大炮的自动化和机械化水平很高，已经不再需要这样一个角色了，但《操练条例》没有及时调整，因此才出现了"不拉马的士兵"。军官的发现使他获得国防部的嘉奖。在企业里，如果有"不拉马的士兵"，那就是被末位淘汰的对象了。

还有一种如南非好望角的蜜蜂，也是企业末位淘汰的对象。这种蜜蜂，靠寄生来生活，它从不工作，只会吃现成的蜂蜜，凭着自己的卵具有的伪装功能，混在其他蜂种的卵中，不被发现而寄生。它让其他工蜂傻乎乎地抚育着。几个月后，这种蜜蜂的后代会发展到数倍。由于它们只会消耗花蜜，而从不工作，整个蜂巢就会崩溃。而崩溃之时，也是它们隐身而退，去寻找下一个目标的时候。

一个组织在长期运作中，如果有这种"不拉马的士兵"，有这样"好望角的蜜蜂"，自己不工作，滥竽充数，浑水摸鱼，总处于安逸状态，长期无压力，人的动力就会潜移默化地衰竭；就会贪图享乐，使整个团队失去战斗力。一个战斗力不强的队伍，其必然的结果就是失败、灭亡。而"不拉马的士兵"与不采蜜的蜜蜂，还会因闲着无事而越发懒惰、落后、消极，散布牢骚怪话；如果没有处罚措施，那么，它们就会像慢性传染病一样，扩散繁殖，让整个组织肌体慢慢坏死，破坏组织气氛。企业要是容纳这种人太多，组织的积极性就会大大挫伤，团队就会士气低落。只有淘汰"不拉马的士兵"、不采蜜的蜜蜂，企业才能高效快速发展。

如何在市场低潮期间培育出一支强劲的队伍来，这是市场系统一个很大的命题。要强化绩效考核管理，实行末位淘汰，裁掉后进员工，激活整个队伍。

我们贯彻末位淘汰制，只裁掉落后的人，裁掉那些不努力工作的员工或不胜任工作的员工。我们没有大的结构性裁员的计划，我们的财务状况也没到这一步。和竞争对手比起来，我们的现金流还是比较好的，可以支持我们在冬天的竞争。

实行末位淘汰走掉一些落后的员工也是有利于保护优秀的员工，我们要激活整个组织。大家都说美国的将军很年轻，其实了解西点的军官培训体系和军衔的晋升制度就会知道，通往将军之路，就是艰难困苦之路，西点军校就是坚定不移地贯彻末位淘汰制度。

有人问，末位淘汰制实行到什么时候为止？借用 GE 的一句话来说是，末位淘汰是永不停止的，只有淘汰不优秀的员工，才能把整个组织激活。GE 活了 100 多年的长寿秘诀就是"活力曲线"，活力曲线其实就是一条强制淘汰曲线，用韦尔奇的话讲，活力曲线能够使一个大公司时刻保持着小公司的活力。GE 活到今天得益于这个方法，我们公司在这个问题上也不是一个三五年的短期行为。但我们也不会急于草草率率对人评价不负责任，这个事要耐着性子做。

——任正非 2002 年 6 月在研发委员会会议、市场三季度例会上的讲话《认识驾驭客观规律，发挥核心团队的作用，不断提高人均效益，共同努力度过困难》

我们也不能把员工培养成贪得无厌的群众，要向员工的太平意识宣战。我们有员工提出为什么不建华为大厦让大家免费居住，为什么不实行食堂吃饭不要钱，等等，这都反映了员工的太平意识，这种太平意识必须长期受到打击，否则公司就会开始迈向没落。现在公司的自动降薪就是用演习的方式进行打击。

——任正非《华为的红旗到底能打多久》

坚持在绩效考核基础上稳妥地推行末位淘汰制，消除冗员，提高人均效率。

——任正非《关于 2003 年经营及预算目标完成情况向董事会的述职》

末位淘汰，它一方面可以使绝大部分员工自身产生一种无形的压力和巨大的动力，保持组织的活力，使每个人时刻保持危机意识、干劲、冲劲和战斗力；另一方面，对落后、懒惰、绩效一直非常差者的淘汰，也是对优秀人员的一种激励，淘汰落后员工也就是保护优秀员工，否则就是对优秀员工的一种打击。任正非要求在公司内，坚持在绩效考核基础上稳妥地推行末位淘汰制，消除冗员，提高人均效率。

如何把人激活，提高绩效，使人力资本增值，是任正非始终关注的事情，特别是在 IT 的冬天到来的时候。

华为从 1996 年开始提出末位淘汰这个概念，当时华为的考核分为六个等级，A、B、C、D、E、F；由于操作起来较复杂，后来华为的考核标准简单地分为 A、B、C、D 四个等级，A 表示"优秀"，占比 10%；B 为"良好"，占比 40%；C 为"正常"，占比 45%；D 为"须改进"，占比 5%。考核成绩连续为 D，就意味着将有可能被末位淘汰，考核成绩连续 3 个 C，就意味着不能涨工资。

华为从 1999 年开始真正实行末位淘汰制，但还不是完全意义上的淘汰，而是一种"下岗培训"，即让不适应岗位的员工"下岗"，回公司总部生产部门培训后，可去新岗位应聘，应聘成功后可转入新的岗位工作。也就是在真正的淘汰之前，再给对方一次上岗机会，如果你能在新的岗位上踏踏实实地做出成绩，做出贡献，公司还会给你机会，公司有曾经"下岗培训"后再应聘上岗的许多员工，甚至有机会再提拔为干部的，如湖北武汉办事处曾有几位"下岗培训"后重新上岗，努力工作后被提拔为基层干部的骨干员工。

虽然公司已明确要坚定不移地坚持末位淘汰制度，但是执行起来都比较柔性，如员工不合格，属于需要淘汰的对象，公司还有内部劳动力市场，也即公司内部各部门的人员招聘情况，员工可根据自己情况应聘其他部门和岗位，如果对方接受，就可调动部门岗位，也有主管将打算淘汰的员工安排或调动岗位。对于刚来公司的新员工，刚开始总有个熟悉的过程，所以只要压力能传递到，新员工努力，能够进步，就不会被淘汰。

华为在末位淘汰制度上坚定不移，每年各部门 5% 的比例不会动摇，但任正非却要求主管和干部部门在执行上柔和与包容，要求一定要做好思想工作，这是灰色思想的表现之一。

灰色思想的表现之二，是注意做好工作，让淘汰人员满意地离去，在档案上写得好一点，不留下任何黑点，让他们出去比较容易找到好工作；并告诉那些员工，他们离开华为只是暂时不适合此岗位，并不代表他永远不能适合这个岗位，不适合其他公司或其他岗位，他们以后还要找工作，还要在社会上做人，所以一定要让他们心情平和、心服口服，甚至高高兴兴地离开，将来有一天，他们还想回华为的话，通过考核，也可以再回来，华为的大门始终向他们敞开。

华为为做员工的思想工作，考虑到现在的孩子都是独生子女，没吃过什么苦，心理承受能力比较差，华为每个干部部配备 1~2 名老专家、老教授做员工的思想导师，负责与员工谈心，解决他们的困惑，了解他们的思想问题、工作、生活情况。

其实，真正被淘汰的员工不多，5% 中更多出现的是自己选择离职华为，而不是被华为淘汰的。选择自己离职，一是给自己面子，二是还可以多拿 10 个月的工资。所以不少员工即将被淘汰时，多数会选择自己离职。

华为电气干部部门，因末位淘汰一名员工，遭到这位员工的投诉，公司很重视，还专门在内部网上提出对干部部门相关责任人的批评，认为他们没有做好思想工作，导致离职的员工意见很大。任正非认为，干部部门必须做好每一位离职员工的思想工作，让他们没有任何思想包袱地离开，做到离开华为后仍旧说华为好，工作才算做到了家，而不是一离开华为后就骂华为。

即使在 2001 年冬天寒风阵阵袭来时，华为也没有像西方大公司，包括那些叫喊着"以人为本"的公司那样大量裁员。任正非要求一方面要坚定不移地坚持末位淘汰制度，对不能做出贡献的员工要适当地劝退，另一方面维持正常的新陈代谢，但裁员的比例尽量减少，只占 5%。

华为公司采取的 5% 淘汰制来自西点军校快速培训选拔高级将领的体制。美国西点军校的学员即使全部优秀也要淘汰 5%。

在和平时期，要人才快速成长并提拔到高层岗位上来，必须有一个公平的选拔方式。华为公司这些年来奉行的很多机制，在某些方面吸取了西点军校的长处，也就是只有成为一个优秀者，才能有进一步选拔的机会。它的选拔和使用人才的机制值得我们学习，我们如果论资排辈是不可取的。不要忘了优秀的首要条件是品德，业务只是一个方面。

——任正非 1997 年在第二期项目管理培训班上的讲话

学员毕业时，评定 30% 的尉官工作后，经过再选拔工作也优秀的双优秀者进入校官培训入学考试。同样在两年的校官培训学习期间，仍按 5% 的淘汰率淘汰。毕业时，再选出 30% 优秀学员，在三年校官工作期间跟踪他们的进步，同样双优秀者，进入校官的入学考试。这样，用 15 年的时间就产生了一批将军，所以，苏联和美国的将军很多都是 40 多岁。

——任正非在第二期项目管理培训班上的讲话

2004 年 3 月，联想战略性调整大裁员时，联想一位员工写了一篇感想"公司不是家"的文章，贴在网上，引起企业员工的共鸣与骚动，文章讲述联想以手起刀落的方式处理裁员，让被裁员工"2 小时内必须离开公司"，与其原先倡导的"入模子教育"到亲情文化和人性文化，让员工感觉公司做的与说的完全不一致，这表现出联想在处理方式上的欠缺。总裁杨元庆原本希望通过调整来增强联想人的"狼性""市场攻击性"和"客户导向意识"，提升公司的战斗力，但裁员留下的后遗症和由此蒙上的文化阴影，却是他始料未及的。在 2004 年的联想誓师大会上，董事长柳传志说："我别的都不怕，就怕大家心散了。"

而任正非能做到让离开华为的人基本上没有太大的怨气，虽然他嘴上从不说以员工为本，但他在冬天到来时，宁肯让新招来的员工没事干去接受培训白发工资，也没有大幅裁员，而是将人才储备起来。他相信，IT 冬天的到来，正是改变竞争格局的关键时候。"冬天到了，春天还会远吗？"

在 2003 年的行业冬天，任正非认为一定会冻死非常多的公司，这是历史的规律，不可阻挡，IT 资源的调整唯有通过牺牲一批公司来调整，为此，西方公司开始裁员，包括那些常常喊着"以人为本"的企业。西方公司裁员是一个部门一个部门或是一个片区一个片区地裁员，而任正非是将人才储备起来，让他们接受培训，宁肯让高中层干部的工资降一些，也要留着这些员工，一起熬过几年的困难时期。任正非深信，等待来年 IT 的春天时，让他们去国际市场抢粮食。一年后，西方电信设备商从全球许多市场撤走了，逐步被华为抢过来并占领。

西方公司资本是第一位的，劳动者是第二位的，西方公司的 CEO 是对资本负责任而不是对劳动者负责任，现在大量裁员，只要公司赚钱了，资本保住了，就是留得青山在，不怕没柴烧，将来可以再招兵买马。所以资本在为保住自己的前提下，必然要在其控制的范围内裁减成本，而现在最大的成本就是人的成本。西方公司是以资本为中心的机构，他们开始实施的政策就是在维护资本的利益，也就是说人可以走，但公司不能垮了。

——任正非 2002 年 10 月在战略预备队伍建设思路 & 国内营销组织精简方案汇报会上的讲话《认清形势坚定信心以开放的心胸和高昂的斗志和公司一起渡过难关》

任正非认为企业淘汰员工不是目的，目的是激活组织，调动人的积极性，充分发挥人的潜能，提高人均效益。只要公司长期实行末位淘汰这种激活组织的办法，就可保持企业的危机意识和组织活力，企业就会长期地高速增长，组织得以激活。而不一定要采取 10% 的办法，10% 的比例稍多了些；华为也要适合国情、多一些灰度；所以华为在末位淘汰的数量上采取的比例是 5%。刚好是 GE 的一半。

再一种灰度就是任正非虽然对华为的高层干部要求很严，但对老员工的政策比较宽容。

华为的末位淘汰，另有一个内部精神，即要对多年以上的老员工予以适当保护。任正非认为，不管怎么样，当年华为处于开创期和成长期时，这些人能跟随公司，打下江山；虽然到了公司转型时期，有些员工表现得知识老化，不太能跟上企业的高速发展；对这些人，任正非也不是淘汰，而是采取保护政策；因为这些员工都是公司的忠诚员工，让他们调换岗位做一些力所能及的事，或者找到更适合他们的事，如去审计部门、财务及货款回收部门，特别是信息安全部门做监控工作。

华为的末位淘汰在 2002 年后才开始真正意义上的执行，对末位淘汰动了真格的，包括对长期不在状态的老员工、干部也一样实行末位淘汰，使那些绩效为 D"须改进"的员工产生了一种无形的压力和威慑，也对其他人起到了警醒的作用。

在开展末位淘汰的同时，公司也配合这一举措迫使业务部门进行整合，减少业务重叠造成的资源浪费。减少部门"庙宇""和尚"，过去业务部门由于处于快速发展时期，只考核工作业绩与绩效，不考核人财物等成本，因此，重叠的组织设置，增加了许多无效的协调工作；各部门的工作人员也是多多益善，有时会因为没事做而制造工作，如机关调查表格满天飞，让市场一线人员成天忙于填表格；进行末位淘汰，也迫使部门考虑这一问题，一举两得。通过末位淘汰这个制度，让员工由被动工作转变为主动自觉地工作，由懒散转变为更有干劲与冲劲；不仅将员工激活，也大大提高了绩效，提高了组织活力与战斗力。通过组织整合，庙少了，不挑水的和尚也少了；"不拉马的士兵"和"好望角的蜜蜂"都淘汰掉了；无谓的协调与内耗也减少了。

宽容待人是任正非灰度管理智慧的一大特色，任正非是一个宽容之人，同时他要求干部要学会灰度学会包容来化解与下属之间的矛盾与冲突。

问题 1：如何看待末位淘汰制，企业负强化是否有更好的办法？

问题 2：企业如何对知识型人才实行有效激励与负激励？

参考文献

[1]Peter Drucker. The Effective Executive[M]. China Machine Press,2009.

[2]张向前. 知识型人才内涵分析[J]. 科学学研究,2009(4):504—510(In Chinese).

[3]张向前. 知识型人才及其激励研究[J]. 预测,2005(6):9—13(In Chinese).

[4]宋红亮. 管理中惩罚的规律及应用[J]. HR 经理俱乐部. 2007(09):90—91.

[5]赵振宇. 奖励惩罚激励新解[J]. 决策与信息. 1994(11):27—29.

[6]郜彦. 激励中的有效惩罚[J]. 中外企业文化. 2007(11):19—22.

[7]Burrhus Frederic Skinner. Conditioning and Extinction and their Relation to Drive[J]. Journal of General Psychology,1936(14):296—317.

[8]俞文钊. 管理心理学[M]. 兰州:甘肃人民出版社,1989:204.

[9]章志光. 社会心理学[M]. 北京:人民教育出版社,1996:87.

[10]朱智贤. 心理学人词典[K]. 北京:北京师范大学出版社,1989.

[11]乐国安. 应用社会心理学[M]. 天津:南开大学出版社,2003.

[12]张德. 人力资源开发与管理[M]. 北京:清华大学出版社,2001:238.

[13]谭融. 公共部门人力资源管理[M]. 天津:天津大学出版社,2003:189—190.

[14]刘卫华,吕全国. 负强化与惩罚概念辨析及应用[J]. 教育探索,2006. NO. 9. General,no183,99 – 100General,NO. 183,99—100.

[15]江成立. 浅析惩罚在管理中的作用[J]. 管理现代化,1999(6):37—38.

[16]王化民. 浅谈企业惩罚管理[J]. 煤炭企业管路,2000(8):33—34.

[17]马卸海. 浅析负激励在企业管理中应用[J]. 消费导刊,2008(9):118—119.

第十八章　知识型人才绩效管理研究

【学习目标】
(1) 了解知识型人才绩效
(2) 了解知识型人才绩效影响因素
(3) 了解基于组织承诺的知识型人才绩效管理建议

1　引言

21 世纪是知识经济时代，知识是创造价值的原动力[1]，作为知识的载体——知识型人才的重要性已经显而易见。蒋春燕、赵曙明认为知识型人才具有先进的创造力，企业、地区乃至国家间的竞争已经集中体现在知识型人才的竞争上[2]。知识型人才已经成为经济社会发展的重要推动因素，更是组织获取核心竞争力的关键所在。因此，严鸣和林迎星提出对知识型人才实施有效管理以提升其绩效水平，是组织应当关注的焦点问题[3]。知识型人才崇尚自主工作，富于创造性，传统的管理措施无法真正提高其绩效水平；越来越多的研究证实，组织承诺与员工绩效的提升有重要相关关系。George 和 Jones 认为组织承诺较高的员工在感情上愿意成为组织的一员，相信和维护组织，按组织的目标行事，对组织的贡献更大[4]。Cuyper 和 Witte 认为组织承诺比较强的员工能减少缺勤和离职率，增加组织产出[5]。Khan 等研究发现高组织承诺的员工比其他员工更倾向于工作，他们在工作中能获得更多的满足感，更愿意尽力去实现组织目标，因此，组织承诺促进员工绩效[6]，得出类似结论的还有 Chen 和 Francesco[7]，Mowday、Steers 和 Porter[8]。戚振江和朱纪平认为组织承诺对员工绩效有较好的预测能力，是具有高水平组织承诺的员工队伍组织保持竞争优势的关键因素，提高员工的组织承诺对提升其绩效和组织竞争力具有重要作用[9]。目前研究者大多从组织承诺的视角对员工绩效进行分析，较少专门对知识型人才绩效进行研究；本书基于组织承诺的视角研究知识型人才绩效，试图探究知识型人才的绩效影响因素及组织承诺对其绩效的作用机制，并据此提出基于组织承诺的知识型人才管理策略，以期对组织管理者有所借鉴和启示。

2 基于组织承诺的知识型人才绩效影响因素

2.1 个人因素

2.1.1 工作动机

工作动机是指工作中影响激发一系列与工作绩效有关的行为并决定行为的强度、导向和持续程度的内外在力量的心理状态，它是行为的原动力。动机源自需求，知识型人才的工作动机包括内在动机和外在动机，内在动机主要是源于满足尊重、认可和实现自我等心理需求，它驱使知识型人才自发、积极工作，促使组织承诺中的感情承诺提升；外在动机源自实现生存、获取物质报酬和改善生活状况等需要，它迫使知识型人才为外在需要而工作，与感情承诺中的继续承诺联系紧密。外在动机稳定性差，当知识型人才的生活状况满足其需要时，其激励效果就会减弱，工作绩效随之降低；内在动机稳定性强，激励作用持久，较少受到外界因素干扰。只有当知识型人才的职业价值观达到自我实现和发展所在组织的高度，具有强烈的内在工作动机，组织承诺提高，其潜能才能得以充分发挥，这也是其工作绩效提升的最根本动力。

2.1.2 工作能力

工作能力是指知识型人才运用自身习得的知识和技能解决工作问题的能力。知识型人才主要从事创造性工作，与一般重复性、机械性工作不同，创造性工作要求知识型人才面对大量信息、数据和复杂情况时能够迅速做出判断，找出问题的症结所在，并能运用掌握的知识和技能攻克难关，为组织发展清除障碍。由此可见，知识型人才仅仅拥有大量的知识和一腔工作热情是不够的，必须具有对问题深刻的理解能力、判断能力和创新能力，才能将知识和技能转化为有价值的产出，提高工作绩效。Ho，L. - A. 提出员工的学习能力和工作能力对工作绩效有正向影响作用[10]。知识型人才的工作能力在一定程度上是其自我价值的体现，Kuvaas 认为员工的工作能力受到组织肯定有助于提升其组织承诺之感情承诺[11]。值得注意的是，知识型人才的工作能力得以充分发挥的前提是其能力与组织的工作岗位相匹配，使其能力得到施展，提升其组织承诺，如果把有能力的人放在与其能力不相符的岗位上，只能适得其反，难以有亮丽的工作绩效表现。

2.2　组织因素

2.2.1　组织支持

知识型人才对工作自主性要求较高，需要组织支持。知识型人才大多受过系统的高等教育或者专业培训，有自己独特的价值观，趋向于在自主的环境中工作，不愿受制于规则的条条框框，更不愿任由领导摆布，注重工作中自我导向。吴维库、关鑫和胡伟科认为组织领导关注到员工的工作需求，并积极地做出回应，会让员工感受到组织的支持和重视，增加其感情承诺[12]。组织应为知识型人才设定工作目标后赋予其自主权，使其能按自己认为最佳的方式工作，在自由、宽松的环境进行思考和创造，同时，为其提供工作所必需的资金支持、信息资源及人员调配，保证其工作顺利进行。组织能否保证知识型人才享有自主工作的权利及提供必要的支持关系到知识型人才组织承诺之感情承诺能否得到促进，只有在组织支持其工作自主和资源使用的前提下，其感情承诺得以提升，才能激发其积极性和创造性，心无旁骛地工作，提高工作绩效。

2.2.2　组织氛围

虽然知识型人才大都有独特的想法，追求个性化和自我认同，但是随着科技的进步和社会需求的多样化，创造性工作面临的情境日益复杂，知识型人才并不是全才，单靠个人能力已很难解决各种错综复杂的难题并采取高效的行动，这需要组织成员之间共同合作，建立团队来应对挑战，Jing 等认为合作和支持的组织氛围利于工作任务的实现[13]；另外，知识经济时代，信息充斥着整个世界，知识型人才需要在组织内有一个信息共享的平台，随时了解外界信息及组织内部他人研究进展，以便学习他人的长处，及时调整和改进自己的研究，节省时间和资源。合作和共享的组织氛围为知识型人才的工作提供良好的环境，使其工作愉悦和顺利，既增加其工作意愿，提升其感情承诺，同时也增加其流动的机会损失，促使其继续承诺增加，另外，团队成员相互监督也有助于知识型人才个人规范承诺的增进，益于其工作绩效的提高。

3　基于组织承诺的知识型人才绩效模型

3.1　基于组织承诺的知识型人才绩效模型构建

基于上述分析，基于组织承诺的知识型人才绩效影响因素分为个人因素和组织因素两个方面，知识型人才绩效包括角色内绩效和角色外绩效，知识型人才的绩效影响因素通过组织承诺对其绩效产生影响，本书构建基于组织承诺的知识型人才绩效模型，见图1。知识型人才的个人因素即工作动机和工作能力是其绩效实现的前提，个人没有工作意愿或者工作能力，实现绩效无从谈起；组织因素即组织支持和组织氛围是知识型人才实现其绩效的保证，组织不提供环境和支持，知识型人才就没有施展能力的平台和途径，其绩效难以实现。无论是个人因素还是组织因素都通过组织承诺作用于工作绩效，为达到更好的绩效，组织应致力于提高知识型人才的感情承诺或规范承诺，同时降低继续承诺，因为感情承诺使知识型人才自愿为组织奉献，对角色内绩效和角色外绩效均有明显影响；规范承诺使知识型人才按照义务和规则行事，虽然影响效果不如感情承诺，但持较高规范承诺的知识型人才的绩效一般也有良好表现；继续承诺使知识型人才在避免损失心理的影响下，大量减少角色外绩效行为，导致整体绩效下降。

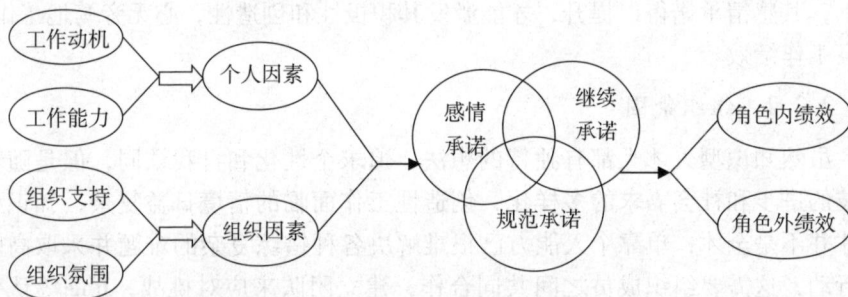

图1　基于组织承诺的知识型人才绩效模型

3.2　组织承诺各维度对工作绩效的影响

Meyer等人认为组织承诺的不同维度对员工的行为产生不同的影响，感情承诺和规范承诺对工作绩效产生正向影响，其中规范承诺的影响强度低于感情承诺，而持续承诺对工作绩效没有明显影响甚至呈负向影响[14]。Meyer和Herscovitch认为单纯从组织承诺的各个维度来讲，最有可能产生对工作绩效正向影响行为的首先是感情承诺，其次是规范承诺，最后是继续承诺，因为基于感情愿望的员工比基于义务和避免损失的员工更愿意为组织的目标和利益考虑，更愿意付出和积极地作为，产生较好的工作绩效[15]。Van Scotter指出感情承诺对角色外绩效的影响大于对角色内绩效的影响[16]。对于角色外绩效行为，继续承诺维度是最无益的，因为基于避免损失的心理，员工只做尽量少作为，只求满足最低限度的工作要求。韩翼研究发现感情承诺对角色绩效和角色外绩效影响均比较明显，表明对组织有感情的员工的使命感比较强，追求角色绩效的同时也追求创造角色绩效的环境[17]。Chen 和 Francesco 认为规范承诺对角色绩效和角色外绩效均无明显影响，因为规范承诺比较高的员工更倾向于做好自己的工作，按自己的原则行事，而不是取决于自己对组织的喜好和感情。总之，大多研究者在分析组织承诺和工作绩效之间的关系后认为，组织承诺整体上对工作绩效产生正向影响，高水平的组织承诺往往跟高水平的工作绩效相联系[18]。

3.3 组织承诺维度交互作用对工作绩效的影响

组织承诺各维度对工作绩效有不同影响，而且组织承诺对工作绩效的影响并不仅仅以单一维度的形式存在，有时可能两种或三种维度同时作用于工作绩效。Meyer 和 Herscovitch 提出当员工的高感情承诺伴随着高规范承诺或者高继续承诺时，员工做出利于角色内绩效提高的行为比仅有高感情承诺的影响会更少，因为义务感或者避免损失的思想会降低员工积极心理的正面作用[19]。但是，当员工的感情承诺较高时，无论伴随何种程度的继续承诺或者规范承诺，其角色内绩效都比仅有规范承诺或者仅有继续承诺的影响高；当员工的感情承诺较低时，高规范承诺对角色内绩效的影响要高于继续承诺的影响或者高规范承诺和高继续承诺的交互影响。Wasti 认为当员工的感情承诺高或者规范承诺高，同时继续承诺低的时候，角色内绩效和角色外绩效行为都容易增加[20]。韩翼认为感情承诺和继续承诺交互发生作用对角色外绩效影响明显增加，继续承诺调节感情承诺或规范承诺与角色外绩效之间的关系，继续承诺会降低感情承诺或规范承诺对角色外绩效行为的影响。Chen 和 Francesco 认为规范承诺调节感情承诺对绩效的影响，当员工的规范承诺较高时，员工更多时候是按个体原则行事，会冲淡感情承诺对绩效的影响，当员工的规范承诺较低时，感情承诺对绩效的影响就明显增强。

4 基于组织承诺的知识型人才绩效管理建议

4.1 实施激励措施激发工作动机

知识型人才往往对自己的期望比较高，实现自我价值的愿望强烈，凡事努力做到最好。针对知识型人才这一特点，组织应提供条件使其工作动机最大可能地得到激发，提高其感情承诺，增加工作绩效。激发知识型人才的工作动机主要从两方面进行：第一，外在激励，主要指构建合理的薪酬体系。

薪酬是满足知识型人才生存的根本保障，是其工作的原始动因，因其持有知识的先进性和创造性，组织必须根据其能力给予合理的薪酬。第二，内在激励，主要指对知识型人才实现自我的激励。在知识型人才满足物质需要之后，外在激励的作用逐渐减弱，组织应给予成就激励，引导其追求实现自我价值。成就激励主要有两种，一种是工作便利激励，组织对成绩突出的知识型人才赋予各种工作便利，如工作专用车、招待费以及通信费等，提供这些工作便利象征知识型人才的身份和级别，是一种重要的激励手段；另一种是荣誉激励，组织通过表扬、嘉奖以及授予"组织标兵"等荣誉称号对知识型人才荣誉激励。知识型人才有强烈的社会责任心，很重视荣誉感，成为组织的标杆性、榜样性人物能给予他们莫大的成就感。

4.2　提供学习和培训机会提高工作能力

前文分析表明，知识型人才的工作能力是实现其绩效的前提，没有工作能力，实现绩效就无从谈起。结合知识型人才有强烈的个人成长需要的特点，同时，组织的发展也依赖知识型人才的成长，组织应重视其个人发展，为其成长提供学习和培训的机会，提升其感情承诺。一方面，组织要充分掌握为知识型人才的个人发展需求和方向，为其提供组织外部的培训、进修的机会，使培训与其个人发展相联系；制订个性化和系统化的培训计划，使之在工作中能有不断接受再教育和提升自身技能的机会；适应知识经济时代知识更新速度加快的趋势，具备终身竞争能力。另一方面，组织应了解知识型人才个人发展意愿，在组织内部给予其一定的学习和培训机会，如通过"师带徒"形式、组织内轮岗或者代理某职务的方式使其接受更广泛、更具体的工作实践，提升其工作能力；同时，使其个人发展和企业发展相协调，为其合理的上升要求提供发展空间；使其清晰地了解自己在组织的前途和组织的发展前景，与组织共同成长，增强其组织承诺，提升其工作绩效。

4.3　充分授权以提供组织支持

基于前文分析，知识型人才大多受过系统的高等教育或者专业培训，有自己独特的价值观，趋向于在自主的环境中工作；不愿受制于规则的条条框框，更不愿任由领导摆布；注重工作中自我导向，有高度自主的特点。组织应满足知识型人才高度自主的需要，根据组织任务充分授权，使其免于烦琐的规章制度的束缚；自由地进行思维性、创造性工作，提高其组织承诺，提升工作绩效。对知识型人才来说，通过履行组织授予的权责，可以提升主观能动性、提升技能、充分发挥潜能；对组织来说，放手让知识型人才独立工作，管理任务，并不等于放任自由；要做好授权监控，防止失控，妥善处理越权问题；同时为知识型人才提供工作必需的资金支持、信息资源及人员调配，保证其工作顺利进行。只有真正实现有效的授权，提供必要的支持，才能最大限度地激发知识型人才的工作热情；充分调动其工作积极性和创造性，充分发挥其聪明才智，全身心地投入所负责的工作任务中；使个人发展、自我实现和组织发展融合在一起；提高其组织承诺，全面提高工作绩效。

4.4 创建合作和共享的组织氛围

如前文所述，随着科技的进步和社会需求的多样化，知识型人才的创造性工作需要组织成员之间共同合作完成，同时，信息和知识共享也越来越成为趋势，创建团队无疑是最佳途径。团队成员围绕团队目标，不强调上下级观念，每个团队成员都很重要，都能充分发表自己对团队工作的意见和看法，认真听取团队其他成员的观点；经过讨论，吸取别人的优点，修正自己的不足，最终达成共识，共同做出决策。赵立认为组织内成员关注他人、为他人提供帮助，创建企业的道德环境，营造良好的组织氛围，有利于提高员工的积极性和满意感，有助于组织目标的达成[21]。合作和信任促进团队成员间的交流和沟通，利于信息的共享；在团队内部，成员乐于和他人分享知识，向他人学习以及共同学习和探讨新知识、新问题。在学习和探讨的过程中，各种思想和灵感碰撞和交融，不断产生新的想法及新的创造，提高工作效率。在这种合作和共享的氛围下，知识型人才的工作意愿提高，组织承诺增强，各种人才和信息资源得以充分利用，其工作绩效得到显著提高。

5 本章小结

根据管理的"二八原则"，占员工总数20%的知识型人才创造了80%左右的价值，因此，知识型人才的绩效对现代组织的生存和发展至关重要。本书结合知识型人才的自身特征，从组织承诺的角度分析其绩效影响因素，认为其绩效因素主要包括以工作动机和工作能力为主的个人因素以及以组织支持和组织氛围为主的组织因素；研究发现不但组织承诺的不同维度对知识型人才绩效产生不同影响，而且组织承诺的不同维度之间存在交互作用，对知识型人才绩效产生更为复杂的影响；研究根据以上分析构建了基于组织承诺的知识型人才绩效模型，并提出实施激励措施激发工作动机、提供学习和培训机会提高工作能力、充分授权以提供组织支持以及创建合作和共享的组织氛围等途径提高知识型人才绩效。

【复习题】

（1）试析知识型人才绩效。

（2）试析知识型人才绩效影响因素。

（3）试析基于组织承诺的知识型人才绩效管理建议。

【思考题】

如何优化基于组织承诺的知识型人才绩效模型？

【案例分析】

日事日毕、日清日高——海尔 *

张瑞敏借鉴国外先进企业的管理方法，提出了具有海尔特色的 OEC 管理模式，即海尔模式。OEC 管理，是 Overall、Every、Control and Clear 的缩写，即 O—Overall（全方位），E—Everyone（每人）、Everything（每件事）、Everyday（每天）和 C—Control（控制）、Clear（清理）。OEC 管理也可表示为：每天的工作每天完成，每天工作要清理并要每天有所提高，即"日事日毕、日清日高"。

OEC 管理由三个基本框架构成，即目标体系、日清控制体系和有效激励机制。这三个体系形成了一个完整的管理过程：首先由目标体系确立目标，其次由日清体系来保证完成目标的基础工作，日清体系的结果与激励机制挂钩来激励全企业向目标努力。

目标体系将企业的目标层层分解，量化到每人、每天做的每件事，做到人人都管事，事事有人管。每个人都清楚每天要完成的每件工作，再小的事都有明确划分，甚至每一块玻璃、每一个地段，都标有责任者的名字。

"日事日毕、日清日高"体系包括两个方面，即"日事日毕"和"日清日高"。

"日事日毕"，即对当天所发生的种种问题在当天解决，防止问题积累。员工使用的 3E 工作记录卡，用来记录每人每天对每件事的日清过程和结果。每个车间都设有"日清栏"，从中可以一清二楚地看到每天的质量、纪律、工艺、文明生产、设备物耗等情况。质量状况在日清单上每二小时公布一次。

---

* 引自中华考试网，2012 – 04 – 26。

"日清日高"，即对工作中的薄弱环节不断改善，不断提高，每天寻找差距，以求第二天干得更好。在海尔车间里，可以看到在每个班组的工序那里都挂有一块牌子，牌子上写着班组每个员工的名字，名字底下分别贴着一些绿色或黄色或红色的圆标签，这些颜色代表该工位是否处在正常状态下。

当日的工作必须当日完成，同时还要找出差距、问题，提出改进措施。每一个班组都有一块日清日高栏，每天每人的工作数量、问题、表现情况等一目了然，而且与个人的工资收入直接挂钩。工人持有"3E 卡"，每日奖罚数据都能反映出来，工人可以自计日薪。管理人员则每人都建立"日清"台账。

激励机制是日清控制系统正常运转的保证条件。海尔的激励机制坚持两个原则：一是公开、公平、公正原则，通过 3E 卡可明确地计算出日收入状况，使员工心里有数；二是计算依据合理原则，如海尔实行的"点数工资"，就是从多方面对每个岗位进行半年多的测评，并且根据具体条件的变化而不断进行调整，又如"计点工资"，将一线职工工资 100% 的与奖金捆在一起，按点数分配，在此基础上对一、二、三线的每个岗位实行量化考核，从而使劳动与报酬直接挂钩。

在激励的方法上，海尔多采用即时激励的方式，这也体现了"日清"的精神。如在质量管理上利用质量责任价值券，员工人手一本质量价值券手册，手册针对每一个缺陷明确规定了自检、互检、专检三个环节应负的责任价值及每个缺陷应扣多少钱。发现缺陷后，当场撕价值券，由责任人签收。质量券分红、黄两种，红券用于奖励，黄券用于处罚。

实行"三工并存、动态转换"的激励政策，促进员工不断提高。"三工"即优秀员工、合格员工和试用员工（临时工），他们在收入和福利方面各有区别。"三工"之间可以动态转化，根据所做的贡献或所犯的错误，给员工分类，可上可下，这样能时刻激励员工提高能力和素质。

实行合格班组、信得过班组、免检班组、自主管理班组和 SBU 班组的"班组升级"制度。另外，海尔还设立海尔奖、海尔希望杯奖、职工合理化建议奖等多项奖，又采用职工姓名命名小改小革等形式，对职工进行精神激励，激发员工的工作热情。

问题 1：为了保证 OEC 管理成功，海尔采用了什么绩效评价方法来评定雇员的工作绩效？请说明这种绩效评价方法的实施步骤。

问题 2：海尔对人的严格管理虽然可以督促工作有条不紊、持续提高，但过于"精细"的管理会让人丧失主动性、创造性和积极性。请从绩效管理的角度说明 OEC 管理潜在的危害。

参考文献

[1]Mills A M,Smith T A. Knowledge Management and Organizational Performance：a Aecomposed View[J]. Journal of Knowledge Management,2011,15(1):4—21.

[2]蒋春燕,赵曙明.知识型员工流动的特点、原因与对策[J].中国软科学,2001(2):85—88.

[3]严鸣,林迎星.知识型员工绩效影响因素研究回顾与展望[J].外国经济与管理,2006(11):59—65.

[4]George J M,Jones G R. Understanding and Managing Organizational Behavior[M]. California：Addison – Wesley Publishing Company,Inc,1996. 85.

[5]De Cuyper N,De Witte H. The Management Paradox：Self – rated Employability and Organizational Commitment and Performance[J]. Personnel Review,2011,40(2):152—172.

[6]Khan M R,Ziauddin,Jam F A,et al. The Impacts of Organizational Commitment on Employee Job Performance[J]. European Journal of Social Sciences,2010,15(3):292—298.

[7]Chen Z X,Francesco A M. The Relationship Between the Three Components of Commitment and Employee Performance in China[J]. Journal of Vocational Behavior,2003(62):490—510.

[8]Mowday R T,Steers R M,Porter L M. Organizational Linkage：The Psychology of Commitment,Absenteeism and Turnover[M]. San Diego：Academic Press,1982. 51—102.

[9]戚振江,朱纪平.组织承诺理论及其研究新进展[J].浙江大学学报(人文社会科学版),2007,37(6):90—98.

[10]Ho,L. – A. Meditation,Learning,Organizational Innovation and Performance[J]. Industrial Management & Data Systems,2011,111(1):5—19.

[11]Kuvaas B. The Interactive Role of Performance Appraisal Reactions and Regular Feedback[J]. Journal of Managerial Psychology,2011,26(2):94—107.

[12]吴维库,关鑫,胡伟科.领导情绪智力水平与领导绩效关系的实证研究[J].科学学与科学技术管理,2011(8):173—179.

[13]Jing F F,Avery G C,Bergsteiner H. Organizational Climate and Performance in Retail Pharmacies[J]. Leadership & Organization Development Journal,2011,32(3):224—242.

[14]Meyer J P,Paunonen S V,Gellatly L R. Organizational Commitment and Job Performanc：It's the Nature of the Commitment that Counts[J]. Journal of Applied Psycholog,1989,74(1):152—156.

[15][19]Meyer J P,Herscovitch L. Commitment in the Workplace：Towards a General Model[J]. Human Resources Management Review,2001(11):299—326.

[16]Van Scotter J R. Relationships of Task Performance and Contextual Performance with Turnover,Job Satisfaction,and Affective Commitme[J]. Human Resource Management Review,

2000,10(1):79—95.

[17]韩翼.组织承诺对雇员工作绩效的影响研究[J].中南财经政法大学学报,2007(3):53—58.

[18]Keller R T. Job Involvement and Organizational Commitment as Longitudinal Predictors of Job Performance：A Study of Scientists and Engineer[J]. Journal of Applied Psycholog,1997(82):539—545.

[20]Wasti S A. Commitment Profiles：Combinations of Organizational Commitment Forms and Job Outcomes[J]. Journal of Vocational Behavior,2005(67):290—308.

[21]赵立.中小企业组织道德氛围及其对组织绩效的影响:基于浙江等省市的调查与分析[J].浙江社会科学,2011(7):135—144.

第十九章　高级知识型人才战略薪酬体系研究

【学习目标】

(1)　了解高级知识型人才

(2)　了解高级知识型人才薪酬主要模式

(3)　了解高级知识型人才战略薪酬体系设计原则

1　引言

伴随科学技术与生产力不断向前发展的脚步，人类社会小到个人、企业等微观主体，大到社会经济、劳动力结构及思想生活方式，均发生了深刻变化。作为市场主体的现代企业正面临知识经济时代，面对趋于个性化的消费需求、复杂多变的市场环境、逐渐加快的全球一体化进程和企业柔性化生产方式的转变，人成为组织中最活跃的要素，特别是作为重要战略资源的高级知识型人才，毫无争议地成为高效企业持续发展的不竭动力，引起国内外研究者的广泛关注。特别在 1996 年，激励理论创始人詹姆·莫里斯（James A. Mirrlees）获诺贝尔经济学奖后，国内有关高级知识型人才薪酬激励的理论研究热潮初现端倪：刘兵（1999），陈佳贵、黄群慧（2001），张浩然（2003），孟风莲、高景宏（2008）等国内学者从不同角度讨论了股权、声誉、岗位价值等因素对高级知识型人才的激励作用。然而，面对不断变化的组织内外环境，传统人性假设及管理理论已不能完成对高级知识型人才的系统分析，加上高级知识型人才作为新兴领域研究起步较晚，理论界普遍缺乏深入系统的研究，结果使高级知识型人才与近似群体，如知识型人才等混为一谈，没有与我国现实国情相结合，导致提出的薪酬对策缺乏实效。另外，现实中，传统薪酬体系的种种弊端近几年来受到 JaredD. Harris 等诸多学者质疑，这所造成的高级知识型人才流失正使企业蒙受不可估量的损失。综上所述，无论国内还是国外，从战略高度研究高级知识型人才薪酬激励体系有较强的理论价值和实践意义。

2　高级知识型人才定义与内涵

2.1　高级知识型人才的定义

何谓高级知识型人才？对此问题，可谓"仁者见仁，智者见智"。高级知识型人才特殊性在于作为一个相对概念，不同时代、不同社会、不同个体都赋予其独一无二的内涵。高级知识型人才观中国自古就有，古人谓之贤才，荀子提出贤才需是"谏、争、辅、拂之人"，这种人能除"国之大患"，是"社稷之臣，国君之宝"；孙武提出用兵贤才必须具备"智、信、仁、勇、严"的基本素质；朱元璋下诏强调"有司察举贤才，必以德行为本，文艺次之"；明朝高拱则进一步提出"才德兼者上也"。今天看来，囿于历史的局限，部分论断虽有偏颇之处，但无一不闪烁着关于选择贤才的智慧之光[1]。关于定义至今仍没有取得一致认识，并带有一定局限性。

《牛津高阶英语词典》将高级知识型人才（Executive）定义为：在组织中负有对技术、销售、财务、信息等职能重要管理职责，以维持组织运转的群体或个人[2]。现代管理理论之父切斯特·巴纳德在《经理人员的职能》[3]（*The Functions of the Executive*）一书中提出，在一个企业中，高级知识型人才就是作为一个信息相互联系的中心，并对组织中的各个成员的活动进行协调，以便使组织正常运转，实现组织的目标。以上两种定义都侧重于强调高级知识型人才在组织中的核心及纽带作用。薪酬作为高级知识型人才这一稀缺商品价值的度量也成为衡量高级知识型人才的重要标准之一，一般认为高级知识型人才市场是指（最低年薪）：美国 15 万美元，香港特别行政区 12 万美元，中国内地 50 万美元[4]。美国《财富》杂志则认为他们的年薪在 15 万美元到 40 万美元[5]。对于容易被混淆为知识型人才的高级知识型人才概念，学者黎健则明确：高级知识型人才是相对于普通人才而言的，通常是指企业的高层经营管理人员和从事专业技术工作的高级技术人员[6]。而在中国逐步向市场经济过渡的过程中，高级知识型人才标准也经历了历史变迁，"一旦拥有，享用终身"的高学历、高职称光环逐渐淡化，市场真正成为检验人才的一把标尺。近期上海市人才市场相关问卷调查表明，75.9% 的被调查者认为高级知识型人才应该是高技术水平、高管理水平的集中代表，而传统意义上的高学历、高职称不再是当前界定高级知识型人才的主要标准[7]。有学者更在此基础上提出"才先德备"的新型高级知识型人才观。但国内多数机构仍沿用计划经济时期学历、职称本位的陈旧标准。如北京将中高级知识型人才明确定义为：有两年工作经历的大学本科学历者，或者是有中级职称的人员[8]。

　　综上所述，笔者认为，高级知识型人才是居于核心岗位的组织核心，是学历、能力和贡献高度统一的人才。此定义包含以下内涵：第一，高级知识型人才是一个相对概念，它相对于一般性人才而言，而不应把标准唯一化、绝对化。狭义高级知识型人才则指对组织战略、总体目标负有全面责任的高层管理人员。本书中涉及的均为狭义概念。第二，作为企业核心的高级知识型人才除一般人力资源拥有的通常能力外，还应具备以下能力：（1）创新能力。高级知识型人才要适应瞬息万变的社会环境和市场形势，必须具备开拓进取的创新意识和能力[9]。（2）知识更新能力。高级知识型人才必须突破传统学习模式获取新知识技术，加以消化吸收，以适应不断变化的环境。（3）管理和组织能力。管理手段的正确运用能保证组织目标的达成[10]，使组织以更高生产效率或更高质量利用现有资源。（4）专业技术能力。高级知识型人才除脑力劳动者外，还包括位于生产第一线的专业技术人才，没有过硬的技术才能或是只会纸上谈兵的人必然会被市场竞争淘汰。（5）团队协作和人际交往能力。良好的人际关系和团队协作能力能创造事半功倍的效果。第三，高学历、高职称不再成为高级知识型人才衡量的唯一标准，取而代之的是学历、能力和贡献的高度统一。第四，高级知识型人才资格认证应基于"岗＋人"双重甄选，即将所有人员根据图1流程由外至内进行梳理，最终聚焦高级知识型人才。第五，高级知识型人才是一个动态概念，随时代、社会、政治制度、组织和个体发展变化而不断扩充自身内涵。

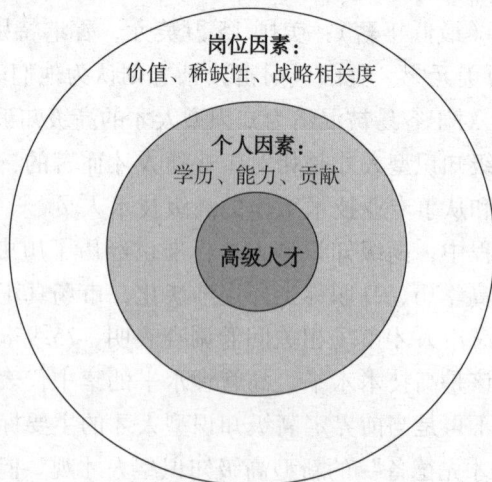

岗位因素：
价值、稀缺性、战略相关度

个人因素：
学历、能力、贡献

高级人才

图1　高级知识型人才资格认证模型

2.2　高级知识型人才个性特性

第一，稀缺性。目前，我国高级知识型人才存量现状仍不容乐观。研究表明，我国有 8 亿人力资源，6075 万人才资源，但只有 158.7 万高级知识型人才，其中能跻身国际前沿，参与国际竞争的高级知识型人才更是稀缺。更加令人忧虑的是，我国还出现了严峻的人才外流问题：到 2006 年年底，我国各类留学人员回国率仅为 25.7%，更侵蚀了我国本不丰厚的高级知识型人才存量资源[11]。

第二，较高的素质。高级知识型人才一般都具有较高的个人素质。不同的高级知识型人才虽然成长于差异化的学习生活及社会政治文化背景，但大多接受过专业系统的教育，具有较高的知识及技术水平，对新知识、新技术强烈的学习能力和领悟能力。值得注意的是，高素质并非绝对意味着高学历，"唯学历"标准早已成为历史。

第三，独立自主性。近几年，高级知识型人才逐渐呈现年轻化趋势，他们观点的形成受到互联网、信息时代浪潮影响，因此，他们不愿被动地接受组织和适应环境，而是要求更多灵活性、更有意义的工作、更大的职业自由度、更富激励的薪酬、更宽松的组织氛围，重视工作过程中的自我管理。与此同时，高级知识型人才独立自主性还体现在流动的自主决定权方面。

第四，高流动性。在知识经济背景条件下，拥有优秀技术技能的高级知识型人才作为稀缺商品，成为全球竞争的焦点。世界各国、各大企业为争夺高级知识型人才所开展的激烈竞争为其流动提供了广阔的自主流动空间。加之高级知识型人才拥有核心知识技能，同时作为经济人，具有重视自我、独立自主及追求人力资本效用最大化的心理特质，因此拥有高于一般性人才的职业选择权。

第五，不可替代性。根据经济学家维弗雷多·帕累托（Vilfredo Pareto）的"二八法则"，某种程度上，企业 80% 的绩效由仅占员工总数 20%，甚至更少的高级知识型人才创造而来。高级知识型人才拥有关系企业生存发展命脉核心技术、知识、能力及资源，对于企业具有不可替代性，高级知识型人才流失将给企业带来致命打击。但与此同时，高级知识型人才的不可替代性具有动态性和相对性，即随企业生命周期变化，其范围、标准也应相应调整。

第六，复杂性。高级知识型人才复杂性主要体现在工作过程和心理活动两方面。立于组织战略高度的高级知识型人才，必然承担起组织最具复杂性的工作任务，对于组织绩效、战略目标负有重大责任，且工作结果难以量化考核。心理上，高级知识型人才的教育背景及知识结构决定了其更为复杂的心理需求，一方面要求充分的物质报酬，另一方面，他们更关注自身职业发展前景、工作环境、人际关系等非报酬因素。

3 当前高级知识型人才薪酬主要模式

3.1 高级知识型人才激励分析

激励是调动人积极性的过程。通过激励，能够激活人的潜能，产生更多的绩效[12]。尤其在知识经济下，如何利用激励这一人力资源管理乃至组织管理的核心职能，为组织成员特别是高级知识型人才营造充分发挥潜能，实现人才价值，在竞争日益激烈的市场环境中求得生存和发展，成为摆在各大企业面前的首要问题。根据波特和劳勒的综合激励模型，激励是一个不断调整的闭合系统，即形成激励—工作绩效—内外在奖酬—满意感，并满足回馈努力这样的良性循环[13]。由于对于不同激励对象，组织采用的激励方式是不同的，相应地，激励对象对组织激励的响应也有所不同。据此本书在波特和劳勒理论框架基础上得出高级知识型人才激励模型（见图2）。与此同时，激励的核心在其有效性。为此，首先我们需要了解高级知识型人才激励需求特点：首先，基于"复杂人"假设，受教育、社会背景，成长环境及知识结构特殊性影响，高级知识型人才有别于一般性人才，拥有强烈的独立自主创新意识，激励需求也更为复杂、波动，难以把握，传统单一的薪酬制度远不能满足他们的需求。其次，从马斯洛需求层次理论来看，高级知识型人才需求已经超越低级的物质生理需求，达到较高层次的自我实现和尊重需求，加上高级知识型人才凭借掌握的核心技术能力和知识为筹码，面对激烈争夺的人才市场，容易过分高估自身价值。综上所述，要有效保留高级知识型人才，不仅要提供充分的物质薪酬，更要满足他们多元化薪酬要求，由心理层面切入，以满足高级知识型人才激励需求。

3.2 高级知识型人才主要薪酬模式

薪酬是高级知识型人才激励的核心工具。根据3P模式可知，决定薪酬的因素有职位价值（Position）、绩效（Performance）、人员的胜任力（Person）。因素之间的权重配比不同则形成了不同的薪酬模式，薪酬模式主要体现为岗位、能力、绩效、资历及市场因素之间的一种配比关系[14]。据此，本书将高级知识型人才薪酬激励模式大体分为职位薪酬制和能力薪酬制两类。

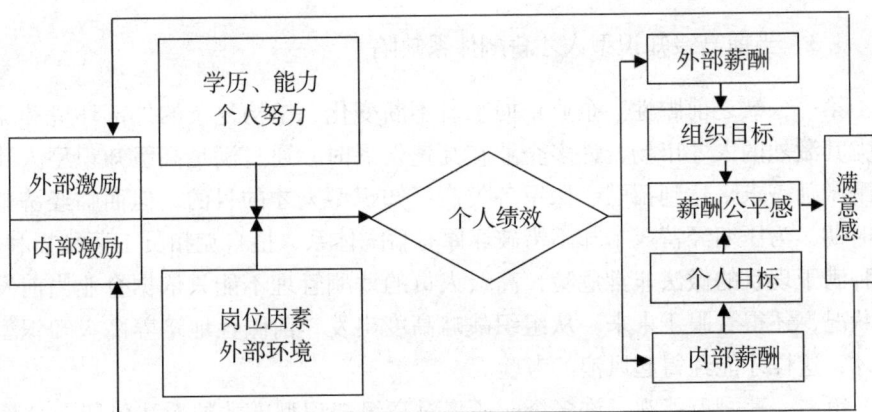

图 2　高级知识型人才激励模型

3.2.1　职位薪酬制

职位薪酬制是依据员工所在职位一定时期内在企业内的相对价值来决定员工薪酬的制度。在这种薪酬模式下，员工薪资的增长主要依靠职位的调整。在此制度下，职位与薪酬呈现一一对应关系，升职和升薪其实已经被捆绑在一起，员工如果升职同时必然伴随着升薪，如果没有升职他就不可能升薪，升职是员工得以升薪的唯一条件[15]。由于特殊的政治经济文化背景，职位薪酬制是中国企业，特别是大型国有企业典型的薪酬模式，它只需考虑职位等企业自身因素，易于操作。但同样它带有强烈的主观色彩，处于企业高层的高级知识型人才薪酬提升已大幅减少，这严重挫伤了他们的积极性。它还会误导员工行为，导致他们忽略工作绩效，为求升职加薪不择手段，使高级知识型人才名不副实。

3.2.2　能力薪酬制

以美国为代表的西方先进企业为了适应日益复杂的竞争环境，将传统以职位为标准的薪酬制度逐渐向能力薪酬制度转变。这一制度尊重人的价值，以人才本身具有的知识、技能及素质水平及绩效作为薪酬支付基础，激励员工不断学习以提高任职技能和能力，鼓励员工自觉掌握新的工作技能和知识，并通过所掌握知识技能为组织创造价值。这一薪酬模式培养了更多符合知识经济时代需求的高级知识型人才，适应了知识经济的本质与特征。但由于高级知识型人才个人能力、工作结果难以量化，容易导致薪酬激励水平与人才能力的严重失衡。同时随着能力及知识技能的不断提高，高级知识型人才流失率不断提高，企业成本加大，能力薪酬制的弊端也不断显现。

3.3　当前高级知识型人才薪酬体系缺陷

第一，缺乏前瞻性。企业正面临着不断变化、结构复杂的外部环境和竞争尤其激烈的人才市场，许多企业在高速发展时，通过满足高级知识型人才薪酬激励需求来达到招聘、保留各类高级知识型人才的目的，但面临经济萧条时期，为压缩经营成本却不惜破坏原有薪酬体系，擅自克扣员工薪酬福利。这种满于现状的做法非常危险，高级人员的薪酬管理不能只依据企业当前发展状况，还得着眼于未来，从组织战略高度出发，前瞻性地培养高级知识型人才，这样才能经得起风浪的考验。

第二，薪酬万能观。许多企业还将对高级知识型人才的看法停留在"经济人"假设阶段，认为人的行为动机根源于经济诱因，工作就是为了取得经济报酬，只要提供高额报酬就能吸引保留高级知识型人才，却忽略了高级知识型人才复杂的心理因素。对于高级知识型人才，传统的薪酬结构已远不能满足他们的需求，达不到激励效果。对于高级知识型人才而言，薪酬水平关于激励边际递减，即过低的薪酬水平无激励作用，过高的薪酬水平也失去了激励效应[16]。实现自身效用最大化逐渐成为高级知识型人才的决定性驱动力。

第三，战略导向性不明。薪酬激励职能作为人力资源管理的一个重要环节，是辅助企业实现战略目标的一种重要手段[17]。优秀的企业通过薪酬体系向高级知识型人才传递信号，引导他们培养组织当前需要的核心能力技能，从而实现企业战略目标。但我国大部分企业却将薪酬管理和企业战略割裂开来，一味追求薪酬制度的设计实施的精细化、工具化、技术化，忽略企业战略，忽略薪酬体系的动态调整。长此以往，企业高级知识型人才能力将远远滞后于时代需求，从而削弱企业的竞争力。

第四，缺乏激励性。精神激励缺失、现金比例失调及中长期激励失衡这三大薪酬结构矛盾造成企业短期薪酬水平与员工预期薪酬之间的冲突，从而对高级知识型人才缺乏有效激励。据有关资料表明，我国上市公司高层管理人员平均持股 19620 股，仅占公司总股本的 0.0014%。这同《财富》杂志1980 年公布的 371 家大公司董事会平均成员 10.6% 的持股比例相去甚远（Mork，1988）[18]。同时目前为止，89.5% 的中国上市公司还是以中短期物质现金激励为主[19]。根据中国企业家调查系统 2003 年发布的一份关于"企业经营者期望收入形式"的调查报告显示，多数高级知识型人才迫切期望改革陈旧的薪酬激励体系[20]。

第五，忽视约束作用。薪酬激励不仅具有激励的天然属性，同时也是一种约束机制。但近年来，高管丑闻弊案频出，如崇德证券公司的迈克尔·米尔肯及所罗门公司的约翰·梅丽维泽等，这些丑闻背后所暴露的高级知识型人才薪酬体制问题值得我们反思。与此同时，中国的高级知识型人才薪酬也陷入令人尴尬的境地：高级知识型人才薪酬没有很好地与自身责任相联系，连续加薪并不能阻止公司高级知识型人才经济犯罪案件数量的持续攀升。有关调查显示，近年来企业内部经济犯罪事件中，来自公司高管层的比率达29%。如何加强激励中的控制，解决高级知识型人才薪酬激励约束难题已显得迫在眉睫。

第六，与绩效严重失衡。现实操作中，高级知识型人才薪酬常常与企业绩效出现失衡。据对 2003 年 1278 家上市公司的统计，高管最高年薪与公司税后利润存在正相关关系，但其相关系数不到 0.2。同时，一边是上市公司业绩不断恶化，一边却是高管连续加薪等现象。2004 年，在中国股票收益下跌 21% 的情况下，中国上市公司的高管薪酬平均涨幅依然达到了 18.6%，业绩下滑，薪酬反而上涨[21]。出现了业绩下滑下，诸如棱光实业高管薪金增加166%、天士力高管薪金增加 150%、威尔泰高管薪金增加 149% 的离奇现象。高级知识型人才薪酬激励体系的非公开化、非透明化受到了普通民众的质疑。一时间，"高管薪酬"成为人们关注度最高的词汇之一。

4 高级知识型人才战略薪酬体系设计原则

战略性人力资源管理体系应有正确理念指导，而作为其中重要组成部分的薪酬激励体系也不例外。但近几年，薪酬体系设计正走向另一个极端，即不断追求设计制度标准的工具化、技术化、精细化，这种趋势的发展使根据前沿技术设计的薪酬体系偏离薪酬管理的战略目标，导致人才流失，严重削弱企业竞争力。因此，应该以战略眼光看待高级知识型人才薪酬体系管理，在战略理念指导下进行设计操作，使正确理念贯穿高级知识型人才薪酬管理始终，主要应遵循以下几个原则：兼具内部公平和激励原则、外部竞争原则、合法原则、战略原则。

第一，内部公平和激励原则。内部公平和激励原则是任何一个薪酬体系都要考虑的首要问题。公平理论要求组织确保薪酬制度的公平有效，平等地对待所有员工。激励建立在公平竞争的基础之上，只有员工对薪酬制度感到公平的前提下，才能使他们产生认同感满足感，从而发挥薪酬的激励作用。薪酬体系的内部公平和激励原则对于薪酬设计和薪酬战略具有促进作用，有助于实现企业的战略目标。

第二，外部竞争原则。所谓薪酬的外部竞争力，实际上是指一家企业的薪酬水平高低以及由此产生的企业在劳动力市场上的竞争能力大小，是薪酬给高级知识型人才带来的心理感受中最具影响力的一种作用[22]。根据高级知识型人才富有创造力、独立自主等有别于一般性人才的鲜明特性，组织不仅要为高级知识型人才提供高水平、多元化和极具创新性的经济报酬及福利保障，薪酬还应包括非经济心理效用，如工作氛围、职业生涯、工作成就感等，在人才竞争中抢占先机。

第三，合法原则。合法性是指企业的薪酬管理体系和管理过程是否符合国家的相关法律规定，这是高级知识型人才战略薪酬体系设计的首要前提。任何组织都存在于一定环境中，受外部政策因素制约，薪酬制度、薪酬支付标准、薪酬发展水平、薪酬支付制度等都必须符合国家的法律法规。但合法性往往与企业眼前利益有所冲突，在薪酬的公平性和有效性之间产生矛盾，因此，企业必须在薪酬的公平性、有效性以及合法性三大基础目标之间找到平衡点。

第四，战略原则。要重视组织战略对高级知识型人才的导向功能，通过薪酬体系的设计来反映组织的战略需求，反映当前战略条件下所需要的能力素质，引导高级知识型人才乃至企业普通员工通过学习使自身能力、知识结构与企业战略保持一致。同时还应该不断根据组织战略要求进行自身调整，不断学习、创新、更新知识，使高级知识型人才薪酬体系更具前瞻性，帮助企业迎接未知挑战。

5　高级知识型人才战略薪酬体系设计思路

5.1　高级知识型人才薪酬体系构建步骤

高效率的机构寻求的是创建这样一种内部环境，它既能很好地适应机构的外部环境，又具有足够的灵活性以应对外部环境变化。由于外部环境处于始终不断地变化之中，所以经常需要机构内部环境也做出相应改变。作为内部环境核心的战略是用来实现所确定目标的一整套一体化的和相互协调的承诺和行动[23]。而不同的企业战略对人力资源工作提出了各种不同的挑战，薪酬体系也应随着企业战略的改变而改变。战略性薪酬管理就是整合各种资源，为企业形成核心能力提供帮助，而其本身也就成为企业的一种独特能力，能够帮助企业在激烈的竞争环境中赢得持续竞争优势[24]。根据乔治·T. 米尔科维奇（Gerge T. Milkovich）和杰里·M. 纽曼（Jerry M. Newman）在《薪酬管理》一书中的观点，形成一个战略薪酬需要四个关键步骤[25]（见图 3）：第一步是战略薪酬环境分析，战略薪酬无时不刻不受到宏观、微观环境等多重因素影响。因此，在组织战略基础上，应评价组织外部社会经济政治环境及劳动力市场状况，评价组织自身发展阶段和组织结构、文化价值观、员工需求对薪酬的影响。第二步则在此基础上制定薪酬决策以适应组织战略和背景环境，不同的薪酬决策支持不同的组织战略，而企业所采取的战略不同，薪酬水平及薪酬结构也必然会存在差异，因此我们要根据组织战略确定正确的薪酬决策。第三步是通过制定薪酬体系来实现战略薪酬。薪酬制度使战略薪酬成为现实。合理的薪酬体系不仅帮助员工实现自我价值，并且促进组织目标的实现。第四步是重新评价和调整战略薪酬，并使该战略各步骤形成环状的闭合循环结构。这一步意味着战略薪酬必须不断调整以适应环境的变化。为确保这种适应性，定期进行重新评估是很必要的。在特定情况下还要对严重制约企业效率的战略薪酬体系进行变革。

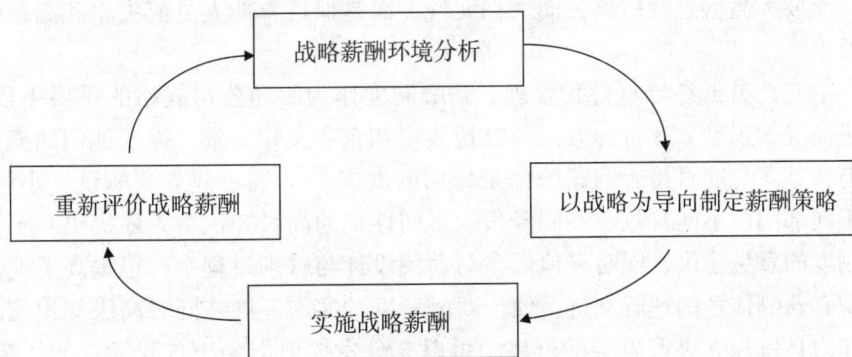

图 3　形成战略薪酬的关键步骤

5.2　高级知识型人才战略薪酬设计要点

虽然自 1978 年我国薪酬体制改革以来，借鉴国外成熟经验对高级知识型人才薪酬激励体系进行了一系列改革并取得一定成效，但仍存在高级知识型人才总体薪酬水平低、薪酬结构单一、薪酬方式局限、缺乏长期激励等问题，这就必然造成企业短期薪酬水平与员工预期薪酬之间的矛盾，对高级知识型人才缺乏长效激励。为此，本书提出以下高级知识型人才战略薪酬设计要点。

第一，基于组织战略。这是战略薪酬的首要要求。所谓战略性薪酬管理，是乔治·T. 米尔科维奇（Gerge T. Milkovich）在 1988 年提出的，指在做出薪酬决策时对环境中的机会与威胁做出适当的反应，并且配合或支持组织全盘的、长期的发展目标和方向[26]。简单地说，就是将组织战略贯穿于薪酬制度设计、开发、实施、反馈全过程的始终，通过薪酬反映组织战略对高级知识型人才的要求。同时"战略"二字还体现在薪酬体系的弹性方面，即立足过去，放眼未来，不断根据企业发展阶段、内外环境变化，分阶段对薪酬体系进行纠偏和动态管理以适应企业长期发展需要。

第二，突出团队薪酬激励。组织当中高级知识型人才产生的明星效应，使个别高级知识型人才影响力、薪酬水平远远超过企业内其他人。一旦他们离职或出现丑闻事件，必然给企业造成无法估量的经济损失。崇德证券公司的没落和所罗门兄弟公司的经营失败都是很好的例子。因此，个人的突出表现应受到激励，但不能发展为个人英雄主义。组织的战略薪酬设计不能过多地向极个别高级知识型人才倾斜，应多注重高级知识型人才团队薪酬激励。高盛一直抵制"明星"体制，在20世纪70年代末到80年代初领导高盛的约翰·怀特黑德一再强调"在高盛只有'我们'，没有'我'"。所以，高盛没有因为高斯·利文的突然去世、罗伯特·鲁宾的离职从政或者马克·温克尔曼未能成为高盛总裁后离去而大伤元气，而是保持着低人员流失率和高绩效增长率[27]。

第三，员工参与与自我管理。薪酬制度作为驱动公司战略的重要手段，促进高级知识型人才行为方式与公司战略和企业文化一致，需要他们的充分参与，其参与度直接影响薪酬体系作用的发挥[28]。通过建立薪酬设计小组，使不同部门、不同背景、不同身份、不同性别的高级知识型人才提出对于薪酬制度的意见建议，同时在他们参与薪酬设计与管理过程中，也提高了他们对现有薪酬体系的理解支持，便于薪酬制度的实施开展。同时高级知识型人才作为具备独立决策思维的群体，可以充分发挥他们善于自我管理的优势，自我检查和分析，主动纠正偏差，及时反馈信息，更好地完善薪酬体系。

第四，充分运用心理契约。高级知识型人才的核心价值和对企业的作用经常体现在一个较长时期内，但现实中不少急功近利的企业往往只采取短期激励因素，如高额报酬、现金补贴等，而忽视长期激励。导致短期薪酬水平与高级知识型人才长期薪酬预期之间产生矛盾，高级知识型人才流失在所难免。心理契约内隐于个人的智力模型中，是激励、职业行为、报酬和承诺的深层驱动力，并且作为调节高级知识型人才期望和薪酬之间的手段发挥着越来越重要的作用。这便要求企业寻找到与高级知识型人才需求之间的平衡点，为他们提供培训和晋升机会、组织承诺、安全与归属感、价值认同和工作氛围等非经济激励，从而建立心理契约。

第五，发挥其他职能辅助作用。高级知识型人才战略薪酬体系的设计与实施并不只是人力资源一个部门的工作，完成建立一套客观、科学、具有激励性的战略薪酬体系这项复杂的系统工作无法做到天衣无缝，难免有疏漏，这时候就需要其他职能配合共同完成，其中包括财务部门对薪酬体系成本的估量，信息管理部门对相关系统的开发建立，以及实施过程中每位员工的配合与监督。这当中最重要的当属组织的企业文化，高级知识型人才薪酬管理与企业文化的匹配程度很大程度上决定了它的效果。组织的薪酬体系，包括高级知识型人才的薪酬体系都应在薪酬水平、薪酬结构、集权程度等多方面传递企业的核心价值观。

第六，个性化薪酬。基于高级知识型人才复杂、动态、多样的激励需求，加上不同个体之间所期望的薪酬水平和形式存在固有差异，因此，高级知识型人才薪酬也应该突破单一形式。美国学者约翰·特鲁普曼在其著作《薪酬方案：如何制定员工激励机制》（*The Compensation Solution：How to Develop an Employee – Driven Rewards System*）中提出由 10 种不同性质成分组成的自助式薪酬管理方案，这是一个交互式薪酬管理模式；员工通过在企业提供的合理范围内选择决定薪酬组合，使自身期望得到更好满足。这种个性化的薪酬制度留给高级知识型人才更多选择余地，满足了不同个体激励需求；能够更好地吸引、保留和激励高级知识型人才，使组织薪酬成本的效用达到最大化。

6　本章小结

高级知识型人才在知识经济条件下作用日益突出，是每个国家、地区和企业最宝贵的战略资源。传统薪酬体系的种种弊端造成高级知识型人才的大面积流失，组织应以外部竞争性及内部公平性、合法性、动态性、战略性等原则指导企业薪酬体系，建立富有激励性、人性化的战略薪酬体系，吸引、保留掌握核心知识技术的高级知识型人才，使企业在市场竞争中立于不败之地。

【复习题】

（1）试析高级知识型人才定义与内涵。

（2）试析高级知识型人才个性特性。

（3）试析高级知识型人才薪酬主要模式。

【思考题】

（1）试析高级知识型人才战略薪酬体系设计原则与一般知识型人才的主要差别。

（2）以具体企业为例，分析战略薪酬的关键步骤。

【案例分析】

为什么北京、上海的保姆价格迅速超过了香港？*

摘要

对于中国，大城市缺的不是大学生，缺的是初中以下的人。所以，高素质人才很可能因为生活所需的服务成本太高，离开上海、北京这样的城市，转而去香港或者新加坡这样的城市。这不利于上海、北京等城市竞争力的提升。

我有一个花三十几万学费读 MBA 的学生，但雇不起保姆。这是因为在北京、上海这样的大城市，保姆的工资达到了 8000 元左右，是香港保姆价格的两倍，远远超过了部分大学本科生甚至硕士生的待遇。

而个中原因也很简单，因为我们有需求没有供给。现在中国大城市里的人口结构其实是不合理的，缺少大量从事低端服务业的人。

在美国大城市的人口结构里，高端劳动力和低端劳动力的比重基本上是一比一的，而且，一个高端人才（比如高科技人才、律师和医生等）来到城市，一般会创造三个就业岗位（超市收银员、家政服务员和餐馆服务员）。

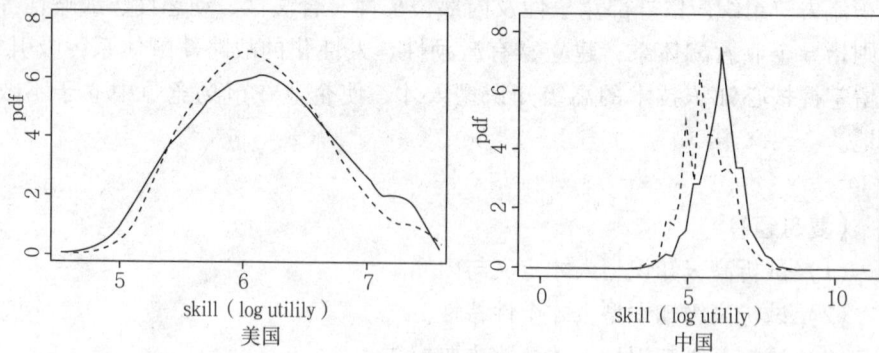

美国 / 中国

中美两国城市人口结构对比。实线代表美国的大城市，虚线代表中小城市，横轴可以理解为人的教育水平，纵轴是分布。可见，基本上在两端大城

---

* 引自 http：//mp. weixin. qq. com/s/qf8H5ugZVn2zUyjs6L5sWQ。

市分布会突出来。而在中国（右图），中国的大城市（实线）的人口技能结构基本上往右偏，左边没有多出来。

为什么上海人均收入只有香港的1/3，但一碗面的价格和香港差不多？

其实这个道理和保姆是一样的。因为你吃的面那个成本不是面的价格，而是服务的价格。在我们今天实际上是在提高这个成本。当我们这个成本提高了，你的收入在什么水平上？以中国最发达的地方上海为例，现在人均收入也无非就是香港的1/3，你怎么去竞争所谓人才呢？

从乡村社会、熟人社会到一个陌生人社会、城市社会，人们的生活会有什么样的改变？

从个人角度来讲，最大的变化就是你的生活、你的社会资本，会从你在乡村社会里互动范围仅仅是村民，基本上是基于习俗的，（转变为）基于一些非正式制度。比如（人处在乡村社会），今天你欠了我点钱，我也不好意思让你还了，也许明天我要向你借钱了。但是人处在陌生的社会，你今天欠我钱，不好意思，你必须要还我。

最近网上一个帖子："为什么要逃回北上广？"相对来说大城市的制度比较规范。道理就在这里，大城市的制度是建立在陌生人基础上的。（比如）大城市AA制，吃完饭下次就不再见了。

从农村角度讲，对于进入大城市的农村居民来讲，城市化的过程当中有这样一部分人，年轻可能在农村生活和出生，长大以后在城市。最大的转变就是要学会尊重制度。包括最近山东出现的在高速公路上暴走，你就会发现这就是一个非常典型的例子，我们的社会必须要求通过法治来规定高速公路上是不能走人的，但是我们的行为模式还是停留在一个农村社会里，我行我素，而且我还可以穿着反光服在高速公路上走，不尊重制度的方式，我们没有学会尊重城市里的新规则。

从城市角度来讲，必须要看到在城市化进程当中对于整个社会经济发展的一个巨大的推动力和必然性；包容性特别重要，不管你的经济发展、社会发展还是公共政策制定，一定要消除掉身份的概念。恰恰是在农业社会，身份是重要的；因为我们每个人都是按照我的习俗来进行治理的，所以一个人如果干了坏事，我就把这个东西作为判断他的一个标准；年轻人干过坏事，估计以后也会干坏事。现代社会最重要的就是这些都不重要了；我今天如果干坏事了，我可以重新来过；没有人认识我，这就是现代社会的东西。

我们今天城市居民的思维方式和公共政策的思维方式又在这个问题上出问题了，我们总给人贴标签，比如农民、农民工，现在一出现什么事情，电视上的报道就是某某安徽籍、江西籍的农民工怎么怎么了；你报道事就报道事，你管他是农民工还是城市人，难道城市人的犯罪率就比农民低吗？

商业和科技会给我们的城市生活带来什么样的改变？

不要相信技术会减少面对面的机会。

很多人都认为信息技术的改善会让城市扁平化，密度变得不重要了。原来很多需要面对面开展的活动，现在都可以借助科技来实现了。比如说我们讨论一个问题，原来我们需要见面，现在需要打电话、微信，甚至可以直播，都可以实现了。

这个存不存在？存在。但是是一种局部的思维，你只看到信息科技的发展，带来了对于人类某一些活动的取代，但是你没有注意到它很可能跟面对面的交流之间互补性大于互替性。

信息科技不仅不会使得密度变得不重要，而且会使得密度变得更重要；你看人类活动，越是当信息技术变得发达，以信息、知识、科技为核心竞争力的那些产业，在整个人的经济活动当中所占的比重就越来越高；而这些活动需要在哪里开展，就需要在面对面最方便的人口密度高的那些城市开展。

现在信息科技进步这么快，人口没有离开大城市，反而在往大城市集中。人都是重新回到市中心。他们难道不知道市中心的房价更贵吗？他还要回去。说明什么？说明他从面对面交流当中所获得的收益是高于他所付出的更高的房租成本的。背后的原因是什么，就是互补性大于互替性。

中国大城市里，外地人真的太多了吗？

纽约和伦敦提供了城市人口结构的一个参照：全世界范围之内普遍存在大城市越来越大，而且人还在不断向大城市集中这样一种现象。

我把全球城市称为移民的城市，纽约截至 2008 年，36% 的纽约人是在美国之外出生的，其中有 48% 的纽约人在家里是不讲英语的。伦敦在 2011 年人口普查数据里，出生在英国以外的居民是 37%，这个数据跟纽约的数据非常接近。再看外籍的情况，纽约的居民目前的常住人口当中，外籍的居民 24%，请注意这个外籍的"籍"是国籍，不是户籍。

我们现在中国非本地户籍的常住人口，在北京和上海达到 40%，我们一直在说外地人太多了。如果按照这个逻辑，我们应该在纽约和伦敦去说外国人太多了。可是它没有这样说。我们再来看肤色，白种的英国人的比例已经从 2000 年超过 50%，现在下降到 50% 以下了。也就是说伦敦已经成为一个非白色人种的居民占主导的这么一个人口结构。

中国的实证数据表明：中国人口客观上是在向沿海地区、大城市包括中西部的省会城市附近集中，这是经济力量使然。

可惜的是，我们在制定公共政策的时候，没有注意到这个城市人口的大型化是有客观规律在背后驱使的。

那一个国家里城市人口到底多少是合适的呢？一个国家的城市人口有多少，跟这个国家的人口规模多少是有关系的。

通过对 142 个国家的总人口和最大城市总人口的数据分析后，我们得出结论：中国的上海不是人口太多，而是人口太少。

这是一个非常简单的基本的事实，如果我们真的想让上海、北京，包括深圳、广州这样的城市，真正能够引领中国，成为代表这个国家跟世界上其他的全球城市一起同台竞争，具有世界级的竞争力，你首先要吸引的就是来自国内外的最顶尖的人才，这首先就会体现在你的人口结构上。从这个角度来讲，我们今天全球城市的建设跟这个目标实在太远了。

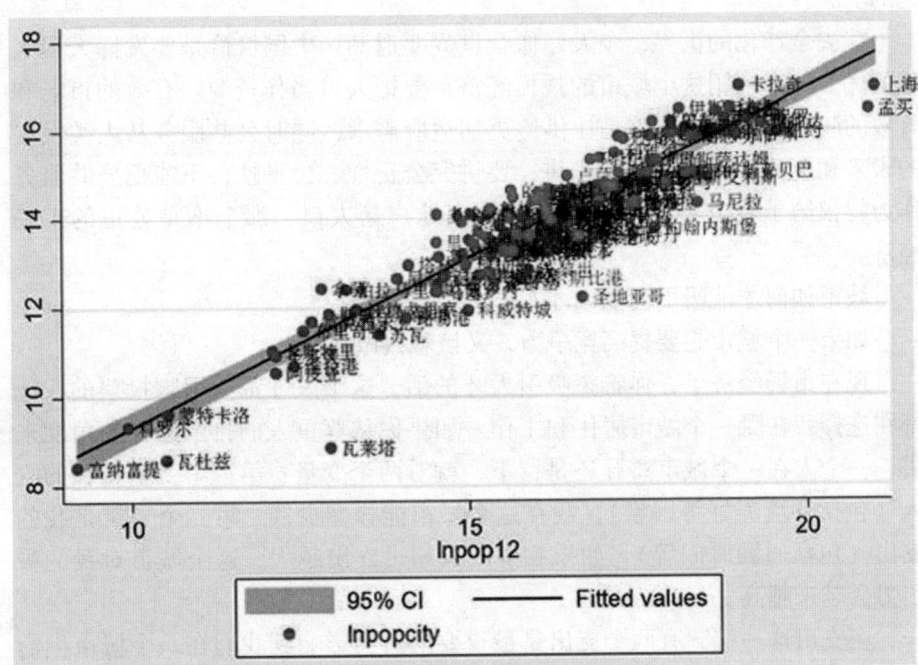

这是陆铭和陈钊收集的全球 142 个国家的数据，每一个点代表一个国家，横轴代表这个国家的总人口，纵轴代表这个国家最大城市的人口。两者高度相关，拟合程度用 R^2 来看，如果是单变量回归，达到 85%，而且没有什么内生性的问题。可见，上海偏离黑线太远，说明上海人口不是太多，而是太少。

而且，更重要的是，我们现在发展里总是讲这些人来了以后给城市造成多少问题，拥堵、污染。

首先，城市这些问题真的是因为人多导致的吗？如果真的是因为人多导致的，为什么在西方的发达国家的发达城市，会看到在人口增加几倍的同时现在也不拥堵也不污染，你应该看到拥堵、污染成倍增加、等比例增加才对。

其次，如果大家真的觉得这些问题是由于人多导致的，你把年收入100万元以上的人都赶走，年收入100万元以上的人他要开车，要住大房子，他在公共资源里占的是比较好的公共资源，你把年收入100万元以上的人赶走，保证城市不拥堵了。你先把低端的人口，卖油条、卖菜的这些人赶走了，这些人在住大房子吗？这些人开车吗，他甚至连地铁都不乘，你把这些人赶走了能减少多少城市病？从逻辑上想想，都觉得现在很多的问题其实是有问题的。

在去全球化的世界，今天好像全世界要退潮，中国恰恰是要发挥大国人口的优势，来利用这个城市的规模经济，要把人口当作资源。有效的市场和有效的政府相结合，应该是让供给更加适应需求，同时公共服务从人类发展的未来和全社会的普遍经验来讲，要讲究公正性、公平性，不能把公共服务作为特权给予具有特殊身份的，比如本地户籍人口，那个不是公正的市场经济。

城市如何才能吸引高端人才？

如果一个城市想要提高竞争力，又该怎么做呢？

现在市场经济了，你希望吸引人才的话，这个人才都是用脚投票的，他都在选择我在哪一个城市居住和工作。如果你从尊重人的自由选择的角度来讲，一个人在一个城市离开还是留下，就看两个变量：第一个变量是我的收入（包括环境美好等因素），我在这个城市能挣多少钱，第二个变量是我的支出（包括通勤时间等），如果我的收入超过支出越大，这个城市对我的吸引力会越来越高。

在支出这一端，有两个支出是最重要的。会影响到我们在一个城市生活的成本的，其中一个支出是住房，还有一个支出是服务价格，这两个支出的成本其实也跟我们这个城市的土地政策和人口政策是有关系的。

在我们国家的情况是，人口流入是收紧土地供应的，随之房价就上去了。在人口流入的地方，我们限制人口，限制的又恰恰是从事生活性服务业或者叫消费性服务业。我们在生活里，你收入越高，你是不是越要到餐馆吃饭，你要雇保姆，这样的工作谁在做，就是被你称为歧视性意义的这些人。

问题：请从薪酬管理的角度分析为什么北京、上海的保姆价格超过了香港？

参考文献

[1]吴文昌.中国古代人才观之精华与启迪[J].中国特色社会主义研究,2001(3):44—45.

[2]Albert Sydney Hornby,Oxford Advanced Learner's Dictionary,OUP Oxford,2007.

[3]Chester Irving Barnard.The Functions of the Executive,Harvard Univ Pr,1968.

[4]黄璘.何谓高级知识型人才[J].江苏经贸职业技术学院学报,2002(3):56.

[5]胡慧平.21世纪拿什么衡量高级知识型人才[J].人才瞭望,2002(11):18—19.

[6]黎健.猎头:高级知识型人才市场的主导运作模式[J].继续教育与人事,2001(1):37—38.

[7]王美莲.上海人才市场进行高级知识型人才问卷调查[J].中国人才,2000(8):54.

[8]田秋生,张晓滨.黑龙江省中高级知识型人才优化配置数理模型研究[J].北方经贸,2005(8):9—10.

[9]卡尔迅管理咨询中心.管理能力培养方案[M].北京:中国商业出版社,2003.

[10]张德.组织行为学:第2版[M].北京:高等教育出版社,2004.

[11]姚裕群,陆义敏.战略视角下的高级知识型人才跨国和跨境流动[J].桂海论丛,2008(1):51—54.

[12]孟凤莲,高景宏.岗位价值分析在企业人力资源管理中的应用[J].化工管理,2008(3):35—37.

[13]陈光潮,邵红梅.波特—劳勒综合激励模型及其改进[J].学术研究,2004(12):41—46.

[14]于东平,王菲.中美薪酬模式比较[J].中国集体经济,2008(3):98—99.

[15]钤青莲,李超.企业薪酬模式探索[J].经营管理者,2009(4):73.

[16]温春玲.析高级管理人员的薪酬激励体制[J].江苏工业学院学报(社会科学版),2003(4):19—22.

[17]林竹.企业核心人才的薪酬管理策略[J].前沿,2006(3):50—52.

[18]赖志花,李西文,董迎春.关于激励—薪酬体系的探讨[J].地质技术经济管理,2004(1):16—19.

[19]杨波.高管薪酬,不平衡中寻找平衡[J].董事会,2007(3):38—39.

[20]孙文刚.转轨时期经理报酬计划研究[M].大连:东北财经大学出版社,2008.

[21]万希.高管薪酬设计的困惑[J].经济界,2009(3):51—53.

[22]王晓丹.高级知识型人才的薪酬管理[J].科技经济市场,2007(11):161.

[23]杰克逊,舒勒.人力资源管理:第8版[M].北京:清华大学出版社,2005.

[24]冯慧,李圆,张颜涛.基于企业战略的薪酬体系设计[J].内蒙古科技与经济,2007(2):66—67.

[25]乔治·T.米尔科维奇,杰里·M.纽曼.薪酬管理:第6版[M].董克用,译.北京:中国人民大学出版社,2002.

[26]谢衡.战略薪酬管理浅析[J].科技情报开发与经济,2008(2):181—183.

[27]李国平.高盛的企业文化[J].管理学家,2009(5):6—80.

[28]姚凯.企业薪酬系统设计与制定[M].四川:四川人民出版社,2008.

后　记

　　本书系首批国家一流本科专业建设点：人力资源管理专业系列成果之一，华侨大学教材出版基金资助出版。本书也是我主持完成国家科技十三五规划前期研究重大课题、国家社会科学基金等项目核心成果，其中国家社会科学基金项目成果结项鉴定为优秀，研究成果被全国社会科学规划办作为具有重要现实意义和应用研究、对策研究的成果，作为党和国家重要决策的参考，通知收录国家规划办主办的《成果要报》，这对理论研究应用到实际中是很大的鼓励。国家科技十三五规划前期研究重大课题系列成果获紫金科技创新奖、国家商业科技进步奖、福建省社会科学成果奖、厦门市社会科学成果奖等奖项，研究团队受邀参加国家科技十三五规划制订。本书前期相关观点已经发表在《科学学研究》《中国软科学》等期刊上，其中 SCI、EI 核心检索10 余篇，本书是在这些研究成果基础上完成的。

　　近些年来，中美战略竞争表面上是贸易竞争，深层次是科技竞争，更深层次是人才的竞争，特别是知识型人才的竞争。我在反思，作为一名教育者能做些什么，我们必须做些什么？我一贯倡导"学习改变命运，教育改变未来"，教育的使命创造"美美与共，天下大同"的人类社会；教育根本目的"培养善意与激发潜能"，要始终把培养善意放在激发潜能之前，培养对天地万物的善意，真心祈盼我们的社会"生者远离饥荒！病者远离忧伤！老者远离衰老！逝者从容安祥！"这还需要激发学生领导潜能，激发我们的学生为国家为全人类服务的潜能！教育的手段"一棵树摇动另外一棵树，一个灵魂唤醒另一个灵魂"，作为老师最低要求"让学生超越自己"，最高要求培养对历史负责的"大学问家、大实践家"。鼓励学生分层次实现治学目标：

　　初级目标，培养学生成为"自立"的卓越人才。"自立"是指实现儒学前六目"格物、致知、诚意、正心、修身、齐家"。

　　中级目标，培养学生成为"扶弱"的卓越人才。要努力培养引领时代发展的理论家、企业家和政治家，卓越人才应当以扶助社会弱者为己任。

　　最高目标，培养学生成为"对历史负责"的卓越人才。即宋代大儒张载云："为天地立心，为生民立命，为往圣继绝学，为万世开太平。"对历史负责，不忘初心，努力培养"究天人之际，通古今之变，成一家之言"的卓越人才，一切为了人民，一切为了民族，奋发进取！

因此，大学教师要与大学一起努力，塑造有卓越文化内涵的大学，全方位激发师生对自己、对家庭、对学校、对国家、对民族、对全人类的责任感和使命感，自然而然形成崇高的理想，引领时代发展，为增进全人类福祉奋斗不息！

我所在的华侨大学直属中央统战部领导，学校从物质层、行为层、精神层全方位打造开放、包容、卓越的大学，致力于建设"为侨服务、传播中华文化"的"教育之舟、创新之舟、文化之舟、思想之舟、友谊之舟"。我们正处在一个发展的新时代，创新是主旋律，发展是第一要务，祈盼未来华侨大学在创新中发展，在发展中创新，全面建成特色鲜明、海内外著名的高水平大学！

非常感谢我的母校国立华侨大学、西安交通大学与厦门大学的培养与支持！本书出版还受惠于颇多的老师与朋友。衷心感谢丘进博士，作为一位教育家、中外关系史学家，他对教师非常关心与尊重，曾经亲临我那地下室改装的简陋书斋，鼓励与支持我教学与研究工作，让我感动不已！衷心感谢贾益民教授的宝贵鼓励与支持！他是海内外著名的华文教育学家、教育家，他身体力行，鼓励华侨大学师生知行合一，推进华侨大学全面发展。真诚感谢我的博士生导师、和谐管理理论的创立者席酉民博士，他不仅让我真正体会什么是寓教于乐，寓研于乐！也是我尝试出版学术专著的直接导师！他说："I do hope you are doing well in future. The best thing for teacher is to get information from his students that they get new progress or achievements. I am waiting for hearing your more good news in future."我想，只有倍加努力，才能不辜负席老师的期望。非常感谢我的博士后导师刘海峰教授，刘老师是当代著名教育学家、历史学家，长期从事科举学、高等教育学等方面研究，取得了卓著成绩，在国内外享有盛誉。他是国际上第一位提出"科举制"——中国的"第五大发明"的专家，刘老师为人谦和，非常善于发现学生特长与兴趣，鼓励学生"学趣"结合，我是典型受益者。

非常感谢中央统战部、国务院侨务办公室、国家人力资源和社会保障部、中国人事科学研究院、中国海外交流协会、中国统一战线理论研究会、国务院发展研究中心、中国社科院人口与劳动经济所、商务部国际贸易经济合作研究院、福建省委统战部、福建省人社厅、福建省社科联、福建省教育厅、福建省科技厅、福建省发改委、福州市、泉州市、厦门市、莆田市、北京大学、清华大学、同济大学、武汉大学、中国人民大学、复旦大学、南开大学、南京大学、西安交通大学、厦门大学、暨南大学、浙江大学、对外经济贸易大学、中山大学、吉林大学、四川大学、华中师范大学、兰州大学等单位的领导、专家与同仁对本书完成的大力支持，特别是众多单位对本书实地调研和资料收集的宝贵支持。

非常感谢福建省社会科学规划办陈飞主任、刘兴宏博士！泉州市社会科联全体同仁！衷心感谢北京文人雅士文化艺术有限公司李美清老师等同仁们的精心策划、宝贵支持与帮助。真诚感谢泉州水利水电总公司颜建东先生及全体同仁，使我及家人有机会从社会、从自然界之中寻找"上善若水"境象，他们都是我学习的榜样！

非常感谢我尊敬的导师徐西鹏教授、吴剑平教授、郭克莎教授、衣长军教授、李俊杰老师、孙锐教授、姚培生老师、曾繁英教授、郑文智教授、沈剑云教授、杨默如教授、薛秀军教授、缑锦教授、曾路教授、彭霈教授、王秀勇研究员、王丽霞教授、杨存泉老师、朱琦环研究员、张禹东教授、吴承业教授、关一凡老师、吴季怀教授、陈鸿儒教授、曾志兴教授、陈金龙教授、池进教授、张旭老师、何纯正研究员、赵昕东教授、陈巧玲老师、侯志强教授、苏天恩教授、陈克明教授、郭东强教授、林峰教授、郑向敏教授、王士斌教授、黄种杰教授、江开勇教授、陈海蛟教授、周永恒老师、林传声老师、胡日东教授、庄培章教授、吕少蓬研究员、林俊国教授、庄天山教授、林继志老师、詹朝曦教授、徐磊老师、李雪芬老师、李作杰老师、隋昌鹏老师、周春燕老师、钱三平博士、周永恒老师、刘金雄博士、陈建山老师、陈颖老师、张丽萍博士、贺芬博士、陈星老师、吴晗冰老师、庄蕾博士、张洪雷老师、陈永煌老师、黄奕红老师、张华博士、万文海博士、陈初昇博士、卢冰博士、黄丽薇博士、董燕博士、胡三嫚博士、马占杰博士、申传刚博士、陈良勇博士、袁国书博士、李淑娴老师等！特别感谢华侨大学教材出版基金对本教材出版的给力支持！"滴水之恩，当涌泉相报"，我一定努力成为一位优秀的教师，为母校、为社会贡献自己一份力量！我愿倾诚报答所有关心我的领导、老师和同学们；倾诚报答亲爱的家人，我一定让他们过得比我好！感谢我的孩子张世昌，他是个善于讲故事的高手，总是不经意间给我灵感的启发，激发生活的乐趣！无论如何，我都将不断刻苦学习，努力工作，只有这样我才有能力报答所有帮过我的人们或所有我力所能及帮助的人们。

本书由林玮、郑露曦、肖乌妹、王倩玮、罗兴鹏、杨凤玲、许梅枝、银丽萍、苏雅英、陈娜、刘璇璇、刘明月、刘慧慧、徐秋韵、杨璐瑶、李昳、孔德议、林剑、李金荣等同志协助我编撰，本书摘要与目录的英文翻译由李金荣同志协助完成，是他们无私的帮助与宝贵支持，才使本书顺利交稿出版！

在此向他们的辛勤劳动表示衷心感谢！在写作过程中，我们还参考和引用了国内外 Peter F. Drucker，赵曙明、张德、王重鸣等著名专家学者大量的著作，因限于篇幅，未能一一详细注明，在此向著作者深表谢忱。

由于本人学术水平有限和时间仓促，错误和不足之处一定不少，敬请专家、学者、政治家、企业家和广大读者批评指正。

张退之

2020 年 9 月 7 日

于国立华侨大学思诚斋